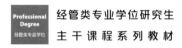

经管类专业学位研究生
主干课程系列教材

丛书编写委员会

主　　任　张金清

编　　委（按姓名笔画排序）

　　　　　陈　钊　程大中　陈冬梅　陈学彬　杜　莉
　　　　　封　进　黄亚钧　李心丹　刘红忠　刘莉亚
　　　　　束金龙　沈国兵　杨　青　张晖明

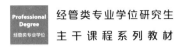

经管类专业学位研究生
主干课程系列教材

Investment
Banking

投资银行学

罗忠洲　编著

复旦大学出版社

内容提要

本书全面阐述了投资银行的基础知识及其一、二级市场业务。投资银行基础知识，本书介绍了投资银行的概念、发展历程、主要业务，以及各类估值模型。投资银行一级市场业务，本书详细介绍了私募权投资、首次公开发行、再融资、债券、并购。投资银行二级市场业务，本书详细介绍了证券经纪、资产管理、证券投资基金和投资咨询。此外，本书立足我国实际，系统介绍了我国投资银行的历史沿革和发展现状，详细阐述了我国投资银行业务的相关法律法规和业务操作流程。书中所涉及国内外投资银行数据、资料均为最新，反映了国内外投资银行业务的发展情况。

本书可作为经济、金融、管理类专业的研究人员、教师和学生，尤其是专业学位研究生及相关行业从业人员的教材或参考书。

总　序

社会经济的发展对应用型专业人才的需求呈现出大批量、多层次、高规格的特点。为了适应这种变化,积极调整人才培养目标和培养模式,大力提高人才培养的适应性和竞争力,教育部于2009年推出系列专业学位硕士项目,实现硕士研究生教育从以培养学术型人才为主向以培养应用型人才为主的历史性转型和战略性调整。复旦大学经济学院于2010年首批获得金融硕士专业学位培养资格,经济学院专业学位项目依托强大的学科支持,设置了系统性模块化实务型课程,采用理论与实践结合的双导师制度(校内和校外导师),为学生提供从理论指导、专业实践到未来职业生涯设计的全面指导。目前,已经形成了金融硕士、国际商务硕士、保险硕士、税务硕士、资产评估硕士五大专业学位硕士体系,招生数量与规模也逐年增长。

专业学位(Professional Degree)相对于学术型学位(Academic Degree)而言,更强调理论联系实际,广泛采用案例教学等教学模式。因此,迫切需要编写一套具有案例特色的专业学位核心课程系列教材。本套教材根据专业学位培养目标的要求,注重理论和实践的结合。在教材特色上,先讲述前沿的理论框架,再介绍理论在实务中的运用,最后进行案例讨论。我们相信,这样的教材能够使理论和实务不断融合,提高专业学位的教学与培养质量。

复旦大学经济学院非常重视专业学位教材的编写,2012年就组织出版了金融硕士专业学位核心课程系列教材。经过五年的探索和发展,一方面是学院的专业学位硕士由金融硕士扩展到了五大专业硕士学位体系;另一方面,对如何进行学位培养和教材建设的想法也进一步成熟,因此有必要重新对教材的框架、内容和特色进行修订。2015年4月,我院组织专家审议并通过了专业学位研究生课程教材建设方案。2015年12月,完成了专业学位核心课程的分类,初步设定建设《程序化交易中级教程》《投资学》《公司金融》《财务分析与估值》《金融风险管理实务》等核心课程教材。2016年10月,组织校内外专家制定了《复旦大学经济学院专业学位核心课程教材编写体例与指南》,2016年11月,组织教师申报教材建设并召开我院专业学位研究生教指委会议,针对书稿大纲进行讨论和修订,删除了目前教材之间重复的知识点,提高了教材理论的前沿性,修改和增加了教材中每章的案例,突出教材知识点的实务性。教材初稿完成以后,邀请校外专家进行匿名评审,提出修改意见和建议;再要求作者根据校外专家的匿名评审意见进行修改;最后,提交给我院专业学位研究生教指委进行评议并投票通过后,才予以正式出版。

最后,感谢复旦大学研究生院、经济学院以及学院专业学位研究生教指委提供的全方位支持和指导,感谢上海市高峰学科建设项目的资助,感谢校外专家对书稿的评审和宝贵意见,感谢复旦大学出版社的大力支持。本套教材是复旦大学经济学院专业学位教材建设的创新工程,我们将根据新形势的发展和教学效果定期修正。

经管类专业学位硕士核心课程系列教材编委会
2017年6月

前　言

投资银行学是微观金融学的重要组成部分。投资银行是主要从事证券承销、证券交易、兼并收购、资产管理、投资咨询等业务的非银行金融机构。投资银行业务可以分为以首次公开发行、再融资、收购兼并、私募股权投资等传统投资银行业务为核心的一级市场业务，以及证券经纪、资产管理业务、证券投资和证券投资咨询等二级市场业务。因此，本教材将围绕投资银行上述业务展开。

主要内容

第一部分(第一章至第二章)投资银行基础知识。包括投资银行概述和估值模型。第一章主要介绍投资银行的特点、功能、类型与组织形式，回顾欧洲、美国和中国投资银行产生与发展的历程，阐述中美投资银行的主要业务及其特点。第二章主要介绍 PE、PB、PS 等相对价值估值模型和红利折现模型、自由现金流模型等绝对价值估值模型，以及 DEVA、实物期权和剩余收益等其他估值模型，为投资银行一级市场业务和二级市场业务的展开奠定基础。

第二部分(第三章至第七章)投资银行一级市场业务。投资银行为处于生命周期不同阶段的融资企业提供服务。第三章主要介绍私募股权投资的基本概念、分类以及组织形式，回顾私募股权投资在海外以及国内的发展历史，阐述私募股权投资募、投、管、退的操作流程，展望私募股权投资在我国的发展趋势。第四章主要介绍首次公开发行的优缺点、上市地点选择、承销商作用和发行制度，详细阐述首次公开发行的发行过程、发行条件、发行方式与定价等内容。第五章主要介绍上市公司配股、增发和可转换公司债券等再融资的基本概念、特征和优缺点，回顾我国再融资方式演变的历史,详细阐述我国不同方式的再融资在主板、创业板和科创板的发行条件和发行程序。第六章主要介绍债券的概念、特点、种类和规模,阐述债券定价的基本模型、可转换公司债券的估值模型,详细阐述国债、地方政府债券、金融债和公司债的发行条件、发行方式和发行程序。第七章主要介绍并购的概念、分类、动因和发展历程,介绍并购业务的基本流程,阐述事前预防性反收购措施和事后反收购策略,详细阐述我国上市公司要约收购、协议收购和间接收购的信息披露要求。

第三部分(第八章至第十一章)投资银行二级市场业务。投资银行为二级市场投资者提供证券经纪、资产管理、证券投资和投资咨询业务。第八章主要介绍传统证券经纪业务和信用经纪业务(融资融券业务)的基本概念、作用以及分类,阐述证券经纪业务的业务流程、融资融券业务的业务模式和监管要求,介绍我国证券经纪业务佣金制度、发展现状及未来发展趋势。第九章主要介绍资产管理业务的概念和分类,回顾我国资产管理业务的发展历程及与海外资产管理业务的区别,阐述不同资产管理业务的运作模式,分析资产管理业务相关风险以及风险控制手段。第十章主要介绍证券投资基金的概念、分类和特征,阐述证券投资基金的参与主体与运作流程,介绍证券投资基金的一般业务内容以及其绩效评价方法。第十一章主要介绍证券投资咨询业务的含义及证券投资咨询人员的分类,阐述证券投资咨询业务的功能、我国证券投资咨询业务盈利模式和竞争格局。

本书特色

本教材相较于其他投资银行学教材具有以下特色:

(1)内容全。本教材内容基本涵盖投资银行所有业务,包括投资银行为处于生命周期不同阶段的融资企业提供的首次公开发行、再融资、收购兼并、私募股权投资等一级市场业务,以及为二级市场投资者提供的证券经纪、资产管理、证券投资和投资咨询业务等二级市场业务。

当然,由于篇幅限制,以及本丛书各教材内容之间的协调,本教材未包括投资银行业务之一的金融工程的理论与实务的相关内容,也未包括投资组合理论等相关内容。

(2)资料新。本教材所涉及国内外投资银行数据、资料均更新到最近2年,反映了国内外投资银行业务的最新发展情况。本书介绍了高盛、摩根士丹利最新的投资银行业务,嘉信理财的证券经纪业务"零佣金"和纳斯达克2020年上市规则;根据2020年3月实施的《证券法》,阐述了注册制下首次公开发行、再融资等领域的内容变化;根据2020年3月修正的《上市公司收购管理办法》,阐述了我国上市公司收购兼并的规制;根据2018年资管新规,分析其对证券公司资管业务的影响;根据证券业协会公布的最新数据,分析了我国投资银行各业务的竞争格局和未来发展趋势。

（3）重实务。本教材立足我国投资银行业务，系统介绍了我国投资银行一级市场业务和二级市场业务的历史沿革和发展现状，详细阐述了我国投资银行业务的相关法律法规和业务操作流程。每章均设有针对本章核心内容的以我国投资银行业务为主的小案例、小专栏，以补充、丰富相关内容，增强教材的可读性。

适用对象

本教材适用于高等院校金融学、经济学和管理学专业的本科生和研究生。

感谢

在本教材的编著过程中得到了很多人的帮助，特别感谢我的研究生：王硕（第三、十章）、张恺（第四、五章）、董方红（第六、七、八章）、袁景（第九、十一章）等同学在资料收集、文字整理和图表制作等方面的辛勤付出。感谢2018级研究生朱亦宁、颜蕾、喻婧，2019级研究生焦莞、董星、张声茂、苏璟宇、李明昊等同学帮助校对文字、更新数据。波士顿大学2019级金融数学硕士生肖宇鹤校对了第二、六章相关模型，复旦大学2019级投资银行金融专业硕士班同学试用了本教材部分内容，对书稿的文字、数据等提出了宝贵修改意见，在此一并致谢。感谢上海高峰学科建设项目的资助，感谢复旦大学出版社编辑方毅超老师、王轶鳃老师的辛勤付出。由于时间限制，教材结构安排和内容难以达到尽善尽美，书中如有遗漏和不当之处，还请读者朋友们批评指正！

目 录

第一章 投资银行概述 1
 教学目的与要求 1
 第一节 投资银行概述 1
  一、投资银行的类型与组织形式 1
  二、投资银行的特点 2
  三、投资银行的功能 3
 第二节 投资银行发展历程 7
  一、欧洲投资银行的发展历程 7
  二、美国投资银行的发展历程 8
  三、中国投资银行的发展历程 12
 第三节 投资银行业务 14
  一、美国投资银行的业务 14
  二、我国投资银行的业务 21
 案例分析：倒在黎明前黑暗中的南方证券 25
 小结 26
 习题 26

第二章 估值理论 28
 教学目的与要求 28
 第一节 相对价值估值模型 28
  一、市盈率 29
  二、PEG 32
  三、市净率 33
  四、市销率 35
  五、市值法 36
 第二节 绝对价值估值模型 37
  一、红利贴现模型 37

二、自由现金流贴现模型 ………………………………………………… 40
第三节　其他估值模型 ……………………………………………………… 44
　　一、DEVA 估值模型 ………………………………………………… 44
　　二、实物期权法估值模型 …………………………………………… 46
　　三、剩余收益估值模型 ……………………………………………… 47
案例分析：肯尼斯·费雪"超级强势股"选股策略及其在中国市场的应用 …… 48
小结 ………………………………………………………………………… 50
习题 ………………………………………………………………………… 50

第三章　私募股权投资　52

教学目的与要求 …………………………………………………………… 52
第一节　私募股权投资概述 ………………………………………………… 52
　　一、私募股权投资的分类与特点 …………………………………… 52
　　二、私募股权投资的组织形式 ……………………………………… 56
第二节　私募股权投资的发展历史 ………………………………………… 59
　　一、美国私募股权投资的发展历史 ………………………………… 59
　　二、我国私募股权投资的发展历史 ………………………………… 61
第三节　私募股权投资的操作流程 ………………………………………… 62
　　一、资金的募集 ……………………………………………………… 62
　　二、投资项目的选择 ………………………………………………… 63
　　三、投资项目的管理 ………………………………………………… 66
　　四、投资项目的退出 ………………………………………………… 67
第四节　私募股权投资的发展趋势 ………………………………………… 70
　　一、政策发展趋势 …………………………………………………… 70
　　二、市场发展趋势 …………………………………………………… 72
案例分析：摩根士丹利和蒙牛对赌双赢 …………………………………… 73
小结 ………………………………………………………………………… 75
习题 ………………………………………………………………………… 75

第四章　首次公开发行　76

教学目的与要求 …………………………………………………………… 76
第一节　首次公开发行概述 ………………………………………………… 76
　　一、公开发行上市的优缺点 ………………………………………… 76
　　二、上市地点 ………………………………………………………… 77
　　三、首次公开发行参与方 …………………………………………… 82
　　四、发行制度 ………………………………………………………… 84
　　五、我国近年 IPO 情况 ……………………………………………… 85

第二节 发行过程 ·· 86
    一、聘请中介机构 ·· 86
    二、改制重组 ·· 88
    三、辅导 ·· 90
    四、申报与注册 ·· 91
    五、发行与上市 ·· 94

第三节 发行条件 ·· 95
    一、主板发行条件 ·· 95
    二、创业板发行条件 ·· 97
    三、科创板发行条件 ·· 99

第四节 发行方式与定价 ·· 100
    一、发行方式 ·· 100
    二、发行定价 ·· 108

案例分析：美国纳斯达克全球市场上市条件 ································ 111
小结 ·· 112
习题 ·· 113

第五章 上市公司发行证券 ·· 114

教学目的与要求 ·· 114

第一节 上市公司发行证券概述 ·· 114
    一、上市公司发行证券的方式 ·· 114
    二、我国上市公司发行证券的历史 ···································· 118

第二节 发行条件 ·· 120
    一、主板条件 ·· 120
    二、创业板条件 ·· 124
    三、科创板条件 ·· 127

第三节 发行程序 ·· 128
    一、主板发行程序 ·· 128
    二、创业板发行程序 ·· 129
    三、科创板发行程序 ·· 130

案例分析：东方证券深陷长江证券增发包销困境 ······················ 132
小结 ·· 133
习题 ·· 133

第六章 债券发行 ·· 134

教学目的与要求 ·· 134

第一节 债券概述 ·· 134

一、债券的概念和特点 ·· 134
　　二、债券的种类及规模 ·· 136
第二节　债券定价 ·· 148
　　一、债券定价的基本模型 ·· 148
　　二、可转换公司债券的估值模型 ···································· 148
　　三、债券发行定价 ·· 150
第三节　债券发行条件和方式 ··· 151
　　一、国债的发行 ·· 151
　　二、地方政府债券的发行 ·· 153
　　三、金融债券的发行 ·· 154
　　四、公司债和企业债的发行 ·· 157
案例分析：五洋建设欺诈发行公司债券案 ······················· 161
小结 ··· 163
习题 ··· 163

第七章　兼并与收购 ··· 164
教学目的与要求 ··· 164
第一节　兼并收购概述 ··· 164
　　一、并购相关概念 ·· 164
　　二、并购类型 ·· 165
　　三、并购动因 ·· 167
　　四、并购发展历程 ·· 170
第二节　并购的基本流程 ·· 172
　　一、选择并购目标 ·· 172
　　二、目标公司估值定价 ·· 173
　　三、制定融资方案 ·· 174
　　四、选择支付方式 ·· 175
　　五、与目标公司进行谈判 ·· 176
　　六、实施收购及整合 ·· 177
第三节　反收购策略 ·· 177
　　一、事前预防性反收购措施 ·· 177
　　二、事后反收购策略 ·· 180
第四节　我国上市公司并购管理 ··· 182
　　一、信息披露 ·· 182
　　二、要约收购 ·· 185
　　三、协议收购 ·· 190
　　四、间接收购 ·· 192

案例分析：天神娱乐发行股份高溢价收购与商誉减值风险 …………… 193
　　小结 ……………………………………………………………………… 194
　　习题 ……………………………………………………………………… 195

第八章　经纪业务 …………………………………………………………… 196
　教学目的与要求 …………………………………………………………… 196
　第一节　传统证券经纪业务 ……………………………………………… 196
　　一、经纪业务概述 ……………………………………………………… 196
　　二、证券经纪业务流程 ………………………………………………… 199
　　三、我国经纪业务发展现状及趋势 …………………………………… 204
　第二节　信用经纪业务 …………………………………………………… 209
　　一、融资融券相关概念 ………………………………………………… 209
　　二、融资融券业务模式 ………………………………………………… 211
　　三、我国融资融券业务的监管 ………………………………………… 214
　案例分析：证券经纪业务"零佣金"时代 ……………………………… 217
　　小结 ……………………………………………………………………… 218
　　习题 ……………………………………………………………………… 218

第九章　资产管理业务 ……………………………………………………… 219
　教学目的与要求 …………………………………………………………… 219
　第一节　资产管理业务概述 ……………………………………………… 219
　　一、资产管理业务的分类 ……………………………………………… 219
　　二、我国资产管理业务的发展历程 …………………………………… 221
　　三、国外资产管理业务发展的启示 …………………………………… 228
　第二节　资产管理业务的运行模式 ……………………………………… 234
　　一、业务资格 …………………………………………………………… 234
　　二、产品募集 …………………………………………………………… 234
　　三、资产托管 …………………………………………………………… 235
　　四、投资管理 …………………………………………………………… 236
　第三节　资产管理业务的风险控制 ……………………………………… 236
　　一、资产管理业务的风险 ……………………………………………… 236
　　二、资产管理业务风险控制原则 ……………………………………… 237
　　三、定性风险分析与控制 ……………………………………………… 237
　　四、定量风险分析与控制 ……………………………………………… 239
　案例分析：资管新规对证券公司资管业务的影响 ……………………… 240
　　小结 ……………………………………………………………………… 241
　　习题 ……………………………………………………………………… 242

第十章 证券投资基金 ·················· 243
教学目的与要求 ·················· 243
第一节 证券投资基金概述 ·················· 243
一、证券投资基金的概念与特点 ·················· 243
二、证券投资基金的分类 ·················· 244
三、证券投资基金的参与主体 ·················· 248
四、我国证券投资基金发展历程 ·················· 250
第二节 证券投资基金业务 ·················· 252
一、基金募集 ·················· 252
二、投资管理 ·················· 253
三、运营服务 ·················· 256
第三节 证券投资基金的绩效评价 ·················· 258
一、基金净值收益率的计算 ·················· 259
二、风险调整绩效衡量方法 ·················· 260
案例分析：交易型开放式指数证券投资基金(ETF)是否加剧了市场波动？ ·················· 263
小结 ·················· 264
习题 ·················· 264

第十一章 证券投资咨询业务 ·················· 265
教学目的与要求 ·················· 265
第一节 证券投资咨询概述 ·················· 265
一、证券投资咨询的含义 ·················· 265
二、证券投资咨询人员的分类 ·················· 265
三、证券投资咨询的风险管理 ·················· 266
第二节 证券投资咨询的功能与评价 ·················· 268
一、证券投资咨询的功能 ·················· 268
二、证券投资咨询的评价 ·················· 269
第三节 我国证券投资咨询的盈利模式 ·················· 272
一、盈利模式 ·················· 272
二、佣金分仓 ·················· 273
三、行业发展方向 ·················· 276
案例分析：明星分析师是否能保持稳定的高准确率？ ·················· 278
小结 ·················· 280
习题 ·················· 281

参考文献 ·················· 282

第一章

投资银行概述

教学目的与要求

投资银行是重要的非银行金融机构。投资银行作为活跃于国际金融市场上的一类重要的金融机构,在现代市场经济和金融体系中发挥着不可替代的作用。它以灵活多变的形式参与资本市场配置,成为资金供给者和资金需求者之间重要的联系纽带,在资金供给者和资金需求者之间建立了一个方便快捷的通道,减少了交易环节,节省了交易费用,实现了资本的高效配置。通过本章学习,了解投资银行的特点、功能、类型与组织形式,了解欧洲、美国和中国投资银行产生与发展的历程,熟悉中美投资银行的主要业务及其特点。

第一节 投资银行概述

一、投资银行的类型与组织形式

(一) 什么是投资银行

由于历史发展的原因,投资银行的称谓在各国(或地区)不尽相同。美国称之为投资银行,日本称之为证券公司,英国称之为商人银行,德国称之为私人承兑公司,法国称之为实业银行等。本书采用投资银行的称谓。

从历史发展及其现状来看,投资银行以证券承销、证券交易和资金管理等为主业,是资金所有权与使用权交易的中介,是资源有效配置的推动者。

目前理论界对投资银行还没有一致的定义。美国著名金融专家罗伯特·库恩在其所著《投资银行学》中将投资银行的定义按业务范围大小划分为以下四类。

(1) 最广义的定义:任何经营华尔街金融业务的机构,都可以称之为投资银行。不仅包括从事证券业务的金融机构,甚至还包括保险公司和不动产经营公司。投资银行业务包括从国际银团承销到分支零售营销,再到其他金融服务(例如房地产和保险)。

(2) 较为广义的定义:投资银行是经营一部分或全部资本市场业务的金融机构。具体业务包括证券承销、公司理财和收购兼并等,还包括基金管理和风险资本管理,但不包括向客户零售证券、房地产经纪业务、抵押银行业务、保险产品及类似的业务等。

（3）较狭义的定义：投资银行是经营某些资本市场业务的金融机构。证券承销和收购兼并是业务重点。它不包括基金管理、风险资本管理、商品和风险管理等。

（4）最狭义的定义：投资银行是在一级市场上承销证券筹集资本和在二级市场上交易证券的金融机构。这是最传统的投资银行定义。

罗伯特·库恩认为上述第二种定义最符合美国投资银行的现实状况，因而是投资银行的最佳定义。同时，他根据"以为公司服务为准"的原则指出，那些业务范围仅限于帮助客户在二级市场上卖出或买进证券的金融机构不能称作投资银行，而只能叫作"证券经纪公司"。

根据目前国内外投资银行的业务范围，我们将投资银行定义为：投资银行是主要从事证券承销、证券交易、兼并收购、资产管理、投资咨询等业务的非银行金融机构。

（二）投资银行的分类

投资银行主要可以分为三类。

（1）独立型的专业性投资银行。这种类型的机构是在分业经营监管体制下形成的，它们有各自擅长的业务方向，比如2008年之前美国的高盛、摩根士丹利、美林证券，日本的野村证券，我国的中信证券、海通证券等。

（2）全能型银行兼营型投资银行。主要是商业银行通过兼并收购其他投资银行，参股或建立附属公司从事投资银行业务，这种类型的机构是在混业经营监管体制下形成的，在欧美国家非常典型，比如摩根大通银行（收购贝尔斯登）、美国银行（收购美林证券）、德意志银行、瑞银集团等。

（3）金融控股公司型投资银行。这类银行在从事投资银行业务的同时也从事商业银行业务，例如2008年以后的高盛、摩根士丹利。

（三）投资银行的组织形式

20世纪70年代前，投资银行主要是合伙制。在合伙制投资银行中，人的因素十分重要。一般来说，合伙制投资银行中的合伙人是那些在投资银行业务方面具有较高声望和地位的专业人士。

20世纪80年代以来，投资银行发生的最大变化之一就是由有限合伙制转变为公司制，并先后上市。与合伙制投资银行相比，公司制投资银行，尤其是上市的投资银行具有如下优点：第一，增强了筹资能力；第二，避免了所有权与管理权不分的弊端，使公司更为稳定；第三，推动并加速投资银行间的兼并浪潮，优化了投资银行业的资源配置。在投资银行的组织形式上，各国的规定不尽相同。目前，世界上只有比利时、丹麦等少数国家的投资银行仍仅限合伙制；德国和荷兰虽然在法律上允许有不同的组织形态，但事实上只有合伙制；新加坡、巴西等国则只允许采取股份公司制的形式。从投资银行业比较发达的美、欧、日等国家和地区来看，公司制是具有典型意义的投资银行组织形式。我国法规规定，证券公司的组织形式必须是有限责任公司或者股份有限公司，不得采取合伙及其他非法人组织形式。

二、投资银行的特点

（一）业务广泛

投资银行业务不拘一格、推陈出新，能够根据形势变化，敏锐捕捉到机会。从传统的证券承销和证券交易业务,到复杂金融衍生品设计,投资银行业务日益拓展,涉及金融领域几乎所有金融交易,其快捷迅速的决策能力,使其能够很快从竞争激烈而收益下降的业务转向新的活跃业务,具有极强的生存能力。随着金融市场的开放,投资银行业务范围从本国本地区拓展到其他国家,优质金融产品可以行销全球。

(二) 专业性强

随着金融业务的快速发展,为了防范金融风险的爆发,各国金融监管当局对金融产品和业务都有着严格复杂的规定。因此,投资银行业务具有很强的专业性。投资银行所掌握的金融技术本身具有高度专业化色彩,而同时投资银行面向需求不同的投资主体,需要结合金融技术及客户的特殊要求解决金融问题。当金融领域中越来越多的业务走向规范化和标准化时,也涌现出更多的专业性需求。

(三) 善于创新

投资银行主要收入来源之一是佣金。利益驱使其为市场提供更多优质产品,可以说投资银行是伴随着金融业务创新、金融衍生创新而成长壮大起来的。其拥有的人才优势、技术优势、信息优势及与广大客户的密切关系,使其能够不断以创新活动来满足客户多样化的要求,同时达到金融监管部门的监管要求。现代化的信息交换技术与经济的开放性更是使得投资银行可以采用多种适宜方式从事资本的调配与运营,引导金融界的创新。

(四) 人才济济

投资银行的最大财富在于其人力资本。熟悉金融市场、精通金融业务、掌握各种金融技术的人员推动着投资银行的发展,也推动着金融业和经济的发展。受前述特点和高薪的吸引,各国投资银行网罗了众多金融、数学和计算机等领域的优秀人才。在激烈竞争中脱颖而出的投资银行家具有强大的人际交往与领导才能、出色的学习与逻辑思考能力、良好的基本素养和专业知识、充沛的创造激情与工作能力、饱满的成功信念和制胜勇气。

三、投资银行的功能

投资银行是资本市场的重要组成部分,是资本供给者和资本需求者的中介机构,是培育优秀企业的重要参与者,是优化资源配置的重要推手,在社会经济中占有举足轻重的地位。早期的投资银行业为欧洲大陆的贸易和商业提供了融资便利,也利用股票和债券融资为英国的工业发展提供了动力。在美国,投资银行通过为政务和基础设施进行大规模的承销债务筹资而逐步奠定了其在证券业的主导地位。

(一) 媒介资金供需

1. 资金中介

在资本市场中,由于初始资本配置往往并非有效,出现了资金盈余者和资金短缺者。资金盈余者希望能够利用手上的资金获得更大的利润,而资金短缺者则希望以最小的成本筹集到所需要的资金以谋求发展。

投资银行通过帮助资金需求者发行所有权凭证(股票)或债权凭证(债券),将其出售给资金供应者,把资金供需双方联系起来,承担起沟通资金供求双方、帮助资金进行匹配融资的角色。这种直接融资方式,可以为资金需求方获得中长期资金。在这个过程中,投资银行充当了直接融资市场上资本供给者和资本需求者之间的重要中介机构。融资行为结束后,资金供需双方以证券为纽带联系起来,两者之间从而有了明确的责权利划分,而投资银行则不再负有相关责任。投资银行完成中介作用后,向筹资方收取中介手续费而盈利。

间接融资主体商业银行主要以赚取存贷款利差的方式盈利。商业银行是作为存款人的债务人,将这些存款贷放给贷款人,对于贷款人而言,它又是以债权人的身份出现。因此,存款人与贷款人只与银行发生债权债务关系,而他们两者之间没有直接的责权利约束。在以商业银行为中介的借贷活动中,银行发放贷款,要承担贷款人投资失败、破产所造成的贷款损失风险。所以,商业银行本着流动性、安全性、收益性原则,在发放贷款方面有严格的风险控制。这类贷款以短期贷款为主,并对贷款人进行严格的资格审定。

同时,在直接融资市场上,投资银行通过设计合理的交易方式,提供期限、利率、偿本付息等方面的选择,使交易双方在互惠互利的基础上达成协议。投资银行将资金使用的风险分散给提供资金的广大投资者,风险由众多投资者承担,在一定程度上放松了资金供应者出让资金使用权的条件。

2. 信息中介

充分的信息披露是证券市场监管机构的基本要求。投资银行将各级证券管理者、交易机构的信息及时、准确地传递给投资者,按照信息披露制度将企业财务报告及时向投资者公布,从而使投资者拥有尽可能多的信息,避免了信息不对称的误导,保证了信息效率和信息公平。同时,因为业务发展需要,投资银行的研究部门会收集世界各国的宏观经济数据,以判断各国货币政策、财政政策的变化,寻找宏观投资机会、大类资产配置机会,规避投资风险;研究产业发展规律,寻找代表时代发展方向的具有潜力的行业;从特定公司的证券发行与承销、企业兼并重组或是为一个特定的企业充当财务顾问等业务中,获得微观企业的经营数据,判断企业投资价值。在此基础上,投资银行利用其对信息的收集、分析、加工能力寻找投资机会。

由于投资银行在证券市场中的特殊地位和业务的多样化,投资银行成为人才、知识、信息的高度密集地,聚集着大量的宏观经济、产业发展和微观企业信息。投资银行通过收集资料、调查研究、提供咨询、介入交易,促进了各有关信息在证券市场中传播。投资银行在证券市场中进行信息收集、加工、传播,降低了买卖双方的信息成本,使交易公开化、公平化、公正化。

投资银行作为信息中介人,在对信息进行标准化、规范化、程序化管理的同时,在证券市场上为广大投资者进行信息披露,对整个金融体系乃至整个经济体系的信息处理发挥着重要作用,是经济体系中重要的信息中介之一。

(二) 构造证券市场

证券市场是金融市场的重要组成部分,是否拥有高效规范的证券市场是判断一国资源配置市场化和经济发达程度的重要指标。在证券市场上主要有以下行为主体:资金需求方、资金供给方、市场监管方、投资银行和其他中介机构。其中,投资银行起着沟通各市场参与主体、推动证券市场发展的重要作用。

从证券发行市场来看,证券发行需要较高的专业技术水平和营销策略。证券发行者必须准备各种资料,进行大量的宣传活动,提供各种技术条件,办理复杂的手续,因而仅依靠其自身的力量向投资者发行证券不仅成本很高,而且效果也往往很差。在证券发行过程中,投资银行通过咨询、承销、分销、代销等方式辅助构建证券发行市场。证券发行人聘请投资银行帮助制定证券的发行价格、发行方式、发行规模和时间后向投资者进行证券承销。证券承销业务一般采取包销的方式,这种方式使得投资银行承担了在证券没有全部出售时买入剩余证券以降低发行风险的包销义务。投资银行还利用自身分支机构和销售网络的优势,组织一定规模的分销集团,使证券可以顺利发行。投资银行帮助构造了高效率、低成本、规范化的证券一级市场。

从证券交易市场看,投资银行以经纪商、做市商和自营商的身份参与其中,对稳定证券市场、促进证券流通发挥着重要的作用。证券承销完毕后,投资银行可以通过绿鞋机制,在一定时期内稳定股票上市后的股价走势,防止股价大起大落。投资银行以做市商、经纪商的身份接受客户委托,进行证券买卖,提高了交易效率,维持了市场秩序。另外投资银行以自营商身份参与证券的自营买卖,能比较真实客观地反映和发现证券价格,同时也活跃了证券市场,促进了有价证券的流通。投资银行通过活跃买卖双方的交易、充分披露证券市场的各种信息,使价格的变动反映出市场的供求状况,进而使证券市场的价格机制充分发挥作用。

投资银行是金融工具创新的重要推动者。随着时代的发展,投资者对投资工具的期限、变现性、报酬率、风险及其组合有了更多的要求,对投资的安全性日益重视。本着分散风险、保持最佳流动性和追求最大利益的原则,投资银行面对客户的需求,不断推出创新的金融工具,如期权、期货、互换、票据发行便利等金融衍生品。它们或者作为投资品,或者作为保值工具,使得包括证券市场在内的各种金融市场大大拓宽了交易领域,不断迸发出新的活力。

因此,投资银行是证券业的核心,其对证券市场的构建功不可没。没有投资银行的充分发展,就谈不上健全、高效的证券市场的形成。

(三) 提高资金配置效率

投资银行通过私募股权投资、证券发行、收购与兼并等业务,使资金余缺得到充分协调。这些业务一方面使得能获取较高收益的企业不至于因缺乏扩大再生产资金而放缓发展速度;另一方面为大量闲散资金提供了高收益的渠道,促使资金在整个经济体系中得到合理运用和有效配置,总体上使得社会经济资源都能在相应的部门发挥出最佳效益,从而提高资金的配置效率。

高科技产业的发展,除了需要拥有创新精神的高素质人员外,资金支持也是一个非常重要的因素,而许多高科技产业在初创阶段风险很大,难以从商业银行获取贷款。投资银行通过证券发行承销业务为这些企业发行股票或债券,通过私募股权投资业务直接进行股本投资,为高科技产业的迅速发展提供了巨大的动力,促进了产业的升级换代和经济结构的改善。

投资银行便利了政府、国家重点项目和大型企业的融资。它不仅在国内市场开展融资活动,还会涉足国际资本市场,跨国发行证券,充分吸引、利用外国资本,从而使大量资金流入国家重点建设项目、重点支持产业、公共用品部门及效益好的大型企业集团。这有利于国家基础设施建设、产业计划的实施和重点企业的成长,进而促进资源的有效配置,使整个国家的经济效益和福利水平得到提高。

在一级市场中,投资银行将企业的经营状况和发展前景向投资者做充分的宣传,那些发展前景好、经济效益高的企业就很容易通过证券融资从而被投资者接受,进而在二级市场形成被认可的交易价格,发挥价格发现功能。社会经济资源通过这种价格信号的导向作用进行配置,促进资金向边际效率高的企业或产业流动,限制了低效、无效部门的盲目扩张,优化了社会资源的配置。

对于资信程度比较低的企业,投资银行可以通过对其证券评以较低的级别,使投资者在企业风险尽可能暴露的情况下谨慎投资。这一方面使资金投放减少盲目性,使收益和风险能够进行合理匹配;另一方面使企业财务状况暴露在市场之中,可以监督企业改善经营管理,有效利用所筹资金,提高经济效益。投资银行通过对不同企业和不同项目融资的收益和风险的确定,对其进行不同的评级来引导社会资金流向,促进社会资金的有效配置。

投资银行通过基金管理将中小投资者的闲散资金集聚起来,形成规模效益,有利于调节社会投资结构,扩大社会投资规模,提高投资效益,将民间自发的投资组合导向正规化,并防止投资小型化、轻型化和分散化。

(四) 推动产业整合

在经济社会的发展过程中,生产的社会化和专业化要求产业结构不断调整,既要有符合大规模社会生产的垄断性企业,又要求有高度专业化、多样化的小型企业参与竞争。投资银行通过参与收购兼并,影响企业组织乃至产业结构的调整。

作为现代投资银行的核心业务,投资银行活跃于并购的各个环节,提供信息服务和融资安排。投资银行家在并购中对资金运作的惊人能力,推动了一批企业的整合重组。以美国为例,从19世纪末到现在,已发生过5次大的并购浪潮:第一次出现在1898—1902年,其特征是以横向合并为主,在摩根公司等投行的参与下,出现了一批包括美国钢铁公司、美孚石油公司等在内的垄断企业;第二次并购浪潮出现在1920—1933年,以纵向合并为特点,美国汽车制造业、石油工业、冶金工业以及食品加工业在此期间都完成了产业集中过程;1948—1964年,美国发生了第三次并购浪潮,这次并购主要以混合并购为主,结果是出现了一批竞争力强、兼营多种业务的企业集团;1974—1985年由于杠杆收购的产生发生了第四次并购浪潮,赫赫有名的"垃圾债券大王"迈克·米尔肯推出的垃圾债券融资,使"小鱼吃大鱼""蛇吞象"的事件频频发生;进入20世纪90年代后,美国掀起了第五次并购浪潮,实力雄厚的巨象之间的互相吞并已屡见不鲜,表明美国产业集中已向更深、更广的领域发展。

英国对国有企业进行私有化的过程中,政府大批出售国有企业。出于分散风险的需要,多数国有企业出售是通过证券市场进行的。投资银行则制定出售价格、销售方式、出售对象等,充当产权交易的重要顾问。

因为企业兼并与收购是一个技术性很强的工作,选择合适的并购对象、合适的并购时间、合适的并购价格以及进行针对并购的合理财务安排等都需要大量的资料、专业的人才和先进的技术,这是一般企业难以胜任的。在公司的并购活动中,投资银行凭借其专业优势,依赖其广泛的信息网络、精明的战略策划、熟练的财务技巧以及对法律的精通,至少作为交易双方一方的代表而发挥作用。如果是收购公司的代表,则需要完成对企业的前期调查、资产评估、方案设计、协议执行以及配套的融资安排、重组计划等诸多专业化的工作,与目标公司进行谈判协商。如果是目标公司的代表,则需要出谋划策预防敌意并购,或提出反并购计划,诸如寻找"白衣骑士"和设置"毒丸",挫败敌意并购计划。

因此,从这一意义上来说,投资银行促进了企业实力的增强、社会资本的集中和生产的社会化,成为企业并购和产业集中过程中不可替代的重要力量。

第二节 投资银行发展历程

投资银行的产生与发展是一个历史的过程,同各国经济的发展密切相关,是金融业和金融资本发展到一定阶段的产物。由商业信用到银行信用再到证券信用是社会信用由低级向高级发展的三种形态,投资银行伴随着证券信用和证券市场的产生而产生。同时,投资银行在金融业务的"混业—分业—混业"的监管模式变化中不断发展壮大。

一、欧洲投资银行的发展历程

探寻投资银行的起源,可以追溯到中世纪的欧洲。随着国际贸易的兴起,早期投资银行应运而生。早期投资银行的主要业务为汇票的承兑与贸易贷款,并多为实力雄厚、声名显赫的大家族所承揽。大家族大多是在从事海外贸易的同时从事货币营运。这些商人兼营的金融机构,得名为商人银行。

正如现代意义上的第一家商业银行建立于意大利一样,意大利的商人首先进入了商人银行这一领域。由于国际贸易中的地理优势,意大利商人在几个世纪中主宰着欧洲的国际贸易活动。他们将商业借贷、货币兑换这些业务与通常的贸易活动结合起来,获得可观利润。此外还包括向王公贵族提供贷款,并帮助其理财。其中最著名的商人银行要算麦迪西商行(Medici),该家族位于佛罗伦萨,在15世纪中叶就开始了国际性的商人银行业务,其运营的场所包括伦敦、日内瓦、里昂等,并遍布意大利。

随着时间的推移,在18世纪后期,伦敦成为国际金融中心。当时,由于贸易竞争的加剧,海外贸易利润下降,制造商无力负担贸易中拓展市场的财务风险,于是便崛起了一批承兑商,专门承担出口业务的财务风险。这些承兑商便是商人银行的前身,其中著名的有巴林兄弟(Baring Brothers)、罗斯柴尔德(Rothschilds)、施罗德(Schroders)等。

1801年,美国总统杰斐逊有意向法国购买当时属于法国的路易斯安那州政府的新奥尔良港,为此美国国会拨款200万美元。经过2年的讨价还价,拿破仑愿意出售整个路易斯安那州,要价1 500万美元,平均每英亩土地为4分美金。可是美国政府除了200万美元以外,拿不出更多的钱。杰斐逊总统于是求助于著名的英国银行家亚历山大·巴林。巴林经常为欧洲各国政府从私人银行和有钱人那里筹集资金。杰斐逊以美国政府的名义委托巴林筹措购地需要的资金。由于资金数目大,不是少数几家私人银行和几个有钱人所能承担,巴林组织几家银行与杰斐逊谈妥条件后,集体认购了美国政府的这笔贷款,并在认购后向其他投资者推销了一部分。巴林的这种融资中介的作用就是现代投资银行的前驱。

可以看出,欧洲早期的投资银行业务主要源自国际贸易的发展,包括为客户提供承兑与担保服务、以抵押品作担保发放一部分贷款、承销债券等。

然而一战以后,随着英国国际经济、金融中心地位的不断下降,英国的商人银行的发展也逐渐放缓。直到20世纪70年代,英国经济发生了一系列重大变化:一是掀起了"民营化"的浪潮,使得商人银行和企业建立了密切的关系,为以后进一步扩展投资银行业务打下了基础;二是80年代的兼并收购风潮推动了商人银行业务的进一步发展,很多商人银行利用自有资本或代为管理的共同基金积极参与企业的收购和合并;三是1986年英国证券市场的重大改革为商人银行的发展创造了新的契机。在经历了民营化、企业并购浪潮以及证券市场变革以后,英国的商人银行逐步发展壮大起来,形成了与商业银行共同经营投资银行业务的格局。

1997年,英国金融监管系统开始彻底变革,证券与投资管理局更名为英国金融服务局。金融服务局合并了九个监管机构的力量,成为这个行业的唯一监管者。在这一过程中,金融服务局也从英格兰银行获得了监管银行的权力。2001年,英国颁布的《2000年金融服务和市场法案》取代了《1986年金融服务法案》。2008年全球金融危机发生后,英国金融服务局、英格兰银行及财政部联合改革和加强了英国现有的监管法律框架。

二、美国投资银行的发展历程

(一) 1929年经济危机前缺乏监管的投资银行

19世纪以来,随着美洲大陆殖民扩张和贸易的发展,欧洲移民纷纷来到美国,美国的投资银行业务崭露头角。在1929年经济危机之前,投资银行的业务不断发展,从承销政府债券、铁路债券,到股票发行承销、参与收购兼并,甚至进行风险投资、开展共同基金业务。

美国投资银行业伴随着美利坚合众国一起成长,美国政府一直依赖华尔街为其提供融资服务,而投资银行家利用和政治家的私人关系获得相关业务。在美国内战期间,政府发行了大量的政府债券。杰伊·库克(Jay Cooke)与财政部长塞门·柴斯(Salmon Chase)的私人关系使得他能够赢得战争期间承销数额庞大的财政部债券的业务,而杰伊·库克成功售出了联邦战争债券,为联邦政府筹集军费,确保了北方的胜利。很多投资者投资了联邦政府的战争债券,以至于库克的名字家喻户晓,一夜之间成为美国最著名的银行家。塞利格曼家族(Seligmans)因为与尤利西斯·S·格兰特总统的长期友好关系,得以利用内战带来的在欧洲市场上行销联邦政府债券的机会,通过安排债券发行、经营批发业务、进行证券承销等,也获利不菲,到19世纪70年代已成为欧洲市场上五大投资商号之一。1915年,J.P.摩根帮助发行了一笔巨额债券"1915年盎格鲁-法兰西贷款"(the Anglo-French Loan of 1915),筹集的款项被用来帮助反抗德国的战争。

工业的发展催生了一批新的实业家和银行家。在此期间,投资银行家的业务处于监管真空地带,可以自由地改变市场力量,以满足一个正在成长的国家的资金需求。由此形成的惯例也带给他们操纵力和影响力。1879—1893年,美国铁路里程增长为原来的3倍,铁路债券和股票的融资从48亿美元上升到99亿美元,投资银行在筹资和融资中扮演了重要角色,其自身也得到了突飞猛进的发展。19世纪60年代末,塞利格曼家族开始承销新发行的证券。他们的第一单承销业务来自纽约共同煤气照明公司(New York Mutual Gas Light Company)。之后,公司股票承销业务一直在马不停蹄地进行,其中最著名的承销项目要数明尼波利斯-霍尼韦尔调整器公司(Minneapolis-Honeywell Regulator Company),这家公司就是后来名闻遐迩的霍尼韦尔公司的前身(Honeywell Inc.)。1879年,摩根公司在伦敦承销25万股纽约中央铁路公司的股票,与此同时,它也获得了在中央铁路委员会中的代表权,取得了银行业对铁路的控制权。雷曼兄弟(Lehman Brother)和高盛(Goldman Sachs)在长达20年的合作历史中,联合承销了一百多个发行项目,其中有许多是新行业中的新公司。1926—1929年,由于越来越多的企业喜欢权益融资而非债务融资,股票市场快速发展,股票发行额从6亿美元剧增到44亿美元,而债券发行有所减少。

1898—1902年间,发生了美国历史上第一次并购浪潮,其特征是横向并购。在企业兼并大量融资的过程中,投资银行家凭借其信誉和可行的融资工具为企业筹集了大量资金。投资银行家是这一时期美国产业中几乎每一个重要部门托拉斯的"接生员"。这次浪潮之后,投资银行开拓了其在企业收购、兼并方面的业务,成为重整美国工业结构的策划者,并改变了大部分工业结构。例如,通用电气公司、美国钢铁公司和国际商船公司就是这一期间在摩根公司的领导下创建的。

1925年,塞利格曼发起成立投资基金"三大洲公司"(Tri-Continental Corporation),雇用了全职员工和分析师来管理这只共同基金。基金并不销售给中小投资者,而是给那些拥有相当规模资产却缺乏投资经验的投资者。投资地域并不局限于美利坚,而是同时在三个大洲的不同市场进行投资。之后,华尔街共同基金大幅增长。

1929年经济危机前,投资银行业监管缺乏,而证券需求旺盛,竞争激烈。这导致银行的内部控制薄弱。尽管银行试图自律,但这并不能阻止丑闻的发生。在这个阶段,政府相关部门没有要求承销、投资和储蓄业务的分离。银行可以通过活期存款账户获得资金,投资于其承销的证券。结果是商业银行过度参与证券市场,导致证券市场迅速扩张,形成泡沫,并最终酿成1929—1933年的经济大危机。

(二)分业经营管理体制下的投资银行

1929年10月28日美国股市崩盘,史称"黑色星期一"。尽管发生了1929年的大崩盘和接下来的经济萧条,但总统赫伯特·胡佛并没有对金融市场实施任何新的监管举措。而1933年成为总统的富兰克林·罗斯福,采取积极的行动应对经济困难,通过了一系列规范金融部门的监管法律,尤其是针对投资银行业的监管法律。在罗斯福的敦促下,美国国会通过了7项对投资银行业产生重要影响的法案。其中的3项法案,即1933年的《证券法》和《格拉斯-斯蒂格尔法案》、1934年的《证券交易法》,彻底改变了投资银行业的环境。

1933年《证券法》出台的目的是为了稳定资本市场,防止证券交易中的操纵和欺诈行为。该法案对投资银行业监管的内容主要有四部分:向美国证券交易委员会提交注册申请书;向潜在投资者提供招股书;承担信息披露的民事和刑事责任;在公开销售前有一段时间的静默期。

1933年的《格拉斯-斯蒂格尔法案》将投资银行与商业银行分业,并且催生了联邦存款保险公司。其主要内容有:私人银行分离为储蓄银行和投资银行,所有证券代理发行、证券包销、证券分销、证券经纪人业务都属于投资银行的业务范围,由投资银行专门经营;商业银行和投资银行的业务分离,投资银行不能经营吸收存款等商业银行业务,商业银行只允许承销债券和代理市、州、联邦政府的证券发行,商业银行在证券交易方面的利润被限制在总利润的10%以内(不包括承销债券的利润);证券机构与商业银行的董事和高管分离。受此影响,许多既从事商业银行业务又从事投资银行业务的大银行将两种业务分离开来,成立了专门的投资银行和商业银行。摩根公司分成专门从事投资银行业务的摩根士丹利公司和商业银行J.P.摩根。花旗银行、美国银行等放弃了法定的投资银行业务,雷曼兄弟、所罗门兄弟、美林和高盛则专门从事投资银行业务。

作为对1933年《证券法》的补充,1934年的《证券交易法》主要涉及对新发行证券的报告要求和对交易行为的监管。该法案通过最低申报要求和编制交易规则,极大地改变了二级市场。另外,要求交易被自律组织约束。1934年的《证券交易法》催生了美国证券交易委员会来负责监督资本市场,其职权也包括对投资银行的监督。

上述法规及1938年的《玛隆尼法》、1940年的《投资公司法》和《投资顾问法》等一系列法规为促进美国证券业的发展、规范金融机构的行为、防范金融风险、保证金融市场的秩序发挥了重要作用。

美国分业经营监管体系成为阻隔金融危机发生的一道防火墙,金融业出现了相对平稳的发展时期。但是,随着时间的推移,分业经营的弊端也逐步显现。因为分业经营的限制,美国金融机构竞争力受到影响,德意志银行、瑞银等总部不设在美国的全能性银行不受《格拉斯-斯蒂格尔法案》的约束,比美国的花旗银行、美国银行等商业银行和高盛、摩根士丹利等独立投资银行有更多的竞争优势。另一方面,进入20世纪70年代,石油危机使世界经济形势发生动荡,通胀加剧,利率变动剧烈,商业银行信贷业务产生的风险也无法有效分散。

(三) 混业经营管理体制下的投资银行

1. 放松管制下的投资银行

《格拉斯-斯蒂格尔法》出台后,美国商业银行和投资银行严格遵守该法规定的业务限制。随着金融自由化、全球化的推进,金融业竞争日益激烈,金融业务的不断创新,放松管制、改革金融分业监管体制已是大势所趋。投资银行通过金融创新拓展业务,与商业银行业务互相渗透,同时通过开拓海外业务,突破分业经营的限制。

从60年代开始,商业银行和投资银行都开始想尽办法利用《格拉斯-斯蒂格尔法》的漏洞,彼此向各自的领域渗透。例如:为了绕开该法关于商业银行不得从事共同基金的发行与销售的规定,商业银行通过与投资公司签订联营协议来经营共同基金业务,由投资公司进行基金的买卖,而实际由银行负责管理基金。20世纪70年代以来,投资银行为了争取顾客、开拓业务领域,不断推出各种金融创新产品:抵押债券、LBO(杠杆收购)高收益债券、期权期货互换等金融衍生产品为客户进行套期交易,帮助客户理财,进行风险管理。

放松管制的呼声以及实际经济生活中金融机构对法规微妙的规避,使美国当局颁布了一系列放松管制的条例。例如1975年的《证券法增补案》,旨在令证券交易委员会与金融业通力合作,以共同建立全国市场体系和有关证券交易的全国票据清算体系。1982年的《詹门法案》放宽了对储蓄和贷款行业的管制;允许货币市场上的存款账户和货币市场上的共同基金进行竞争;扩大了资产投资方式,允许投资于商业票据、公司债券、商业贷款、垃圾债券等;允许银行控股公司跨州经营存款业务。1986年,美联储允许银行控股公司承销公司债券,而之前只允许承销政府债券。1996年,美联储将非政府的债券承销业务收入不能超过总收入的10%改为不能超过总收入的25%。

随着世界经济一体化趋势的加强、国际货币市场的充分流动及国内金融市场竞争的加剧,美国投资银行在20世纪80年代初开始实施跨国发展战略。特别是随着东亚经济的起飞,旺盛的资金需求吸引投资银行纷纷涌入。其采取的方式或是设立分支机构,或是购买东道国投资银行类的金融机构的股份,借以进入东道国的资产管理、基金募集和证券经纪业务。

1999年7月,美国通过了一项名为《金融服务现代化法案》的议案,旨在终止商业银行、投资银行和保险公司分业经营。这项议案的主要内容为:任何参与金融性活动的公司都可以在同一个控股公司名下成为其分支机构,保险承销商和房地产开发商不允许成为该集团企业的子公司,但可以以分支机构的名义经营;法案授权成立一种新形式的金融机构,这种批发性的金融机构拥有与商业银行同等的经营权,但只能接受没有联邦储备保险、公司保险的金额超过10万美元的存款。

《金融服务现代化法案》的出台掀起了金融机构新一轮的兼并高潮。该法案批准了1998年花旗银行和旅行者集团合并为花旗集团,保留了旅行者集团的投资银行业务。2000年大通曼哈顿银行收购J.P.摩根成为摩根大通银行。商业银行、投资银行和保险公司业务混业经营的发展趋势对美国金融体系产生深远的影响。

2. 2008年金融危机后的投资银行

1999年《金融服务现代化法案》颁布后,美国投资银行规模发展空前,高盛集团、摩根士丹利、美林证券、雷曼兄弟、贝尔斯登等大型投资银行均以骄人的业绩活跃于全球资本市场。

这些投资银行通过股权激励过度强化了公司的短期回报,金融机构高管的薪酬和激励机制没有与机构的风险管理、长期业绩相挂钩,形成了较高的"道德风险"。为迎合追求短期利润的需要,传统上以赚取佣金收入为主、对资本金要求较低的投资银行,在高利润的诱惑和激烈竞争的压力下,不断设计出基于房地产次级贷款的MBS、CDO、CDS等大量复杂的金融衍生产品,在公募和私募市场吸引客户购买这些高风险高收益产品,从而获得巨额佣金。同时,投资银行的自营、资产管理部门也购买了大量相关金融衍生产品,在次贷危机爆发前获利颇丰。高盛在次贷危机前,直接股权投资和其他投资收益占总收入比例高达80%左右。高盛和摩根士丹利在危机前十几年中每年的平均净资产收益率高达20%左右,远远高出商业银行12%~13%的回报率。在激烈的竞争中,为追求高额回报,投资银行不断加杠杆,从而积累了巨大的风险。雷曼兄弟宣布进入破产保护时,其负债高达6 130亿美元,杠杆率高达23倍,美林被收购前杠杆率也超过20倍。

过度投机和过高的杠杆率使得整个华尔街的投资银行走上了一条不归路。2008年次贷危机爆发,造成住房抵押贷款类资产以及基于房地产次级贷款的大量复杂金融衍生产品价格暴跌,给投资银行带来了巨额损失。与此同时,投资银行自身财务状况恶化,评级公司降低其评级使融资成本上升,便可能造成投资银行无法通过融资维持流动性,从而使其高杠杆难以为继。

次贷危机发生后,高风险和高杠杆率使得美国投资银行出现了创历史纪录的巨额亏损。2008年3月16日贝尔斯登被出售给摩根大通;2008年9月14日,雷曼兄弟申请破产保护,将美国业务出售给巴克莱,部分欧洲和亚洲业务出售给野村证券;2008年9月14日,美林被出售给美国银行;2008年9月21日高盛、摩根士丹利转型为银行控股公司。这是自20世纪30年代大萧条以来华尔街最巨大的制度转变。美国独立型的专业性投资银行寿终正寝。

2008年金融危机后幸存下来的兼营投资银行业务和吸收存款业务并在世界范围内经营的九大全球机构包括:摩根大通、美国银行、花旗集团、瑞信、瑞银、德意志银行、巴克莱、高盛和摩根士丹利。

三、中国投资银行的发展历程

（一）早期发展阶段(1987—1995年)

1987年,深圳特区证券公司成立,这是我国第一家专业性证券公司。此后,为了配合国债交易和证券交易市场的发展,中国人民银行陆续牵头组建了43家证券公司,同时批准部分信托投资公司、综合性银行开展证券业务,初步形成了证券专营和兼营机构共存的格局。1990年,中国人民银行颁布了《证券公司管理暂行办法》等规章,初步确立了证券公司的监管制度。

1991年年底,上海、深圳证券交易所成立,之后我国证券公司开始进入快速发展时期。1992年,国务院证券委员会和中国证监会成立,中国人民银行继续对证券经营机构的主体进行管理,国务院证券委和证监会对证券经营机构的业务进行监管。

1992年,经中国人民银行批准,设立了有银行背景的华夏、国泰、南方三个全国性证券公司。证券公司开始全面发展证券承销、经纪和自营业务,证券营业网点逐步由地方走向全国。

（二）快速发展阶段(1995—2003年)

1995年《中华人民共和国商业银行法》颁布,开始实行银行、证券、信托和保险业务的分业经营,从此拉开了我国券商业内重组的序幕,脱胎于银行的海通证券、兴业证券、广发证券、招商证券,脱胎于保险的平安证券,脱胎于信托的西南证券等券商纷纷成立。这一时期证券经营机构的数量达到90家。1996年,申银证券合并万国证券成立的申银万国证券成为全国最大的证券公司。1999年8月,国泰证券与君安证券合并成立国泰君安证券。

1996年国务院证券委和证监会先后发布了有关股票承销、自营、经纪、投资咨询等业务的管理办法。1998年年底《中华人民共和国证券法》(以下简称《证券法》)出台,直接促成了中国投资银行的发展进入规范发展时期。证监会将证券公司分为综合类证券公司、经纪类证券公司,实行分类管理,这促使投资银行掀起了增资扩股的热潮。尤其是中小投资银行期待通过增资扩股尽快使自己的业务范围得到扩展。

（三）清理整顿阶段（2003—2005年）

为了解决历史上形成的证券公司挪用客户资产等问题，2003年证监会发布了"三条铁律"：严禁挪用客户交易结算资金、严禁挪用客户委托管理的资产、严禁挪用客户托管的债券，行业秩序得以进一步规范化。从2004年开始，中国证监会制定了创新类和规范类证券公司的评审标准；普查摸清证券公司风险底数；清理挪用客户保证金、客户债券，股东及关联方占用资金，违规委托理财和账外经营等违规经营风险事项；在维护市场和社会稳定的同时，积极稳妥地处置了31家风险暴露、自救无望或严重违规的高风险证券公司。证监会还探索出多样化并购重组模式，依法追究了相关人员的责任，实行客户交易资金第三方存管制度，改革国债回购资产管理自营等业务制度，建立证券公司财务信息披露及基本信息公示制度，完善以净资本为核心的风险监控和预警制度；加强对证券公司高管人员和股东的监管，规范高管和股东行为；完善投资者保护机制，改变证券公司的市场退出模式；借鉴国际经验，成立中国证券投资者保护基金有限责任公司。经过综合治理，证券公司长期积累的风险和历史遗留问题平稳化解，曾严重困扰证券行业发展的财务信息虚假、账外经营、挪用客户资产、股东及关联方占用等问题基本解决，风险防范长效机制初步建立，各项基础制度得到改革和完善。

（四）开放发展阶段（2006年至今）

1995年8月，中国建设银行和美国摩根士丹利公司共同投资设立了中国国际金融有限公司。中金公司的成立标志着我国开始依照国外现代投资银行经营管理模式，并结合中国自己的国情发展规范投资银行。之后瑞信方正、中德证券、金圆统一、东方花旗证券、汇丰前海证券、东亚前海证券、华菁证券、申港证券、中银证券等10家合资券商先后成立。2019年，瑞银证券、摩根大通证券（中国）、野村东方国际证券等3家外资控股券商通过批准设立。加上2020年获批的摩根士丹利和高盛，我国已有5家外资控股券商获批设立。我国投资银行对外开放的步伐不断加快。

2020年3月1日新修订的《证券法》实施，这次修改的主要内容是：一是全面推行证券发行注册制度，分步实施股票、公司债券公开发行注册制改革。二是显著提高证券违法违规成本。三是完善投资者保护制度，探索了适应我国国情的证券民事诉讼制度。四是压实中介机构市场"看门人"法律职责，规定证券公司不得允许他人以其名义直接参与证券的集中交易，明确保荐人、承销的证券公司及其直接责任人员未履行职责时对受害投资者所应承担的过错推定、连带赔偿责任，提高证券服务机构未履行勤勉尽责义务的违法处罚幅度。五是扩大证券法的适用范围，将存托凭证明确规定为法定证券，将资产支持证券和资产管理产品写入证券法，授权国务院按照证券法的原则规定资产支持证券、资产管理产品发行、交易的管理办法。同时，考虑到证券领域跨境监管的现实需要，明确在我国境外的证券发行和交易活动，扰乱我国境内市场秩序，损害境内投资者合法权益的，依照证券法追究法律责任等。除了这五项内容，此次证券法修订还对上市公司收购制度、证券交易制度、证券公司业务管理制度、证券登记结算制度、跨境监管协作制度等做了完善。

在新《证券法》的指引下，我国投资银行将迎来新的发展机遇。

第三节 投资银行业务

无论是欧美还是我国,投资银行的业务主要集中在服务于一级市场的传统投资银行业务和服务于二级市场的经纪、交易和资产管理等业务。

一、美国投资银行的业务

尽管每家投资银行所采用的经营策略不尽相同,但大部分大型投资银行的基础业务都包括:① 由投资银行部负责的投资银行业务。投资银行部主要负责企业客户的融资和并购顾问业务、政府客户的融资业务。② 由交易部负责的销售与交易业务。交易部为客户提供权益、固定收益、货币和大宗商品的经纪业务、研究服务和风险管理,以及自营交易和直接投资(有些机构将直接投资归为投资银行业务)等非客户投资活动。③ 由资产管理部负责的资产管理业务。资产管理部负责为个人和机构投资客户管理资金。

专栏

高盛的业务部门

投资银行

投资银行服务全球公共部门与私人部门的客户。它提供融资顾问服务,帮助企业筹集资金来做大做强它们的业务。此外,它还寻求与全球多样化的机构客户建立并保持长期的合作关系,包括公司、政府、州、市。公司的目标是将自身的全部资源以无缝对接的形式提供给机构客户,并将投资银行业务作为合作的重要的第一步。

环球市场

环球市场部门服务于从事金融产品交易、资金筹集与风险管理的客户。在全球范围内,部门通过扮演做市商、提供专业知识来实现服务,具体涉及固定收益、权益、外汇、商品期货等领域。通过全球化的销售力量,部门在接受委托、分享市场研究、交易市场信息等方面与客户保持良好的合作关系。

资产管理

资产管理部门提供专业投资服务来帮助客户实现资产的保值增值。资产类别涵盖权益、固定收益、对冲基金、私募股权、房产以及商品期货。部门也提供个性化投资方案以满足客户的特定需求,解决流程包括识别客户目标、构建资产组合、改善资产配置、提升风险管理等,以此保证投资决策有效实现。

消费者业务与财富管理

消费者业务与财富管理部门提供包括理财计划、投资管理、存款接受、贷款等多元化的财富顾问与银行服务,协助客户实现个人财务目标。以上服务将通过全球化的顾问网络与数字化平台实现。

资料来源:Goldman Sachs 2019 Annual Report。

(一) 投资银行部

投资银行的投资银行部负责帮助企业在公开资本市场和私募资本市场募集资金,对已有资本进行风险管理,或完成一项并购交易。此外,某些机构的投资银行部逐渐通过直接投资于企业权益与债务证券或贷款给企业客户来提供融资。这个部门还可以帮助政府机构融资和管理风险。

在投资银行部工作的人被称为"银行家",他们会被分配到某个产品组或者某个客户关系组工作(见图1-1)。两个主要的产品组是并购和资本市场。在并购产品组,银行家会按照行业被划分到不同群组(在有些投资银行,他们会在某个行业群组工作)。在资本市场组,银行家根据其在债务资本市场或权益资本市场工作被划分。客户关系组银行家一般都会被安排到行业群组。

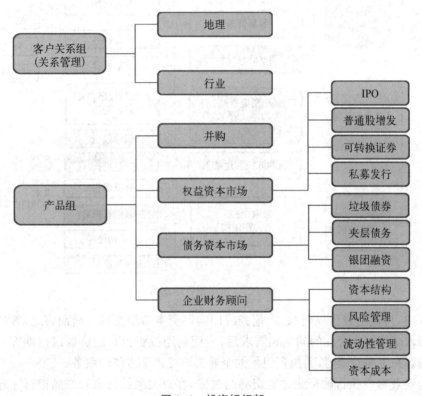

图1-1 投资银行部

摩根士丹利2020年行业群组主要包括:原材料、消费品、通信、能源、金融机构、金融发起人、医疗保健、工业、电力与共用设施、房地产、零售、科技、交通、多元化产业。产品群组包括并购、股权及债权资本市场和企业财务顾问。投资银行家业务见图1-2。

1. 客户关系

行业团队要求其银行家必须成为了解特定公司战略目标和融资目标的业内顶级专家。这些银行家帮助首席执行官(CEO)和首席财务官(CFO)解决诸如何提高股东价值等企业战略问题——这有可能会引起客户出售公司或收购其他公司的并购交易。这些银行家还帮助企业达到最优化的资本结构,使其在资产负债表上保持合适的现金和负债。

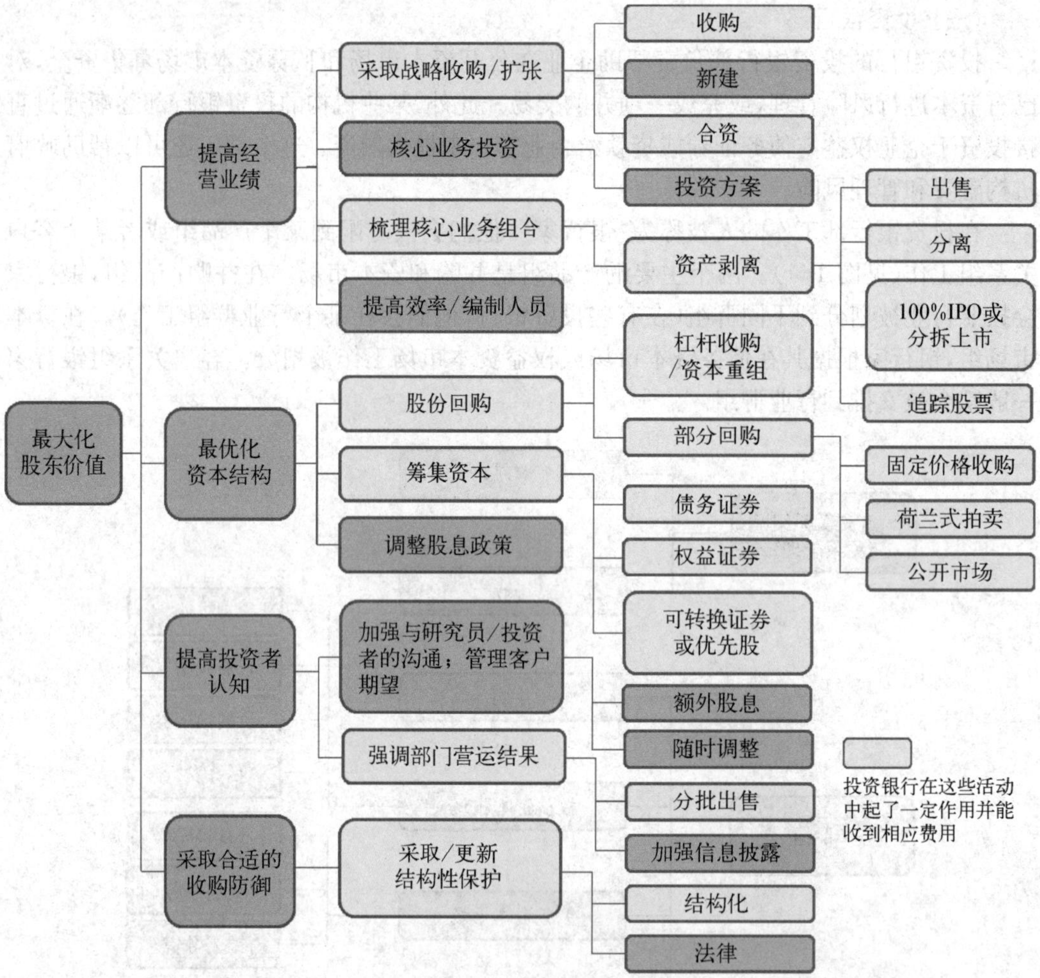

图 1-2 投资银行家业务

```
最大化股东价值
├── 提高经营业绩
│   ├── 采取战略收购/扩张 ── 收购 / 新建 / 合资 / 投资方案
│   ├── 核心业务投资
│   ├── 梳理核心业务组合 ── 资产剥离 ── 出售 / 分离 / 100%IPO或分拆上市 / 追踪股票
│   └── 提高效率/编制人员
├── 最优化资本结构
│   ├── 股份回购 ── 杠杆收购/资本重组 / 部分回购 ── 固定价格收购 / 荷兰式拍卖 / 公开市场
│   ├── 筹集资本 ── 债务证券 / 权益证券 / 可转换证券或优先股
│   └── 调整股息政策 ── 额外股息 / 随时调整
├── 提高投资者认知
│   ├── 加强与研究员/投资者的沟通；管理客户期望 ── 分批出售
│   └── 强调部门营运结果 ── 加强信息披露
└── 采取合适的收购防御
    └── 采取/更新结构性保护 ── 结构化 / 法律
```

(灰色框：投资银行在这些活动中起了一定作用并能收到相应费用)

在此过程中,可能会发生发行权益、债务或回购等资本市场交易。简而言之,客户关系银行家在深入了解客户存在的问题和需求后,全面利用投资银行的资源以帮助客户。他们是关键的客户关系管理者,为投资银行的企业客户提供全方位的服务。

在为企业客户执行融资或并购交易的时候,客户关系银行家和产品银行家通常会进行合作。客户关系银行家可能还会为企业客户介绍其他投资银行服务,包括风险管理、与利率相关的对冲顾问、外汇风险管理、信用评级顾问和公司重组顾问等。在这些产品领域都有相应的产品银行家。有时,如果一项交易与客户最优利益相冲突时,客户关系银行家的作用就是鼓励客户放弃这项交易。银行家的使命就是成为客户信任的顾问,完成合适的交易以最大化股东价值且最小化企业风险。

为了给企业客户带来帮助,银行家应先与企业的 CEO 和 CFO 建立良好关系,继而与企业的发展部门和财务部门建立关系。企业发展部门一般向 CFO 汇报工作,但有时会直接向 CEO 汇报。他们的职能就是识别、分析和执行诸如并购或资产剥离等战略交易。企业财务部门会向 CFO 汇报工作,致力于达到并保持合适的现金,最优化企业资本结构，并对企业的资产负债表进行风险管理。这个部门同时还负责企业与信用评级机构的关系。图1-2总结了客户关系银行家为企业客户提供投资银行产品和服务的全貌。

有时，投资银行的客户更喜欢让工作地点离他们近的银行家为他们服务。因此，一些客户关系银行家会根据地理而不是行业来分配。每家投资银行都会为了满足客户偏好和提高银行运营效率而对行业关系和地理关系的银行家进行协调分配。

2. 资本市场

资本市场组由专注于权益资本市场或债务资本市场的银行家所组成。在有些投资银行，这两个工作组会互相协作，并向同一位主管所有资本市场交易业务的经理汇报。而在另一些银行，这两组人员分别向不同的人汇报，且彼此之间独立运转。资本市场组要么是投资银行部与交易部组成的一个联合部门，要么是投资银行部下属的一个独立部门。当发行人需要融资时，通常会与一个由客户关系银行家和资本市场银行家组成的团队合作。资本市场银行家联合交易部门的专业销售和交易员通过决定交易价格、交易时间、交易规模和其他方面事项开展融资。销售和交易员负责设计符合投资客户需求的产品（见图1-3）。

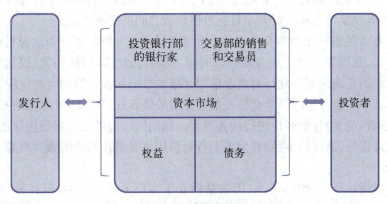

图1-3 资本市场组

(1) 权益资本市场。权益资本市场（ECM）由那些专门从事普通股发行、可转换证券发行和权益衍生品的银行家所组成。普通股发行包括首次公开发行、首次公开发行后公司重返资本市场发行普通股的后续增发、为希望出售"大宗"普通股的公司主要股东进行的发行收入归属出售股东而不是公司的二次发行，以及私募配售（无须在监管机构注册）。

可转换证券通常是可以转换（强制转换或投资者要求转换）成一定数量普通股的债券或优先股，其中，普通股为同发行人发行的股票。权益衍生品是指公司通过期权或远期合约等筹集或赎回权益资本，或对冲权益风险的金融工具。

权益资本市场银行家与客户关系银行家密切合作，为这些权益相关产品确定合适的企业目标。在帮助企业客户确定权益融资之后，ECM承担执行交易的主要责任。为了确定客户群（包括机构投资者和个人投资者）的投资期望，还需要与交易部门的销售和交易员紧密协调合作。实际上，ECM必须协调投资银行部期望以最高价出售证券的发行客户和交易部期望以最低价买入证券的客户之间的关系。这也给 ECM 银行家一个很大的挑战，即必须谨慎、灵活地平衡利益冲突并设计最优的权益证券。

在开始一项交易之前，权益资本市场银行家和客户关系银行家需要和他们的企业客户共同考虑很多问题，诸如对信用评级的影响、投资银行是否会"购买"新股（银行的转售价格风险）、通过中介出售（发行人的价格变动风险）等。此外，他们关注资本结构影响（包括资本成本）、稀释后每股收益、对股价的可能影响、股东的感受、募集资金用途等。如果新股是"公开发售证券"且发行人是美国公司，还需根据美国证券交易委员会的要求注册。要完成这个过程可能需要几个星期甚至几个月，时间的长短取决于市场动态和监管者可能提出的其他问题。

（2）债务资本市场。债务资本市场（DCM）的银行家主要关注企业和政府机构的债务融资。可以将他们的客户群组分成两个类别：投资级别发行人和非投资级别发行人。投资级别发行人的信用等级应至少由一个主要信用评级机构进行评级并处于较高水平（穆迪 Ba 或更高评级，标准普尔 BBB-或更高评级）。非投资级别发行人的信用评级比较低，其发行的债务有时会被称为"垃圾债券"或"高收益债券"。

债务资本市场银行家处在企业或政府机构发行人（与投资银行部的银行家保持关系）和投资者（由交易部的销售员提供服务）的中间位置。他们的职能就是在促进沟通和执行交易的同时，寻找发行人和投资者在目标价格矛盾之间的平衡点。

债务资本市场银行家与客户关系银行家密切合作，为企业客户和政府机构发行人设定合适的目标，帮助客户确定债务融资的时间、到期日、规模、协议条款、提前赎回和其他方面。最重要的是确定债务发行对企业信用评级的影响和投资者的可能反应。

在美国，DCM 通过美国证券交易委员会注册的债券或基于 1444 规则的私募交易（仅限于合格机构投资者）帮助客户进行债务融资。他们同时提供银行贷款担保的管道服务、债务风险管理服务（通过衍生品）和债务发行对信用评级潜在影响的顾问服务。

3. 并购

在有些投资银行，并购（M&A）团队是独立于客户关系团队的，但在另一些银行中，二者是合并的。不管是何种模式，大部分银行家都是某个或多个行业的专家。在一些银行，资本市场团队由投资银行部和交易部联合运营。与资本市场团队不同，并购团队通常隶属于投资银行部。

并购团队的主要服务包括：①"卖方"交易，包括整个企业的出售、被兼并，或者企业某个部门（或资产）的处理；②"买方"交易，包括对整个企业或企业某个部门（或资产）的收购；③重构和重组交易，有时是为了增加股东价值而对企业业务进行分拆，有时是为了避免破产或促进出售交易而对企业资本结构进行重大重组；④恶意收购防御顾问服务。

并购银行家都具备高超的估值分析和沟通技巧，他们经常同企业的 CEO、CFO 以及企业发展团队共同工作。尽管在作为买方、进行重组和防御顾问服务的情况下，并购银行家可能会在服务期间向客户收取一定的前期费用，但一般只有在交易成功完成的情况下，并购银行家才能取得相应的收入。

4. 企业财务顾问

企业财务顾问专家团队可针对各种公司财务问题为客户提供建议，例如资本结构和风险管理、兼并及收购结构化、信用评级、分销政策、流动资金管理、资本成本、价值驱动因素及信贷挂钩市场解决方案。客户可受益于以下特色服务,例如由不同的专用产品团队制定的解决方案,充分考虑每一位客户的税务、会计、监管和财务目标,或整合所有权风险模型以及可满足报告和资本要求的切实可行的银行顾问解决方案。

(二)交易部门

交易部门主要负责:① 所有与包括金融机构、投资基金、企业和政府机构资金管理部门在内的机构投资者进行投资相关的业务;② 在固定收益和权益产品、货币、大宗商品和衍生品中持有头寸;③ 交易所的做市及清算活动;④ 直接的或通过所管理基金的直接投资。该部门主要运营三个不同的业务领域:固定收益、货币和大宗商品、权益以及直接投资。在某些投资银行,直接投资由投资银行部执行。交易部门还为投资客户提供宏观经济、固定收益、大宗商品和权益方面的研究。

1. 固定收益、货币和大宗商品

固定收益、货币和大宗商品(FICC)进行政府债券、企业债券、住房抵押贷款类证券、资产支持证券、货币与大宗商品(及其衍生品)的做市和交易。在某些机构,为配合投资银行部的工作,FICC 也参与向特定企业和政府机构贷款的条款制定。FICC 的业务还涉及相同产品领域的非客户自营交易。在 FICC 客户相关领域的工作人员一般是为产品定价并持有风险头寸的交易员,或是为了促进产品购买和出售而向投资者提供交易建议并告知投资者交易价格的销售员。

2. 权益

权益部门在客户相关的活动中进行权益、权益相关产品与衍生品的做市和交易。这个部门在全球股票、期权和期货经纪业务中获得手续费收入。权益部门还在相同的产品领域参与非客户自营交易。同 FICC 一样,权益部门客户相关领域的工作人员均是交易员或销售员。

一般来说,投资银行还有一项大宗经纪业务,为对冲基金客户和其他现金管理者提供诸如融资融券、资产托管和交易清算与结算等捆绑式服务。大宗经纪商为基金管理人进行证券结算、报告和融资提供了一个中心汇集点,同时基金管理人还能够与其他经纪人进行交易。尽管大宗经纪业务在设立之初以权益业务为主,但随后已经将业务范围扩展到许多其他类别的资产。大宗经纪业务收入有很大一部分来自权益销售和交易的执行与清算,其他收入则来自融资和借贷活动所得。

(三)非客户相关交易和投资

1. 直接投资

除了扮演经纪人这个重要角色以外,大型投资银行也会用自己的账户对证券和房地产进行投资。例如,高盛的直接投资部门就会对上市公司和非上市公司进行直接投资,这与大型私募股权投资机构 KKR 的投资方式相同。常见的方式如:高盛及其投资伙伴提供权益,高盛或其他银行提供贷款,高盛在资本市场承销债券,利用上述资金收购上市公司。这种以公开交易目标公司为标的的收购过程被称为杠杆收购或"上市公司私有化"。在 2019 财年末,摩根大通的直接投资组合账面价值为 242 亿美元,包括 182 亿美元的节税型投资(如经济适用房、另类能源投资等)与总价值 60 亿美元的私募、多元债券、权益工具与房地产的直接投资。

2. 自营交易

除了上面描述的长期非客户相关的直接投资外,大部分投资银行还会用自己的账户在证券大宗商品和衍生品上进行短期非客户相关的投资。投资银行自营交易与对冲基金的投资十分类似。实际上,投资银行的自营投资正在全球与对冲基金在投资和对冲机会中展开直接竞争。

2005年和2006年,投资银行的自营交易为交易部门的收入增长做出了很大贡献。而2007年和2008年,同样的自营交易活动却给一些银行带来了重大损失,例如2008年第四季度,德意志银行的债务相关自营交易损失了10亿美元,权益相关自营交易损失了5亿美元。包括瑞银和美林在内的其他投资银行的损失更多。在经历了2007年和2008年自营交易造成的重大损失后,大部分投资银行都相应地缩减了这些交易活动。然而在2009年上半年,自营交易出现了一定程度的回暖。

根据每家银行合规政策的不同,投资银行的自营交易员有时可以成为本机构客户相关交易业务的客户。这些交易员有机会(但无义务)与机构指定的内部交易员进行交易。交易对手同时也包括其他机构的交易员,这些本机构的交易员与竞争机构进行交易,以取得最优的交易价格并执行。自营交易员必须在一系列规则的基础上与内部销售员进行交易,并且严格保密。机构有严格的合规准则,将自营交易员与客户相关部门所能获得的某些信息相隔离。一些机构的规定更加严格,要求完全隔离自营交易员与客户相关部门销售和交易员的内部联系。

有时,外部客户会担心投资银行的效率和潜在利益冲突问题。因为在不造成过度竞争的情况下,不可能使所有的投资客户达到统一的"最佳投资理念"。投资银行必须谨慎监控类似的情况并遵守所有外部法律和内部规定,努力寻找外部和内部客户之间的利益平衡点。

在一些投资银行,自营投资活动是银行收入和利润的一个重要来源。而在另外一些机构,自营交易活动则比较少。

(四) 资产管理部

资产管理部为个人和机构投资者提供权益、固定收益、另类投资(私募股权投资、对冲基金等)和货币市场的投资产品和服务。投资一般以共同基金、私募股权投资基金或独立管理账户的形式进行,并且有时会与银行自己的投资一起进行。收入的主要来源是投资者按管理资产额一定比例支付的管理费用。有时,当投资收益超过预定目标时,投资者会给投资银行一笔激励费用。

绝大部分投资银行会在资产管理部中设立私人财富管理业务,并向同一个主管汇报工作(见图1-4)。负责私人财富管理业务的专业人士为投资者担任顾问,帮助客户决定如何用自己的资产进行投资。在大多数情况(并非所有情况)下,投资顾问会建议投资者投资其资产管理团队所管理的基金。然而,投资顾问有受托义务帮助投资者投资最能满足其风险和收益目标的基金(内部或外部)。

投资银行会对资产管理部管理的基金进行直接投资。在这个部门的"另类资产"投资领域,投资银行会投资以下类型的内部管理基金:① 私募股权投资(杠杆收购和其他控股

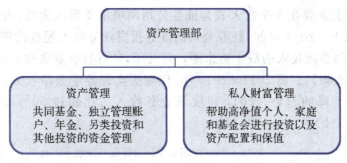

图 1-4 资产管理

投资);② 对冲基金类投资;③ 房地产。投资银行通常会将自己的资金投资于这些高净值个人和机构客户投资的基金,也会根据管理资产额收取管理费及业绩费。这已经成为某些投资银行的主要业务。

2018 年 5 月 1 日,在全球十大对冲基金中,摩根大通资产管理作为投资银行占据一席之地(见表 1-1)。

表 1-1 2018 年 5 月对冲基金排行榜

机 构	地 区	成立年份	管理资产额(10 亿美元)
桥水联合基金	美国康涅狄格州	1975	163.0
AQR 资本管理公司	美国康涅狄格州	1998	119.0
英仕曼集团	英国伦敦	1983	72.5
文艺复兴科技公司	美国纽约	1982	58.0
摩根大通资产管理	美国纽约	1974	51.2
千禧管理	美国纽约	1989	36.0
Two Sigma 投资	美国纽约	2002	35.4
艾略特管理公司	美国纽约	1977	35.0
奥奇-齐夫资本管理集团	美国纽约	1994	33.3
阿伯丁标准投资公司	英国爱丁堡	1998	32.8

资料来源:*Hedge Fund Spotlight*,Preqin,May 2018。

二、我国投资银行的业务

截至 2020 年 3 月,国内已经有 133 家证券公司。根据 2020 年 3 月 1 日实施的新《证券法》第一百二十五条的规定,经国务院证券监督管理机构批准,证券公司可以经营下列部分或者全部业务:证券经纪、证券投资咨询、与证券交易证券投资活动有关的财务顾问、证券承销与保荐、证券自营、证券资产管理和其他证券业务。

(一)中国证券公司各业务收入占比情况分析

根据中国券商各业务收入占比情况显示,2017 年以来证券公司的证券投资业务收入和代理买卖证券业务净收入成为证券公司两项重要收入来源,占证券公司所有收入的50%以上。2017年起,证券公司的证券投资业务收入超过代理买卖证券业务净收入成为我国券商收入的最主要来源。近几年,证券投资业务收入占比不断提高,2019年达到33.89%。而2011—2019年,代理买卖证券业务净收入,即经纪业务收入占比呈逐步下降的趋势。2011年度该业务收入占比超过50%,2019年下降至21.85%(见表1-2)。

表1-2 2011—2019中国证券公司各业务净收入占比

	2011	2012	2013	2014	2015	2016	2017	2018	2019
代理买卖证券业务净收入	50.67%	38.93%	47.68%	40.32%	46.79%	32.10%	26.37%	23.41%	21.85%
证券投资收益业务净收入	3.66%	22.41%	19.19%	27.29%	24.58%	17.33%	27.66%	30.05%	33.89%
投资银行业务收入	0.00%	13.70%	8.08%	9.23%	6.84%	15.85%	12.34%	9.71%	10.47%
融资融券业务利息收入	0.00%	4.06%	11.59%	17.14%	10.28%	11.64%	11.18%	8.07%	12.86%
受托客户资产管理业务净收入	1.56%	2.07%	4.41%	4.78%	4.78%	9.04%	9.96%	10.33%	7.63%
投资咨询业务净收入	0.00%	0.89%	1.62%	0.86%	0.78%	1.54%	1.09%	1.18%	1.05%

资料来源:中国证券业协会、Wind。

近几年,证券公司的传统业务投资银行业务收入占比一直在10%左右,融资融券业务利息收入占比维持在略高于10%的水平。资产管理业务占比则呈现稳步提升的态势,从2011年的1.55%提升至2019年的7.63%,虽然总体占比依然较小,但发展趋势可观。而投资咨询业务占比始终比较小,约为1%。

(二)中国证券公司业务集中度分析

根据中国证券业协会的数据,2018年度证券公司净利润排名靠前的券商有中信证券、国泰君安、海通证券、华泰证券、广发证券、招商证券、国信证券、申万宏源、中信建投、银河证券等。分析2009—2018年我国证券公司行业集中度数据可见,在收入与净利润方面,近年来我国排名前五的券商约占总市场30%的份额,排名前十的券商约占50%。2018年度,收入集中度出现明显提升,CR5占比接近33%,CR10占比接近50%(见图1-5、1-6)。

表1-3表明,在大部分业务中,CR5占比接近30%,CR10占比约50%。投资咨询业务集中度最为突出,CR5占比近50%,而CR10占比约64%。其次是融资融券业务利息收入、资产管理业务净收入、证券承销与保荐业务收入。

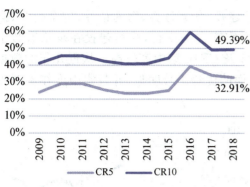

图 1-5　2009—2018 年券商收入集中度

（资料来源：中国证券业协会、Wind）

图 1-6　2009—2018 年券商净利润集中度

（资料来源：中国证券业协会、Wind）

表 1-3　2018 年证券公司各业务集中度

	CR10	CR5
代理买卖证券业务收入（含席位租赁）	45.92%	25.73%
证券承销与保荐业务收入	51.21%	32.80%
财务顾问业务收入	36.86%	23.78%
融资融券业务利息收入	56.45%	32.15%
投资咨询业务收入	64.45%	47.74%
资产管理业务净收入	55.63%	36.92%
证券投资收益（含公允价值变动）	47.34%	30.61%

资料来源：中国证券业协会、Wind。

在经纪业务方面，国泰君安、中信证券、银河证券位居前三。经纪业务收入由代理买卖证券业务净收入、交易单元席位租赁净收入及代销金融产品净收入三部分构成。该指标中位数为 2.997 1 亿元，不低于中位数的公司数为 48 家。近五年来，前五位券商经纪业务收入占比基本稳定，但前 10 大券商经纪业务收入占比出现了下滑，行业竞争态势加剧（见图 1-7）。

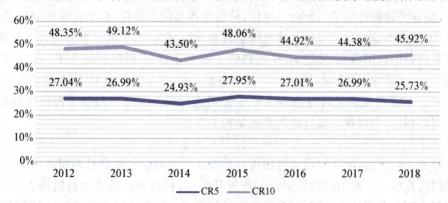

图 1-7　证券公司经纪业务集中度

（资料来源：中国证券业协会、Wind）

在股票及债券承销方面,中信证券、中信建投、华泰证券、海通证券、中金公司、国泰君安等位居前列。中信证券在股票承销中牢牢占据榜首,中信建投在承销家数上更加有优势。股票及债券主承销金额的 CR5 及 CR10 集中度较高。从近几年的数据可以看到,前几大券商在股票及债券承销方面的优势十分明显,并且集中度在不断提高(见图 1-8、1-9)。

图 1-8　证券公司股票承销业务集中度
（资料来源：中国证券业协会）

图 1-9　证券公司债券承销业务集中度
（资料来源：中国证券业协会）

财务顾问业务方面,由于与承销保荐、并购重组业务密切相关,仍然是大型券商占优势,业务收入前三名分别为中信证券、中信建投、华泰证券。

资产管理收入方面,中信证券、国泰君安等大型券商资产管理业务突出,同时一些中等规模券商也脱颖而出。2018 年,CR5 集中度达到 36.92%,CR10 集中度为 55.63%。

(三) 中国证券公司存在的问题

根据上述数据及相关分析可以看到,我国投资银行目前主要存在以下几点问题：

1. 资产规模偏小,行业集中度不足

中国投资银行资本实力与国际知名投资银行不可同日而语。在资产总额方面,差距也很明显。按照国际通行表征行业集中度的赫芬德尔-赫希曼指数(HHI 指数),2012 年年底,中国证券业的 HHI 指数仅为 248,表明中国证券行业仍然高度分散。在国际成熟市场上,证券公司都经历了一个由小型化、分散化逐步向大型化、全能化发展演变的过程。据统计,美国大型证券公司经过并购重组后数量大幅减少,前十大证券公司资本总额占全行业资本总额的比例由 20 世纪 70 年代初的 1/3 上升到 21 世纪初的 3/4。在日本,证券公司数由 1949 年的 1 127 家减少到 1997 年的 232 家,至今仅有约 10 家大型证券公司,全国 80% 以上的证券交易是通过前几大证券公司进行的。与境外的著名投资银行数千亿美元的规模相比,中国投资银行业仍然还是相去甚远。

2. 业务范围相对比较狭窄,盈利模式同质化现象严重

在业务开拓方面,国外投资银行积极开发设计新金融品种以满足不同客户的需要,同时可获得较高收入。而中国投资银行业务极其狭窄,目前中国投资银行机构大多只从事投资银行本源业务即证券承销、证券投资和经纪业务。少数大投资银行虽涉足较多业务,但因经验不足、专业人才队伍不够完善,自身业务的发展受到一定的限制。大部分证券公

司经营模式单一,现有经纪业务在盈利中占比过高,盈利模式同质化程度过高,对客户和产品服务也缺乏分层和多样化服务。

3. 证券公司治理结构和内部控制机制不完善

证券公司的股权结构不合理,普遍存在两种极端情况:相当一部分证券公司股权结构单一,大股东控制管理层的现象较为突出;另一些证券公司股权结构又过于分散,单个股东持股比例均较小,股东会、董事会对管理层的约束作用不足,容易产生内部人控制的问题。

4. 整体创新能力不足

目前证券公司在产品创新、业务创新、组织创新等方面受到较多限制,整体创新能力不足。一方面证券公司创新活动受到一些体制和市场环境的制约,创新过程较长、不确定性因素较多,在一定程度上影响了公司创新的动力和投入;另一方面,部分证券公司在创新活动中未能有效控制可能产生的风险,也在一定程度上增加了创新活动的成本。

案例分析

倒在黎明前黑暗中的南方证券

1992年12月,南方证券由中国工商银行、中国农业银行、中国银行、中国建设银行、交通银行和中国人民保险公司联合发起,并由国内40多家著名企业出资组建。当时,国内多数证券公司注册资本不过几亿元,仅有华夏证券、国泰证券和南方证券三家证券公司注册资本达到了10亿元,其实力可见一斑。2000年,南方证券承销业务排名位居全国第一,经纪业务亦跃居业内第三,总资产达到368.20亿元,利润达到11.69亿元,风头日盛。

1998—2001年牛市期间,南方证券曾成功组织虹桥机场等多起著名做庄案例,因其做庄风格彪悍,一度成为市场风向标。资金宽裕的企业、机构争相邀请南方证券委托理财,2000年南方证券受托资产为26.22亿元,2001年高达45.92亿元。

2000年起,南方证券通过多个账户重仓买入哈飞股份、哈药集团,操纵两家公司股票。然而,粗放做庄模式带来的巨大隐患也日益显露。在南方证券重仓"双哈"时期,股市持续调整,市场走势低迷,上证指数自2001年6月达到2245点后一直处于下跌态势,至2003年10月底跌至1300点。由于前期南方证券对后市预期较好,与委托理财方普遍签有"保本保底"协议,伴随着股市漫长的下跌,南方证券的委托理财业务账面亏损累累,已无力自拔。

为控制委托理财账面亏损,只有以持续的资金来源承接抛盘,寄希望于资金委托方延长委托期,待市场回暖时扭转局面。出于自身资金的有限性,南方证券将目光转向了客户保证金,挪用客户保证金买入"双哈"以维持其股价,走上了犯罪的不归路,然而积重难返。哈药集团2004年半年报显示,南方证券有限公司持有哈药集团流通股占其上市总流通股的90%以上,占总股本的60.92%,远远超过其国有股东哈药集团有限公司所持的34.76%,创下了沪深股市之最。

尽管全力弥补漏洞,南方证券终究没有熬过黎明前的黑暗。2003年10月,南方证券爆发大范围信用危机,委托理财客户纷纷上门索要投资本金和收益,南方证券生死悬于一线。2004年1月2日，由于挪用客户准备金高达80亿元以及自营业务的巨额亏损，中国证监会、深圳市政府宣布对南方证券实施行政接管。2005年2月，央行提供80亿元再贷款以助南方证券偿付保证金。2005年4月29日，中国证监会最终做出取消南方证券的证券业务许可，责令其关闭的决定，并将其行为定性为"挪用巨额客户交易结算资金、操纵市场"，南方证券进入清算阶段。2005年8月1日，中国建银投资有限责任公司与南方证券清算组签订资产收购协议，在承接央行87亿再贷款的前提下，建银投资以3.5亿元收购南方证券证券类资产，南方证券开始重组。2005年9月28日，在原南方证券的基础上重组形成的注册资本15亿元人民币的中国建银投资证券有限责任公司在深圳宣布成立，南方证券正式退出历史舞台。

"成也萧何，败也萧何。"南方证券的崛起得益于其剽悍激进的做庄操盘手段，而这种风格也使其在黯淡的市场走势中泥足深陷，面临着巨大的资金困局，走上了挪用客户保证金、用委托理财不断填补的"拆东补西"的犯罪道路，最终埋葬了自己。

2005年6月6日，上证指数历史性跌破1000点，触及998点。之后压抑多年的上证指数迎来了一波6倍涨幅波澜壮阔的牛市。然而，南方证券终究没有等来救赎的机会，倒在了黎明前的黑暗中。

小　结

1. 投资银行是主要从事证券承销、证券交易、兼并收购、资产管理、投资咨询等业务的非银行金融机构，包括独立型的专业性投资银行、金融控股公司型投资银行等类型，具有业务广泛、专业性强、善于创新等特点，发挥媒介资金供需、构造证券市场、提高资金配置效率和推动产业整合的作用。
2. 投资银行的产生与发展是一个历史的过程，同各国经济的发展密切相关，是金融业和金融资本发展到一定阶段的产物。由商业信用到银行信用再到证券信用是社会信用由低级向高级发展的三种形态，投资银行伴随着证券信用和证券市场的产生而产生。同时，投资银行在金融业务的"混业-分业-混业"的监管模式变化中不断发展壮大。
3. 无论是欧美还是我国，投资银行的业务主要集中在服务于一级市场的传统投资银行业务和服务于二级市场的经纪、交易和资产管理等业务。
4. 2017年以来证券公司的证券投资业务收入和代理买卖证券业务净收入成为证券公司两项重要收入来源。在收入与净利润方面，近年来我国排名前五的券商约占总市场30%的份额，排名前十的券商约占50%左右。

习　题

1. 投资银行主要包括哪几个类型？

2. 简述投资银行的功能。
3. 简述 2008 年次贷危机对美国投资银行的影响。
4. 美国投资银行包括哪些业务？
5. 简述我国证券公司业务集中度的特点。

第二章

估 值 理 论

教学目的与要求

对证券价值的正确评估是价值投资的核心。通过本章的学习,了解 PE、PB、PS 等相对价值估值模型,红利折现模型、自由现金流模型等绝对价值估值模型和 DEVA、实物期权和剩余收益等其他估值模型的优缺点,并能运用不同的估值方法和技巧对不同特征的股票进行估值。

在证券投资的基础分析法中,最核心的内容就是需要对不同证券的价值进行评估,识别出市场价格与其价值偏离的证券,进行投资以期获取超额投资收益。因此,投资者需要采用适当的方法对证券进行估值。

股票估值模型主要可以分为相对价值估值模型和绝对价值估值模型两大类。相对价值估值模型描述了一种股票相对于另一种股票的价值,或相对于上市公司的每股收益、每股净资产等财务指标的价值,并以此估算股票价值的合理范围。而绝对价值估值模型则描述了基于未来现金流(红利和自由现金流等)的股票内在价值。另外,对互联网公司可以采取 DEVA 估值法、实物期权估值法等估值模型。

第一节 相对价值估值模型

相对价值估值模型的思想基础是一价定理,即类似的股票应该以类似的价格出售。具体来说,相对价值估值模型将股票价格乘数(如市盈率)与合理价格乘数比较,用以确定该股票是否被合理定价。按照价格乘数的不同,相对价值估值模型可以分为市盈率、市净率、市销率、PEG 等模型。

相对价值估值模型在行业内被广泛运用,主要在于其运用的简便性,需要的信息简单明了,可以快速对公司股票进行估值。此外,相对价值估值模型对市场的反应十分迅速,估值得到的结果也更接近市场整体投资者对该股价的判断。

相对估值法认为企业内在价值难以准确估计,而只有相对价值才有现实意义,其内在假设是同行业的公司之间具有较大的可比性。由此可以看出,相对价值估值模型存在如下问题：① 相对估值法只能说明可比公司之间的相对价值高低，而对于这些可比公司的绝对价值则无法准确判断，使得市场情绪会对股价的估值产生影响，如果利用被市场高估的价格倍数对股票进行估值会错误地高估股票价格；② 在现实生活中缺乏真正意义上的可比公司，即使在同一个行业，各家公司还是各有特点，从而限制了相对估值方法的运用；③ 如果忽略了风险、增长和潜在的现金流等关键因素的差异，而简单地将价格倍数与一些可比企业相比较，会造成价值评估的不一致性。

一、市盈率

（一）计算公式

在所有的价格倍数中，市盈率（P/E Ratio）是最常见的股票估值方法，而市盈率模型也是最常见的相对价值估值模型。

市盈率又称为价格收益比或本益比，是公司的股票价格与每股收益之间的比率。如果有跨期股本变动，则将市盈率计算公式中的分子和分母同乘上公司的总股本，那么公司的市盈率又可以表示为总市值与年度净利润的比值。其公式为：

$$\frac{P}{E} = P \div EPS = 总市值 \div 净利润 \tag{2.1}$$

以市盈率作为价格倍数对公司股价合理性进行估计的主要优势在于：① 市盈率注重分析公司的每股收益，而每股收益是公司盈利能力的重要指标；② 市盈率考虑了公司的规模，使得不同规模的公司之间可以进行比较，成为最常用的估值指标；③ 实证分析表明，市盈率差异与长期股票收益显著相关。

然而市盈率在使用过程中也存在一定的缺点：① 每股净利润可能是负值，这时候求得的市盈率就没有任何意义了；② 每股净利润容易受短期因素影响，波动很大；③ 经理层可以很容易操纵每股净利润，使得市盈率分析结果变得不可信。

考虑到戈登增长模型中股票价格的表示方式，可以将市盈率与股息支付率以及公司未来增长的预期结合起来。因此，市盈率又可以表示为：

$$\frac{P}{E} = \frac{D_1}{r-g} \div EPS_0 = \frac{D_0(1+g)}{EPS_0} \times \frac{1}{r-g} = \frac{b(1+g)}{r-g} \tag{2.2}$$

其中，D_1 表示第一期每股分红，g 表示预期未来公司红利的增长率，r 为贴现率，b 为红利与净利润之间的比例，即股息支付率。

（二）分类

1. 静态市盈率与动态市盈率

根据每股收益选取的期间不同，市盈率又可分为动态市盈率和静态市盈率两种类型。静态市盈率是以股票市场价格除以最近一个会计年度已经公告的每股收益后的比值。动态市盈率则是股票现价和公司最近 12 个月每股收益的比值，可以采用公司最近四期季度报表公布的每股收益作为动态的年度每股收益。所以每当公司公布新的季报，该市盈率覆盖时间范围就会向前滚动 3 个月。有时，计算动态市盈率的每股收益也会使用预期当年的每股收益。有的研究机构会提供公司未来 1—2 年每股收益的一致预期值。目前，动态市盈率是机构投资者进行投资决策所采用的重要依据。

2. 不同行业市盈率

市盈率是全球资本市场通用的投资参考指标,用以衡量某一阶段资本市场的投资价值和风险程度,也是资本市场之间估值水平高低的重要依据。一般来说,市盈率表示该公司需要累积多少年的盈利才能达到当期的市值水平,所以市盈率指标数值越低越小越好;越小说明投资回收期越短,风险越小,投资价值一般就越高;倍数越大则意味着投资回收期越长,风险越大。需要注意的是,不同行业之间市盈率高低缺少可比性。一般来说,传统行业市盈率低,而新兴行业市盈率偏高,这与行业利润增速有关。我国分行业市盈率见表2-1。

表2-1 我国分行业市盈率情况

中证行业分类	2020-03-20	中证行业分类	2020-03-20
CICS能源	11.31	CICS医药卫生	38.51
CICS原材料	14.75	CICS金融地产	9.02
CICS工业	20	CICS信息技术	52.89
CICS可选消费	17.53	CICS电信业务	34.32
CICS主要消费	35.52	CICS公用事业	16.61

资料来源:Wind。

3. 不同规模公司市盈率

一般来说,规模大的公司市盈率低,规模小的公司市盈率高。我国不同市场的市盈率反映了该特征,如表2-2所示上证A股的平均市值最大,其市盈率在整个市场最低,而创业板市场平均市值最小,其市盈率在整个市场最高。

表2-2 我国A股市场主要板块市盈率(2020年3月20日)

板块名称	股票家数	最新市盈率	最近一个月平均市盈率	最近一年平均市盈率
全部A股	3 795	16.64	17.8	17.68
上证A股	1 592	13.44	14.31	14.4
深证A股	2 203	25.53	27.48	26.79
深市主板	459	16.09	17.36	17.46
中小板	945	28.33	30.45	29.51
创业板	799	49.36	53.22	50.6

资料来源:Wind。

(三) 应用

用市盈率来分析股票价值的一般过程是:首先确定一个合理市盈率,即股价不存在高估或低估时的市盈率;然后用根据当前股价计算的市盈率与这个合理市盈率相比较,如果目前市盈率高于合理市盈率则说明股价被高估了,如果目前市盈率低于合理市盈率则说明股价被低估了。这个过程中最关键的就是合理市盈率的确定。

一般来讲,确定合理市盈率的方法有两种:一种是根据绝对价值模型计算股票的内在价值,将这个内在价值计算的市盈率作为合理市盈率;第二种方法则是选择一可比公司的市盈率,或者公司历史平均市盈率作为合理市盈率。

因受到经济波动、行业周期和非经常性损益等影响,公司的每股收益存在很大的波动性,传统意义上的 PE 未必能有效地衡量市场的估值水平,尤其对于 A 股这种周期性波动很大的市场更是如此。对此,格雷厄姆(Benjamin Graham)在 1934 年的《证券分析》一书中指出,在计算企业的市盈率时,需要强调企业的长期盈利能力,应该使用长期的平均盈利。罗伯特·席勒(Robert J. Shiller)在 1998 年发表的《估值比率和股票市场长期前景》(Valuation Ratios and the Long-Run Stock Market Outlook)中使用了格雷厄姆建议的周期调整方法,采用 10 年移动平均收益率计算市盈率,这一指标被称为席勒市盈率。席勒教授通过对美国以及加拿大等市场的研究发现,股票市场长期收益率与市场当期席勒 PE 之间存在着较为显著的负相关关系。他认为 2000 年的席勒 PE 水平已经超过了 1929 年股灾时的 PE 水平,股价已经被大幅高估,处于非理性繁荣。

GuruFocus 网站对美国股市的席勒 PE 进行实时更新。图 2-1 显示了美国股市自 1881—2020 年 4 月标普 500 席勒 PE 值。2020 年 1 月 1 日,标普 500 席勒 PE 值为 31,高于均值 17 近一倍,2020 年 3 月,美国股市出现暴跌,三大股指短期下跌幅度超过 30%。由此可见,席勒 PE 值是一个很好的估值参考指标。

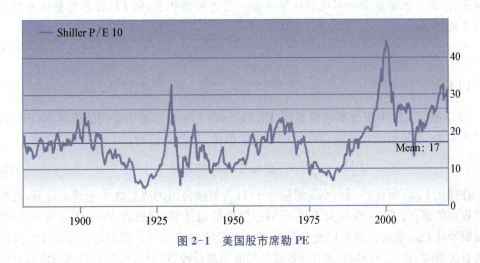

图 2-1 美国股市席勒 PE

对于个股来说,用市盈率来估值没有绝对的高低之分。但从历史经验来看,当整个市场指数市盈率达到 70 倍,创业板指数市盈率达到 150 倍时,往往预示股市泡沫达到顶点。1989 年 12 月 29 日,日经 225 指数平均市盈率高达 70.6 倍。2000 年 3 月纳斯达克指数市盈率最高达 152 倍。我国历史上牛市顶点时,2007 年 10 月上证 A 股平均市盈率为 69.64 倍;2007 年 9 月深圳 A 股平均市盈率 75.54 倍(Wind 数据);2015 年 6 月 12 日,深成指最高收盘价 18098 点,对应深圳 A 股静态市盈率 72 倍(中证指数公司数据);2015 年 6 月 3 日,创业板指数最高收盘价 3982 点,对应静态市盈率为 149.39 倍(中证指数公司数据)。

> **专栏**
>
> **低市盈率投资策略有超额收益吗?**
>
> 根据市盈率选股投资的策略思路为:市盈率较低的公司价格被低估,未来价格有上涨空间,因此可以投资低市盈率公司以获得超额收益。
>
> 因此,我们在每个交易日开盘时,选择 A 股市场中市盈率最低的 30 只股票进行投资,策略回测结果如图 2-2 所示:
>
>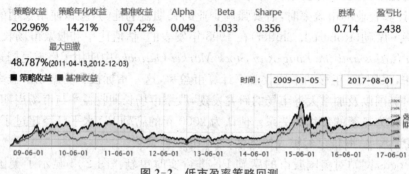
>
> 图 2-2 低市盈率策略回测
>
> 低市盈率投资策略收益为 202.96%,年化收益率为 14.21%,以沪深 300 指数作为业绩比较基准,该策略超额收益为 95.54%,但策略收益的波动率较大,夏普指数为 0.445。总体来看,选择低市盈率公司进行投资具有一定的超额收益,低 PE 股票的整体走势与基准指数走势接近。

二、PEG

PEG 指标又称为市盈率增长系数(PE Growth Factor),是用公司的市盈率(PE)除以公司未来 3~5 年每股收益复合增长率得到的数值,其公式记为:

$$PEG = PE \div (企业年盈利增长率 \times 100) \tag{2.3}$$

在使用 PEG 指标时,若 PEG 指标小于 1,表明该公司的成长性大于其市盈率,具有较高的投资价值;若 PEG 指标大于 1,表明股票价值可能被高估;若 PEG 指标等于 1,表明市场赋予这只股票的估值可以充分反映其未来业绩的成长性。投资者在运用 PE 指标进行投资决策时,往往选择同行业中 PE 较低的股票进行投资,但这种投资思路可能存在一定的问题,因为那些有高成长潜力的公司,通常有较高的 PE,而对于低 PE 的股票,市场之所以给予较低的股价,也是由于预期其业绩成长性较低。而 PEG 指标将 PE 与公司未来盈利增长进行比较,同时考虑了股票的估值与成长性,克服了 PE 存在一定滞后性的缺陷。

虽然 PEG 指标可以很好地将公司的成长性纳入公司的价值评估,实用性较强,但在使用 PEG 指标时也需要注意:① 利润不稳定的公司不适用 PEG 法,如周期性行业、项目型公司、夕阳行业等。② 成熟的大型公司不适用 PEG 法,因为这类公司往往稳定有余而成长不足。③ 高增长率通常不可能长期保持下去,历史上良好的数据并不代表未来能够继续保持良好的成长速度。

我国中小板创业板主要是成长型中小上市公司,其市盈率普遍比主板市场公司高,但其业绩增长速度普遍快于主板公司。因此,从 PEG 的角度,部分中小板、创业板上市公司的估值也是合理的。

专栏

低 PEG 投资策略是否有超额收益?

PEG 指标表明,综合考虑股票的估值与成长性后,应该投资于 PEG 小于 1 的股票。

因此,我们在每个交易日开盘时,筛选 A 股市场中 PEG 小于 1 的股票,并从中选取利润同比增长率最高的 30 只股票进行投资,策略回测结果如图 2-3 所示:

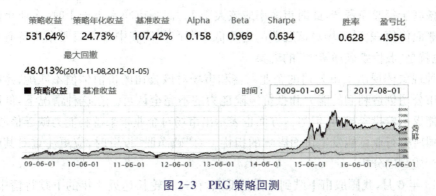

图 2-3 PEG 策略回测

回测结果显示,低 PEG 高利润增长投资策略收益为 531.64%,年化收益为 24.73%,相对于沪深 300 指数的超额收益为 424.22%,但策略收益的波动率较大,夏普指数为 0.634。这可能与采用历史增长率有一定关系,公司的历史成长性不能代表公司未来成长性。利润增长不可持续是基于 PEG 指标进行投资的最大风险。

三、市净率

市净率(P/B Ratio)是股票价格与每股账面价值的比值,其计算公式为:

$$\frac{P}{B} = 每股价格 \div 每股净资产 \tag{2.4}$$

如果将市净率计算公式中的分子和分母同乘上公司的总股本,那么公司的市净率又可以表示为总市值和账面价值的比值:

$$\frac{P}{B} = 总市值 \div 账面价值 \tag{2.5}$$

其中,企业市值即为公司总股本按市场价格计算出来的股票总市值,而企业账面价值则体现在公司的资产负债表上,是公司的所有者权益(也称净资产)减去优先股股东的权益后所剩下的所有普通股股东权益的账面价值。

采用市净率对股票的相对价值进行分析,较之市盈率的优势在于:① 账面价值一般都是正值,公司亏损导致市盈率为负值的时候,市净率模型仍然可以使用;② 账面价值比每股净利润稳定,因此在公司每股收益波动较大的时候,市净率分析的结果要比市盈率更为可信;③ 账面价值可以很好地反映资产流动性高的企业价值;④ 账面价值在衡量那些即将清算的企业价值时也有优势。

同时市净率模型也存在着一些缺陷:① 账面价值忽略了无形资产的价值,而对于服务行业等轻资产公司来说,人力资本可能具有更高的价值;② 当企业性质、规模差异很大时,比较市净率意义不大;③ 不同会计准则可能导致相同资产账面价值差异很大;④ 通货膨胀和技术革新使得公司账面价值和实际价值可能有很大差异。

股票价格包含了投资者对该公司业绩的认可以及未来发展的预期。通常来说,股票价格应该高于每股净资产,此时市净率应该大于 1。而当市净率小于 1 时,企业市值低于企业的账面价值,表明市场对该股票的定价低于资产负债表中普通股股东所持有的权益价值,也就是"股价跌破净资产"的现象。

这种现象体现出上市公司的企业财富和市场对该公司的价值估值不匹配,意味着市场对上市公司创造利润的能力和抵抗风险能力的不完全认可。在这种情况下,低股价一方面可能提示着投资机会,但另一方面也表示出市场对企业未来盈利能力缺乏信心,或对上市公司所处行业可能发生负面影响的担忧。对"破净股"投资时,应更注重对其财务数据和资产质量的分析。

2013 年 6 月,我国股市下跌到阶段性低点,在这一轮长达近 4 年的下跌行情中,上百只股票由于股价的不断下跌而陷入跌破净资产的境地。在全部 A 股中,有 157 家公司的股票收盘价低于公司中报披露的每股净资产,银行、钢铁、公路等行业更是股价跌破净资产的重灾区。总体来看,这些股票普遍存在行业景气度低迷、公司盈利能力不佳或亏损、成长性缺失等特点。从历史上看,市场重要底部往往对应着较高的"破净率",比如 2005 年 998 点和 2008 年 1664 点的低位,破净率分别达到了 13.60% 和 11.40%;而在 2019 年见底 2440 点时,破净率也超过了 12%。

对破净股的投资价值挖掘主要可以依据以下策略:一是观察行业景气度的变化情况。对于周期股而言,其买点应该在其行业景气度见底回升之时出现。二是选择基本面质地优良、被错杀的品种。因为即使在行业低迷阶段,也会有一些技术相对领先、成本控制能力较强、经营管理水平较高、产业链优势突出的企业业绩明显好于行业平均水平。三是观察产品价格变化,寻找阶段性买点。例如钢铁公司产品价格随着大宗商品市场价格走势呈现一定的波动性,而其股价往往也会出现同向波动。因此,中短线投资者可以根据商品价格变化寻找阶段性的投资机会。

专栏

买入破净股的投资策略是否有超额收益?

破净股具有一定的安全边际,因为市场给予破净股的估值已经低于公司账面价值,而理论上来说,公司股票价值应该至少等于权益账面价值。因此,破净股市场价格上涨的可能性较大,具有较高的投资价值。

考虑到应该投资于基本面没有大问题的股票，我们在每个交易日开盘时，选择 A 股市场中每股净利润最高的 30 只破净股进行投资，策略回测结果如图 2-4 所示：

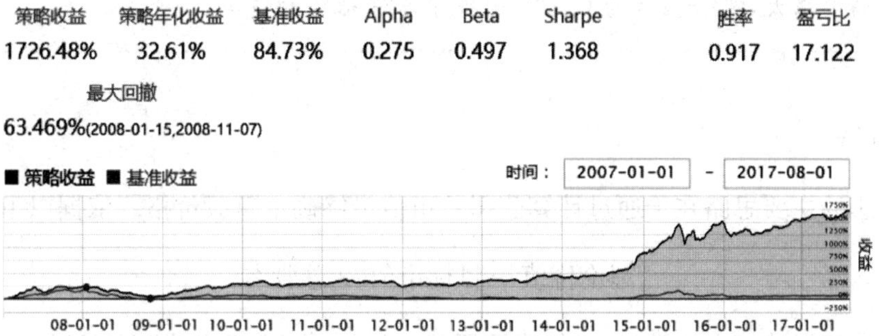
策略收益
1726.48%
策略年化收益
32.61%
基准收益
84.73%
Alpha
0.275
Beta
0.497
Sharpe
1.368
胜率
0.917
盈亏比
17.122
最大回撤
63.469%(2008-01-15,2008-11-07)
策略收益
基准收益
时间：
2007-01-01
-
2017-08-01
收益
08-01-01
09-01-01
10-01-01
11-01-01
12-01-01
13-01-01
14-01-01
15-01-01
16-01-01
17-01-01

图 2-4 买入破净股策略回测

可以看到，投资于破净股带来的超额收益很大，投资期收益达到 1 726.48%，年化收益率达到 32.6%，超额收益达到 1 641.75%。整个策略的收益稳定性很高，夏普比例达到 1.368。尤其是在 2016 年以后，选择低市净率公司进行投资取得了非常好的投资回报。

四、市销率

市销率(P/S Ratio)是股票价格与每股销售收入的比值，其计算公式为：

$$\frac{P}{S} = \text{每股价格} \div \text{每股销售收入} \tag{2.6}$$

市销率表明，在股市中投资者愿意为公司 1 元的销售收入支付多少价格。与市盈率和市净率一样，计算市销率最关键的是确定每股销售收入。与净利润和净资产相比，对销售收入的预测要简单些，需要注意的是销售收入确认的时间，防止公司提前确认未来收入以增加当期收入。

专栏

低市销率投资策略是否具有超额收益?

我们在每个交易日开盘时，选择 A 股市场中市销率最低的 30 只股票进行投资，策略回测结果如图 2-5 所示：

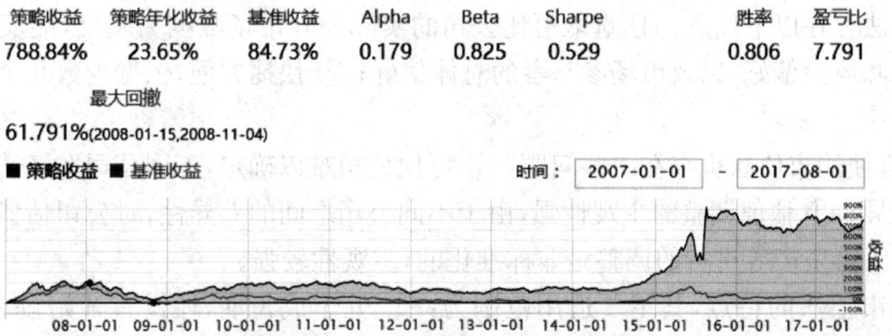
策略收益
788.84%
策略年化收益
23.65%
基准收益
84.73%
Alpha
0.179
Beta
0.825
Sharpe
0.529
胜率
0.806
盈亏比
7.791
最大回撤
61.791%(2008-01-15,2008-11-04)
策略收益
基准收益
时间：
2007-01-01
-
2017-08-01
收益
08-01-01
09-01-01
10-01-01
11-01-01
12-01-01
13-01-01
14-01-01
15-01-01
16-01-01
17-01-01

图 2-5 市销率策略回测

总体来说,低市销率股票投资策略收益达到788.84%,年化收益率达到23.65%,相对于业绩比较基准沪深300指数的超额收益为704.11%,能带来较高的超额收益。但策略收益波动幅度很大,夏普指数为0.529,出现了暴涨暴跌的情况。

五、市值法

市值法的主要思路在于通过计算公司总市值最终确定每股价格。依据以下公式:

$$\text{理论价值} = \text{目标市值} \div \text{总股本} \tag{2.7}$$

与其他相对估值方法类似,市值法需要寻找与公司经营业务类似的可比公司,了解市场给予该行业估值的平均水平,从而按市场情况给公司进行整体定价。运用市值法进行估值的主要步骤如下:

首先,选择可比公司。选择目标公司的可比公司是进行分析的基础,在同一个行业领域、规模相近的公司往往是较好的可比公司。如果没有显而易见的可比上市公司,那么投资者也可以寻找在基本面上与目标公司业务或财务特征相似的公司。例如:对于生产窗户的公司,难以找到可比的同行业公司,可以选择生产其他建材相关产品的制造商作为可比公司进行分析。

其次,收集必要的信息,并计算关键比率。通过上市公司公布的年报、公告、新闻、研报等信息来源,收集可以体现可比公司规模的关键数据,利用总市值与这些数据的比值,消除规模等因素对市值产生的影响后,计算单位规模下市场对该行业公司的估值。对于关键指标的选取,可以按不同行业分类考虑。例如:对媒体和电信行业采用收播现金流、订户数等数据,对餐饮、零售等行业采用息税折旧摊销前利润(EBITDA)、营业收入等数据,对金属矿业、自然资源、油气等行业采用资源储量等数据。

最后,确定公司的估值,并计算相应股价。采用行业内可比公司相关数据的中位值或平均值,与目标公司相应数据做比较,确定目标公司市值的范围。此外,对总市值的估计还需要考虑股票的流动性溢价、公司的无形资产等最后进行调整,最终得到一个较为合理的总市值的估计值。以目标公司的总市值除以总股本,就可以得到该股票的理论价值。

市值法存在以下优点:① 选取可比公司的实际公开市场数据为基础,能反映市场的增长预期和风险偏好,以及市场参与者的总体偏好;② 快捷方便,依据少数几个变量就可以确定估值。

然而,使用市值法也存在一些问题:① 可比公司难以确定,不同公司在经营业务上难免存在差异;② 估值调整的主观性强,由于不同公司之间的差异性,对公司估值根据流动性溢价和无形资产等进行的调整是非标准化的,主观性较强。

基于市值法的特点,其主要适用范围为:① 处于成长期,还没有开始盈利的公司;② 准备上市或者被并购的私营企业;③ 业务相对简单可比的已上市公司。

第二节 绝对价值估值模型

绝对价值估值模型是确定资产内在价值的模型。这种估值模型可以提供价值的估计,且可与股票市场价格比较,以确定股价是否存在低估或高估。绝对价值估值模型基于未来现金流贴现的思想,认为股票的价值来源于未来所能创造的现金流。其缺陷在于,绝对价值分析高度依赖于对未来会计数据和财务指标增长率的假设,而超过 3 年的预测准确性并不高。

按照现金流的不同来源,绝对价值估值模型可以分为红利贴现模型和自由现金流贴现模型。

一、红利贴现模型

投资者购买公司股票时,预期获得的收益为股票持有过程中获得的红利和结束投资时获得的资本利得。因此,投资者对于当前股票价格的合理预期取决于股票未来红利收入和预期出售股票的价格。

(一) 贴现率的估计

和稳定的现金流相比,风险较大的现金流评估价值较低。但风险是如何衡量并反映在价值中的呢?在传统的绝对估值法中,贴现率成为不同类型投资者对风险的调整工具。对于风险相对较高的现金流,投资者采用的贴现率较高,而对于较安全的现金流,投资者采用相对更低的贴现率。在绝对价值估值模型中,贴现率对证券价值的估计极为重要。因为从长期来看,很小的贴现率变动都会导致股票最终估值产生较大的偏差。

在衡量股权投资风险并把这个风险转化成为股权成本的过程中,主要存在两个难点。一是股权成本是一种隐含成本,是无法观测到的,不像负债那样可以以利率方式体现出来;二是对于不同的投资者而言,其风险偏好是不一样的,由此导致不同投资者对于同样股权的期望回报率存在差异,难以进行估计并得到单一的贴现率。

资本资产定价模型(CAPM)提供了上述问题的解决思路。资本资产定价模型表明,投资者即股东的要求回报率与资产的市场风险之间存在线性关系:

$$E(r_i) = r_f + \beta_i (E(r_M) - r_f) \tag{2.8}$$

其中,β_i 即为 i 证券 β 系数,r_i 为投资于 i 证券的要求回报率,r_f 为无风险利率,r_M 为市场组合收益率。该式表明投资者的回报来自两个方面:市场的无风险利率和风险溢价。β_i 越大,表明证券的系统风险越高,投资者所要求的风险溢价越高。

在实际运用中,无风险利率可参考同期国债利率。如长期持有,一般可选择 10 年期的国债利率,或者选择距离到期日 5 年以上的长期国债收益率的平均值。市场收益率一般可由证券市场的历史收益率计算得出,如选择某一时段该市场的股票指数,如上证综合指数、沪深 300 指数等。β 值一般可在专业数据库中找到,也可以利用历史数据进行估计。

在红利贴现模型中,贴现率可以用股东的要求报酬率表示。

(二) 多期模型

首先假设投资者仅投资一期股票,希望在一期后卖出,那么该股票目前的价值就应该是投资者在到期时取得现金流即持有期间获得的红利和出售股票获得收入之和的贴现值。于是股票价值可以表示为:

$$V_0 = \frac{D_1}{(1+r)} + \frac{P_1}{(1+r)} \tag{2.9}$$

其中,V_0 表示股票当期的价值,D_1 表示第一期红利收入,P_1 表示第一期股票售价,r 表示投资者的要求报酬率。

若投资者持有股票并在第 n 期出售,那么股票的价值来源于持有期间的红利分配以及出售时获得收入之和的贴现值,股票价值可以表示为:

$$V_0 = \frac{D_1}{(1+r)} + \frac{D_2}{(1+r)^2} + \frac{D_3}{(1+r)^3} + \cdots + \frac{D_n}{(1+r)^n} + \frac{P_n}{(1+r)^n}$$

$$= \sum_{i=1}^{n} \frac{D_i}{(1+r)^i} + \frac{P_n}{(1+r)^n} \tag{2.10}$$

其中,V_0 表示股票的当期价值,D_i 表示股票第 i 期的红利收入,r 表示投资者的要求报酬率,P_n 表示第 n 期的股票出售价格。

由于持有期期末股票的预期价格是由持有期之后的股票未来红利决定的,所以股票当前价值可以表示为无限期红利的现值:

$$V_0 = \frac{D_1}{(1+r)} + \frac{D_2}{(1+r)^2} + \frac{D_3}{(1+r)^3} + \cdots + \frac{D_n}{(1+r)^n} + \cdots = \sum_{i=1}^{\infty} \frac{D_i}{(1+r)^i} \tag{2.11}$$

其中,V_0 表示股票在当期的价值,D_i 表示第 i 期股票的红利收入,r 表示投资者的要求报酬率。

(三) 戈登增长模型

实际操作中,分别估计每期红利并计算贴现值有一定的难度,因此投资者测算未来价值时,可以对股票的未来红利分配模式采取一定的假设,然后在该假设的基础上对股票价值进行估计。

戈登模型就提供了这样一种思路。戈登模型假设股票未来分红的增长速度已知,以 g_t 作为第 t 期股票红利的增长率,于是有:

$$g_t = \frac{D_t - D_{t-1}}{D_{t-1}} \tag{2.12}$$

用不同的方法对增长率 g_t 进行估计就可以得到不同的股票价值计算公式。首先假设 $g_t = 0$ 的情况,此时公司派发红利处于一个稳定的水平,也就是说 $D = D_1 = D_2 = \cdots = D_n = \cdots$,于是股票价值公式可以简化为:

$$V_0 = \frac{D_1}{(1+r)} + \frac{D_2}{(1+r)^2} + \frac{D_3}{(1+r)^3} + \cdots + \frac{D_n}{(1+r)^n} + \cdots = \frac{D}{r} \tag{2.13}$$

式(2.13)也就是零增长模型,由式(2.13)可知,股票的价值等于固定派发的股利与要求回报率的比值。

显然,零增长模型大大简化了股利贴现模型,使用起来也较为便捷,但股利零增长的假设却不是很合理,因为公司的股利派发通常与其盈利相关,若公司长期保持一个稳定的股利发放水平,意味着公司可能保持着长期不变的利润额。而在当今社会,激烈的竞争环境中不断有公司因为入不敷出而倒闭,也有新的公司不断成长,公司长期保持稳定的盈利水平和股利支付水平是不现实的。

如果假设股票今后的股利增长保持在一个不变的增长率水平 $g_t = g$,也就是说未来任何一期的股利可以表示为:

$$D_n = D_0 \times (1+g)^n \tag{2.14}$$

于是股票价值就可以表示为:

$$V_0 = \frac{D_0(1+g)}{(1+r)} + \frac{D_0(1+g)^2}{(1+r)^2} + \cdots + \frac{D_0(1+g)^n}{(1+r)^n} + \cdots$$
$$= \frac{D_0(1+g)}{r-g} = \frac{D_1}{r-g} \tag{2.15}$$

式(2.15)即为戈登增长模型,而零增长模型就是戈登增长模型中的一个特例。需要注意的是,在这里股东的要求报酬率必须大于股利的增长率,否则上式就是没有意义的。因为当 $r=g$ 或 $r<g$ 时,每期股利的贴现值的和是发散的,未来股利的贴现值将趋近于无穷大。而从经济学方面看,这种要求也是合理的,因为随着公司不断壮大并发展为成熟型企业,其成长速度就不断减缓,因此高于股东要求报酬率的增长率也是不可能长期存在的,从这个角度看,戈登增长模型更适合用于估计长期保持稳定低增长率的成长型公司。

(四) 多阶段增长模型

戈登增长模型中对公司红利的增长速度做出了明确的限制,而对于处在高速发展阶段的科技类公司来说,往往会经历从快速发展到缓慢增长的过程。假设其增长率长期保持不变是不合理的,则我们可以考虑用多阶段增长模型对增长速度变化的公司进行估值。

多阶段股利贴现模型假定了股利增长模式会随时间的推移而发生改变,因此在对股票进行估值时,更符合科技类公司所面对的现实。根据对股利增长模式的不同假设,多阶段增长模型又可分为两阶段红利增长模型、H 模型等(见图 2-6,2-7)。

两阶段红利增长模型按公司股利增速不同分成两个阶段,在时间 m 之前,股利以不变速度 g_1 增长,在时间 m 以后,股利以另一个不变的增长速度 g_2 增长。因此,我们可以得到两阶段增长模型的公式:

$$V_0 = \frac{D_0(1+g_1)}{(1+r)} + \cdots + \frac{D_0(1+g_1)^m}{(1+r)^m} + \frac{D_0(1+g_1)^m(1+g_2)}{(1+r)^{m+1}}$$
$$+ \cdots + \frac{D_0(1+g_1)^m(1+g_2)^{n-m}}{(1+r)^n} + \cdots$$
$$= \sum_{t=1}^{m} \frac{D_0(1+g_1)^t}{(1+r)^t} + \frac{1}{(1+r)^m} \times \frac{D_0(1+g_1)^m(1+g_2)}{r-g_2} \tag{2.16}$$

一般来说,公司会避免股利增速突然下降的情况,因为股利突然的变动可能会造成公司股价剧烈波动,因此公司管理层应当采取逐步降低股利增长速度的决策,这就是H模型对红利增速假设的改进。

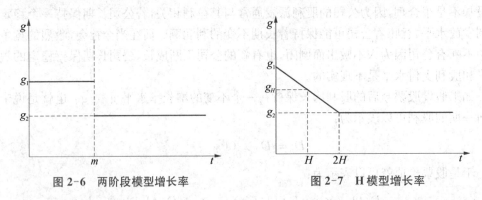

图 2-6　两阶段模型增长率　　　　　图 2-7　H 模型增长率

从图 2-7 中可以看到,H 模型假设第一阶段中公司的股利增速不是稳定不变,而是逐步降低的,直到在某一时刻达到长期增长水平 g_2,并在此后保持不变的股利增长速度。由此可得到 H 模型的计算公式:

$$V_0 = \sum_{t=1}^{m} \frac{D_0 \prod_{i=1}^{t}(1+g_i)}{(1+r)^t} + \frac{1}{(1+r)^m} \times \frac{D_0 \prod_{i=1}^{m}(1+g_i)(1+g_2)}{r-g_2} \qquad (2.17)$$

虽然 H 模型可能较为接近事实,但计算上比较复杂,因为在股利增长率下降到 g_2 以前,每年的股利增长率 g 都是变化的,如果第一阶段持续的时间较长,那么计算就会变得非常复杂,因此我们一般可以使用以下公式进行简化计算:

$$V_0 = \frac{D_0(1+g_2) + D_0 H(g_1 - g_2)}{r - g_2} \qquad (2.18)$$

其中,g_1 为初始时的股利增长率,g_2 为最终的股利增长率,H 为第一阶段时间的一半。

式(2.18)是计算 H 模型股票估值时的一个近似公式。大部分时候它的计算和用精确公式计算出来的结果很接近,但是当第一阶段时间特别长或者初始与最终的股利增长率相差特别大时,近似公式的计算就会产生较大误差,此时就要用精确的公式对股票进行估值。

二、自由现金流贴现模型

顾名思义,自由现金流指的是公司能够自由分配的现金流。自由现金流可以分为公司层面和股东权益层面两个层次。公司自由现金流指的是不影响公司资本投资时可以自由向债权人和股东提供的资金。股权自由现金流指不影响公司资本投资时可以自由分配给股东的资金。

(一)加权平均资本成本

利用不同现金流对股票进行估值时,所采用的风险考量也有所区别。公司风险主要可以从业务风险和资本风险两方面考虑。所谓业务风险指的是公司整体运营或公司全部资产的风险,而资本风险主要指的是对公司进行股权投资的风险。

如同资产负债表的其他方面一样,资产的风险必须等于负债和股权的加权风险。这就意味着,在一项业务上的股权投资风险,部分取决于公司业务的风险,部分取决于公司对于这项业务的资金支持中负债和股权比例的选择。如果公司使用大量负债经营业务,那么同一风险水平业务下对公司进行股权投资的风险就会增大。

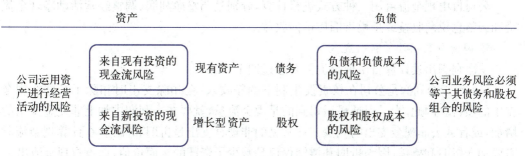

图 2-8 业务风险与资产风险

(资料来源:埃斯瓦斯·达莫达兰,《估值:难点、解决方案及相关案例》,2013)

在不同的绝对价值估值模型中,应该采用不同的成本作为贴现率。在使用红利贴现模型或股东自由现金流模型时,其对应风险为股东进行投资的风险,也就是资本风险,此时贴现率应该为股东要求报酬率。而在企业自由现金流模型中,其风险为公司整体运营风险,资金来源于股权和债权两个方面,因此需要选择加权平均资本成本(Weighted Average Cost of Capital,WACC)作为贴现率。

加权平均资本成本实际上就是对企业不同融资来源成本的加权。加权平均资本成本的计算公式如下:

$$r_{WACC} = \frac{E}{E+D} \times r_E + \frac{D}{E+D} \times r_D \times (1-T) \tag{2.19}$$

其中,E 是公司权益资本总额,D 是公司债务资本总额,$\frac{E}{E+D}$ 即为公司权益成本的权重,$\frac{D}{E+D}$ 则为公司债务成本的权重。r_E 是公司股东要求报酬率,r_D 是公司的债务成本,T 是公司适用的所得税税率,$r_D \times (1-T)$ 表示考虑了债务的抵税作用后的债务成本。

权益资本成本即红利贴现模型中使用的股东要求报酬率,可以用 CAPM 模型计算得到。

在计算债务资本成本时,通常使用有息负债作为债务总量的衡量,有息负债包含了企业向银行贷款如短期借款、长期借款以及企业发行的债券等,而生产经营产生的负债并不包含在内,如应付账款、应付税金、应付职工薪酬等。用公司每年的利息支出额除以有息负债额就可以求得公司的债务成本。

(二)公司自由现金流

公司自由现金流(Free Cash Flow to the Firm,FCFF)指扣除维持企业正常运转的费用和必要的投资之后能够支付给企业债权和股权投资者的现金流。

自由现金流并不直接在公司财务报表中披露,我们可以通过财务报表披露的数据来计算公司的自由现金流。在计算过程中主要运用的指标包括净利润(Net Income,NI)、经营活动净现金流(Cash Flow from Operation,CFO)、息税前收益(Earnings Before Interest and Tax,EBIT)、息税折旧摊销前收益(Earnings Before Interest and Tax,Depreciation and Amortization,EBITDA)等。

公司自由现金流可用三种方式进行计算,分别是调整净利润、调整经营活动净现金流量和调整息税前收益或息税折旧摊销前收益。

1. 调整净利润计算自由现金流

从净利润出发计算自由现金流需要经过四个步骤:

(1) 由于净利润是公司在权责发生制下的净收入,在扣除支出时扣除了某些非现金支出的项目。因此,为了保证最后得到的是现金流量,就要在净利润中加上非现金支出的增加,或者减去非现金支出的减少。最常见的非现金支出是折旧和摊销,在计算现金流时需要加上折旧和摊销,因为折旧和摊销仅仅是减少了资产的账面价值,而没有现金流出。

(2) 由于公司自由现金流是可以自由向所有资金供给者提供的现金流,因此要将计算净利润时扣减的向债权人和优先股股东的利息支出加回去。对于债务而言,需要考虑税收的影响,因为税额是在扣除利息后计算的。而优先股股利在税后扣减,因此不需要考虑收税调整的因素。

(3) 公司为了维持经营必须进行各种固定资产的更新和购买,因此进行这些投资支出的现金并不是可以自由分配的,应该把它从净利润中扣除。固定资产投资过程中也可能会对已有的固定资产进行处理,此时将处理固定资产得到的现金与固定资产投资支出相抵扣,得到固定资产投资的净值。即使公司不使用现金进行投资,而是采用发行债券或股票的方式,虽然现金没有在当时流出,但仍旧产生未来的现金流出,也需要在未来预测中加以考虑。因此无论以什么方式发生投资支出,都在当期自由现金流中进行扣减。

(4) 公司对营运资本的投资也是日常经营中的必要支出,要从净利润中扣除。通常情况下营运资本是流动资产减流动负债的差额。但在公司自由现金流计算中,营运资本不包括现金和短期债务,因为短期债务更类似于融资而非经营,而现金正是我们需要得到的项目。

根据以上思路,对净利润进行调整得到公司自由现金流的公式如下:

$$FCFF = NI + NCC + Int \times (1-t) - FI - WI \qquad (2.20)$$

其中,NI 表示净利润,NCC 表示非现金支出,Int 表示利息支出,t 为所得税税率,FI 为净固定资产投资,WI 为净营运资本投资。

2. 调整现金流量表计算自由现金流

公司现金流量表中披露了经营活动产生的净现金流(CFO),可以看作是收付实现制下的净利润。与净利润相比,经营活动现金流已经扣除了所有非现金项目,因此与公司自由现金流较为接近,稍做调整就可以得到公司自由现金流,计算公式如下:

$$FCFF = CFO + Int \times (1-t) - FI \qquad (2.21)$$

3. 调整息税前收益和息税折旧摊销前收益计算自由现金流

息税前收益（EBIT）是公司在扣除利息支出和所得税前的利润，而息税折旧摊销前收益（EBITDA）则是公司在扣除利息支出、所得税、折旧和摊销前的利润。因此在用 EBIT 和 EBITDA 计算公司自由现金流时，与净利润较为类似，只需要在净利润计算公司自由现金流的公式中对利息和所得税等项目进行调整，具体公式如下：

$$FCFF = EBIT \times (1-t) + Dep - FI - WI \qquad (2.22)$$

$$FCFF = EBITDA \times (1-t) + Dep \times t - FI - WI \qquad (2.23)$$

其中，Dep 表示折旧。

运用公司自由现金流模型对公司价值进行估计时，企业的价值等于未来所有的公司自由现金流的贴现值，贴现率采用加权平均资本成本，得到公司价值的计算公式为：

$$V_0 = \sum_{t=1}^{\infty} \frac{FCFF_t}{(1+WACC)^t} \qquad (2.24)$$

类似于红利贴现模型，若假设公司自由现金流一直保持稳定增长率 g，于是公司价值计算公式可简化为：

$$V_0 = \frac{FCFF_0 \times (1+g)}{WACC - g} \qquad (2.25)$$

与红利贴现模型类似，自由现金流模型也有两阶段模型和 H 模型。公司自由现金流的两阶段模型可以表示为：

$$V_0 = \sum_{t=1}^{n} \frac{FCFF_0 \times (1+g_1)^t}{(1+WACC)^t} + \frac{FCFF_0 \times (1+g_1)^n \times (1+g_2)}{(1+WACC)^n \times (WACC - g_2)} \qquad (2.26)$$

其中，g_1 为第一阶段增长速度，g_2 为第二阶段增长速度。

公司自由现金流的 H 模型可以表示为：

$$V_0 = \sum_{t=1}^{n} \frac{FCFF_0 \times \prod_{i=1}^{t}(1+g_i)}{(1+WACC)^t} + \frac{FCFF_0 \times \prod_{i=1}^{n}(1+g_i) \times (1+g_2)}{(1+WACC)^n \times (WACC - g_2)} \qquad (2.27)$$

公司价值减去公司债权价值的剩余部分就是公司股权价值，用公司股权价值除以总股本即求得股票内在价值。

（三）股权自由现金流

股权自由现金流（Free Cash Flow to Equity，FCFE）指的是扣除必要的营运支出和债务支出后，可以向股东进行支付的现金流。由此可见，公司自由现金流与股权自由现金流的差异就在于向债权人支付的资金净额。其中，向债权人支付的资金主要包括利息支出和对过去债务的偿还，而从债权人处获得的资金主要是新债务的形成。因此，将公司自由现金流调整为股东自由现金流的过程中，主要考虑利息支出和借款与还款相互抵消之后的净额（借款净额，Net Borrowing，NB）。由此可得到股权自由现金流的计算公式：

$$FCFE = FCFF - Int \times (1-t) + NB \tag{2.28}$$

运用股权自由现金流模型对公司价值进行估计,其假设为股权的价值等于未来所有的股权自由现金流的折现值,贴现率采用股东要求回报率,得到股权价值的计算公式:

$$V_0 = \sum_{t=1}^{\infty} \frac{FCFE_t}{(1+r)^t} \tag{2.29}$$

同样的,若假设未来股权自由现金流一直保持稳定增长率 g,于是股权价值计算公式可简化为:

$$V_0 = \frac{FCFE_0 \times (1+g)}{r-g} \tag{2.30}$$

股权自由现金流的两阶段模型可以表示为:

$$V_0 = \sum_{t=1}^{n} \frac{FCFE_0 \times (1+g_1)^t}{(1+r)^t} + \frac{FCFE_0 \times (1+g_1)^n \times (1+g_2)}{(1+r)^n \times (r-g_2)} \tag{2.31}$$

其中,g_1 为第一阶段增长速度,g_2 为第二阶段增长速度。

公司自由现金流的 H 模型可以表示为:

$$V_0 = \sum_{t=1}^{n} \frac{FCFE_0 \times \prod_{i=1}^{t}(1+g_i)}{(1+r)^t} + \frac{FCFE_0 \times \prod_{i=1}^{n}(1+g_i) \times (1+g_2)}{(1+r)^n \times (r-g_2)} \tag{2.32}$$

用公司股权价值除以总股本即可求得股票内在价值。

第三节 其他估值模型

一、DEVA 估值模型

互联网已经成为日常生活中的重要工具,互联网公司也成为公司中的重要组成部分。网络与传统公司产品的价值有很大的差异,互联网公司的估值方法也不同于传统估值方法。

互联网行业普遍认为用户是最具有价值的资源,公司之间的竞争也多是为了争取更多的有效客户。客户数量与互联网公司价值之间的关系可以用梅特卡夫定律(Metcalfe's Law)定义。该定律认为互联网的价值在于将节点连接起来,而节点越多,潜在连接数也会越多。如果节点数是 N,其中可能的连接数是 $N \times (N-1)$,因此可以近似认为网络的价值与节点的平方成正比。

根据梅特卡夫定律,摩根士丹利的分析师 Mary Meeker 提出了对互联网公司进行估值的 DEVA 估值模型(Discounted Equity Valuation Analysis,股票价值折现分析)。该模型最早于 1995 年 Mary Meeker 和同事合作的论文《互联网报告》中提出,很快成为风险投资领域估值的参考标准。该理论认为互联网公司的产品价值为:

$$E = M \times C^2 \tag{2.33}$$

其中，E 表示公司产品的价值，M 表示投入的初始资本，C 表示客户价值。随着客户增长，公司的价值以客户价值的平方速度增长。

目前 DEVA 估值模型在美国互联网行业估值中运用已经较为成熟，诸如 Facebook、Twitter、Google、Cousera 等互联网企业往往就是基于 DEVA 估值模型进行融资。这种估值方式也使得目前互联网企业的估值达到了传统估值模型难以想象的价格高度。

专栏

Facebook 的估值

2012 年 5 月 18 日，Facebook 正式登陆纳斯达克。公司的发行价格为 38 美元，其融资高达 160 亿美元，承销团队达 33 家投行，其中包括摩根士丹利、摩根大通、高盛、美国银行、巴克莱资本等知名投行。

根据公司招股说明书，公司在 2011 年的每股净利润为 0.52 美元，38 美元的发行价意味着公司的市盈率达到了 73.08，即使对于科技公司来说，这样的市盈率水平也已经超过了投资者的预期，而根据 PEG 估值理论，Facebook 只有达到每年 73% 以上的增长速度，才具有投资价值。

市场普遍认为股价被高估，Facebook 在 IPO 后，股价一路下跌，曾一度跌到 17.55 美元。直到上市一年后，首次公开发行价格依然是 Facebook 股价的最高点。

在投资者看来，传统的估值方式表明 Facebook 的股价远高于公司合理的内在价值，因此对其股票价格普遍持看空态度。然而根据梅特卡夫定律，互联网行业的价值与其用户价值的平方成正比。也就意味着，哪怕公司未来的用户数量保持低水平的稳定增长，公司的价值也能快速增长。如图 2-9 所示，公司 2010 年第 4 季度至 2017 年第 1 季度的数据表明公司的有效用户数确实带来了营业收入和价值的高速增长。至 2017 年 4 月，公司股价已经超过 150 美元。

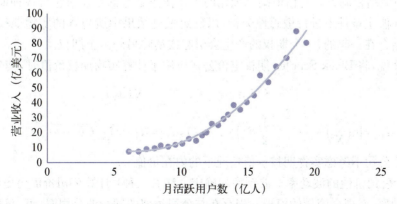

图 2-9　Facebook 月活跃用户数与营业收入（2010Q4～2017Q1）

Facebook 股价的走势表明投资者依然习惯于使用传统的估值方式对股票价值进行分析，而投资银行在首次公开发行过程中则考虑了互联网的特殊性。采用 DEVA 估值模型对互联网公司股价进行估计,更能反映公司股票的真实价值。如果投资者能够较早调整估值模型,采用合适的方法进行估值,就能发现Facebook股价曾被长期低估,从而通过投资该股票获得超额收益。

二、实物期权法估值模型

实物期权估值法考虑公司未来营运所具有的选择权,对未来效益具有高度不确定性、投资决策可扩充、紧缩、延迟、暂停等具有弹性的投资计划可得到更合理的估值。

按照实物期权估值法的理念,企业管理者对于实物资产的投资或清盘的决策都被看成一个选择权或期权。期权的持有者拥有继续或放弃该项投资的权利,这一点类似于金融期权中的看涨期权或看跌期权。

因此,公司价值评估可以分为两个部分:一部分是公司自身的内在价值;另一部分则是其隐含的实物期权价值。也就是说,公司价值可以表示为:

$$V_T = V_\alpha + V_\beta \tag{2.34}$$

其中,V_α 为公司的内在价值;V_β 为公司隐含的实物期权价值。公司的内在价值可以用传统估值方法计算得到。对公司实物期权价值估计时,一般要通过以下四个步骤:

(1) 确定企业所包含的实物期权。根据企业的行业特性、市场发展状况、产品的寿命周期等因素确定企业所包含的实物期权。

(2) 确定实物期权的各个期权要素。使实物期权的各个要素符合金融期权的特性,满足各项假设条件。

(3) 选择估值方法。实物期权的具体计算方法主要有两种:一是直接用公式计算;二是用二叉树方法计算。运用公式计算实物期权价值一般可以采用Black-Scholes期权定价公式,而二叉树方法能够计算多种复杂情况。

(4) 估值结果调整。对估值结果细化的主要任务是考虑企业所包含各种期权的相互作用以及在假定条件下进行敏感性分析,以确定最终结果中所包含的实物期权不是单独出现而是结合在一起的,一个期权的产生会引起或消除另外一个期权。

具体来说,将Black-Scholes期权定价公式应用于计算实物期权价值时,其公式如下:

$$C = SN(d_1) - X e^{-r_f(T-t)} N(d_2) \tag{2.35}$$

其中,$d_1 = \ln\left(\dfrac{S}{X}\right) + \left(r_f + \dfrac{1}{2}\delta^2\right)(T-t)$,$d_2 = d_1 - \delta\sqrt{(T-t)}$。

S 表示公司不考虑实物期权价值情况下的内在价值。

δ 表示公司价值的波动率。波动率的确定方法有三种:计算公司价值历史波动率、计算隐含波动率、对现金流量的模拟。当存在与公司类似的同行业公司时,可以计算同业公司股价的历史波动率作为对标的公司价值波动率的估计。

$T - t$ 表示期权的期限。由于公司所处的环境是变化不定的,实物期权的期限也会因竞争态势以及技术的改变而发生变化。

r_f 表示无风险利率。无风险利率一般是根据期权期限及执行时期按照零息债券利率结构曲线决定的,可以简单地使用同期国库券收益率作为近似无风险利率。

X 表示执行价格。实物期权的执行价格是对公司的投资成本,可以用未来投资额的现值进行计算。

N 是正态分布变量的累积概率分布函数。

在应用实物期权法估值时,主要需要对未来现金流量、公司价值波动率、期权期限等进行估计。下面以 ZM 公司并购案为例①,说明实物期权法估值的应用:

在进行收购时,收购方相当于执行一个看涨期权,理论上来说,公司收购导致的价值增加与被收购公司的价值相当。因此,我们可以利用实物期权法计算被收购公司价值,与收购方公司市值增加幅度进行比较,以说明实物期权法的适用性。

首先,估计公司不含实物期权的内在价值,可以采用自由现金流贴现模型。其中,公司未来自由现金流可以通过行业市场规模发展和公司行业地位等估计,贴现率采用 CAPM 模型计算得到,ZM 公司加权平均资本成本为 15.51%。据此估计 ZM 公司的内在价值为 22.74 亿元。

然后,用 B-S 模型对公司实物期权价值进行估计。其中,无风险收益率采用当期市场国债收益率,取 4.14%;公司价值波动率借用同行业公司股价历史波动率,算得 27.31%;公司内在价值即为用自由现金流模型估计得到的 22.74 亿元;考虑到宣布收购计划与收购达成之间的时间差为 0.91 年,为实物期权可选择执行的期限;收购时的支付价格 26.60 亿元,为期权的执行价。将上述数字带入 B-S 公式即可求得实物期权价值为 1.32 亿元。

最后,将并购标的内在价值与实物期权价值相加,即可得到并购标的整体价值,为 24.06 亿元。

在并购执行日,收购方股价较标的评估基准日上升 2.25 元,按当时流通股总数计算,公司流通市值增加额为 26.68 亿元。由于股价影响因素是多方面的,公司价值评估不可能完全精确,但按实物期权法估计的公司价值更接近于市场交易结果。

三、剩余收益估值模型

剩余收益估值模型(Residual Income Valuation Model,RIM),是由爱德华兹(Edwards)和贝尔(Bell)于 1961 年提出来的企业价值评估模型。它具体是指基于企业现有的会计信息,通过公司权益的账面价值与未来存续期间的预期剩余收益的现值来表示企业价值。该模型开创虽较早,但直到 20 世纪 90 年代,美国学者奥尔森(Mancur Lloyd Olson)将企业权益价值和会计变量联系起来,在其著作《权益估价中的收益、账面价值和股利》中系统地阐述了剩余收益模型,该模型才开始受到学界的重视。

剩余收益的概念来源于经济学中的利润,是指企业净利润减去股权成本后剩余的值,当且仅当企业实现了股东要求的必要报酬后,才能获得剩余收益。其公式表达如下:

$$RI_t = NI_t - r_E \times B_{t-1} \tag{2.36}$$

---

① 限于篇幅,未公开 ZM 公司的财务报表和同行业相关数据。

其中，RI_t 为公司当期剩余收益，NI_t 为公司当期净利润，r_E 为股权成本（要求回报率），B_{t-1} 为公司上期股东权益总额。

剩余收益模型认为，企业价值可分为两部分，即现有资产价值和未来存续期内的企业价值增值。剩余收益是公司为股东们创造的新价值，如果剩余收益为正，股东们就能获得超额收益，因此长期来看股价就升高；如果剩余收益为负，那么股票价格将会下跌。因此剩余收益模型的一般形式可以表示为：

$$V_0 = B_0 + \sum_{t=1}^{\infty} \frac{RI_t}{(1+r_E)^t} = B_0 + \sum_{t=1}^{\infty} \frac{NI_t - r_E B_{t-1}}{(1+r_E)^t} \qquad (2.37)$$

剩余收益模型可以从红利折现模型中推导出来。公司每年获得的净利润用于股利的分配和公司净资产的积累两方面。因此，净利润、股利和净资产之间存在如下关系：

$$B_t = B_{t-1} + NI_t - D_t \qquad (2.38)$$

因此，股利 D_t 可以用净利润和净资产表示为 $D_t = NI_t + B_{t-1} - B_t$，将该式带入红利贴现模型，可以得到：

$$V_0 = \frac{NI_1 + B_0 - B_1}{(1+r_E)} + \frac{NI_2 + B_1 - B_2}{(1+r_E)^2} + \frac{NI_3 + B_2 - B_3}{(1+r_E)^3} \cdots \qquad (2.39)$$

式(2.39)也是剩余收益模型的一般表达形式。

与红利贴现模型类似，对未来剩余收益按照固定比例增长的预期，可以得到不变增长的剩余收益模型。假设未来剩余收益按固定比例 g 增长，且股权成本保持不变，于是不变增长的剩余收益模型可以表示为：

$$V_0 = B_0 + \frac{RI_t}{r_E - g} = B_0 + \frac{NI_t - r_E B_{t-1}}{r_E - g} \qquad (2.40)$$

剩余收益估值模型与传统的自由现金流贴现模型和红利贴现模型最大的不同就在于：剩余收益的定价根植于企业价值创造的整个过程。红利贴现模型和自由现金流贴现模型将股权成本考虑在分母贴现率部分，剩余价值估值模型则还将股权成本反映在分子部分。剩余收益的特点是将权益资本成本纳入了企业经营要素考核的范畴。

剩余收益估值模型从公司股东的权益出发，评价公司经营绩效的核心在于公司是否为股东创造了足够价值，分析结果往往比红利贴现模型和自由现金流模型更为准确。此外，当公司不发放股利或自由现金流长期为负值时，剩余收益模型就很好地弥补了传统贴现模型的不足。

案例分析

肯尼斯·费雪"超级强势股"选股策略及其在中国市场的应用

肯尼斯·费雪(kenneth L. Fisher)十分推崇市销率的应用，并提出了以市销率为核心的"超级强势股"选股策略。

费雪认为,相对于其他指标,销售收入具有更大的稳定性,因此采用市销率对公司价值进行判断是有价值的。他发现一些优秀公司的销售净利率稳定在5%~7%,少数精英企业能够长期保持在10%左右。

在费雪看来,购买超级强势股的关键在于挑选未来具有成长可能性的股票,并在较低价位买入。因此,费雪选择超级强势股的具体条件如下:

① 公司未来长期销售收入年均增长率大约在15%~20%之间;
② 公司长期平均销售净利率超过5%;
③ 市销率为0.75或更低的水平。

实证表明,相对于小公司股票而言,大公司股票普遍具有更低的市销率(见表2-3),因此费雪认为大公司的股票必须在市销率小于或等于0.4时购买,在市销率0.8时卖出,即使在强劲的牛市中,也应该在市销率小于或等于2时卖出。

表2-3 公司规模与市销率之间关系(1982年11月)

过去12个月的销售收入	位于不同销售区间的公司数量						
	0~1	1~2	2~3	3~4	4~5	5~6	6+
0~1亿美元	8	17	16	3	2	5	8
1~2亿美元	4	7	3	3	2	1	0
2~3亿美元	2	2	1	0	0	0	0
3~4亿美元	1	2	2	1	1	0	0
4~8亿美元	2	4	2	0	0	0	0
8亿美元以上	11	5	2	0	0	0	0

数据来源:肯尼斯·费雪(2013)。

费雪还认为,市销率策略需要兼顾市研率(市值除以研发投入)。他认为不能购买市研率超过15的超级公司的股票,而应该寻找市研率处于5~10的股票进行投资。此外,他还很重视市场占有率对利润率的影响,认为公司的潜在利润率与市场占有率之间存在显著的正相关。

根据费雪超级强势股的特征,我们构建如下策略:

① 公司季度市销率小于0.75;
② 当季销售净利润率大于5%;
③ 年度营业收入增长率大于20%。

每天开盘前,对沪深市场所有A股进行判断,从中挑选符合以上条件的股票,按照季度EPS进行排序,选择前30只股票进行投资。

策略回测效果如下:

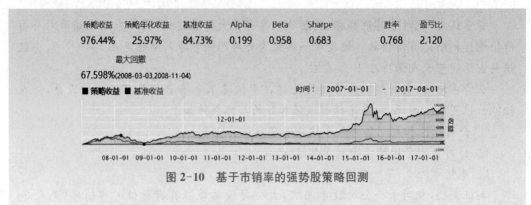

图 2-10 基于市销率的强势股策略回测

以沪深 300 指数收益率作为基准,总体来看,策略能够跑赢基准收益。2007 年以来,以该策略方式进行投资,获得总收益率达到 976.44%,相对于基准的超额收益为 891.71%,年化收益率达到 25.97%。策略收益的波动率也较大,夏普指数为 0.68。

小 结

1. 对股票进行估值可以采用相对价值估值模型或绝对价值估值模型。相对价值估值模型通过可比公司市场价格对公司股票进行定价,绝对价值估值模型通过估计企业未来现金流的现值估计股票价值。
2. 计算公司股票的相对价值可以从市盈率、市盈率增长系数、市净率、市销率、总市值等方面进行考虑,而绝对价值估值模型主要有红利贴现模型和自由现金流贴现模型。
3. 相对价值估值模型运用简便,使用的信息简单明了,可以快速对公司股票进行估值,对市场的反应十分迅速,估值得到的结果也更接近市场整体对该股价的认知。但市场情绪会对股价的估值产生影响,可比公司寻找困难也为相对价值估值模型的使用带来不便。
4. 绝对价值估值模型可以提供公司绝对价值的估计,但其估计高度依赖于未来会计数据和企业增长率的假设,对现金流和贴现率估计的小幅变化会导致公司估值大幅变动。
5. 除了传统估值方法以外,还可以采用 DEVA 估值模型、实物期权估值模型、剩余收益估值模型等对公司进行估值。DEVA 估值模型主要应用于注重客户价值的互联网公司,实物期权模型用于赋予未来不确定性以期权价值,而剩余收益估值模型从公司股东的权益出发,评价公司经营绩效的核心在于公司是否为股东创造了足够价值。

习 题

1. 某公司 2016 年年底财务数据显示:年度净利润为 22 亿元,总股本 44 亿股;经过相关测算,该公司将来 12 个月的每股收益为 0.80 元,目前股价为 25 元。根据某机构研究报告,市场上像该公司这样规模和盈利能力的企业,其当前市盈率和预期市盈率的合理值分别为 40 和 35。根据以上信息,请判断该公司股票市场价格是否合理。

2. 假设某公司估值基准日为 2016 年 12 月 31 日,公司估值的预测期为 2017 年 1 月 1 日至 2021 年 12 月 31 日,公司 2021 年的自由现金流为 100 万元,永续增长率为 3%,公司的加权平均成本为 12%。求该公司股票价值。

3. 假设某公司估值基准日为 2016 年 12 月 31 日,公司估值的预测期为 2017 年 1 月 1 日至 2021 年 12 月 31 日,公司 2021 年的 EBITDA 为 100 万元,预期 2021 年 12 月 31 日可比公司的 EV/EBITDA 乘数为 6 倍,公司的加权平均资本为 10%。求该公司股票价值。

4. 分析市盈率估价模型的优点和局限性。

5. 请简述 DEVA 估值模型、实物期权法估值模型、剩余收益估值模型的适用场合及优缺点。

第三章

私募股权投资

教学目的与要求

私募股权投资是投资银行的直接投资业务。通过本章学习,了解私募股权投资的基本概念、分类以及组织形式,在海外以及国内的发展历史,未来在我国的发展趋势;掌握私募股权投资募、投、管、退的操作流程。

第一节 私募股权投资概述

一、私募股权投资的分类与特点

(一) 私募股权投资的概念

私募股权投资(Private Equity,PE),是指以非公开的方式向机构或个人募集资金,主要对经营较成熟的未上市企业进行股权性投资,并通过被投资企业的上市、并购、股权转让等一系列方式退出并获利的一种投资。

国际上对私募股权投资的定义有不同的见解。

如美国著名评级机构标准普尔公司对私募股权投资的定义为:私募股权投资是包括对非上市公司的股权投资、创业投资,以及较大规模和中等规模的杠杆收购(Leveraged Buyout)、夹层债务和夹层股权投资(Mezzanine)等各种另类投资(Alternative Investment)的总称。另外它还包括对上市公司进行的非公开的协议投资。

欧洲私募股权与创业资本协会(EVCA)则将私募股权投资基金定义为一种由一定数量投资者组成的,主要投资于企业股权或与股权相关的证券的集合投资工具或计划。私募股权基金一般以私人企业为投资对象,有时也会投资于公众企业,但所投资的股权一般未在证券交易所上市交易或暂时不能在证券交易所交易。私募股权投资基金投资于公众企业是以企业重组和行业整合为目的,而不是为了持有企业股票在二级市场上获利。

在我国,北京私募股权投资基金协会(BPEA)对私募股权投资做了定义。从投资方式角度看,私募股权投资是指通过私募形式对私有企业,即非上市企业进行的权益性投资。它在交易实施过程中附带考虑了将来的退出机制,即通过上市、并购或管理层回购等方式,出售持股获利。广义的私募股权投资指涵盖企业首次公开发行前各阶段的权益投资,即对处于种子期、初创期、发展期、扩展期、成熟期和Pre-IPO(Pre-Initial Public Offering)各个时期企业所进行的投资,相关资本按照投资阶段可划分为创业投资(Venture Capital)、成长基金(Development Capital)、并购基金(Buyout/Buyin Fund)、夹层资本(Mezzanine Capital)、重振资本(Turnaround Capital)、Pre-IPO资本,以及其他如上市后私募投资(Private Investment in Public Equity,PIPE)、不良债权(Distressed Debt)和不动产投资(Real Estate)等。狭义的私募股权投资指对已经形成一定规模的,并产生稳定现金流的成熟企业的私募股权投资,主要是创业投资后期的私募股权投资,而这其中并购基金和夹层资本在资金规模上占最大的一部分。

(二)私募股权投资的分类

私募股权投资的分类主要是针对广义的私募股权投资而言。企业发展的生命周期总的来看可以分为早期、扩张期和后期三大阶段。早期又分为种子期(seed)和初创期。处于种子期的企业主要参与的私募股权投资有天使基金、风险投资基金等;处于初创期的企业主要参与的私募股权投资是创业风险投资。早期的私募股权投资属于广义的私募股权投资的范畴;而对于扩张期和后期,参与的私募股权投资属于狭义的私募股权投资基金的范畴,当中包括了成长基金、并购基金、Pre-IPO基金等。一般而言,投资阶段越是企业发展的早期,成功概率越低,风险越大,但是成功后回报率也越高。不同阶段的私募股权投资见表3-1。以下是针对各种类型私募股权投资的介绍。

1. 天使投资(Angel Capital)

天使投资是指以个人名义直接投资于创业企业,而不是由多数投资者共同出资组建的"集合投资"性质的创业投资基金机构。所以,天使投资是一种典型的"非组织化的创业投资资本"。天使投资一般是创业者在创业初期获得的第一桶金,投资者在创业前景不明的时候如"天使"一般提供了资金支持。天使资本之所以由投资者直接进行投资,有两个原因。一是这类投资者通常既具有一定的资本实力又对企业具有一定的了解;二是他们的投资在很大程度上不是为了获得投资收益,而是为了体验冒险激情和投资成功后的社会荣誉感。天使资本的投资者主要是曾经的创业者、富豪、大型高科技公司或跨国公司的高级管理者。

2. 创业风险投资(Venture Capital,VC)

创业风险投资主要投资于企业的创业阶段或产业化早期阶段,为其提供研发资金和营运资金。风险投资的主要特点包括:(1)投资对象是处于创业期(Start-Up)的中小型企业,而且多为高新技术企业。(2)投资期限至少3年以上,投资方式为股权投资,通常占被投资企业30%左右股权。(3)投资决策建立在高度专业化和程序化的基础之上。(4)风险投资人一般积极参与被投资企业的经营管理,提供增值服务。除了种子期融资外,风险投资人一般也对被投资企业以后各发展阶段的融资需求予以满足。(5)由于投资目的是追求超额回报,风险投资人会通过上市、收购兼并或其他股权转让方式撤出资本,实现资本增值。

3. 成长基金(Development Capital)

处于成长期的企业往往会面临多元化、规模化、产品升级、技术更新换代、扩大市场占有率等问题。解决这些问题需要投入大量资金,这为私募股权投资提供了大量的机会。

成长基金投资于企业产业化成功后的扩张阶段,为企业提供所需的固定资产投资和流动资金,以扩大投资企业的生产规模和提高产品市场占有率。由于该阶段企业生产已经步入正轨并取得快速的发展,成长基金相对于风险投资所面临的风险较小,但是潜在的投资回报率也较小。

4. 并购基金(Buyout Capital)

并购基金通过收购控股成熟且稳定增长的企业,实施内部重组、行业整合等来帮助企业确立市场地位,提升其内在价值,待增值后出售获利。并购基金与其他类型投资的不同表现在:风险投资主要投资于创业型企业,并购基金选择的对象是成熟企业;其他私募股权投资对企业控制权并无兴趣,而并购基金意在获得目标企业的控制权。

并购基金对目标企业的收购一般采取杠杆收购(Leveraged Buyout)的方式,即以目标企业的资产及未来现金流作为债务抵押,以较少的股本投入取得数倍的资金,再对目标企业进行收购、重组,一旦成功将获得巨大收益。

5. Pre-IPO 基金

Pre-IPO 基金是指投资于企业上市之前,或预期企业可近期上市时的基金。该基金的退出方式一般为上市后从资本市场出售股票退出。同投资于种子期、初创期的风险投资不同,Pre-IPO 基金具有投资风险小、投资期限短的优点,并且如企业上市后,股票价格高企,则可获得较高的投资收益。Pre-IPO 基金包括夹层资本以及过桥资本(Mezzanine/Bridge Capital)。

夹层资本是介于债务资本和股权资本之间的一种资本形态,本质是长期无担保的债权类风险资本,一般采取债权的形式,并带有一定的可转换证券或认股权证等权益资本性质。夹层资本通常用于那些接受后续风险资本的公司,或者在杠杆收购时银行的高级贷款不能提供所需的所有资金的情况下使用。

过桥资本的目的是为了解决企业上市前短期内融资困难,以及改善企业财务状况等。它帮助企业冲刺上市,最后通过公开市场股权转让或收取利息获得投资收益。

6. 重振资本(Turnaround Capital)

重振资本是指向业绩不佳的企业投资,改善企业的经营状况的金融资本。这类企业一般处于传统行业,出现财务危机或者处于重组当中,但仍具有长期的市场生存能力。重振资本一般投资于处于衰退期的企业。

7. 私人股权投资已上市公司股份(Private Investment in Public Equity, PIPE)

PIPE 是私募基金、共同基金或者其他的合格投资者以市场价格的一定折扣率购买大量上市公司股份的一种投资方式。PIPE 主要分为传统型和结构型两类。传统型的 PIPE 由发行人以设定价格向 PIPE 投资人发行优先或普通股来扩大资本。而结构型 PIPE 则是发行可转债(转换股份可以是普通股,也可以是优先股)。PIPE 为上市公司提供了一种全新的成长型资本融资方式。根据交易结构,投资者从私人投资公开股票(PIPE)的交易中得到一些让利或者可以得到比市面上更低价格的股票。

8. 其他基金

此外,还有一些专门针对某个行业进行投资的私募股权投资基金。比如房地产投资基金、能源基金等。

表3-1 企业不同阶段适用的私募股权投资

	早期		扩张期			后期	
	种子期	创业期	一期	二期	三期	并购	重振融资
借入资本			传统融资方式				杠杆收购
夹层资本					结构性融资/计划		
私募股权	天使风险资本	创业风险资本	狭义的私募股权投资（成长基金、并购基金等）				

(三) 私募股权投资的特点

1. 投资运作期较长，属于中长期投资

一家企业从需要股权融资发展到首次公开发行股票的过程是比较长的，少则2~3年，多则5~7年。即使考虑到存在其他退出方式，投资周期依然较长。目前，我国本土的私募股权投资一般把投资周期设定为3~5年。而国际上的成熟私募股权投资基金一般把投资周期设定为5~7年。一些经典的成功案例里投资周期可以达到8~10年，甚至超过10年。

因此，私募股权投资基金通常应根据所投资对象的期限设置一定的封闭期，保证投资计划不会因为部分投资者的赎回影响整个投资计划的利益最大化，也应该考虑投资周期内的追加投资、引入其他投资者等事项。

2. 一般不会控股被投资企业

私募股权投资基金在投资时，一般以持有被投资对象不超过30%股权的方式进行投资。原因是多方面的。(1) 控股企业要付出大量的人力资本，而私募股权投资基金的管理团队比较精简，投资项目也较多，没有精力进行企业的日常管理。特别是在我国，职业经理人制度尚不成熟，完全由职业经理人来进行企业经营管理的社会文化底蕴不足，最好的方法还是将企业交由接受投资企业的经理层(包括原来的所有者)进行管理。(2) 外来资本控股一个企业，可能会与原来的管理层以及员工产生理念、文化上的冲突，挫伤经理和员工们的积极性和能动性，使企业发展的潜力不能充分释放。(3) 控股会导致股权交易的难度加大，投资周期会被拉长。

在操作上，私募股权投资基金主要从发展方向、重大决策以及财务等方面对所投资企业进行管理，当持股比例比较大时，一般会派出自己的财务总监到企业进行监管。但是这一特点并不是绝对的，在国外的私募股权投资中，也有大量私募股权投资基金控股所投资企业的股权并获得了投资的成功。这在职业经理人制度较为发达的国家和地区较为常见。但是，在目前我国职业经理人制度发育不成熟的条件下，控股被投资企业较难获得成功。

3. 对产业认知要求较高

私募股权投资基金在选择项目时，会进行投资价值分析。主要是看这个企业所在的领域和市场是否处于产业的高速发展期。如果过于早期，整个行业还没有发展起来，未来发展方向存在重大的不确定性，投资风险就会过高。如果处于后期，市场成长性不够，企业价值的增长空间也不大。

私募股权投资基金会选择对具有较大发展潜力的企业进行投资。投资对象要具有良好的发展策略、竞争力强的产品、技术以及优秀的人事管理、组织运作等。对目标企业进行投资后，私募股权投资基金还需要对该企业进行组织变革，优化企业经营战略，帮助企业成功首次公开发行股票。

因此,私募股权投资基金需要对所投资对象具有极高的产业认知。一些私募股权投资基金专注于某一个或者某些熟知的领域进行投资,而对于认知有限的领域从不涉及。比如有些股权投资基金偏爱互联网项目,有些股权投资基金偏爱医药项目。

4. 主要集中于企业的成长阶段和扩充阶段

美国私募股权投资协会(NVCA)的统计表明,约80%的私募股权投资基金投资于企业的成长阶段和扩充阶段,仅有4%左右投在创建阶段,另有14%左右投资于成熟阶段。这是因为企业创建阶段的股权投资虽然回报高,但是风险较大。私募股权投资基金的投资者一般资金实力比较雄厚,生活优越而不愿意承担太大的风险。而投资于企业的成长和扩充阶段正好满足了私募股权投资基金投资的风险偏好,并提供了较高的回报。而成熟阶段的企业融资渠道较为通畅,无论是银行贷款还是在股票市场增发新股,都比较容易做到,私募股权投资显然不是他们的首选。

二、私募股权投资的组织形式

私募股权投资的组织形式主要有三种:公司制、信托制、有限合伙制。由于各个国家的经济、政治、法律情况各不相同,不同国家的私募股权投资基金所采取的主要组织形式也不同。例如美国主要采取有限合伙制;英国、日本等国家主要采取信托制;而德国、澳大利亚等国家则主要采取公司制。

(一) 公司制

公司制私募股权投资基金以公司的组织形式设立,以发行股份的方式募集资金。投资者以"购买基金公司股份"的方式认购基金,成为公司的股东。公司制私募股权投资基金同样包括有限责任公司和股份有限公司两种形式,其发起人通常为实体公司、商业银行、保险公司、基金管理公司等。公司制一般是各国私募股权市场初期所常见的组织形式。

在公司制组织模式下,投资者购买公司股份成为股东,并以其出资额为限对公司承担责任。股东大会是最高决策机构,选出董事、监事。董事会是常设管理机构,负责基金公司的日常管理。再由董事、监事投票委任某一投资管理公司来管理公司的资产,管理人收取资金管理费与效益激励费。这种基金股份的出售一般都委托专门的销售公司来进行。根据法律的限制,一般股东的数目不多,但出资额都比较大。

公司制私募股权投资基金可以采取开放式或封闭式两种形式,依发起人和投资人协商决定。开放式公司的注册资本每年在某个特定的时点重新登记一次,进行名义上的增资扩股或减资缩股。如有需要,出资人每年可在某一特定的时点将其出资赎回一次。在其他时间,投资者之间可以进行股份协议转让。

公司制私募股权投资基金有利于聚集社会广大的闲散资金,进行规模化投资运作;有利于抵抗资本市场的投资风险,提高资本的收益率。例如美国巴菲特的伯克希尔哈撒韦公司就是典型的公司制私募股权投资基金。公司制私募股权投资基金的主要不足在于双重纳税,即在公司缴纳企业所得税的同时,投资者必须对于分红缴纳个人所得税。

(二) 信托制

信托制私募股权投资基金是一种基于信托关系而设立的集合投资制度,通过信托契约明确委托人、受托人和受益人的权利义务关系。委托人即投资人,受托人即投资管理机构,受益人可以是基金投资人,也可以是由基金投资人指定的其他人。

信托制私募股权投资基金又称为契约型私募股权投资基金,其形式为投资人将资金委托给运营人运营,投资人与运营人之间是一种委托(信托)关系。具体募集方法是运营人与投资人签订信托协议,运营人向投资人发行基金收益凭证。可以看出,公司制私募股权投资基金和信托制私募股权投资基金都是通过"投资人购买"来认购。但区别在于,前者购买的是股份,后者购买的是基金受益凭证。另外,由于信托制私募股权投资基金不是法人实体,所以也没有所谓的"法人治理结构",没有股东大会、董事会和监事会。对应地,信托制私募股权投资基金的治理结构是基金持有人大会、基金委托管理人和基金委托保管人。

需要指出的是,一些信托制私募股权投资基金虽然借用信托计划的形式,但是信托公司并不真正对基金进行经营管理,而是由投资人自行委托给其他专业的投资机构或投资人等,即所谓的"受托人投资顾问"信托公司在这个过程中只是信托计划的一个桥梁。此时,信托公司仍然是受托人,但是基金的经营管理权被"受托人投资顾问"取代了。

(三)有限合伙制

有限合伙制是绝大多数私募股权投资基金的法律架构,由有限合伙人(Limited Partner,LP)和普通合伙人(General Partner,GP)两类合伙人共同出资组成。普通合伙人负责参与基金的日常管理,对合伙制基金的债务承担无限连带责任。有限合伙人不参与基金的日常管理,以其出资额为限对合伙制基金的债务承担有限责任,对普通合伙人起监督作用。在有限合伙制中,投资者扮演了有限合伙人的角色,中介机构则扮演普通合伙人的角色。有限合伙通常有固定的存续期间(通常为十年)。到期后,除非全体投资人一致同意延长期限外,合伙企业必须清算,并将获利分配给投资人。有限合伙人在将资金交由普通合伙人后,除了在合同上所订立的条件外,无法干涉普通合伙人的行为,普通合伙人享有充分的治理权。我国《合伙企业法》规定,国有独资公司、国有企业、上市公司及公益性的事业单位、社会团体不得成为普通合伙人。

1. 普通合伙人的权利与义务

PE的普通合伙人通常认缴总股本的1%～2%。普通合伙人负责做出所有的投资决策并且负责监管基金的所有投资项目。其收益主要来自两方面:基金管理费和提成收入(Carry Interest)。

基金管理费是GP向LP每年收取的费用,费率一般为LP承诺资金的1.5%～2.5%。管理费率的高低取决于GP的声望、市场资金是否充裕等因素。在PE的存续期内,GP获得的管理费可能会逐步减少。这样安排的一个理由是,在存续期的前期进行的是投资类工作,存续期的后期进行的是监管类工作。GP收取的管理费被用来支付顾问费用、员工工资及福利、办公场所租金、各项办公开支、项目前期工作的差旅等开支,以及尽职调查等发生的费用。另外,除了比例管理费制外,还有一种方案是预算收费制。GP和LP共同制定出一年的预算,使得LP支付的管理费能够弥补GP的运营费用。预算约束能够促使GP更多关注投资回报而不是管理费盈余。

提成收入是GP获得的基于PE投资利润的提成,是对GP的激励措施。该分配方式主要有本金优先返还(All Capital First)模式和按项目分配(Deal-by-Deal)模式。本金优先返还模式是确保LP收回投资本金后,GP才和LP进行利润分配的一种基金利润分配的模式。在一定条件下,GP将收取超过优先回报率(Preferred Return Rate)即最低回报率的一定比例作为提成。在美国,GP的优先回报率通常为8%。提成收入比例的确定是GP和LP协商谈判的结果,一般在15%~25%。按项目分配模式指该基金在退出一个投资项目后,会就该项目的投资收益在GP和LP之间进行分配。这种分配模式较本金优先返还模式来说,对基金经理更为有利。

2. 有限合伙人的权利与义务

有限合伙人承担出资义务,不承担管理责任,并对基金的债务承担以其出资额为限的有限责任。有限合伙人可以获得基金的投资收益和避免重复纳税的好处。有限合伙制PE基金结构见图3-1。

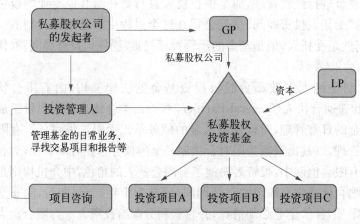

图3-1 有限合伙制PE基金结构

LP的出资是承诺制。LP并不会在签署有限合伙协议后的某个约定时间将协议金额划入GP管理的某个账户,而是仅仅承诺投入一只基金总的资金额度。资金承诺要包括支付给GP的管理费以及其他支出。LP在做出承诺时,往往要求GP也要承诺投入资金(基金总额的1%~2%)。之所以采用承诺制的出资方式,是因为PE在选择项目和在与目标公司进行谈判的过程中,根本不需要大量的资金。而且PE也不大可能在比较短的时间内将资金全部投出去。如果PE在其管理的账户中存放了大量的现金,则会因为资金闲置而降低了资金的使用效率并承担资金的机会成本。PE行业的惯例是,当GP确认某个合适的投资项目时,GP会通知LP,要求LP按照其在有限合伙协议中承诺的出资比例将相应数额的资金转账给GP,这一过程被称为"招款"(Capital Call)。

当一项投资退出时,有限合伙协议须规定如何分配利益,包括利益支付的时间和形式(现金或者股权)。在这类规定中,通常会有"购回"(Claw-back)机制的条款。所谓购回,是指在一个投资项目发生重大亏损的情况下,LP可以从GP在之前的盈利项目中所获得的回报分成中,要求拿回一部分用于补偿当前的亏损。

有限合伙协议会规定一个投资期限(Investment Period),在此期限内要求所有的资金都要投出去。投资期限一般不超过6年。LP无法在具体的投资决策上约束GP,但可以要求 GP 承诺只在特定的领域内进行投资。对于单一项目可以投入的资金额度,GP 往往也受到限制,每笔交易的金额通常不超过基金总资本金的 10%。这种限制的目的是使投资组合多样化,以分散风险。

第二节 私募股权投资的发展历史

一、美国私募股权投资的发展历史

(一) 私募股权投资的兴起

私募股权投资起源于 19 世纪末 20 世纪初美国的"第一次并购浪潮"。第一次并购浪潮中绝大部分交易属于产业并购,其中很多并购大量使用了融资杠杆,因此催生了最早的专门进行私募股权投资业务的公司。1901 年,J.P.摩根斥资 4.8 亿元从安德鲁·卡内基和亨利·菲普斯手中买下卡内基钢铁公司,这应该是美国最早的私募股权并购交易。1907 年,亨利·菲普斯拿出这宗买卖中所获收益的一部分建立了家族企业 Bessemer Trust,主要从事私募股权投资业务,这可能是美国最早的私募股权投资公司。直到今天,Bessemer Trust 公司依然进行着该项业务。

1929—1933 年"大萧条"之后,美国加强了对银行等金融机构的监管,从商业银行分离出来的投资银行逐渐建立了专门从事收购业务的部门。此后,并购逐渐成为大型投资银行的主要业务之一。20 世纪 50 年代,一些从事并购业务的投资银行家从"卖方"转到"买方",募集资金创立了专门从事收购业务的投资公司。1959 年,Draper Gaither & Anderson 公司成立了美国最早的有限合伙制基金。由于较好地处理了信息不对称条件下的委托代理和激励机制问题,有限合伙制逐渐发展成为私募股权投资基金的主导组织形式。

杠杆收购(Leveraged Buyout,LBO)是最典型的私募股权投资基金业务,杠杆收购的演变历程最能体现私募股权投资基金的发展历史。20 世纪 60 年代,沃伦·巴菲特的 Berkshire Hathaway 公司和 Victor Posner 的 DWG 公司等纷纷开始从事杠杆收购业务,也正是 Victor Posner 创造了"杠杆收购"这一名词。1976 年,Bear Stearns 公司的三个投资银行家克拉维斯(Henry Kravis)、科尔博格(Jerome Kohlberg)、罗伯茨(George Roberts)合伙成立了 KKR 公司,专门从事并购、重整企业业务。这是美国历史上第一个专门从事杠杆收购业务的私募股权公司。

(二) 第一次私募股权投资浪潮

私募股权投资作为一个成熟的产业出现在 20 世纪 80 年代,美国的养老基金等机构投资者逐渐取代个人投资者成为私募股权投资市场资金的主要来源。伴随着第四次并购浪潮,第一次私募股权投资浪潮也开始兴起。回顾历史,可以清楚地看到第四次并购浪潮区别于前三次浪潮的显著标志——提升公司治理取代产业发展需要,成为推动这次并购浪潮的深层次原因。在这次并购浪潮中,以杠杆收购为主要操作手段的私募股权投资基金成为主要推动力量。从 1979—1989 年,交易金额超过 2.5 亿美元的杠杆收购至少有 2 000 宗。今天活跃在资本市场上的很多私募股权投资基金巨头都诞生于那个时代。例如成立于 1981 年的 CVC 资本(CVC Capital Partners)、成立于 1984 年的贝恩资本(Bain Capital)、成立于 1985 年的黑石(Blackstone)以及帕米拉(Permira),成立于 1987 年的凯雷集团(Carlyle Group)。

由于杠杆收购需要大量借债融资,垃圾债券市场应运而生。垃圾债券大王迈克尔·米尔肯(Michael Milken)和他所在的德崇证券公司(Drexel Burnham Lambert)为杠杆交易者发行了大量的高收益债券(即垃圾债券),使后者可以在短时间内筹集到巨额的收购资金,从而对目标公司发起难以抵挡的收购袭击。

20 世纪 80 年代后期,杠杆收购的繁荣出现了过度狂热征兆,垃圾债券市场的膨胀和敌意收购的负面影响,引起了公众和政府的广泛关注。1989 年 KKR 敌意收购 RJR Nabisco 后不久,RJR Nabisco 公司就因为过高的财务杠杆陷入了财务困境。1991 年,德崇证券公司被法院指控证券欺诈等 6 项罪名成立,最终公司破产,米尔肯锒铛入狱。第一次私募股权投资浪潮的繁荣时代宣告结束。

(三) 第二次私募股权投资浪潮

21 世纪初互联网泡沫破裂后,风险投资市场迅速萎缩,但私募股权投资市场却异军突起。2002 年 8 月,凯雷联合其他收购基金以 75 亿美元收购了科罗拉多州的电话号码簿经营商 Dex Media 公司,开启了私募股权投资第二次繁荣的序幕。

据汤姆森风险专家数据库的统计,2002—2007 年,全球私募股权投资基金的年度募资额分别为 943 亿美元、978 亿美元、1 479 亿美元、2 923 亿美元、3 856 亿美元、3 946 亿美元。另据道琼斯《私募股权分析师》杂志公布的数据,2006 年 404 只美国私募股权投资基金共募集了 2 250 亿美元,2007 年 415 只基金共募集了 3 020 亿美元。单只基金的规模越来越大,出现了百亿美元规模的基金。迄今为止,历史上最大的 15 只私募股权投资基金都是在 2005—2007 年募集的。其中 2007 年 4 月封闭的高盛资本 6 号基金的规模达到 200 亿美元,是截至当时全球最大的私募股权投资基金。2003—2007 年,私募股权投资基金收购了包括 Metro-Goldwyn-Mayer、SunGard、Hertz Co.等在内的一大批大型公司。单宗交易金额的记录不断被刷新,历史上最大的十宗收购交易有八宗发生在这段时间。

相比上一次收购浪潮,第二次私募股权投资浪潮具有以下明显的特征:

(1) 为了改善在公众心目中的形象,"私募股权投资"逐渐取代了"杠杆收购"的说法。包括 KKR 在内的 PE 机构纷纷举起"友好收购"的大旗。

(2) 针对上市公司退市的私有化交易大幅度减少,只占全部收购交易价值的 10%,目标企业的平均收购价值也大幅度下降。而针对非上市公司(包括独立企业和大型公司的分支机构)的收购显著增加,成为 PE 基金收购的主体,占到全部交易价值的 80% 和交易数目的 90%。

(3) 跨国并购行为增加。大型私募股权投资机构加快了全球化的步伐。在中国、印度、巴西、俄罗斯"金砖四国"和其他新兴市场地区,私募股权投资基金十分活跃。

(4) 二次收购(Secondary Buyout)成为并购市场的重要现象。二次收购即 PE 基金将其投资的企业出售给其他 PE 基金,从而实现自身的退出。在 2000—2004 年,二次并购占全部收购交易价值的 20%。

(5) PE机构公众化。2007年6月,全球最大的PE机构黑石集团在纽约证券交易所挂牌交易;2009年10月,KKR在欧洲证券交易所上市;2012年5月,凯雷在美国纳斯达克全球精选市场上市。素来以神秘著称的PE机构开始为公众所知。

二、我国私募股权投资的发展历史

目前,我国已经进入了私募股权投资统一监管下规范发展的时期。回顾我国私募股权投资的发展历程,大致经历了三个阶段。

(一) 探索与起步阶段(1985—2004年)

我国私募股权投资基金行业最早可以追溯到1985年成立的中国新技术创业投资公司。随着中国市场化改革与社会主义市场经济体制改革的推进,一方面本土私募股权投资基金崭露头角,另一方面外资私募股权投资基金开始进入中国。但由于市场不完善、退出机制不健全等制度性原因,早期的私募股权投资基金行业发展缓慢。

这一阶段,由于国内股权投资市场尚不成熟,国内的并购基金发展十分缓慢。随着弘毅资本等几家有代表性的私募股权投资基金的创立,私募机构开始涉足并购领域,并有效利用90年代末国企改革产生的大量良好标的,在2004年后进入快速发展阶段。

(二) 快速发展阶段(2005—2012年)

截至2005年末,活跃于中国境内的私募股权投资机构增至约500家。随着2006年资本市场股权分置改革的完成、2007年《中华人民共和国合伙企业法》(简称《合伙企业法》)等法规的颁布,私募股权投资基金行业大发展的制度基础初步奠定。2007年《合伙企业法》开始实施后,各级地方政府为鼓励设立合伙型股权投资基金,出台了股权投资基金税收优惠政策。随后2009年创业板的推出使得私募股权投资基金的退出更为顺畅。2010年《外国企业或者个人在中国境内设立合伙企业管理办法》开始实施,为外资设立合伙型股权投资基金提供了法律依据,而本土机构也随着政策放开进一步扩容。此阶段私募股权投资基金行业的发展极为迅猛,大批政府主导的产业基金与民营私募股权投资基金纷纷成立,并在二级市场退出中获得高额回报,进一步吸引了资金的涌入。

在这一阶段,中国的私募股权投资基金行业从增量与存量上都跃居亚洲前列,本土机构的影响力逐步赶上外资机构。

与此同时,我国并购基金也经历了快速发展。在此阶段初期,并购市场上外资机构占据了主导地位。2008年金融危机后,并购基金的海外资金来源减少,客观上提高了本土并购基金的影响力。2009年12月开始,监管层将并购重组定为调整结构、促进经济转型升级的重要手段,政策支持加上市场需求增加,并购基金迎来了近十年的高速发展。

(三) 规范发展阶段(2013年至今)

随着中国经济进入新常态,私募股权投资基金的发展迈入新阶段。同时也随着法律、监管等多方面的经营环境得到改善,私募股权投资基金行业迎来了规范化发展的时代。2013年6月1日,经修订的《证券投资基金法》正式施行。

2013年6月27日,中央机构编制委员会办公室发布《关于私募股权基金管理职责分工的通知》〔中央编办发(2013)22号〕,明确由中国证监会行使私募股权投资基金监管职责。2014年8月21日,中国证监会发布《私募投资基金监督管理暂行办法》,对私募股权投资基金和私募证券基金施行统一监管。2014年年初以来,中国证券投资基金业协会根据《证券投资基金法》的规定和证监会授权,对包括私募股权投资基金管理人在内的私募基金管理人进行登记,对其所管理的基金进行备案,并陆续发布相关自律规则。此后,基金业协会积极履行职责,加快构建自律规则体系,逐步形成了"法律、部门规章和自律规则"相结合的法规框架。

随着我国私募股权投资市场募资、投资、退出环节的相关政策法规逐步建立,行业呈现快速发展态势。根据中国证券投资基金业协会的统计,截至2020年2月底,我国私募股权投资基金(包含创业投资基金)管理人达1.49万家,管理基金3.69万只,管理规模达到10万亿人民币。私募股权投资基金行业已经成为我国资本市场上的一股重要力量。

第三节 私募股权投资的操作流程

一、资金的募集

(一) 投资者

私募股权投资基金的本金是由投资者提供的。投资者可以包括个人投资者和机构投资者。在有限合伙制的私募股权投资基金中,LP就是投资者。常见的投资者包括私人养老基金和公共养老基金、捐赠基金、保险公司、银行、公司以及基金中的基金等。

基金发起人在与部分有意向的投资者初步交流后,即可确定私募股权投资基金的组织形式,进而用公司章程(公司型私募股权投资基金)、合伙协议(有限合伙制私募股权投资基金)、信托计划(信托型私募股权投资基金)等文件对基金的投资目的、投资方向、投资形式、拟筹集资本的规模、合格投资者描述、组织机构、管理办法、风险控制、收益分配、时效期限等进行详细说明。有了这些文件,发起人再与潜在的投资者进行交流与沟通,达成出资的初步意向。发起人也可以进行适当方式的推广,以扩大影响,争取最广泛投资者的响应,当承诺的出资者达到基金设立的要求时,再按照统一的方式签约、注册、入资、成立机构等。

(二) 运营团队

公司制私募股权投资基金委托专业投资管理机构或者外部专业团队运营和管理,有限合伙制私募股权投资基金由普通合伙人负责运营和管理,信托制私募股权投资基金由受托人投资顾问或信托公司负责运营和管理。一般来说,私募股权投资基金运营团队负责人的要求与GP有相似的地方,但是GP的要求更高一些。GP需要考虑吸引有限合伙人的投资,还要处理与合伙人的关系,而私募股权投资基金运营团队负责人的主要目标就是使基金增值。私募股权投资基金运营团队负责人需要具备以下素质:

1. 独到的战略眼光和超强的协调能力

私募股权投资基金运营团队负责人需要具有高瞻远瞩的战略眼光和政策把握能力,要对企业或者一个行业的过去、现在和未来具有深刻认识,要对国家的宏观政策、政治态势、经济措施有深入的理解。私募股权投资基金运营团队负责人需要处理企业、政府、社团和各种人际关系,解决很多意想不到的问题,因此要有广泛的社会资源和良好的人际关系并具备超强的协调能力。

2. 发现潜在优质企业的能力

发现潜在优质企业的能力是私募股权投资基金运营团队负责人的必备技能之一。每个投资机构对于企业的认识、看法都不完全一样，负责人要有独到的眼光，以发现企业独特的商业模式、未来发展潜力、潜在市场需求，看到企业存在的瑕疵及改进的办法，从而找到有发展前景的优质企业。

3. 为企业提供增值服务的能力

一个成功的投融资项目，企业得到的不仅仅是资本，还包括附着在资本上的投资机构带来的增值服务，包括新的管理理念和技能、产品和市场拓展、企业品牌声誉等无形资产的增值、企业首次公开发行股票的财务和法律咨询等服务。

4. 项目退出的设计和操作能力

项目的退出是私募股权投资基金实现投资价值的最终环节，退出的路径应该在项目投资之前就设计好，整个投资过程应该围绕这个退出路径服务，发现出现偏离退出目标的问题应该及时纠错。投资的退出是一个非常复杂的事情，基金运营负责人要熟悉各种退出方式，并能够自己操作或者指导企业按照退出的程序进行操作，最终实现投资的利益最大化。

二、投资项目的选择

私募股权投资基金作为以盈利为主要目的投资机构，其运作能力的好坏直接决定了未来的投资收益。私募股权投资基金投资项目一般分为项目寻找、项目评估、尽职调查、价值评估、交易构造五个阶段。

（一）项目寻找

私募股权投资基金要取得良好的投资回报，如何在众多项目中以较低的成本和较快的速度获得好的项目是关键。因此，私募股权投资基金的基金经理在充分利用公司自有资源的同时也会积极从外部渠道获取项目信息，整合内外部资源，建立多元化的项目来源渠道。一般来说，投资项目的来源渠道包括自有渠道、中介渠道以及品牌渠道等。各种信息渠道来源提供的项目信息质量存在差异，通常通过个人关系网、股东、商业伙伴获得的项目信息质量比较高。另外，一些重要的投资洽谈会也是比较好的收集项目信息的渠道。

（二）项目评估

项目初评是基金经理在收到创业项目的基础资料后，根据基金的投资风格和投资方向要求对创业项目进行初步评价。私募股权投资基金通常都有一套自己的投资政策，包括投资规模、投资行业、投资阶段选择等，因此在项目初评阶段，基金经理通常根据直觉或经验就能很快做出判断。

由于项目初评只对项目的一些表面信息进行筛选，因此对于通过初步评估的项目，基金经理需要对企业的产品需求、技术壁垒、市场潜力、商业模式、财务状况、管理团队和价值评估等进行详细调查研究，全面了解项目未来发展前景。项目评估要点详见表3-2。

表 3-2 项目评估要点

评估项目	要点
商业计划书评估	① 行业特征：目标市场空间与成长性等 ② 产品或服务的技术开发：技术创新性、技术壁垒、技术潜在开发可行性等 ③ 经营目标与前景预测：历史经营目标的实现情况、未来经营目标及实现该目标的可能性等 ④ 管理团队成员的能力评估：管理架构与职责安排、管理层关键人物的经历、职业道德与相关收入等 ⑤ 财务状况与盈利预测评估：历史经营业绩情况及存在的问题、盈利预测及其假设、未来重点投资项目的资金需求和投资可行性分析等 ⑥ 风险管理与控制评估：识别和评价各种风险与不确定性 ⑦ 投资收益评估：融资规模、资金的期限结构、资金的投入方式等
技术评估	① 技术因素评估：产品技术的历史情况、产品技术目前的水平、产品技术未来发展趋势、产品技术的竞争力、产品技术的专利商标等无形资产状况、产品技术在同行业所处的地位、政府对产品技术的有关政策等 ② 经济因素评估：项目方案是否成本最低或效益和利润最大 ③ 社会因素：是否符合国家科技政策和国家发展规划目标、是否符合劳动环境和社会环境等
市场评估	① 市场容量：是否有足够的市场容量 ② 市场份额：直接市场份额的大小 ③ 目标市场：是否定位好目标客户、目标市场规模是否庞大 ④ 竞争情况：竞争对手的数量、是否存在占绝对优势地位的竞争者等 ⑤ 新产品导入率：是否有替代产品、新产品进入的难易程度 ⑥ 市场进入障碍：是否有较高的规模经济性、是否有专利权、是否需政府审批等
管理团队评估	① 企业家素质：诚实正直、人格魅力、很强的领导能力、团队合作精神、丰富的经营管理经验、超强的执行力、扎实的专业技术水平、创新思维等 ② 管理队伍的团队精神：分工明确、高效合作、执行力强 ③ 管理队伍的年龄范围：最好在 35～50 岁，既有丰富的实际经验，又有活跃的思想，能较快吸收新知识和新信息
退出方式评估	退出路径选择及其依据、合同条款中有无保护投资权益的财务条款及财务保全措施、退出效益评估等

根据企业提供的商业计划书对创业项目进行综合研究评价后，基金经理通常会对创业者进行访谈，详细询问企业有关问题，以获取更多有关项目的信息，考察创业者的素质，核实商业计划书中所描述的创业项目的主要事项，了解私募股权投资基金能够以何种程度参与企业投资和管理、创业者愿意接受何种投资方式和退出途径，以此综合判断创业项目成功的概率。

(三) 尽职调查

通过项目评估之后，进入尽职调查阶段。因为投资活动的成败会直接影响投资和融资双方公司今后的发展，故投资方在决策时一定要清晰地了解目标公司的详细情况，包括目标公司的营运状况、法律状况及财务状况。尽职调查的目的主要有三个：发现问题、发现价值、核实融资企业提供的信息。

在这一阶段,投资经理除聘请会计师事务所来验证目标公司的财务数据、检查公司的管理信息系统以及开展审计工作外,还会对目标企业的技术、市场潜力、规模以及管理团队等进行仔细的评估。这一程序包括与潜在的客户接触,向业内专家咨询并与管理团队举行会谈,以及对资产进行审计评估。它还可能包括与企业债权人、客户、相关人员如以前的雇员进行交谈。

尽职调查对于项目投资决策意义重大。尽职调查能够帮助私募股权投资基金了解项目企业情况,减少合作双方信息不对称的问题。尽职调查结果也为合作双方奠定了合理估值及深入合作的基础。对有关的单据、文件进行调查,本身就是一个保存和整理证据的过程,相关情况能以书面证据的形式保存下来,以备查询或留作他用。详尽准确的尽职调查是私募股权投资基金客观评价项目、规避投资风险、做好投资决策的重要前提。

由于尽职调查涉及的内容繁多,对实施尽职调查人员的素质及专业性要求很高,私募股权投资基金通常要聘请会计师事务所、律师事务所等中介机构协助调查。

(四)价值评估

价值评估是私募股权投资基金基于尽职调查所得到的项目企业历史业绩、预期盈利等资料,利用科学的价值评估方法对企业价值进行评估的过程。

对企业的价值评估方法主要有收益法、市值法和成本法三种。收益法是通过估算被评估项目在未来的预期收益,并采用恰当的折现率贴现成现值,得出被评估项目价值。市值法是在市场上选择若干相同或近似的项目或企业作为可比对象,将被评估项目分别与可比对象逐个进行价格差异的比较调整,再综合分析各项调整结果,确定被评估项目价值。成本法是用现时条件下的重新购置或建造一个全新状态的被评估项目所需的全部成本,减去被评估项目已经发生的实体性贬值、功能性贬值和经济性贬值,将得到的差额作为被评估项目价值。

对于创业企业而言,比较适用的价值评估方法是市值法和收益法。虽然从理论上讲,收益法考虑了企业未来持续经营的现金流,是比较成熟的估值方法,但其计算复杂,对参数假设敏感性高,因此在国内的私募股权投资市场上,较为常用的估值方法还是市值法。

(五)交易构造

私募股权投资基金在选取投资企业之后,便开始与目标企业商谈投资协议,以解决三个方面的问题:金融工具设计、交易定价和股权安排、治理结构安排。

在交易结构设计过程中,为尽可能降低投资风险并最大可能获得理想的回报,私募股权投资基金通常会提出一些保护性的要求,主要包括:在既定交易的风险水平下赚取合理的回报;要求对被投资企业的发展施加足够的影响,通常要求出任风险企业的董事;要求使交易产生的现金流的纳税最小化;不管未来出现任何情况,都要求保证投资能够撤出;要求在特定条件下,享有投票控制权,以便在企业业绩恶化的情况下能够更换管理者等。

当然,创业企业家也希望在交易设计过程中谋求保护自己的利益。通常情况下,创业企业家的主要考虑包括:要求能够领导创始团队所创建的企业,从创始团队的创新中获取合理的财务回报,希望有尽可能多的资源供企业运作,尽可能使税负最小化等。

一般情况下,交易双方会就交易后企业的业绩承诺等签订对赌协议。

由于在交易结构设计的过程中,风险投资人和创业企业家都寻求有利于自己的保护性条款,因此交易结构设计的最终安排将是双方反复协商的结果。

三、投资项目的管理

投资后的项目管理是整个私募股权投资流程时间跨度最长的阶段,这个阶段的运作对投资机构最终的投资回报有重要的影响。投资方投入目标企业后,一般不会实际参与被投资企业的日常经营管理,但也不只是纯粹地作为目标企业的股东。投资方还会协助目标企业改善经营管理和治理结构,以及辅助被投资企业进行资本市场运作等,以求通过提高目标企业的经营业绩和资本运作获得更高的收益。一般来讲,越早进入目标企业的投资人,参与被投资企业的管理越深,而公开发行股票前才进入的则参与程度低。私募股权投资机构对企业的投资后项目管理,包括对企业的监管以及对企业提供增值服务两大方面。

(一)对企业的监管

1. 完善企业的内部治理结构

私募股权投资机构对企业进行投资后,往往会加入企业的董事会,参与企业的重大决策,帮助企业完善内部治理结构,明确股东会、董事会、监事会以及企业管理层的责权利,建立制度与规范约束投资者和经营者的行为,使企业的管理体系规范化。私募股权投资机构还能利用自身的人力资源网络,帮助企业选聘高级管理人才,组建优秀的管理团队,提高企业的管理水平。当企业有重大的人事变动时,私募股权投资机构予以关注,在必要时加以干预。

2. 参与企业经营计划的制订

私募股权投资家往往是该行业的专家,对行业有深入的研究,因此能为企业的经营提供重要的帮助。私募股权投资机构利用其在董事会的重要影响力,根据对企业情况、行业发展状况、市场潜力和变化趋势的了解和把握,帮助企业了解内外部发展环境,制订适合企业的发展计划。

3. 监管企业的财务状况

私募股权投资家通常在财务会计方面有良好的知识背景,受过专业的教育和训练,擅长财务分析。他们会要求企业定期提供财务报表,从财务报表中了解企业的经营业绩和财务状况,对企业的价值定期做出评估。若企业未能完成经营计划,他们则会要求企业做出说明,并帮助企业分析可能出现的财务风险及原因,制订相应的措施来控制和防范风险,促使企业健康地发展。

(二)对企业提供增值服务

1. 帮助企业后续融资

在对企业进行融资时,私募股权投资机构很少会将企业商业计划书预期所需的资金一次性投入,而是根据企业的发展情况分阶段投入。因此,随着企业的不断发展,私募股权投资机构会根据实际情况分析企业在下一阶段所需的资金,评估是否需要联合其他投资者一起投资,以满足企业发展过程中的资金需求。

2. 为企业提供咨询、中介服务

私募股权投资机构作为企业家的顾问,提供管理咨询服务与专业人才中介,参与企业的董事会,参与企业重大经营决策,协助企业内部管理和策略规划。有的私募股权投资机构还为企业提供法律和公共关系的咨询,为企业介绍有潜力的供应商和客户,提供企业相关产品的技术资讯等。

3. 设计退出计划

私募股权投资机构利用其在资本运作方面的优势,帮助企业选择最合适的退出时机和退出方式,并协助企业进行改制、重组、上市和收购兼并等工作。

总之,私募股权投资机构对企业的监管和增值服务,目的都是为了保证企业的健康发展,实现股权投资资本的增值。

四、投资项目的退出

PE从事的是财务性投资,在对项目做出投资决策之前就必须对退出的方式和时机做好安排,并落实到合作协议中去。一般来说,项目退出的方式主要有公开上市、股权转让、回购、清算等。

(一) 境外公开上市

公开上市是投资回报最高的退出方式。由于国内股票市场上市条件要求高、上市周期长、难度大,不少外资PE会帮助被投资企业在境外上市。

1. 境外直接上市

境外直接上市是指以国内公司名义向国外证券主管部门提出登记注册、发行股票(或其他有价证券)的申请,并向当地证券交易所申请挂牌上市交易。通常所说的H股、N股、S股等都属于此种类型。中国内地的企业法人在香港地区首次发行股票,简称H股;在纽约首次发行股票,简称N股;或者在新加坡首次发行股票,简称S股。

中国内地企业在境外直接上市的优点包括公司可以获得更好的声誉、更大的影响力以及更加便于开辟海外融资渠道等。缺点主要在于各国之间在公司设立、股票发行、信息披露、财务报表的会计准则等方面的差异较大,会存在合规、法律等方面的困难。

2. 境外借壳上市(红筹模式)

红筹最初是指在中国香港的国有中资企业,红筹上市也即在香港上市。后来主要演变成国内企业利用在海外离岸公司上市的模式,故也被称为以离岸公司的方式在海外上市。具体来说,境外的离岸公司通过协议控制等方式直接或间接享有中国大陆企业的股权权益或者资产权益,离岸公司在中国境外直接上市,如裕兴电脑在香港创业板上市等。中国企业在新加坡上市也大多采用这种方式,如大众食品等。

但是目前这种方式已经十分罕见。原因在于2006年商务部等六部委联合签发的《关于外国投资者并购境内企业的规定》中指出:中国企业特殊目的赴海外上市要经过商务部的批准,而此前只需要在证监会备案即可。显然政府不希望国内企业赴海外上市,于是在之后的一年多时间里,几乎没有一家企业以申请红筹的方式赴海外上市。

3. 买壳上市

境外买壳上市是指非上市公司通过购买一家境外上市公司一定比例的股权来取得上

市的地位,然后注入自己的有关业务及资产,实现境外间接上市的目的,比如在中国香港市场买壳上市的中信泰富,在新加坡市场买壳上市的浙江金义等。

(二) 境内公开上市

私募股权投资的企业境内上市主要有在主板、中小板、创业板、科创板直接上市和借壳间接上市两种。

1. 直接上市

主板、中小板、创业板、科创板是目前我国企业根据自身条件可供上市选择的场所。不同板块的上市条件各有差异,在盈利要求方面,主板要求较高,创业板次之,科创板最低,甚至允许亏损企业上市。具体要求参见第四章相关内容。有的企业也在新三板上市,但目前新三板市场融资规模有限,交易清淡,流动性制约了减持的价格,延长了减持时间。

2. 借壳上市

私募股权投资通过借壳上市实现资本退出是一种行之有效的方式。一般来说,借壳上市是就是非上市公司通过证券市场,购买上市公司一定比例的股权来取得上市的地位,然后通过"反向收购"的方式注入自己有关业务及资产,实现间接上市的目的。

借壳上市的支付方式有以下三种。① 现金收购。这样可以节省大量时间,借壳完成后很快进入角色,形成良好的市场反应。② 资产或股权置换。完全通过资产或股权置换,实现"壳"的清理和重组合并。③ 两种方式结合使用。目前大部分借壳上市都采取现金收购结合资产或股权置换的方法。非上市公司取得控制权后,通过重组后的董事会对上市壳公司进行清理和内部重组,剥离不良资产或整顿提高壳公司原有业务状况,改善经营业绩,最终提升股份价值,而私募股权投资基金可以适时卖出股票达到退出的目的。

(三) 股权转让

虽然 IPO 是私募股权投资的黄金退出方式,但 IPO 条件高时间长,达到上市条件的企业毕竟较少。因此股权转让也是一种主要的退出方式。股权转让的优点在于该退出方式操作简单、费用低廉,适合各种规模的企业。

在美国,股权转让方式一直占据着绝对重要的地位,尤其在股市行情不好时更是如此。美国私募股权投资退出方式中以股权转让方式退出的比例为 38%。在我国以股权转让方式退出的项目占总退出数的 40% 以上。具体来看,股权转让的方式可以分为股权回购和向第三方出售两种。并购退出便是向第三方出售的一种收购方式,兼并收购中的管理层收购(MBO)是较常见的一种收购方式。

1. 股权回购

股权回购是指企业以一定的程序和价格,将私募股权投资基金所持有的股份购回的方式。这种退出方式只涉及企业与投资方两方面的当事人,产权关系明晰,操作简便易行。根据回购主体的不同,股权回购可以分为管理层收购(Management Buyout,MBO)和员工回购(Employee Buyout,EBO)。

MBO 是指企业的管理层购回私募股权投资基金的股份。在西方,管理层通常会采取杠杆式收购的方法(Leveraged Buyout),其收购的资金来源于银行贷款或者发行的债券,收购后利用目标企业的盈利来支付贷款或债券的利息。一般情况下,管理层回购方案在签订投资协议时就确定了。这种退出方式一般发生在企业有足够的现金或者能够从银行获得贷款的情况下,但有时企业拿不出足够的现金,私募股权投资基金也会接受企业开出的短期或中期汇票。实际上,这相当于私募股权投资基金对企业的贷款,如果企业规模较小,私募股权投资基金可能会在接受企业开出的汇票的同时,要求企业的管理层以其他固定资产抵押作保证。在 MBO 中,管理层除了用汇票或现金方式赎回私募股权投资基金持有的股票,还可以选择以企业其他资产置换企业的股票,然后再以租赁的形式租用这些固定资产。

EBO 是指企业的员工集体购回私募股权投资基金所持有的股份。职工持股制度首先在法国出现,如今已成为各国企业广泛实施的一项重要的激励制度。购回后,企业可以建立一个员工持股基金,购买的资金来源可以从员工的薪水中定期扣除,也可以是企业的利润。MBO 和 EBO 可以同时进行。

2. 向第三方出售

向第三方出售是指私募股权投资基金将所持有的公司股权向投资企业之外的第三方进行出售,进而获利退出的过程。在美国和欧洲的私募股权投资基金中,通过把企业出售给第三方实现退出的项目数量是通过上市实现退出的 3 倍。这种退出方式有两种形式:一是把企业出售给另一家公司;二是把企业出售给另外的投资者。

出售给另一家公司是指把整个企业出售给另一家公司,当售出的股份具有企业控制权的时候便称之为并购。这些企业的收购者主要是一些大公司。有些大公司尤其是那些有稳定现金收入的传统上市企业,倾向于购买那些有利润前景的新兴企业,而不愿从头开始。上市企业为了维护它的股价,需要有稳定增长的业绩,而这要求上市企业有新的利润增长点。购买一家现成的有发展潜力的企业风险小,见效快。如果这种收购是通过杠杆方式实现的,那么收购企业还可以因债务带来免税优惠。大公司收购中小企业还包括以下一些原因:收集人才、技术或知识产权;通过收购竞争对手,提高收购企业的市场份额和利润水平;通过收购供应商,保证货物供应和降低成本;通过收购销售商,控制销售主动权等。目前,国内那些拥有一个良好的技术平台和占有一定稳定市场份额的企业,往往成为欧美跨国公司收购的潜在对象。这些跨国企业借助收购中国国内现有企业以达到进军中国和亚洲市场的目的。

私募股权投资基金还可以将企业股份出售给另外的投资者,可能是其他的私募股权投资基金。因为私募股权投资基金在投资对象上有所限制,比如专注于投资第一轮投资的私募股权投资基金可能等不到企业上市,于是大多在企业后续融资的过程中逐渐退出,将所持有的股权转让给后续的投资者。有时候,有些新的投资者愿意向私募股权投资基金支付比较有诱惑力的价格购买他们在企业持有的股本。大公司之所以愿意购买私募股权投资基金在中小企业持有的股票,是想将来进一步购买整个企业或对企业进行控股。由于大公司在市场销售及产品开发方面拥有丰富的经验,与私募股权投资基金相比,能成为中小企业更好的合作者。一些私募股权投资基金之所以可能购买另一私募股权投资基金持有的中小企业的股票,是因为不同私募股权投资基金的投资阶段偏好不同,有些私募股权投资基金把投资重点放在中小企业发展的早期阶段,而有些私募股权投资基金则专门对企业的后期发展阶段进行投资。这样,那些从事早期阶段投资的私募股权投资基金就可以在企业业务发展到一定阶段后,将其所持有的股权出售给那些进行后期阶段投资的私募股权投资基金。

(四) 清算

清算通常是指企业因破产、解散而清理债权债务、分配剩余财产并注销企业的行为。虽然清算是风险投资各方都不愿意看到的结局，但是由于运作不成功而进入清算程序的企业比例并不低。如美国私募股权投资基金投资的企业有32%会进入清算程序，我国私募股权投资基金以清算方式退出的企业也为数不少。

对私募股权投资基金来说，对企业进行清算并非实现退出的一个好选择，大多数情况下是出于无奈。比如说，一家企业发展到一定阶段，业务遇到了困难，利润出现较大滑坡并有亏损的可能，与其勉强维持下去，还不如对其进行清算。在清算时，企业的土地、厂房、设备及其他资产的价值可能比公司继续使用它们所能体现的价值更高。

第四节 私募股权投资的发展趋势

目前，私募股权投资基金行业面临新的发展机遇和挑战。首先，中国处于产业结构升级和经济增长模式战略转型的发展阶段，从要素驱动、投资驱动逐渐转向创新驱动，需要大力发展创新创业型企业并进行大规模的企业并购重组。传统的金融市场和金融工具难以对此提供有效支撑，这为私募股权投资基金行业的发展创造了更多机会。其次，随着我国经济发展进入新常态，政府对于"双创"的扶持力度逐步增强，对私募股权投资基金行业也愈发重视，出台了一系列扶持引导政策，进一步促进了该行业的发展。但是近年来，我国私募股权投资基金行业也出现了产品违约延期兑付涉嫌非法集资、登记备案不实和私募基金违规募集等问题，严重损害投资者利益，扰乱金融市场秩序。因此需要监管方加强监管力度，引领该行业规范有序地发展。

一、政策发展趋势

我国经济正处于转型期，政府部门和行业组织在市场中扮演着重要的角色，承担着弥补市场失灵、改善营商环境的重要责任，不断完善的政策法规体系和营商环境将为私募股权投资基金发展带来新的契机。

(一) 私募股权投资法律法规逐步完善

随着私募股权投资基金行业的迅速发展，法律监管体系将不断完善，未来会建立针对私募股权投资基金的认定标准和监管条例，合理界定投资者范围，严格规范投资方向，并根据私募股权投资基金的特点和运营安排，制定与之相对应的具体化监管条例和操作细则。

同时，监管力度也将不断加强。2017年全年私募机构登记备案规定日趋严格、IPO与并购重组审核力度加强，金融市场强监管的推进使得私募股权市场在短期内处于震荡调整状态。2017年8月30日，国务院法制办公室发布《私募投资基金管理暂行条例(征求意见稿)》，填补了私募股权投资基金监管的立法空白。《条例》成为《基金法》以外规范私募行业的最高法律效力的规范性文件，明确了行业主体及行为合规标准，为私募股权投资基金行业的长期稳定发展提供了保障。金融监管的不断趋严，以及行业相关法律法规的不断完善将会使得私募股权投资基金更加注重控制风险、追求存续期的稳定收益、重视价值投资和研究能力、提高投后管理和增值服务的质量与差异化。

另外,私募基金行业不同于传统金融机构,不受国家信用背书,行业发展完全依赖自身信誉和专业能力。根据私募基金以自律管理为主的行业监管特点,中国证券投资基金业协会在现有自律规则之上,逐步探索建立私募基金行业管理人会员信用信息管理体系,从私募股权投资基金管理人的合规性、稳定度、专业度、透明度、投资风格等维度全面记录和展现会员信用水平,发挥信用记录和信用约束作用,为行业建立公允、透明的评价体系和评价机制提供便利条件,为相关金融机构建立白名单,提供信用推荐和信用验证服务,让信用记录良好、内部治理稳健、历史业绩优秀的私募机构有机会脱颖而出,获得更低展业成本、更大展业空间,以信用约束制度体系促进行业良性发展。

(二)多层次资本市场建设稳步推进

推进资本市场的市场化建设、把发展直接融资特别是股权融资放在突出位置,是资本市场今后改革发展的重点工作之一。

在推进多层次资本市场体系改革方面,壮大主板市场,改革创业板市场,完善"新三板"市场,规范发展区域性股权市场,开展股权众筹融资试点,继续优化并购重组市场环境。同时,构建多层次资本市场之间的转板机制,提高资本市场的整体流动性。2019年通过吸收国际资本市场成熟有效有益的制度与方法,改革发行上市制度,努力增加制度的包容性和适应性,加大对新技术、新产业、新业态、新模式的支持力度,我国推出了基于注册制的科创板,丰富了私募股权投资基金的退出渠道。

在政策审批方面,监管部门将在保证投资者利益的基础上适当降低上市难度,简化并购审批流程,以促进私募股权投资基金退出渠道的畅通。根据2020年3月1日实施的《证券法》,我国将推动实现股票发行由核准制向注册制转变,建立起市场主导、责任到位、披露为本、预测明确、监管有力的股票发行上市制度,推进资本市场市场化进程。同时,监管部门正进一步完善资本市场退市制度,实现已上市企业的优胜劣汰。

(三)政府引导基金参与力度逐渐加强

近年来,政府引导基金逐渐成为政府引导行业发展的一支重要力量。政府引导基金一方面通过杠杆放大财政扶持资金,以市场化运作方式,加大产业重组、企业并购力度,促进经济结构调整、产业结构调整和资源优化配置;另一方面能够顺应国家产业发展的政策与方向,克服仅通过市场配置资本容易出现的市场失灵问题,使注入行业的资本有更高的利用率,保证行业在后期发展中具备较强的生命力。

目前,我国政府引导基金密集设立于经济发达的东部地区,其中江苏和浙江地区是中国政府引导基金设立最密集的省份,中西部地区政府引导基金的起步时间较晚。但近年来,政府引导基金已逐渐形成由东部沿海地区向中西部地区扩散的分布特征。另外,政府引导基金也出现往区县级扩展的趋势,而区县所聚集的企业多为缺少发展资金的中小微企业,因此政府引导基金对于解决中小微企业融资困难问题也具有一定意义。

在未来一段时间内,各地方政府会积极引入私募股权投资基金,吸引社会优秀基金管理团队、战略性新兴产业的落户,以此提高当地的资金利用效率,充分发挥市场在资金配置中的作用,中西部地区和区县级地区也将逐渐成为政府引导基金设立的新沃土。

(四) 创新创业的制度环境不断优化

创新环境的改善对于创新型企业的健康成长十分重要,也对以创新型企业为标的的私募股权投资基金十分重要。创新是引领发展的第一动力,是建设现代化经济体系的战略支撑。而创新生态环境的建立,需要强有力的知识产权保护和对于创新型企业的引导与支持。随着我国经济发展进入新常态,政府对于"双创"的扶持力度逐步增强,以深入推进创新驱动发展战略。

目前,我国的创新生态环境正不断优化。近年来,我国在部分地区、高校和科研院所、企业建设"双创"示范基地,进一步系统性优化创新创业生态环境,通过推广科技金融创新、创新创业政策环境、外籍人才引进、军民融合创新等举措,充分释放全社会创新创业潜能,在更大范围、更高层次、更深程度上推进大众创业、万众创新。在风险和成本较高的行业,由政府主导,进行人力资源和资金资源的整合、加大对该行业创新的投入。总体上,政府正努力推动建立更有效的知识产权保护制度,完善人才流动激励机制。

二、市场发展趋势

(一) 新兴行业逐渐成为投资主流

从投资案例数来看,近几年来私募股权投资基金最大的投资流向是计算机应用、信息技术和生物医药。随着金融去杠杆政策逐渐落地,促进创业创新的政策不断实施,医药生物、计算机及电子产品等新兴行业的投资比重将进一步上升。未来私募股权投资基金将会进一步促进技术和人力资本转化为生产力,促进创新成果产业化、市场化和规模化,推动创新创业型企业的发展,使其在经济的转型升级中扮演更重要的角色。未来投资热点预计将更多围绕以下三方面展开:

一是医疗健康领域。随着人口老龄化的不断加剧、慢性病患病率持续增长和国内经济水平的不断提高,中国居民对于健康与医疗的需求将随之提升,国家医疗体制改革不断推进,国内医疗健康行业的发展空间进一步扩大。科创板注册制的实施,允许不盈利的生物制药公司上市,大大拓宽了医药类投资的退出渠道,将会吸引更多资本关注医疗健康领域。

二是信息技术领域。近年来,信息技术领域涌现出很多具有颠覆性的技术,如5G、人工智能、工业自动化、大数据、云服务等。另外,阿里巴巴、腾讯、百度、滴滴、摩拜等互联网企业也将继续积极围绕核心产业进行外围布局,进行业务拓展,推动信息技术领域的持续发展。

三是绿色环保领域。建设生态文明是关乎民族未来的长远大计,污染防治被列入决胜全面建成小康社会三大攻坚战之一。目前,我国清洁环保企业缺乏核心技术,在国际竞争中并不占优势,行业内企业多以通过海外并购增强技术储备为主。随着国家层面对绿色环保的不断重视,未来绿色环保领域的技术创新将日趋增多,相关技术的市场化和商业化应用也将不断推广。

(二) 强者恒强效应不断强化

随着监管的不断细化,私募股权投资基金行业逐渐告别了"野蛮生长"的时代。

优秀稳健的私募股权投资基金将会凭借丰富的投资管理经验、资源优势与健全的风控体系获得更多投资者的认可,在市场上逐步积累声誉与人气,行业内强者恒强的现象愈加明显。目前,业内排名前列的机构具有更好的公司治理和投资团队、更强调投后管理和增值服务的差异化,因此更能够得到优质企业和投资方的青睐,从而形成良性循环。

同样的效应也体现在地区差异上。从募投管退各个维度分析,私募股权投资基金的地区差异都较为显著。北京、上海、广东等经济发达、创业氛围较好的地区不但有着最大的管理规模(存量),也拥有最多的募集资金(增量)。可以预计,未来长三角、珠三角和京津冀地区仍将是私募股权投资基金的重要区域。

(三) 并购市场空间广阔

随着上市公司并购重组政策的放松,并购重组将成为资本市场的新高地。近年来并购基金逐渐成为我国私募股权投资基金的一支重要力量,每年新备案的并购基金占私募股权投资基金的比例从2014年的3.35%增加到2017年的18.14%。并购基金积极参与被投企业的投后管理,带入外部战略性资源,使企业在快速壮大的同时获得较高的资本回报。国有资本管理方式向市场化探索,国有企业的混合所有制改革深化,这些都为私募股权投资基金行业的发展创造了更大的成长空间,也促使并购成为重要的投资方式和退出渠道。

随着整个行业的投资切入点逐步前移,私募股权投资基金投向处于起步期和扩张期的企业,二者占比达32%和49%。从实际退出情况看,整体收购退出的数量仍略少于上市退出的数量,这表明并购退出仍然存在很大的发展空间,是未来一段时间内有望快速增长的退出方式。

案例分析

摩根士丹利和蒙牛对赌双赢

PE投资中对赌协议是解决信息不对称、控制投资风险的重要手段。

1999年1月,从伊利集团退出的牛根生成立了蒙牛乳业。最初的蒙牛只是一家普通的民营企业,无厂房、无奶源、无市场,但在牛根生的带领下,公司从1999年的年销售额只有0.4亿元快速增长到2002年的16.7亿元。在强劲的发展势头下,蒙牛亟需资金支持其业务快速扩张。但在2002年时,蒙牛成立不足3年,银行对中小企业惜贷,传统融资渠道受限。公司最终选择和三家私募股权投资机构合作。

第一轮增资与对赌

2002年,蒙牛先后在境外注册了金牛公司、银牛公司、开曼公司以及毛里求斯公司4家公司。其中,开曼公司与毛里求斯公司为方便股权分割和转让的平台。毛里求斯公司是开曼公司的全资子公司,持有境内蒙牛乳业66.7%的股权。蒙牛高管持有蒙牛乳业剩余33.3%的股份。

2002年9月,开曼公司开始拆分股权,将10 000股股份划分为等额面值的5 200股A类股份和48 980股B类股份。A类股1股有10票投票权、B类股1股有1票投票权。随后,摩根士丹利、鼎晖投资、英联投资三家机构宣布,以每股530.3美元的价格分别认购32 685股、10 372股、5 923股B股股票,总投资2 597万美元入股蒙牛。在此结构下,蒙牛管理层以较少的出资比例(9.4%)获得了较高的公司投票权(51%),保住了公司控制权,为对赌协议的开展做好了铺垫。

这次投资附带的对赌协议为:在2002年9月至2003年9月内,若管理层达到一年期业绩目标,蒙牛管理层可将A类股转为B类股,使其在开曼公司的股权比例与投票权一致,否则PE机构将完全控制开曼公司及毛里求斯公司账面资金,并获得蒙牛60.4%(=90.6%×66.7%)的绝对控制权。

在本轮对赌中,蒙牛的营业收入从2002年年底的16.7亿元增长至2003年年底的40.7亿元,管理层在对赌中获胜。至此,蒙牛系对公司的持股比例为67.32%(=51%×66.7%+1−66.7%),外资系为32.68%(=49%×66.7%)。另外,蒙牛管理层还收到了三家机构的超额股权奖励。

第二轮增资与对赌

迅速成长中的蒙牛对资金的需求仍然十分巨大,第二轮增资紧随其后。

2003年9月,开曼公司重新划分股票类别,以普通股和可转股证券代替已发行的A类股和B类股,原B类股全部按照面值转换为普通股。随后,三家投资机构以认购开曼公司可转股证券的方式再次注资3 523万美元。

此次增资同样附带对赌条款:以2003年为业绩比较基准,若未来三年蒙牛销售额年复合增长率不低于50%,那么三家机构就会将自己最多7 830万股转让给金牛公司;反之,如果年复合增长率未达到50%,金牛公司就要将最多7 830万股股权转让给三家机构投资或向其支付等额的现金。

在本轮对赌中,蒙牛2004年实现营业收入72.14亿元,同比增长77.2%;实现净利润3.92亿元,同比增长68.8%,再次达到对赌业绩目标,并于2004年6月在香港上市。三家机构于2005年4月提前终止了对赌协议。作为给蒙牛管理层的补偿,投资机构向金牛支付598.76万美元,相当于对赌协议内约定补偿额的80%。

对赌双赢

摩根士丹利、鼎晖投资、英联投资在第一次对赌协议中"挟控制权以令高管",促使了蒙牛业绩的高增长。第二轮对赌协议中"数量与价格互补",如果蒙牛高管不努力,业绩没有实现高增长,导致股价下跌,三家机构可以通过获得股份补偿增加收益;如果蒙牛业绩高增长,则股价大涨,虽然要支付给蒙牛高管补偿款,但减持退出价格上涨可以补偿该损失,因此三家机构该次注资包赚不赔。事实上,三家机构在2003年6月至2005年6月期间分3次减持蒙牛股份,累计套现29.74亿港元,投资回报率高达4倍以上。

对蒙牛管理层而言,PE资金帮助公司业务发展,建立起了长期激励机制,达到上市要求,实现公司超常规发展的目标。

蒙牛与摩根士丹利、鼎晖投资、英联投资的对赌成为中国PE史上的佳话,是最为经典的对赌双赢案例之一。

小 结

1. 私募股权投资是指以非公开的方式募集资金,并投资于未上市企业。根据所投资企业的发展阶段不同,又可以对其进行细分为天使投资、成长基金、并购基金、Pre-IPO 基金等。
2. 私募股权投资的组织形式主要有三种:公司制、信托制、有限合伙制。
3. 我国的私募股权投资行业经过三十余年的发展,目前已经成为资本市场上的一股重要力量。随着法律、监管的不断完善,该行业已经进入规范发展时期。
4. 私募股权投资的完整流程包括募集资金、选择投资项目、投后管理以及投资项目的退出。做好每一步是实现较好收益的保证。
5. 政府不断完善政策法规体系和营商环境将为私募股权投资基金发展带来新的契机。新兴行业逐渐成为私募股权投资基金投资主流。

习 题

1. 我国私募股权投资基金最常用哪种组织形式?各有什么优缺点?
2. 私募股权投资如何选择合适的投资项目?如何最大化投资项目的收益?
3. 私募股权投资投后管理主要包括哪些内容?
4. 私募股权投资项目退出的方式主要有哪些?
5. 目前我国的私募股权投资发展现状如何?未来发展趋势如何?

第四章

首次公开发行

教学目的与要求

公开发行股票和承销是投资银行的本源业务。首次公开发行(IPO)是公司进行股权融资的首要环节。通过本章学习,对首次公开发行的优缺点、上市地点选择、承销商作用和发行制度有基本了解,能够理解并掌握首次公开的发行过程、发行条件、发行方式与定价等重要内容。

第一节 首次公开发行概述

一、公开发行上市的优缺点

首次公开发行(Initial Public Offering,IPO),是指股份有限公司首次公开向投资者发行股票。我国《证券法》规定有下列情况之一的为公开发行:① 向不特定对象发行证券;② 向特定对象发行证券累计超过二百人的;③ 法律、行政法规规定的其他发行行为。

(一) 公开上市的优点

公开上市能为企业提供的好处主要来自融资的便利、公司形象的改善、相对合理的定价、较强的流动性以及为股权激励带来的便利。

1. 融资的便利

一家公司成为公众公司,最大的好处来自融资的便利。上市本身就是一次公开募集资金的过程,可以使企业获得重要的股本资金,充实资本。而公开上市以后,在符合证券交易所以及证券监管部门规则要求的条件下,公司有配股、增发等再融资方式可供选择。相较于私人公司的资本融资,公众公司的资本融资更加便捷,融资规模更大,融资过程更加规范。

2. 公司形象的改善

公开上市意味着公司是一家较有实力、有发展前景的公司,对企业改善公司形象有着重要的帮助。很多公司通过上市为消费者所了解,逐渐发展壮大。

3. 相对合理的定价

上市公司的股票价格一般相对于非上市公司有溢价,这个溢价来自证券市场提供的流动性以及投资者对上市公司整体较高质量的认同。

4. 股权的流动性

企业完成公开上市后,原先的创始股东持有的股份在限售期结束后,就可以进入流通。原始股份的兑现,方便了原始股东创业资金的撤出。在上市之后,公司发展进入相对稳定期,而且原始股东利用部分股权即可实现对公司的控制。因此,部分资金的兑现和退出是正常的,这些资金一般会进入其他领域进行新的投资。股权在公开市场上市交易,可以使这些退出的股份获得相对较好的定价。

5. 为股权激励计划提供便利

股权激励计划是公司对公司管理人员及普通员工赋予认股权或直接给予股份以激励员工,并将员工利益与公司利益捆绑、提高员工的忠诚度的一种方式。股权激励计划虽然也可以在非上市公司内开展,但由于股权流动性差、定价受限等因素,股权激励计划的效果会受到影响。

(二) 公开上市的弊端

与公开上市的好处相对应,公开上市的弊端主要有以下几点。

1. 经营决策的灵活性受限

按照法律的规定,企业公开上市需要面对公众投资者履行全面详尽的公开信息披露义务。因此,公司的股权结构、盈利模式、产品需求、专利技术等方面的信息必须公开化。同时,公司的重大决策需要通过董事会、股东大会表决,议事日程有时间约束,在决策灵活性方面也不如非上市公司。

2. 公司控制权可能失控

公司上市以后,控股权被稀释。潜在收购方可以通过二级市场大规模购入股票,威胁控股股东的控制权。当然,上市公司也可以通过一些制度设计尽量避免控制权的失控。当控股股东股权质押融资后,股价出现大幅下跌,如控股股东不能采取补保证金等措施的话,有可能发生变更控股股东的风险。

3. 上市所需的时间、费用等成本较高

首次公开发行是一个相当复杂的过程,需要耗费若干年的时间成本,同时也会发生相关费用。一般来讲,企业发行上市的成本费用主要包括中介机构费用、上市费和其他费用三部分。中介机构费用中的最大部分是承销保荐费,另外还包括律师费、审计费和评估费等。

4. 公司价格大幅波动风险

公司上市之后,受公司基本面、宏观经济波动和投资者情绪的影响,公司股价会出现大幅波动。公司股价持续大幅下跌,会影响公司的再融资功能,从而影响公司经营目标的实现。过低的股价会带来公司市值的损失,也使公司更容易被恶意收购。

二、上市地点

选择合适的上市地,对拟上市企业来说是一个非常关键的问题,需要董事会审慎抉择。企业选择上市地，一般应结合下列因素综合考虑：① 一级市场的筹资能力（市盈率水平）、二级市场的流通性（市场活跃状况）以及再融资能力；② 拟上市板块是否与企业的定位和行业地位相适应；③ 拟上市地是否为企业主要业务和核心客户所在地；④ 拟上市地投资者对企业的认同度；⑤ 上市成本（包括初始上市成本以及后续维护成本）、上市所需时间；⑥ 拟上市地的上市规则、法律环境、文化背景等。

（一）境外上市

从世界范围来看，规模较大的证券交易市场基本分布在北美、欧洲和亚太地区。

美国的交易市场主要有纽约证券交易所（New York Stock Exchange，NYSE）和纳斯达克股票市场（NASDAQ）。在美国证券发行之初，尚无集中交易的证券交易所，证券交易大都在咖啡馆和拍卖行里进行。1792年5月，24个证券经纪人在纽约华尔街68号外一棵梧桐树下签署了梧桐树协议，协议规定了经纪人的"联盟与合作"规则，通过华尔街现代老板俱乐部会员制度交易股票和高级商品。1817年该组织更名为"纽约证券交易委员会"，并起草章程。1863年，正式更名为纽约证券交易所。纽约证券交易所历史悠久，市场成熟，上市条件也较为严格。在二百多年的发展过程中，纽约证券交易所为美国经济的发展、社会化大生产的顺利进行以及现代经济体制的构建起到了重要的作用。纳斯达克股票市场的全称为全美证券商协会自动报价系统（National Association of Securities Dealers Automated Quotations，NSDQ），是1971年在华盛顿建立的全球第一个电子交易市场，主要目的是为了规范混乱的场外交易和为小企业提供融资平台。纳斯达克上市条件相对宽松，因此汇集了众多科技类上市公司，也成为众多中国科技类企业境外上市的首选。

欧洲则以伦敦证券交易所为代表。伦敦证券交易所（London Stock Exchange，LSE）成立于1773年，是世界上历史最悠久的证券交易所。伦敦的规模与位置，意味着它为世界各地的公司及投资者提供了一个通往欧洲的理想门户。伦敦证券交易所外国股票的交易量超过其他任何证交所。

亚太地区的主要市场包括东京证券交易所和新加坡证券交易所等。东京证券交易所（Tokyo Stock Exchange，TSE）创立于1878年，是亚洲最为重要的证券交易所，也是世界最大的证券交易中心之一。新加坡证券交易所（Singapore Exchange Limited，SGX），成立于1973年，是亚洲仅次于东京、香港的第三大交易所，亚洲的主要金融中心之一。新加坡证券交易市场是发展中国家和地区中一个比较有代表性的证券市场。近年来新加坡证券交易所发展迅速，除了有强大的银行体系的支持，还有新加坡在自然时区上的优势、发达的通信基础设施以及政府对外资运用的较少限制的因素。

（二）境内上市

在我国大陆地区，股票的上市场所主要为上海证券交易所和深圳证券交易所。

上海证券交易所（Shanghai Stock Exchange，简称"上交所"）是中国大陆地区两所综合性证券交易所之一，于1990年11月26日由中国人民银行总行批准成立。经过多年的持续发展，上海证券市场已成为中国内地首屈一指的市场，上市公司数、上市股票数、市价总值、流通市值和国债成交金额等各项指标均居首位。目前，在上交所交易的证券品种涵盖股票（A股和B股）、基金（封闭式基金和交易型开放式指数基金ETF等）、债券（国债、公司债、企业债等)和期权等交易品种。除主板市场,上交所于2019年推出了科创板。截至2020年3月份,上交所拥有1 605家上市公司。

深圳证券交易所(Shenzhen Stock Exchange,简称"深交所")成立于1990年12月1日,并于1991年7月3日正式营业。除主板市场,深交所分别于2004年和2009年启动中小企业板和创业板市场,基本确立了主板、中小企业板和创业板的多层次资本市场体系架构。截至2020年3月份,深市主板拥有460家上市公司,中小板拥有948家上市公司,创业板拥有804家上市公司。

在我国,除内地外,香港地区也是企业上市地点的重要选择之一。由于特殊的历史背景,香港交易所(Hong Kong Exchanges and Clearing Limited,HKEX)长久以来都是高度开放和国际化的交易所。香港作为亚洲金融中心,其股票市场融资额一直位居世界前列。根据世界交易所联合会(WFE)的排名,港交所2012—2016年IPO融资额均位列全球交易所前三名。港交所的国际化战略可以概括为"依托内地,放眼世界",即成为中国企业走向世界以及国际企业走进中国的首选全球交易所。

(三) 我国多层级资本市场结构

我国资本市场经过20多年的发展,形成了多层次的资本市场结构。在主板市场的基础上,随着创业板、科创板的推出、新三板的扩容和区域性股权市场的发展,我国资本市场已经逐渐发展成由主板市场、创业板市场、三板市场和四板市场构成的多层次资本市场,对国企改革、产业转型升级等发挥了重要作用。

1. 主板市场

主板市场也称一板市场,是最传统意义上的证券市场,是一个国家或地区证券发行、上市及交易的主要场所。一般而言,各国主要的证券交易所代表着国内主板市场。主板市场对发行人的营业期限、股本大小、盈利水平、最低市值等方面的要求标准较高,上市企业多为规模相对较大、基础较好、已步入扩张期或成熟期阶段且占有一定市场份额的收益高、风险低的蓝筹公司。主板市场是资本市场中最重要的组成部分,很大程度上能够反映经济发展状况,素有"宏观经济晴雨表"之称。

在我国的主板市场中,中小企业板是一个相对独立的板块,于2004年在深圳证券交易所内设立,主要安排主板市场拟发行上市企业中流通股本相对较小的公司在该板块上市。通常公司股本总额超过8 000万的企业选择在主板上市,而股本在5 000万到8 000万之间的企业选择在中小板上市。中小企业板块推出时的总体设计,可以概括为"两个不变"和"四个独立",即在现行法律法规不变、发行上市标准不变的前提下,在深圳证券交易所主板市场中设立的一个运行独立、监察独立、代码独立、指数独立的板块。中小板的建立是构筑多层次资本市场的重要举措。

2. 创业板市场

创业板市场是为了满足不同层次公司的融资需求而逐渐建立发展起来的,同主板市场相比,创业板上市企业往往规模较小,抵御市场风险能力较弱,但是市场前景良好,业务增长潜力大,具有高风险高收益的特点,多为高新技术企业或快速成长的中小企业。与主板市场相比,创业板市场主要有如下特点:

(1) 高风险性。创业板市场是高风险市场,在该市场上市的公司多为中小企业或高新技术企业,其经营规模、业务稳定性、盈利持续性等都与在主板市场上市的企业有一定差距。同时,它所面临的技术风险、市场风险以及经营风险往往比主板市场上市公司大。在创业板市场上,过去的表现不是融资的决定性因素,市场更看重的是公司的发展前景和成长空间,以及是否具有良好的战略规划和突出的主营业务。

(2) 低标准性。主板市场对于上市企业的各项财务指标都有较高要求,而创业板市场对于申请上市企业的规模与盈利条件要求相对较低。

在我国,创业板的筹备与创建历经了较长的时期。1984年,国家科技委员会首次将创业板市场作为一种创业投融资机制提出,认为其可以促进国家高新科技的发展。1999年8月,党中央、国务院出台的《关于加强技术创新,发展高科技,实现产业化的决定》指出,要培育有利于高新技术产业发展的资本市场,适当时候在现有的上海、深圳证券交易所专门设立高新技术企业板块。2000年10月,深圳证券交易所开始筹建创业板。但2001年年初纳斯达克泡沫破裂,股价巨幅下跌,香港创业板也从1200点跌到最低100多点。2001年11月,相关部门认为我国股市尚未成熟,设立创业板的计划被搁置。直到2009年,中国创业板终于迎来了曙光。2009年3月31日,证监会发布《首次公开发行股票并在创业板上市管理暂行办法》。7月26日,中国证监会正式开始受理创业板发行上市申请材料。10月30日首批28家创业板公司集中在深交所挂牌上市。

2020年6月12日中国证监会发布《创业板首次公开发行股票注册管理办法(试行)》,规定创业板实施注册制,在体例架构、发行条件、注册程序、监督管理等主要方面与科创板规则基本保持一致。

3. 科创板市场

2018年11月5日,在首届中国国际进口博览会开幕式上,习近平宣布在上海证券交易所内设立科创板(Science and Technology Innovation Board),独立于现有的主板市场,并在该板块内进行注册制试点。

2019年1月30日,中国证监会发布《关于在上海证券交易所设立科创板并试点注册制的实施意见》。同日,上海证券交易所就设立科创板并试点注册制相关配套业务规则公开征求意见。《实施意见》强调,在上交所新设科创板,要坚持面向世界科技前沿、面向经济主战场、面向国家重大需求,并主要服务于符合国家战略、突破关键核心技术、市场认可度高的科技创新企业。重点支持新一代信息技术、高端装备、新材料、新能源、节能环保以及生物医药等高新技术产业和战略性新兴产业,推动互联网、大数据、云计算、人工智能和制造业深度融合,引领中高端消费,推动质量变革、效率变革、动力变革。《实施意见》指出,科创板根据板块定位和科创企业特点,设置多元包容的上市条件,允许符合科创板定位、尚未盈利或存在累计未弥补亏损的企业在科创板上市,允许符合相关要求的特殊股权结构企业和红筹企业在科创板上市。科创板相应设置投资者适当性要求,防控好各种风险。

2019年3月1日,中国证监会发布《科创板首次公开发行股票注册管理办法(试行)》和《科创板上市公司持续监管办法(试行)》。2019年3月3日,《上海证券交易所科创板股票发行上市审核问答》正式发布,明确了科创板的发行上市要求,科创板配套规则进一步明晰。2019年7月22日,25家企业在上海证券交易所科创板首批挂牌上市。

设立科创板并试点注册制是提升服务科技创新企业能力、增强市场包容性、强化市场功能的一项资本市场重大改革举措。通过发行、交易、退市、投资者适当性、证券公司资本约束等新制度以及引入中长期资金等配套措施,增量试点、循序渐进,新增资金与试点进展同步匹配,力争在科创板实现投融资平衡、一二级市场平衡、公司的新老股东利益平衡,并促进现有市场形成良好预期。

4. 三板市场

从最初"两网"的短盛长衰到"旧三板"的流于形式,再到后来"新三板"的破茧而出,我国三板市场在经历一波三折的发展之后已经成为多层次资本市场中不可或缺的重要部分。

(1) 两网市场。1992 年 7 月 1 日,为了解决我国国有企业股份制改革过程中法人股的流通问题,国务院批准出台了《1992 年经济体制改革要点》,与此同时,相应的法人股流通市场全国证券交易自动报价系统(Securities Trading Automated Quotations System,STAQ)成立。随后在 1993 年 4 月 28 日,经国务院主管部门批准,全国电子交易系统(National Exchange and Trading System,NET)法人股市场在北京正式开通。我国三板市场的雏形随着 SATQ 和 NET 两个法人股交易市场的运行逐渐形成。然而随着两网市场的逐渐热门,众多个人股民通过各种渠道进入市场,涌向市场的资金与日俱增,两市指数扶摇直上。市场成立之初"限定在法人之间转让"的规定形同虚设,名义上的流通法人股逐渐向个人转移。由此,1993 年 6 月 21 日,中国证券业协会针对两网市场出台了《暂缓审批新的法人股挂牌流通的通知》,两网系统开始由盛转衰,并从此一蹶不振。1999 年 9 月 9 日,STAQ 网关闭,至此两网正式停止运营。

(2) 旧三板市场。为了使国有企业法人股走出困境,2001 年 7 月 16 日,证券公司代办股份转让系统正式开通。与原有两网系统不同的是,除了原来在 STAQ、NET 市场挂牌的公司外,从主板市场退市的股票也能够在该系统挂牌交易。因此,新系统被寄托了化解退市风险、弥补我国证券市场结构性缺陷的期望。在业内,"证券公司代办股份转让系统"被称为"三板",为了与后来出现的"新三板"区别开来,现在称之为"旧三板"。

在旧三板市场上,投资主体和交易机制都类似于主板市场。与原先的两网不同,旧三板市场向所有投资者开放,不区分自然人和机构投资者。交易制度采用集合竞价的方式进行配对成交。有关公司信息披露的标准也是根据主板上市公司的要求来制定。

(3) 新三板市场。为了促进我国高新技术产业的发展,满足高科技企业的融资需求,我国于 2006 年 1 月正式启动了中关村代办股份转让试点。它是一个以证券公司和相关当事人的契约为基础,依托深圳证券交易所、中国登记结算公司的技术系统和证券公司的服务网络,以代理客户买卖挂牌公司股份为核心业务的股份转让平台。其主要服务对象是没有达到主板上市条件的高新技术企业,又称"新三板"。2008 年 4 月,中关村提出将新三板发展成全国性场外交易市场。2013 年 2 月《全国中小企业股份转让系统业务规则(试行)》发布。6 月,国务院确定将中小企业股份转让系统试点扩大至全国,试点园区数量逐步增加。

经过多年的运行,新三板挂牌公司数量逐步增加,中关村代办股份转让系统已经逐渐成为非上市高新科技股份公司募集资金、股权顺畅流转的重要平台,同时也成为多层次资本市场上市资源的"孵化器"。但 2015 年以后新三板市场交投清淡,缺乏流动性,融资功能差。2020 年 4 月,新三板市场启动精选层 IPO 改革。

5. 四板市场

四板市场即区域性股权市场,主要由地方政府主导,为市场所在地省级行政区域内的企业提供股权、债券的转让和融资服务的私募市场,对于促进中小微企业股权交易和融资、鼓励科技创新和激活民间资本、加强对实体经济薄弱环节的支持具有不可替代的作用。截至 2016 年 8 月,中国共设立区域性股权交易市场 38 家,绝大多数为省级股权交易中心,较有代表性的包括天津股权交易所、上海股权托管交易中心、前海股权交易中心、广州股权交易中心等。

以上海股权托管交易中心为例。在上海市政府的积极推动下,上海股权托管交易中心股份有限公司(以下简称"股交中心")于 2010 年 11 月在上海张江高科技园区注册成立,2012 年 2 月正式启动运营,由上海国际集团有限公司、上海证券交易所、张江高科技园区开发股份有限公司、上海联合产权交易所等多家股东共同出资,集合了多方资源。股交中心集股份转让、登记结算、代理买卖、市场拓展、定向增资、企业购并等多种金融服务业务于一体,为一、二级市场投资者提供多样化的金融产品和综合服务。此外,还对挂牌公司的规范运作、信息披露等市场行为予以监管,为其实现转主板、中小板、创业板上市发挥培育、辅导和促进作用。

目前股交中心已具有 E 板、Q 板和 N 板三个不同板块。E 板为股份转让系统,在股交所正式运营时即已启用,主要为挂牌企业提供股份转让、登记结算、代理买卖、定向增资等金融服务;Q 板为股权报价系统,于 2013 年启动,是对市场内部的进一步细分,主要服务于还不足以进入 E 板的中小微企业,报价流程、信息披露等制度更加灵活和宽松,是对市场内部的进一步细分。N 板即科技创新板,于 2015 年启动,是专为科技型和创新型中小企业服务的板块,看重"新技术、新产品、新模式和新业态"的"四新"企业。股交中心正积极发挥着"股份交易中心、资源集聚中心、上市孵化中心、金融创新中心"的功能,是上海市国际金融中心建设的重要组成部分,也是中国多层次资本市场体系建设的重要环节。

三、首次公开发行参与方

根据性质不同,首次公开发行中参与者可以分为三类:① 股票发行者,即需要发行股票筹集资金的股份有限公司;② 股票购买者,即股票投资者,包括机构投资者和个人投资者;③ 发行中介机构,即帮助发行人完成整个上市过程并将证券销售给投资者的机构,又称股票承销商或投资银行家。本小节将对承销商的职能与作用做简要介绍。

(一)承销商职能

在新证券发行过程中一般需要承销商履行以下 4 个或其中几个职能:① 为发行人提供有关发行的条款、时机、定价等方面建议;② 帮发行人准备相关材料并完成审批过程;③ 从发行人处购买证券;④ 将证券销售给投资者。在出售时,投资银行不一定要承担第三个职能,事实上,我们可以根据投资银行是否在出售前从发行人处购买证券而将其分为包销和代销两类。

在包销的情况下,证券发行风险完全转移到承销商身上,承销商要承担可能出现的股票发行失败的风险。具体来说,包销又可以分为全额包销和余额包销两种。全额包销是指承销商先以自己的名义将发行人拟发行的股票全部认购下来,然后再按市场条件转售给投资者的一种发行方式。采用这种发行方式,承销机构要承担全部的发行风险,而好处是承销商可以赚取从发行者手里以低价购入并向公众投资者以高价卖出的差价。余额包销是指承销商与股票发行公司签订承销合同,承诺在约定期限内如果股票不能全额售出,其余下部分将由承销商按承销协议价格全部认购的发行方式。这种发行方式下,承销商仍然需要承担部分发行的风险。

代销是指承销者在约定发行日期内按照规定的发行条件尽力推销股票,期满后将仍销售不出去的那部分股票退还给发行者。这种发行方式下全部发行风险都由企业承担,承销机构只是代理人,因而代销的手续费较低。

(二) 承销商作用

1. 降低发行公司的发行风险

一方面,公司首次公开发行上市需要准备各种材料档案,通过证券市场主管部门的层层审核,而公司管理层在这些事务方面并非专家。承销商作为专业机构不仅具有丰富的知识,还有足够的相关经验,有助于公司更加顺利地通过审核和注册。另一方面,有些上市公司不为大众所熟悉,这会影响投资者对其的价值评估和投资热情。承销商的介入等同于为上市公司提供担保,凭借其自身的信誉和名气可以更好地帮助企业在市场上推广,使其为广大投资者所认识。

2. 降低发行公司的发行成本

承销商的介入可以从两方面降低公司发行上市的成本。首先,如果没有承销商的帮助,企业必须自己准备发行上市所需的材料,这会额外增加公司的人工成本。其次,股票首次公开发行需要制定一个合理的价格,涉及专业理论和数理模型的应用,而且实际价格与理论计算的结果存在一定偏差,需要根据现实情况进行调整。定价的不合理会严重影响到证券的顺利发行,定价偏高会导致投资者认购不足,定价偏低会降低减少企业募集资金的数量。这时投资银行的专业知识与经验的价值就会显现出来,它们会全力帮助发行公司制定一个合适的发行价格,使得募集资金最大化。

3. 扩大证券的发行渠道

投资银行,特别是大型的跨国投资银行往往与众多投资机构都有着密切的联系,因此在证券销售过程中可以将新证券的发行信息及时通知这些投资者,凭借自己的客户网络和市场信誉发现公司价值,能确保新证券的顺利发行,避免出现发行失败的局面。

4. 稳定二级市场价格

股票首次公开发行只是它在资本市场上流通的第一步,成功发行之后,仍然需要一个活跃的二级市场保证其流动性。除了证券承销以外,投资银行在资本市场上还有更广泛的业务,通过超额配售权等手段,投资银行可以一定程度维持发行公司的股票上市之后一段时间内股价的相对稳定性。

四、发行制度

一般而言,证券发行制度分为审批制、核准制和注册制三种。

(一) 审批制

审批制是上市公司股票申请上市须经过审批的证券发行管理制度。拟发行公司在申请公开发行股票时,要经过地方政府或中央企业主管部门,向所属证券管理部门提出发行股票申请,经证券管理部门受理,审核同意转报证券监管机构核准发行额度后,方可提出上市申请,经审核、复审,由证监会出具批准发行的有关文件后,方可发行。从1992年起,我国对证券发行实行额度控制和行政审批的制度,即审批制,每年确定发行总规模,并按照条块层层分解。

(二) 核准制

核准制是上市公司股票申请上市须经过核准的证券发行管理制度。发行人在申请发行股票时,不仅要充分披露企业的资产、财务、人员、业务和机构等方面的真实情况,而且必须符合有关法律和证券监管机构规定的必要条件,证券监管机构有权否决不符合上市条件的股票发行申请。证券监管机构对申报文件的真实性、准确性和完整性作审查,还对发行人的营业性质、财务状况、经营能力、发展前景、发行数量和发行价格等条件进行实质性审查,并据此做出发行人是否符合发行条件的判断和是否核准申请的决定。

1998年起,我国《证券法》规定证券发行采用核准制,但此时还不是真正的核准制,因为审批制下的发行规模依旧存在。直到2000年后,才逐渐转向核准制。

(三) 注册制

注册制是指证券发行申请人依法将与证券发行有关的一切信息和资料公开,制成法律文件,送交主管机构审查,主管机构只负责审查发行申请人提供的信息和资料是否履行了信息披露义务的一种制度。其最重要的特征是:在注册制下证券发行审核机构只对注册文件进行形式审查,不进行实质判断。

美国是实行证券发行注册制的代表。美国《1933年证券法》规定,公司发行证券时必须向证券主管机关办理证券注册登记手续。证券发行公司在登记注册前要向证券监管部门提交证券注册申报书、预备招股说明书和相关的一些资料。美国证券监管部门 SEC 并不对发行公司作实质性审查,它只对发行过程是否合规、信息披露是否充分进行判断。

2020年3月1日修改实施的新《证券法》明确规定证券发行实行注册制。公开发行证券,必须符合法律、行政法规规定的条件,并依法报经国务院证券监督管理机构或者国务院授权的部门注册。2019年3月科创板上市企业实施注册制,2020年6月创业板上市企业实施注册制,主板上市企业也即将全面实施注册制。

(四) 我国股票发行制度的演变

对公开发行证券进行审核注册既是证券市场管理的基础,也是保证发行公司质量的前提,对于公众投资者的利益保护也有重要意义。我国股票发行制度伴随着证券市场市场化建设的推进经历了较复杂的演变,总体来看经历了从审批制到核准制再到注册制的转变过程。这一过程,又分别或同时并行着"额度管理""通道制"和"保荐制"三个阶段,其中额度管理阶段属于审批制,通道制(2001—2004年)和保荐制(2004—2019年)属于核准制,2020 年开始的保荐制属于注册制。

1."额度管理"阶段(1993—2000 年)

主要做法是,国务院证券管理部门根据国民经济发展需求及资本市场实际情况,先确定融资总额度,然后根据各个省级行政区域和行业在国民经济发展中的地位和需要进一步分配总额度,再由省级政府或行业主管部门在上述指标内推荐预选企业(主要是国有企业),证券主管部门对符合条件的预选企业同意其上报发行股票正式申报材料并审核。在这个阶段,共实施了四次额度管理。1993 年度的发行额度为 50 亿元,1995 年度的发行额度为 55 亿元,1996 年度的发行额度为 150 亿元,1997 年度的发行额度为 300 亿。

2."通道制"阶段(2001 年 3 月—2004 年 12 月)

2001 年 3 月实行了核准制下的"通道制",也就是向综合类券商下达可以推荐拟公开发行股票的企业家数。只要具有主承销商资格,就可获得 2 至 9 个通道,具体通道数以 2000 年该主承销商所承销的项目数为基准,新的综合类券商有 2 个通道。主承销商的通道数是指券商推荐申报的同时在证监会审核的拟公开发行股票的企业家数。通道制下股票发行"名额有限"的特点未变,但通道制改变了过去行政机制遴选和推荐发行人的做法,使主承销商在一定程度上承担起股票发行风险,同时也获得了遴选和推荐股票发行的权力。2004 年 2 月保荐制度实施后,通道制并未立即废止,每家券商仍需按通道报送企业,直至 2004 年 12 月 31 日彻底废止通道制。因此 2004 年 2 月—2004 年 12 月为通道制与保荐制并存时期。

3."保荐制"阶段(2004 年 2 月至今)

保荐制下,企业发行上市不但要有保荐机构进行保荐,还需要具有保荐代表人资格的从业人员具体负责保荐工作。我国的证券发行上市保荐制度开始于 2004 年 2 月,目前正在实施的证券发行上市保荐制度主要为中国证监会于 2008 年 10 月 17 日颁布的《保荐管理办法》。保荐工作分为两个阶段,即尽职推荐阶段和持续督导阶段。从保荐机构与发行人签订保荐协议到中国证监会正式受理公司申请文件和完成发行上市为尽职推荐阶段。证券发行上市后,企业即进入持续督导阶段,保荐机构需要在一定的期间内对发行人进行持续督导。保荐机构和保荐代表人在向中国证监会推荐企业发行上市前,要对发行人进行尽职调查和专业辅导培训,保荐机构要在推荐文件中对发行人是否符合发行上市条件,申请文件不存在虚假记载、误导性陈述或重大遗漏等事项做出承诺。证券发行上市后,保荐机构要持续督导发行人履行规范运作、信守承诺、信息披露等义务。保荐制的核心内容是进一步强化和细化了保荐机构的责任,尤其是以保荐代表人为代表的证券从业人员的个人责任。

五、我国近年 IPO 情况

(一) 近年 IPO 融资规模

2012—2019 年,我国 IPO 发行数量与融资规模呈现先降后升的趋势(见图 4-1、表 4-1)。2010—2012 年,IPO 数量与融资规模逐年下滑,而 2012 年 10 月至 2014 年 1 月由于 IPO 暂停,新股发行数量为零。2014 年至 2016 年间,IPO 数量与融资规模缓步回升,在 2017 年迎来了一个新的峰值。2018、2019 年 IPO 家数下降,但融资金额创出新高。

图 4-1 2012—2019 年 A 股 IPO 发行数量与融资规模情况

（资料来源：Wind）

表 4-1 2012—2019 年各交易所 IPO 发行数量与融资规模情况

指标	上市地	2012	2014	2015	2016	2017	2018	2019
IPO 家数	上交所	26	43	90	103	215	57	125
	深交所	128	81	133	124	223	48	78
IPO 募资金额（亿元）	上交所	333.57	311.77	1 086.90	1 017.23	1 376.56	864.93	1 886.60
	深交所	696.43	354.55	489.49	478.85	924.53	513.22	645.88

资料来源：Wind。

（二）IPO 行业分布

2019 年 IPO 市场紧紧围绕服务实体经济和支持供给侧结构性改革，积极响应国家创新驱动发展战略，有效满足了实体经济融资需求。因为科创板的推出，上交所募集资金 1 887 亿元，为近十年来新高。从行业角度看，资本货物、材料、技术硬件与设备、软件与服务行业上市家数占全部 203 家上市公司的近 60%，银行、资本货物、材料、技术硬件与设备、软件与服务融资额占全部 203 家上市公司的近 70%。值得一提的是，我国自主自控核心技术行业之一的半导体和半导体生产设备行业上市公司募集资金超百亿元，反映了资本市场优化资源配置、服务实体经济、培育经济新动能成效显著。

第二节 发行过程

在注册制发行制度下，发行主体必须为股份有限公司，因此首次公开发行并上市的流程主要包括改制与股份公司设立、上市辅导、发行申报与审核注册、股票发行与上市等几个阶段。保荐机构和中介机构的尽职调查贯穿于整个过程，各阶段主要内容如下：

一、聘请中介机构

发行上市是一项工作量大、涉及面广和专业性强的系统工程，根据法律规定和实际需要,企业必须聘请中介机构,主要包括保荐机构、律师事务所、会计师事务所、资产评估事务所、财经公关顾问等。

(一)中介机构的类型

1. 保荐机构

在发行上市的过程中,保荐机构起着至关重要的作用,是中介机构的协调人和牵头人。保荐机构在发行上市中的主要职责包括:协助企业制订改制方案;担任企业的辅导机构;制作招股说明书、上市申请书、发行保荐书、发行保荐工作报告等申报材料;尽职推荐发行人股票的发行与上市;持续督导发行人履行相关义务。

2. 律师事务所

发行上市必须依法聘请律师事务所担任法律顾问。律师在发行上市中的主要职责有:协助发行人处理股份发行与上市的各类法律问题和事项;为公司起草发行上市需要的法律意见书和律师工作报告等文件;为发行人申请文件出具相关鉴证意见;对相关法律问题提供咨询意见等。

3. 会计师事务所

发行上市的审计工作必须由具有证券从业资格的会计师事务所承担。会计师事务所在发行上市中的主要职责有:出具发行人近三年的审计报告、验资报告、盈利预测的审核报告、内部控制鉴证报告等,根据中国证监会或发行人的要求出具专项复核报告和鉴证意见。

4. 资产评估事务所

企业在股票发行前往往需要对公司的资产进行评估,这一工作通常是由具有证券从业资格的资产评估机构担任。资产评估的范围主要包括:各类单项资产评估、企业整体资产评估、市场所需的其他资产评估或者项目评估。

5. 财经公关顾问

财经公关顾问,是指公司(主要为上市公司)为了寻求和维护其在资本市场投资者和那些对投资者有重要影响的人士心目中的特定形象和价值定位,而聘请的协助开展一系列形象设计、展示、推荐、解释和沟通等公关推广活动的专门机构。目前,国内财经公关公司发展时间尚短,统一的行业规范和资格认证尚未形成,在首次公开发行中的作用还没有得到市场的普遍认可。

(二)中介机构的选择标准

公司股票发行上市需要聘请中介机构,公司和中介机构之间的关系是一种双向选择的关系。公司在选择中介机构时应该注意以下几个方面。

(1)是否具有从事证券业务的资格。拟上市公司必须聘请具有证券从业资格的证券公司、律师事务所、会计师事务所和资产评估事务所从事股票发行上市的保荐、审计和资产评估业务。我国对中介机构证券从业资格实行严格管理制度,不仅要求中介机构有一定比例的证券业务从业人员,还要有与从事证券业务相关的组织机构和从业经验。

(2)执业背景。每个公司发行上市的具体方案都必须符合该公司自身的实际情况,聘请的中介机构必须具有良好的执业背景和丰富的业务经验,才能应对上市过程中可能出现的风险和难题。只有具有较强的执业能力、熟悉其公司所在行业的中介机构,才能保证中介服务的质量。

(3) 业内声誉。拟上市公司在聘请中介机构时,除了综合考虑中介机构的执业能力之外,中介机构在业内的声誉也是非常重要的因素。

(4) 良好的沟通协调能力。股票发行上市是发行人和各中介机构共同合作的结果,中介机构之间应该能够进行良好的合作,保荐机构与律师、会计师、资产评估师之间能够顺畅沟通,是公司成功上市的有力保障。

(5) 收费标准。公司发行股票并上市需要进行上市成本的总体控制,中介机构的具体收费或收费标准也应当予以考虑,双方可以根据具体的股票发行方案协商确定中介机构的费用。

(三) 尽职调查

尽职调查(Due Diligence)是中介机构进场后的首要工作内容。尽职调查的目的是尽快了解企业的基本情况,找出企业存在的问题,为下一步提出改制重组方案奠定基础。同时,尽职调查有助于中介机构评估项目风险,提高自身的业务风险防范水平和风险管理水平。

尽职调查的内容主要包括:发行人基本情况调查、发行人业务与技术调查、同业竞争与关联交易调查、高管人员调查、组织结构与内部控制调查、财务与会计调查、业务发展目标调查、募集资金运用调查、风险因素及其他重要事项调查等方面。

二、改制重组

根据对发行人主体资格的要求,发行人应当是依法设立且合法存续的股份有限公司。因此,其他类型企业需通过改制重组,以设立股份有限公司。

(一) 企业改制重组

1. 改制

改制可以分为广义和狭义两种概念。广义的改制指公司制改造、机制性改革,包括按有关法规和国际惯例进行公司内部功能性建设。狭义的改制指按公司法要求由非公司制企业改为股份有限公司形态的公司制企业。后者是最基本的法定的要求,一般对发起人、注册资本有一定要求,并建立法律规定的董事会、监事会及公司管理层。本节所讨论的改制是指以上市为目标,按《公司法》要求设立股份有限公司,并在设立过程中及设立之后,通过改革公司的内部制度和运行机制,建立公司的组织机构和治理基础,实现规范运作。图 4-2 展示了改制的一般流程。

企业改制一般应遵循以下原则:(1) 合法性原则。合法性原则包括两层含义:一是企业改制方案的内容要合法,二是设计企业改制方案的程序要合法。第一层意义上的合法可以称为实体合法,第二层意义上的合法可以称为程序合法。(2) 稳定性原则。设计改制方案要保持企业改制前后生产经营的连续性和相对稳定性,避免由于企业制度的变动而导致生产经营中断或停止。要实现企业改制前后的稳定过渡,必须妥善安置改制企业的员工。员工安置问题解决不好就会带来不稳定的因素,企业就难以成功改制。(3) 科学性原则。企业改制的目的之一是建立先进的产权制度、科学的法人治

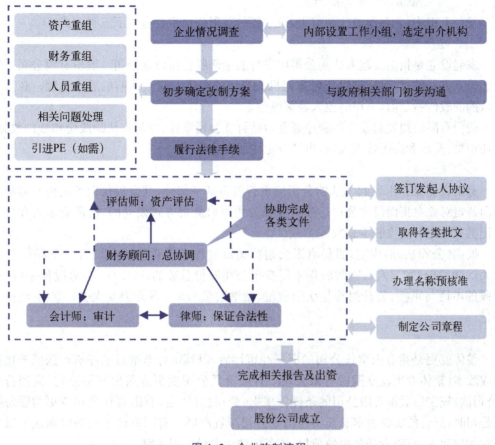

图 4-2 企业改制流程

（资料来源：上海证券交易所《企业改制上市实务》）

理结构，实现社会资源的合理配置。设计企业改制方案要遵循赞赏性原则，坚持企业组织制度的科学改造。企业改制流程见图 4-2。

2. 重组

重组是指组建公司前进行业务、资产、人员、机构和财务的有效组合，使公司成为符合发行上市实质条件和有关要求的股份有限公司，并形成有效公司治理的基础。

广义的重组包括公司所有要素的调整，包括业务、资产、人员、债务、所有者权益、股东及股权、组织结构、组织机制、地区分布等。狭义的重组可以理解为符合发行上市的重组，一般有两种方式。一种是完整改制重组方式，即由发起人或股东投入或变更进入拟发行上市公司的业务和资产应独立完整，人员、机构、财务等方面应与原企业分开。另一种是整体改制重组方式，即由持续经营的企业整体变更形成股份有限公司，不得进行任何资产和业务的剥离。

股份有限公司的设立要统筹考虑日后公开发行的规模、募集资金投向、资产负债率等因素。企业改制重组的总体要求是：① 禁止同业竞争；② 减少关联交易；③ 突出主营业务；④ 保持独立性，规范运作等。

(二) 设立股份有限公司的方式

发行上市中,企业通过改制重组,设立股份有限公司主要有以下三种方式。

1. 发起设立

发起设立是指由发起人认购公司应发行的全部股份而设立公司。股份有限公司采取发起设立方式的,注册资本为公司登记机关登记的全体发起人认购的股本总额。在发起人认购的股份缴足前,不得向他人募集股份。

股份有限公司发起设立的程序通常包括订立公司章程、发起人认购股份和缴纳股款、选任董事、监事和高级管理人员、申请登记注册和公告等。

2. 募集设立

募集设立是指由发起人认购公司应发行股份的一部分,其余股份向社会公开募集或者向特定对象募集而设立公司。股份有限公司采取募集方式设立的,注册资本为在公司登记机关登记的实收股本总额。

按照《公司法》的规定,股份有限公司募集设立程序主要包括:① 订立章程;② 发起人认购股份(发起人认购的股份不得少于公司股份总数的35%);③ 募股程序(包括募股的申请与审批、公开招募与认购股份、缴纳股款);④ 召开创立大会;⑤ 申请设立登记。

3. 整体变更

整体变更是指有限责任公司的资产经审计后,以其审计基准日的净资产按照等比折合成股本,整体变更设立股份有限公司。有限责任公司变更为股份有限公司,应当符合《公司法》规定的股份有限公司的条件。根据《公司法》规定,有限责任公司变更为股份有限公司时,折合的实收股本总额不得高于公司净资产额。有限责任公司的股东成为股份公司的发起人,有限责任公司的债权、债务依法由股份公司承继。

三、辅导

在中国境内首次公开发行股票的公司,在提出首次公开发行股票申请前,必须聘请辅导机构进行辅导,并执行相关的辅导程序。

(一) 辅导的目标

辅导的目标主要包括:促进辅导对象建立良好的公司治理机制,形成独立运营和持续发展的能力,督促公司的董事、监事和高级管理人员全面掌握发行上市有关法律法规、证券市场规范运作和信息披露的要求,树立进入证券市场的诚信意识、法制意识,确保辅导对象具备进入证券市场的基本条件。

(二) 辅导的程序

1. 选择辅导机构

辅导对象聘请的辅导机构应是有主承销资格的证券机构以及其他经有关部门认定的机构。实行保荐制度后,辅导机构主要为保荐机构。

2. 签订辅导协议

在确定好辅导机构后,辅导对象应本着自愿、平等的原则与辅导机构签订辅导协议,以明确双方在辅导程序中的权利与义务。

3. 辅导登记备案与审查

辅导协议签署后5个工作日内,辅导机构应向公司注册所在地中国证监会派出机构进行辅导登记备案。中国证监会派出机构应于10个工作日内对辅导机构提交的备案材料的齐备性进行审查。

4. 实施辅导方案

辅导机构应根据有关法律、法规和规则以及上市公司的必备知识,针对辅导对象的具体情况和实际需求,确定辅导的具体内容,制定辅导计划及实施方案,以确信辅导对象具备进入证券市场的基本条件。

5. 辅导验收

辅导机构认为达到辅导计划目标后,可向中国证监会派出机构报送"辅导工作总结报告",提出辅导评估申请,派出机构应按规定出具"辅导监管报告"。

6. 持续关注辅导对象

在辅导工作结束至发行之前,辅导机构仍应持续关注辅导对象的重大变化,对发生与"辅导工作总结报告"不一致的重大事项,应向证监会派出机构报告。辅导对象发行后,辅导机构应在履行回访或保荐义务过程中持续关注信息披露和与"辅导工作总结报告"有关的事项。

辅导工作的监管机构是中国证监会,它对首次公开发行股票前的辅导工作进行监督和指导,其派出机构负责辖区内辅导工作的监督管理。

四、申报与注册

拟上市公司可聘请委托保荐机构组织其他中介机构按照有关要求制作申请材料,由保荐机构出具推荐文件,并向交易所申报核准,核准后报中国证监会注册。

(一)申报材料

申报材料主要包括企业提供的招股说明书(申报稿)、上市申请书,保荐机构提供的发行保荐书、发行保荐工作报告、律师事务所提供的法律意见书、律师工作报告和有关鉴证报告,会计师事务所提供的财务报表及审计报告、内部控制鉴证报告、非经常性损益明细等。

申报材料包括两部分,要求在指定报刊及网站披露的文件和不要求在指定报刊及网站披露的文件。发行人应备有整套申请文件。发行申请经交易所核准并且第一部分文件披露后,整套文件可供投资者查阅。

要求在指定报刊及网站披露的文件:招股说明书及摘要、发行公告。招股说明书及其附录(财务报表及审计报告全文)是发行审核的重点文件,也是整套申报材料最核心的文件。

不要求在指定报刊及网站披露的文件:主承销商的推荐文件、发行人律师的意见、发行申请及授权文件、募集资金运用的有关文件、股份有限公司的设立文件及章程、发行定价及发行定价分析报告和其他相关文件等。

(二)审核注册程序

首次公开发行的审核注册程序如下(见图4-3)。

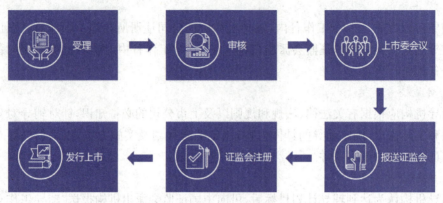

图 4-3 IPO 审核注册流程

（资料来源：上海证券交易所）

1. 受理

交易所发行上市审核工作实行全程电子化，申请、受理、问询、回复等事项均通过交易所发行上市审核系统办理。发行人应当通过保荐人以电子文档形式向交易所提交发行上市申请文件，交易所收到发行上市申请文件后 5 个工作日内作出是否予以受理的决定。交易所受理的，发行人于受理当日在交易所网站等指定渠道预先披露招股说明书及相关文件。

2. 审核

交易所审核机构自受理之日起 20 个工作日内发出审核问询，发行人及保荐人应及时、逐项回复交易所问询。审核问询可多轮进行。

首轮问询发出前，发行人及其保荐人、证券服务机构及其相关人员不得与审核人员接触，不得以任何形式干扰审核工作。首轮问询发出后，发行人及其保荐人如确需当面沟通的，可通过发行上市审核系统预约。审核机构认为不需要进一步问询的，将出具审核报告提交上市委员会。

交易所审核时限为三个月，发行人及其保荐人、证券服务机构回复本所审核问询的时间不计算在内。

3. 上市委会议

上市委召开会议对交易所审核机构出具的审核报告及发行人上市申请文件进行审议，与会委员就审核机构提出的初步审核意见，提出审议意见。上市委员会可以要求对发行人代表及其保荐人进行现场问询。上市委员会通过合议形成同意或者不同意发行上市的审议意见。交易所审核若不同意，作出终止发行上市审核的决定。

4. 证监会注册

交易所结合上市委审议意见，出具同意或不同意发行上市的审核意见。交易所同意的，将审核意见、相关审核资料和发行人的发行上市申请文件报送中国证监会履行注册程序。中国证监会认为存在需要进一步说明或者落实事项的，可以要求交易所进一步问询。中国证监会在 20 个工作日内对发行人的注册申请作出同意或者不予注册的决定。

5. 发行上市

中国证监会同意注册的决定自作出之日起1年内有效,发行人应当按照规定在注册决定有效期内发行股票,发行时点由发行人自主选择。

(三) IPO历年审核通过情况及被否原因

近10年,境内新股发行的审核通过率先降后升。2010—2019年,发审委审核新股共计2 505家,审核通过2 127家,审核未通过378家,市场整体通过率为84.9%。十八届三中全会明确提出"推进股票发行注册制改革"以来,新股审核的通过率连续3年保持在90%以上(见图4-4)。"持续推进简政放权""使市场在资源配置中起决定性作用""以信息披露为中心"的监管理念在新股审核的实践中充分显现。

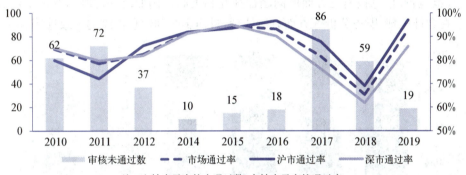

图 4-4 历年IPO审核通过情况(2010—2019)

(资料来源:Wind、上海证券交易所)

从沪深市场看,2010年至今沪市拟上市企业的审核通过率为88.8%,高于深市的82.9%。尤其是近7年沪市的审核通过率均要高于深市。

A股历史上出现过9次暂停,最近3次分别为2008年12月—2009年6月、2012年10月—2014年1月,和2015年7月至2015年11月。

2010年以来,财务与会计方面问题是IPO审核未通过的主要原因。根据《首次公开发行股票并上市管理办法》(以下简称首发办法),新股的发行上市条件主要包括主体资格、独立性、规范运行、财务与会计、募集资金运用,以及信息披露六方面。2010—2016年6月,因财务与会计方面的问题而未通过IPO审核的意见数共计122次,占IPO审核未通过意见总数的49.2%。

据统计,持续盈利能力问题依然是企业IPO的最大障碍,占财务与会计方面审核未通过意见数的78.7%。按照首发办法,企业的持续盈利能力体现为六方面。其中,"其他可能对持续盈利能力的重大不利影响""经营模式、产品或服务重大变化""营业收入/净利润对关联方/客户重大依赖"等三方面的被否案例较多,分别占财务与会计方面审核未通过意见数的36.9%、16.4%、13.1%。相较而言,因行业地位/行业经营环境的重大变化,商标、专利、专有技术以及特许经营权等的取得/使用存在重大不利变化而影响企业持续盈利能力的被否案例较少,分别占财务与会计方面审核未通过意见数的9.0%、3.3%。此外,未通过IPO财务与会计方面审核的原因主要涉及会计基础、会计政策、财务报表、审计报告的合规性,相关问题占财务与会计方面审核未通过意见数的12.3%。

2015年前,独立性、募集资金运用方面的问题一直是除财务与会计问题外,企业IPO未通过的两大重要原因,两项合计占IPO审核未通过意见总数的比重超过25%。虽然2016年试行的首发办法将独立性、募集资金运用由"发行条件"调整为"信息披露要求",但相关问题依然是审核关注的重点。

十八届三中全会后,监管部门启动股票发行注册制改革研究,简政放权、强化披露的理念在IPO实践中得到有效贯彻。规范运行、信息披露成为审核关注的重点。2015年、2016年上半年,上述两方面问题合计占IPO审核未通过意见总数的65.0%、38.5%。2015年以来,因同时多种原因而被否的IPO案例增加至20%以上(见图4-5)。且财务与会计、规范运行、信息披露三方面的问题往往互相关联。例如内部控制问题出现疑点后,往往会在会计处理、财务分析等方面有所体现,进而影响到信息披露的一致性等。

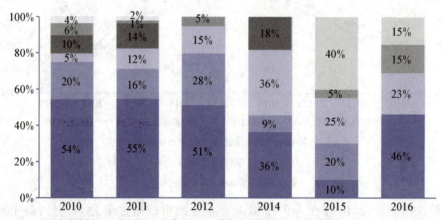

注:IPO审核未通过的原因根据证监会相关行政许可及发审会公告整理,相关原因类别根据《首次公开发行股票并上市管理办法》划分。

图4-5 历年IPO审核未通过的原因分布(2010—2016.6)

(资料来源:中国证监会、Wind、上海证券交易所)

五、发行与上市

股票发行与上市是企业上市融资的最后阶段,也是走向资本市场的前奏。股票发行与上市有法定的时间限制,而工作又比较繁杂,需要发行人和保荐机构以认真、细致和负责的工作态度去完成。发行与上市阶段涉及的主要工作包括确定发行价格、路演、选择发行方式等。

(一) 定价

股票的科学合理定价是股票发行上市的核心,对拟发行的股票的合理估值是定价的基础。有关估值理论与方法详见第二章。

发行人及其保荐人在估值的基础上,通过询价的方式确定股票的发行价格。发行申请经中国证监会批准注册后,发行人应公告招股意向书,开始向询价对象进行推介和询价。询价分为初步询价和累计投标询价两个阶段。发行人及其保荐人通过初步询价确定发行价格区间,通过累计投标询价确定发行价格。

（二）路演

路演(Road Show)是股票承销商帮助发行人安排的发行前的调研与推介活动。路演是决定股票发行成功与否的重要步骤,成功的路演可以达到下述三个目的:① 通过路演让投资者进一步了解发行人的投资价值;② 增强投资者信心,提高对新股的市场需求;③ 从投资者的反应中获得有用的信息。

（三）发行

1. 网下机构投资者配售

向机构投资者配售股票,是指发行人和主承销商事先确定发行量和发行价询价区间,发行人公告招股意向书,向机构投资者进行推介和询价,并根据机构投资者的预约申购情况确定最终的发行价格,以同一价格向机构投资者配售和对一般投资者发行。该发行方式与询价制度相结合,故又称为向询价对象配售股票。

2. 网上定价发行

网上定价发行,是指主承销商利用证券交易所的交易系统成为股票的唯一卖方,投资者在指定的时间内,按网下询价确定的发行价格委托买入股票的方式进行股票申购。

（四）上市

发行完成后,发行人向证券交易所提出申请股票上市,由证券交易所依法审核同意,并由双方签订上市协议,股票在交易所挂牌交易。

第三节　发　行　条　件

首次公开发行上市的企业需要满足 IPO 相关的法律法规。不同国家、不同类型的市场对于企业申请上市的条件各不相同。我国公司最基本的上市条件由《证券法》第四十八条规定:申请证券上市交易,应当符合证券交易所上市规则规定的上市条件。证券交易所上市规则规定的上市条件,应当对发行人的经营年限、财务状况、最低公开发行比例和公司治理、诚信记录等提出要求。

本节将主要具体介绍主板、创业板及科创板的发行条件。

一、主板发行条件

根据中国证监会于 2006 年 5 月发布实施并于 2018 年 6 月进行修订的《首次公开发行股票并上市管理办法》的规定,在主板首次公开发行股票的企业需要符合以下条件:

（一）主体资格

（1）发行人应当是依法设立且合法存续的股份有限公司。经国务院批准,有限责任公司在依法变更为股份有限公司时,可以采取募集设立方式公开发行股票。

（2）发行人自股份有限公司成立后,持续经营时间应当在 3 年以上,但经国务院批准的除外。有限责任公司按原账面净资产值折股整体变更为股份有限公司的,持续经营时间可以从有限责任公司成立之日起计算。

(3) 发行人的注册资本已足额缴纳,发起人或者股东用作出资的资产的财产权转移手续已办理完毕,发行人的主要资产不存在重大权属纠纷。

(4) 发行人的生产经营符合法律、行政法规和公司章程的规定,符合国家产业政策。

(5) 发行人最近3年内主营业务和董事、高级管理人员没有发生重大变化,实际控制人没有发生变更。

(6) 发行人的股权清晰,控股股东和受控股股东、实际控制人支配的股东持有的发行人股份不存在重大权属纠纷。

(二) 规范运行

(1) 发行人已经依法建立健全股东大会、董事会、监事会、独立董事、董事会秘书制度,相关机构和人员能够依法履行职责。

(2) 发行人的董事、监事和高级管理人员已经了解与股票发行上市有关的法律法规,知悉上市公司及其董事、监事和高级管理人员的法定义务和责任。

(3) 发行人的董事、监事和高级管理人员符合法律、行政法规和规章规定的任职资格,且不得有下列情形:① 被中国证监会采取证券市场禁入措施尚在禁入期的;② 最近36个月内受到中国证监会行政处罚,或者最近12个月内受到证券交易所公开谴责;③ 因涉嫌犯罪被司法机关立案侦查或者涉嫌违法违规被中国证监会立案调查,尚未有明确结论意见。

(4) 发行人的内部控制制度健全且被有效执行,能够合理保证财务报告的可靠性、生产经营的合法性、营运的效率与效果。

(5) 发行人不得有下列情形:① 最近36个月内未经法定机关核准,擅自公开或者变相公开发行过证券;或者有关违法行为虽然发生在36个月前,但目前仍处于持续状态。② 最近36个月内违反工商、税收、土地、环保、海关以及其他法律、行政法规,受到行政处罚,且情节严重。③ 最近36个月内曾向中国证监会提出发行申请,但报送的发行申请文件有虚假记载、误导性陈述或重大遗漏;或者不符合发行条件以欺骗手段骗取发行核准;或者以不正当手段干扰中国证监会及其发行审核委员会审核工作;或者伪造、变造发行人或其董事、监事、高级管理人员的签字、盖章。④ 本次报送的发行申请文件有虚假记载、误导性陈述或者重大遗漏。⑤ 涉嫌犯罪被司法机关立案侦查,尚未有明确结论意见。⑥ 严重损害投资者合法权益和社会公共利益的其他情形。

(6) 发行人的公司章程中已明确对外担保的审批权限和审议程序,不存在为控股股东、实际控制人及其控制的其他企业进行违规担保的情形。

(7) 发行人有严格的资金管理制度,不得有资金被控股股东、实际控制人及其控制的其他企业以借款、代偿债务、代垫款项或者其他方式占用的情形。

(三) 财务与会计

(1) 发行人资产质量良好,资产负债结构合理,盈利能力较强,现金流量正常。

(2) 发行人的内部控制在所有重大方面是有效的,并由注册会计师出具了无保留结论的内部控制鉴证报告。

(3) 发行人会计基础工作规范,财务报表的编制符合企业会计准则和相关会计制度的规定,在所有重大方面公允地反映了发行人的财务状况、经营成果和现金流量,并由注册会计师出具了无保留意见的审计报告。

（4）发行人编制财务报表应以实际发生的交易或者事项为依据；在进行会计确认、计量和报告时应当保持应有的谨慎；对相同或者相似的经济业务，应选用一致的会计政策，不得随意变更。

（5）发行人应完整披露关联方关系并按重要性原则恰当披露关联交易。关联交易价格公允，不存在通过关联交易操纵利润的情形。

（6）发行人应当符合下列条件：① 最近3个会计年度净利润均为正数且累计超过人民币3 000万元，净利润以扣除非经常性损益前后较低者为计算依据；② 最近3个会计年度经营活动产生的现金流量净额累计超过人民币5 000万元；或者最近3个会计年度营业收入累计超过人民币3亿元；③ 发行前股本总额不少于人民币3 000万元；④ 最近一期末无形资产（扣除土地使用权、水面养殖权和采矿权等后）占净资产的比例不高于20%；⑤ 最近一期末不存在未弥补亏损。

（7）发行人依法纳税，各项税收优惠符合相关法律法规的规定。发行人的经营成果对税收优惠不存在严重依赖。

（8）发行人不存在重大偿债风险，不存在影响持续经营的担保、诉讼以及仲裁等重大或有事项。

（9）发行人申报文件中不得有下列情形：① 故意遗漏或虚构交易、事项或者其他重要信息；② 滥用会计政策或者会计估计；③ 操纵、伪造或篡改编制财务报表所依据的会计记录或者相关凭证。

（10）发行人不得有下列影响持续盈利能力的情形：① 发行人的经营模式、产品或服务的品种结构已经或者将发生重大变化，并对发行人的持续盈利能力构成重大不利影响；② 发行人的行业地位或发行人所处行业的经营环境已经或者将发生重大变化，并对发行人的持续盈利能力构成重大不利影响；③ 发行人最近1个会计年度的营业收入或净利润对关联方或者存在重大不确定性的客户存在重大依赖；④ 发行人最近1个会计年度的净利润主要来自合并财务报表范围以外的投资收益；⑤ 发行人在用的商标、专利、专有技术以及特许经营权等重要资产或技术的取得或者使用存在重大不利变化的风险；⑥ 其他可能对发行人持续盈利能力构成重大不利影响的情形。

二、创业板发行条件

根据中国证监会2020年6月12日颁布实施的《创业板首次公开发行股票注册管理办法（试行）》的有关规定，创业板首次公开发行充分借鉴科创板注册制试点的经验做法，在体例架构、发行条件、注册程序、监督管理等主要方面与科创板规则基本保持一致。

发行人申请首次公开发行股票并在创业板上市，应当符合创业板定位。创业板深入贯彻创新驱动发展战略，适应发展更多依靠创新、创造、创意的大趋势，主要服务成长型创新创业企业，支持传统产业与新技术、新产业、新业态、新模式深度融合。

（一）证监会发行条件

（1）持续经营满三年，具备健全且运行良好的组织机构，相关机构和人员能够依法履行职责。

(2) 会计基础工作规范,内控制度健全有效。

(3) 业务完整并具有直接面向市场独立持续经营的能力。

(4) 生产经营合法合规,相关主体不存在《首发办法》规定的违法犯罪情形。详见"科创板发行条件"之"证监会发行条件"。

(二) 深交所发行条件

(1) 符合中国证监会规定的创业板发行条件。

(2) 发行后股本总额不低于 3 000 万元。

(3) 公开发行的股份达到公司股份总数的 25%以上;公司股本总额超过 4 亿元的,公开发行股份的比例为 10%以上。

(4) 红筹企业发行股票的,发行后的股份总数不低于 3 000 万股,公开发行的股份达到公司股份总数的 25%以上;公司股份总数超过 4 亿股的,公开发行股份的比例为 10%以上。

(5) 红筹企业发行存托凭证的,发行后的存托凭证总份数不低于 3 000 万份,公开发行的存托凭证对应基础股份达到公司股份总数的 25%以上;发行后的存托凭证总份数超过 4 亿份的,公开发行存托凭证对应基础股份达到公司股份总数的 10%以上。

(6) 发行人为境内企业且不存在表决权差异安排的,市值及财务指标应当至少符合下列标准中的一项:

① 最近两年净利润均为正,且累计净利润不低于 5 000 万元;

② 预计市值不低于 10 亿元,最近一年净利润为正且营业收入不低于 1 亿元;

③ 预计市值不低于 50 亿元,且最近一年营业收入不低于 3 亿元。

(7) 符合《国务院办公厅转发证监会〈关于开展创新企业境内发行股票或存托凭证试点若干意见〉的通知》(国办发〔2018〕21 号)等相关规定且最近一年净利润为正的红筹企业,可以申请其股票或存托凭证在创业板上市。

(8) 营业收入快速增长,拥有自主研发、国际领先技术,同行业竞争中处于相对优势地位的尚未在境外上市红筹企业,申请在创业板上市的,市值及财务指标应当至少符合下列标准中的一项:

① 预计市值不低于 100 亿元,且最近一年净利润为正;

② 预计市值不低于 50 亿元,最近一年净利润为正且营业收入不低于 5 亿元。

(9) 营业收入快速增长,指符合下列标准之一:

① 最近一年营业收入不低于 5 亿元的,最近三年营业收入复合增长率 10%以上;

② 最近一年营业收入低于 5 亿元的,最近三年营业收入复合增长率 20%以上;

③ 受行业周期性波动等因素影响,行业整体处于下行周期的,发行人最近三年营业收入复合增长率高于同行业可比公司同期平均增长水平。

处于研发阶段的红筹企业和对国家创新驱动发展战略有重要意义的红筹企业,不适用"营业收入快速增长"的规定。

(10) 发行人具有表决权差异安排的,市值及财务指标应当至少符合下列标准中的一项:

① 预计市值不低于 100 亿元,且最近一年净利润为正;

② 预计市值不低于 50 亿元,最近一年净利润为正且营业收入不低于 5 亿元。

发行人特别表决权股份的持有人资格、公司章程关于表决权差异安排的具体要求,应当符合相关规定。

(11) 上述净利润以扣除非经常性损益前后的孰低者为准,所称净利润、营业收入均指经审计的数值。

三、科创板发行条件

(一) 证监会发行条件

根据 2019 年 3 月证监会发布的《科创板首次公开发行股票注册管理办法(试行)》的规定,在科创板首次公开发行股票的企业需要满足以下发行条件:

(1) 发行人是依法设立且持续经营 3 年以上的股份有限公司,具备健全且运行良好的组织机构,相关机构和人员能够依法履行职责。有限责任公司按原账面净资产值折股整体变更为股份有限公司的,持续经营时间可以从有限责任公司成立之日起计算。

(2) 发行人会计基础工作规范,财务报表的编制和披露符合企业会计准则和相关信息披露规则的规定,在所有重大方面公允地反映了发行人的财务状况、经营成果和现金流量,并由注册会计师出具标准无保留意见的审计报告。发行人内部控制制度健全且被有效执行,能够合理保证公司运行效率、合法合规和财务报告的可靠性,并由注册会计师出具无保留结论的内部控制鉴证报告。

(3) 发行人业务完整,具有直接面向市场独立持续经营的能力:

① 资产完整,业务及人员、财务、机构独立,与控股股东、实际控制人及其控制的其他企业间不存在对发行人构成重大不利影响的同业竞争,不存在严重影响独立性或者显失公平的关联交易。

② 发行人主营业务、控制权、管理团队和核心技术人员稳定,最近 2 年内主营业务和董事、高级管理人员及核心技术人员均没有发生重大不利变化;控股股东和受控股股东、实际控制人支配的股东所持发行人的股份权属清晰,最近 2 年实际控制人没有发生变更,不存在导致控制权可能变更的重大权属纠纷。

③ 发行人不存在主要资产、核心技术、商标等的重大权属纠纷,重大偿债风险,重大担保、诉讼、仲裁等或有事项,经营环境已经或者将要发生重大变化等对持续经营有重大不利影响的事项。

④ 发行人生产经营符合法律、行政法规的规定,符合国家产业政策。最近 3 年内,发行人及其控股股东、实际控制人不存在贪污、贿赂、侵占财产、挪用财产或者破坏社会主义市场经济秩序的刑事犯罪,不存在欺诈发行、重大信息披露违法或者其他涉及国家安全、公共安全、生态安全、生产安全、公众健康安全等领域的重大违法行为。董事、监事和高级管理人员不存在最近 3 年内受到中国证监会行政处罚,或者因涉嫌犯罪被司法机关立案侦查或者涉嫌违法违规被中国证监会立案调查,尚未有明确结论意见等情形。

(二) 上交所上市条件

根据 2019 年 3 月上交所发布的《上海证券交易所科创板股票上市规则》,发行人申请在科创板上市应当符合下列条件:

(1) 符合中国证监会规定的发行条件。
(2) 发行后股本总额不低于人民币 3 000 万元。
(3) 公开发行的股份达到公司股份总数的 25% 以上；公司股本总额超过人民币 4 亿元的，公开发行股份的比例为 10% 以上。
(4) 市值及财务指标应当至少符合下列标准中的一项：

① 预计市值不低于人民币 10 亿元，最近两年净利润均为正且累计净利润不低于人民币 5 000 万元，或者预计市值不低于人民币 10 亿元，最近一年净利润为正且营业收入不低于人民币 1 亿元；

② 预计市值不低于人民币 15 亿元，最近一年营业收入不低于人民币 2 亿元，且最近三年累计研发投入占最近三年累计营业收入的比例不低于 15%；

③ 预计市值不低于人民币 20 亿元，最近一年营业收入不低于人民币 3 亿元，且最近三年经营活动产生的现金流量净额累计不低于人民币 1 亿元；

④ 预计市值不低于人民币 30 亿元，且最近一年营业收入不低于人民币 3 亿元；

⑤ 预计市值不低于人民币 40 亿元，主要业务或产品需经国家有关部门批准，市场空间大，目前已取得阶段性成果。医药行业企业需至少有一项核心产品获准开展二期临床试验，其他符合科创板定位的企业需具备明显的技术优势并满足相应条件。交易所所称净利润以扣除非经常性损益前后的孰低者为准，所称净利润、营业收入、经营活动产生的现金流量净额均指经审计的数值。

符合《国务院办公厅转发证监会关于开展创新企业境内发行股票或存托凭证试点若干意见的通知》相关规定的红筹企业，可以申请发行股票或存托凭证并在科创板上市。营业收入快速增长，拥有自主研发、国际领先技术，同行业竞争中处于相对优势地位的尚未在境外上市红筹企业，申请在科创板上市的，市值及财务指标应当至少符合下列标准之一：

① 预计市值不低于人民币 100 亿元；
② 预计市值不低于人民币 50 亿元，且最近一年营业收入不低于人民币 5 亿元。

第四节 发行方式与定价

从我国 20 世纪 90 年代初证券市场建立以来的实践历史看，股票公募发行先后采用了认购证发行、专项存单发行、上网竞价发行、上网定价发行、全额预缴比例配售、网上询价发行等多种发行方式。

一、发行方式

(一) 认购证发行方式

认购证发行方式是 1991 年年底—1992 年上海、深圳证券市场普遍采用的方法，又称为认购证抽签发行方式，其具体的做法是：

(1) 负责承销的投资银行于股票招募时在设定的地点以一定的认购成本向社会公众

投资人公开发售股票认购证,每一份认购证代表一定数量的认股权利,并标注号码。

(2) 认购证发售期限截止后,承销商对发售的认购证数量进行清点。如果认购证发售数量所累计的股票认购量少于股票计划发行数量,则每份认购证均有效,持证人可按认购证规定的数量购买股票。如果认购证发售数量所累积的股票认购量大于股票计划发行数量,则由主承销投资银行根据"公开、公平、公正"的原则,于规定日期在公证机关监督下,按照规定的程序,对所有股票认购证进行公开抽签,中签的认购证为有效认购证。

(3) 投资人持中签的认购证按照公告的规定在指定地点缴纳股款。

(4) 主承销投资银行将收到的股款解入指定的银行账户,再由注册会计师进行验资确认。主承销商将认购的股东名单报股票登记机构。股票发行过程结束。

这种方式有着明显的缺陷。首先,认购成本太高;其次,发行效率低下,从发售认购证到最后缴款的过程约一个月;再次,发行环节过多,工作量大;最后,难以体现"三公"原则,因集中在当地发行,造成异地投资者认购十分不便。因此,这种发行方式很快被摒弃。

(二) 专项存单发行方式

专项存单发行方式是通过发行与储蓄存款挂钩的专项存单来抽签决定认股者的股票发行方式。1993年后期,济南轻骑、青岛海尔两只股票的发行就是采用这种方法。其具体做法如下。

(1) 承销商在招募期内通过指定的银行机构无限量地向社会投资者发售专项定期定额存单,由社会投资者认购。

(2) 承销商根据存单的发售数量,按照计划发行股票数量及规定的每张存单可认购股份数量确定中签率,通过公开摇号抽签方式决定中签者。如果储蓄存单发售数量累计的可认购股票量小于计划发行量,则每张存单均可按规定数量购买股票。

(3) 中签存单抵交股款,未中签存单按定期存款计息,不得转让和提前支取。

(4) 承销商将收到的款项解入指定的银行账户,由注册会计师进行验资。

(5) 承销商将股东名单及认购数量报给登记机构进行登记。

采取与储蓄存款挂钩的发行方式,其存款期不得超过三个月,每股费用不得超过0.1元,发行收费总额不得超过500万元。

专项存单发行方式虽可避免制作认购证带来的额外费用,但仍有许多不足。第一,发行环节仍然过多;第二,冻结资金过多,时间过长;第三,由于采用实际存缴的方式,往往伴随着巨额存款的流动,造成银行部门的麻烦和现金长途携带的不便。因此,这种方式采用较少,1998年起不再采用。

(三) "上网竞价"发行方式

"上网竞价"发行方式是指主承销商利用证券交易所的交易系统,由主承销商作为唯一"卖方",投资者在指定的时间内,按现行委托买入股票的方式进行股票申购的股票发行方式。具体可分为"上网竞价"和"上网定价"。"上网竞价"最早的实践是1994年6月25日分别在上海和深圳上市的哈岁宝和琼金盘股票。其具体做法如下:

(1) 在规定的发行期内,由投资者以不低于发行底价的价格竞价购买,然后由交易系统主机根据投资者的申购价格,按照价格优先,同价位时间优先的顺序从高价位到低价位依次排队。承销商根据实际认购总额应当等于拟发行总量(且不低于底价)的原则累计计算,当认购数量恰好等于发行数量时的价格即为发行价格。凡高于或等于该价格的有效申报均可按发行价认购,由交易系统自动成交。

(2) 承销商将股票发行价和竞价发行结果按规定程序公告。如果发行底价之上的有效认购低于发行数量,则发行价格等于发行底价,认购不足的剩余部分按承销协议处置。

"上网竞价"与前两种方式相比具有明显的优点:一是体现了市场性原则,通过市场竞争确定最终的发行价格,体现了证券市场的"三公"原则。二是实现了市场的连通性,由投资者竞价产生的发行价格从理论上反映了市场供求的平衡点,与二级市场上的流通价格差别不大,可以实现一级发行市场与二级交易市场的平稳对接。三是达到了高效性,竞价发行借助于交易所的交易网络,使整个过程高效安全。四是做到了经济性,上网发行降低了发行成本和认购成本。

这种方式的交易规则也存在着缺点,它会助长投资者的"博傻心理",使他们按很高的价格申报,以很低的价格成交,客观上导致了发行价格高企。

(四) "上网定价"发行方式

1996年12月26日,中国证监会公布了《关于股票发行与认购方式的暂行规定》,明确规定了三种发行方式:"上网定价"发行、全额预交款方式和储蓄存款挂钩方式。"上网定价"发行方式是从1995年2月仪征化纤股份的发行开始的。它是指主承销商利用证券交易所的交易系统,并作为股票的唯一"卖方",将核准发行的股票输入其在证券交易所的股票发行专户,投资者在指定的时间内以确定的发行价格通过与证券交易所联网的各证券营业网点进行委托申购的一种发行方式,是一种价定、量定的发行方式。申购结束后,由证券交易所交易系统主机统计有效申购总量和有效申购户数,并根据发行数量、有效申购总量和有效申购户数确定申购者的认购股数。

具体程序如下。

(1) 主承销商在证券交易所设立股票发行专户和申购资金专户。

(2) 投资者在申购委托前把申购款全额存入与办理该次发行的证券交易所联网的证券营业部指定的交易保证金账户。

(3) 网上申购当日(T+0),投资者按委托买入股票的方式,以发行价格填写委托单申报认购,证券交易所在申购日起三个工作日内冻结所有投资者申购资金。申购后第一天(T+1),由登记结算公司将申购资金冻结在申购专户中。

(4) 申购后第二天(T+2),登记结算公司配合主承销商和会计师事务所对申购资金进行验资,由会计师事务所出具验资报告,以实际到位资金作为有效申购进行连续配号,由证券交易所将配号传送至各证券营业部,并公布中签率。

(5) 申购后第三天(T+3),由主承销商负责组织摇号抽签,并于当日公布中签结果。证券交易所根据抽签结果进行清算交割和股东登记。申购日后第四个工作日,证券交易所将认购款项划入主承销商指定账户。

(6) 主承销商次日将款项划入发行公司指定账户,对未中签部分的申购款予以解冻。

"网上定价"发行方式充分运用了现代高科技成果和证券交易所现有的交易系统,具有成本低、发行速度快和覆盖面广的特点,但也存在如下问题。

(1) 摇号中签方式看起来合理,实际上是凭运气,不利于培养投资意识。

(2) 由于规定每一账户有限的委托量,一些大户和机构通过黑市或购买假身份证的方式持有多个账户,形成了"打新专业户",导致中签率下降。

(3) 定价网上发行过程中,常常发生一连串金融连锁反应:① 国债回购市场利率上升,票据贴现市场价格升高,银行短期借款猛增,透支现象突出;② 由于发行时大部分认购资金是通过短期融资得来的,股票上市后的换手率极高,股价大幅波动;③ 新股认购中冻结资金所产生的利息数额巨大,例如1996年发行的中国高科的发行冻结利息高达2 500万元。

(五) 全额预缴、比例配售发行方式

全额预缴、比例配售发行方式指投资者在规定申购时间内,将全额申购款存入主承销商在收款银行设立的专户中,申购结束后全部冻结,在对到账资金进行验资和确定有效申购后,根据股票发行量和申购总量计算配售比例,进行股票配售的发行方式。"全额预缴、比例配售"方式包括"全额预缴、比例配售、余额即退"方式和"全额预缴、比例配售、余额转存"方式。

1. "全额预缴、比例配售、余额即退"方式

该发行方式分为申购、冻结及验资配售、余额即退三个阶段。具体程序如下。

(1) 承销商与收款银行协议开设预缴股款专户,并在招募中向社会投资者公开发行股票认购方法。

(2) 投资者在规定的申购时间将全额申购款存入在收款银行开设的专户中,其中机构股票账户的申购量不得超过公司发行后总股本的5%,个人股票账户的申购量不应超过公司发行后总股本的5‰。

(3) 申购期满时,对存入收款银行预缴股款专户中的全部资金进行冻结,由具有证券从业资格的会计师事务所对冻结专户中的申购资金进行验资并出具验资报告;在验资报告的当日,由主承销商按到账资金进行核查验证,确定有效申购总量和配售比例。

(4) 由主承销商根据所确定的配售比例对每一申购人进行配售计算,如该配售比例不能满足法律规定的"千人千股"要求,则可随机抽出1 000名申购者,每户配售1 000股。

(5) 配售结束后,主承销商应当随即解冻申购资金余款,并在指定报刊上公布申购结果及配售比例和退款或转存款公告。配售结束后第一天,主承销商将扣除发行费用后的认购款划至发行公司账户上。申购余款划至各收款银行,由各收款银行退给投资者。

2. "全额预缴、比例配售、余额转存"方式

该发行方式是"与储蓄存款挂钩"方式和"全额预缴、比例配售、余额即退"方式的结合。其在全额预缴、比例配售阶段的有关规定与"全额预缴、比例配售、余额即退"相同,但申购余款转为存款,利息按同期银行存款利率计算。该存款为专项存款,不得提前支取。具体操作程序比照"全额预缴、比例配售、余额即退"方式。

全额预缴、比例配售发行方式优势在于:① 激发当地居民的投资热情和市场人气,使他们成为公司的股东,为企业发展带来好处;② 能吸引全国各地的游资,活跃当地的资金市场,增加当地银行的资金存量。

而这种方式也有明显的缺陷:① 较为烦琐,涉及面广,当地政府、银行、发行公司和承销商都要为新股发行付出极大的精力,而且大量的具体环节均为手工操作,容易出差错;

② 该方式与网上发行方式相比,发行时间较长,资金成本较高,而且从股市截留了一部分资金,容易造成二级市场"失血";③ 此种方式一定要投资者亲自赴发行地点,从而有利于当地投资者而不利于外来投资者,使新股的投资者结构具有地方性色彩,不够广泛与普及;④ 由于认购不便,总体认购资金量远小于网上定价方式,原始筹码易被某些超级机构控制,也为股票上市后控制其价格提供了便利。

(六) 向证券投资基金配售发行方式

随着证券投资基金的成立,中国证监会曾采取了向证券投资基金配售新股的有关扶持政策。1998年8月,正式规定可以向证券投资基金配售新股。具体做法如下。

(1) 公开发行量在5 000万股以上的新股都可向基金配售。其中,公开发行量在5 000万~1亿股的新股,配售比例为10%;公开发行量为1亿~2亿股的新股,配售比例为15%;公开发行量在2亿股以上的新股,配售比例为20%。

(2) 当所有基金对某一新股申请配售的总量超过按上述配售比例计算的配售数量,则进行比例配售;否则,可按实际申请量配售。

(3) 每只基金申请配售新股的数量不得超过该只股票公开发行量的5%;其一年内用于配售新股的资金累计不得超过该基金规模的15%。

(4) 基金获得配售的新股,自该股上市两个月后方可流通。

1999年11月,中国证监会对基金配售新股的比例做了新的调整,具体如下。

(1) 公开发行量在5 000万股(含5 000万股)以上的新股,按不低于公开发行量20%的比例供各基金申请配售,具体配售比例由主承销商和发行人商定。发行公司的招股说明书和发行公告应按照有关规定,就配售新股事宜进行说明,提醒投资者注意面向公众的实际发行量。

(2) 每只基金一年内用于配售新股的资金额,累计不得超过该基金规模的30%,但基金所配售的总股本在4亿股以上的公司发行的新股,所用资金不计入上述资金额。

(3) 每只基金一年内所配售的全部新股,占配售新股资金总额50%部分,自配售之日起6个月内不能流通,由托管银行监督执行;其余50%,自新股上市之日起即可流通。

(4) 基金认购上市公司新增发行的股票、上市公司配股剩余的股票,其配售数量、分配方式及冻结时间等具体事宜由主承销商和发行人协商决定,认购的程序可比照新股配售程序执行。所占用资金不计入配售新股的资金总额。

上述方法对我国基金业的初始发展起到了积极的推动作用。但扶持的另一方面就是培养懒惰,使投资基金躺在政策上难以提高效率。于是,这种方式逐步地被法人配售方式取代。

(七) 向法人配售发行方式

1999年7月28日,中国证监会发布了《关于进一步完善股票发行方式的通知》,该通知把发行股票的公司按规模分为4亿元以上和以下两类。股本总额在4亿元以下的公司,仍然按1996年的规定,采用上网定价、全额预交款或与专项存单挂钩的方式发行股票;公司股本总额在4亿元以上的公司,可采用对一般投资者上网发行和对法人配售相结合的方式发行股票。

采取对一般投资者上网发行和对法人配售相结合的方式发行股票的公司,须事先向中国证监会提出发行方案,经核准后方可实施。发行方案应按照"公开、公平、公正"的原则制定。

这里的法人是指在中国境内登记注册的除证券经营机构以外的有权购买人民币普通股的法人,具体分为两类:一是战略投资者,指与发行公司业务联系紧密且欲长期持有发行公司股票的法人;二是一般法人,指与发行公司无紧密联系的法人。与发行公司有股权关系或为同一企业集团的法人不得参加配售。法人不得同时参加配售和上网申购。

参与配售的战略投资者须符合以下要求。

(1) 在对一般法人配售和对一般投资者上网发行前,战略投资者应与发行公司订立配售协议,约定其持股时间不得少于6个月。

(2) 在公开募集文件中对战略投资者的主要情况和约定持股数量及持股期间予以披露。

(3) 战略投资者发生股权变更时,应于股权变更发生后五天内将变更情况向证券交易所提出书面报告。证券交易所应于收到报告后一天内公告。

对法人的配售和对一般投资者的网上发行为同一次发行,须按同一价格进行。股票发行价格可采取以下方法确定。

(1) 发行公司和主承销商可制定一个发行价格区间,报证监会核准。

(2) 通过召开配售对象询价会等推介方式,了解配售对象的认购意愿,确定最终发行价格。

(3) 最终发行价格须确定在经证监会核准的价格区间内(含区间最低价格和最高价格);最终发行价格确定在价格区间之外的,须报证监会重新核准。

采用对一般投资者上网发行和对法人配售相结合的方式发行股票的公司,可选择以下运作方式。

(1) 承销期开始前不确定上网发行量,先配售后上网发行。流程为:
① 发行公司及主承销商至少在一种由证监会指定的全国性报刊上刊登招股意向书;② 发行公司及主承销商在招股意向书刊登后,向一般法人预约配售股票,并确定发行价格;③ 发行公司及主承销商在原刊登招股意向书的报刊上刊登招股说明书概要;④ 接受预约配售的一般法人,于主承销商指定的日期内将配售款足额划拨至证券交易所指定的清算银行;⑤ 发行公司及主承销商在原刊登招股意向书的报刊上刊登发行公告,公布配售情况,明确上网发行时间及发行数量;⑥ 按照上网定价发行方式的有关规定,利用证券交易所交易系统,对一般投资者进行上网发行,同时完成对法人的配售。

(2) 承销期开始前确定上网发行量,配售和上网分别进行。流程为:① 发行公司及主承销商至少在一种由证监会指定的全国性报刊上刊登招股意向书;② 发行价格确定后,发行公司及主承销商在原刊登招股意向书的报刊上刊登招股说明书概要和发行公告,明确配售的数量和时间及上网发行的数量和时间;③ 发行公司及主承销商按确定的时间和股票数量分别对法人配售和对一般投资者上网发行。

用于配售部分的股票,不得少于公开发行量的25%,不得多于公开发行量的75%。对每一个配售对象的配售股份不得超过发行公司发行在外的普通股总数的5%,一般不应少于50万股。

在配售中出现申购数量大于原定配售量时,发行公司及主承销商可采取比例配售、抽签等方式进行配售,并应由公证机关对其结果出具公证文书。配售结果须在原刊登招股意向书的报刊上予以公告。

参加配售的国有企业和国有资产控股的企业、上市公司及其他法人,其用于认购配售股票的资金来源必须符合国家有关规定,不得使用银行信贷资金或募股资金认购配售的股票,在参加配售时必须使用以该法人名义开设的股票账户。

对一般法人配售的股票,自该公司股票上市之日起3个月后方可上市流通,对战略投资者配售的股票应在配售协议中约定的持股期满后方可上市流通。证券交易所须锁定向法人配售的股份,确保其在约定持股期内不得上市流通。

上述方式实行一段时间以后,由于战略投资者在一个需求大于供给的发行市场上处于有利的地位,他们常以此获取暴利,体现了市场的不公平。于是,政府只能赋予战略投资者与一般法人同样的地位。

(八) 向二级市场投资者配售发行方式

2000年2月13日,中国证监会发出通知,开始向二级市场投资者配售新股。向二级市场投资者配售发行方式是按投资者持有的证券市值向其进行股票配售的一种发行方式。配售的比例为向证券投资基金优先配售后所余发行量的50%,其余50%仍采用上网公开发行的方式。配售新股的办法有以下几种。

(1) 当有效申购总量等于拟向二级市场投资者配售的总量时,按投资者的实际申购量配售。

(2) 当有效申购总量小于拟向二级市场投资者配售的总量时,按投资者实际申购量配售后,余额按照承销协议由承销商包销。

(3) 当有效申购总量大于拟向二级市场投资者配售的总量时,证券交易所按1 000股有效申购量配一个号的原则,对有效申购量连续配号,主承销商组织摇号抽签,投资者每中签一个号配售新股1 000股。

这种认购方式虽然较为公平,但比较烦琐,而且中签率非常低。这种方法与市场上采用较多的上网定价和网上询价的发行方式一起,成为当时新股首次发行的主要方式。

随着股权分置改革的推进,上市公司的股份将逐步转为可全流通,市值配售制度的基础将不复存在。2006年5月20日,沪深证券交易所分别发布了新股发行资金申购实施办法。根据该办法,资金申购将取代市值配售,成为新股发行方式,中国股市新股发行方式重新向资金申购方式回归。

沪深交易所的新股申购办法基本相同,均规定新股申购时,除特殊账户外的投资者需全额预缴认购款,每个账户只能申购一次,交易所将根据申购量,进行配号、摇号,决定谁能中签。沪市新股发行的申购单位为1 000股,不得低于1 000股,超过1 000股的必须是1 000股的整数倍,最高不得超过当次发行量或者9 999.9万股。深市的申购单位为500股,不得低于500股,超过500股的必须是500股的整数倍,最高不超过本次发行量,且不超过999 999 500股。

与市值配售相比,资金申购可以充分体现投资者认购意愿,形成对新股的真实需求,发挥市场定价机制的作用。同时,由于投资人认购时须全额缴付股款,不会有获配而不认购的情形发生,大大降低了承销风险。此外,资金申购还有利于新增资金进入股票市场。

(九) 网上询价发行方式

网上询价发行方式是一种量定、价不定的发行方式,其发行方式类似于股票上网定价发行方式。区别在于发行当日(申购日),主承销商只给出股票的发行价格区间,而非一固定的发行价格。投资者在申购价格区间进行申购委托(区间之外的申购为无效申购),申购结束后,主承销商根据申购结果按照一定的超额认购倍数确定发行价格,高于或等于该发行价格的申购为有效申购,再由证券交易所交易系统主机统计有效申购总量和有效申购户数,并根据发行量、有效申购总量和有效申购户数确定申购者的认购股数。

(十) 累计投标询价发行方式

累计投标询价发行方式是根据不同价格下投资者认购意愿确定发行价格的一种方式。通常,发行公司与主承销商将发行价格确定在一定的区间内,投资者在此区间内按照不同的发行价格申报认购数量,发行公司与主承销商将所有投资者在同一价格之上的申购量累计计算,得出一系列在不同价格之上的总申购量。最后,按照总申购量超过发行量的一定倍数(即超额认购倍数),确定发行价格。

2002年3月,经中国证监会核准,由中国国际金融有限公司主承销的招商银行股份有限公司在国内大规模招股中首次采用网上、网下累计投标询价方式向社会公开发行15亿股A股股票。网上、网下累计投标询价发行方式,即网下对机构投资者累计投标询价与网上对公众投资者累计投标询价同步进行。网上、网下累计投标询价发行方式是一种价不定、量不定的发行方式。股票发行日,主承销商给出申购价格区间,以及网上、网下的预计发行数量,最终的发行数量和发行价格需根据网上、网下申购结果而定。

发行价格的确定方式为:网上、网下申购结束后,主承销商根据网上、网下的申购数据,按照报价由高至低的顺序计算每个价位及该价位以上的累计申购总量,并协商按照一定的认购倍数确定发行价格。

发行数量的确定方式为:网上、网下申购结束后,视实际申购情况,主承销商在网上、网下进行回拨。若网上有效申购不足,网下超额认购,则网上剩余部分向网下回拨;若网下有效申购不足,网上超额认购,则网下剩余部分向网上回拨;若网上、网下均超额认购,则通过回拨机制,使网上其他公众投资者和网下机构投资者的配售比例相等。

根据2014年中国证监会提出的进一步推进新股发行体制改革的意见和证券业协会《首次公开发行股票配售细则》的要求,主承销商和发行人应当安排不低于网下发行股票数量40%的比率优先向通过公开募集方式设立的证券投资基金和社保基金投资管理人管理的社会保障基金("公墓社保类")配售。有效申购不足安排数量的,主承销商和发行人可以向其他符合条件的网下投资者配售。

(十一) 超额配售选择权

超额配售选择权,俗称"绿鞋"(Green Shoe Option),因美国波士顿的绿鞋制造公司在1963年IPO时率先使用而得名。它是指发行人授予主承销商的一项选择权,获此授权的主承销商可以根据市场认购情况,在股票发行上市后的一个月内,按同一发行价格超额发售一定比例的股份(通常在15%以内),即主承销商按不超过包销额115%的股份向投资者发售,发行人取得按包销额发售股份所募集的资金。

额外配售的股票一般是主承销商从发行人大股东手中或者企业的战略投资者那里借来的"借股",此时实际发行的股数只有原定的100%,这些股份会在新股发行期间销售给提出申购的投资者。股票进入二级市场之后,如果股票供不应求,股价上扬,主承销商即以发行价行使超额配售选择权期权,从发行人处购得超额发行的15%股票,并补足自己超额发售归还"借股"。此时实际发行数量为原定的115%。当然,主承销商也可选择部分行权,则增发的数量与其行权的数量是一致的。

如果市价跌破发行价,主承销商就不会行使"绿鞋"期权。主承销商用超额发售股份取得的资金从二级市场购回股票(一般而言,回购价格高于市场价),归还给之前的"借股",并稳定股价。显然,超额配售选择权的引入可以起到稳定新股股价的作用,在上市之日起30天内,其快速上涨或下跌的现象将有所抑制,收敛其上市之初的价格波动,因此超额发售的比例一般不会低于10%。

因此,超额配售选择权主要在市场气氛不佳、对发行结果不乐观的情况下使用。目的是防止新股发行上市后股价起伏过大,实现新股股价由一级市场向二级市场的平稳过渡。超额发行的具体数量将根据整个期间的市场情况来确定,对发行人和主承销商都有一定的益处。上市公司可以融入更多的资金,对于主承销商来说,在未动用自有资金的情况下,通过行使超额配售选择权,可以按比例获得更多承销费收入,同时可以平衡市场对某只股票的供求,有利于维护市场稳定。

超额配售选择权在国外是一种成熟的交易方式。我国新股的发行价和市场价之间存在较大差异,巨大的套利空间使得发行的市场化程度很低,超额配售选择权的引入可以大大改善这一现象,进一步提高市场的效率。在我国的B股市场上,1995年粤电力就已在IPO中使用了超额配售选择权。2001年9月,证监会颁布了《超额配售选择权试点意见》,开始了超额配售选择权在我国A股发行中的试点工作。我国首次公开发行于2006年正式引入绿鞋机制,《证券发行与承销管理办法》规定:"首次公开发行股票数量在4亿股以上的,发行人及其主承销商可以在发行方案中采用超额配售选择权"。在中国IPO历史上,2006年工商银行IPO时最早设置该机制,但是由于上市时表现良好最终并未启用。2010年农业银行IPO计划发行股份222.35亿股,按照不超过15%的比例超额配售(即最多可超额配售股份33.35亿股),最终在A股市场上共发行股份255.70亿股,超额发行33.35亿股(占发行初始规模15%),超额募集资金89.39亿元,募集资金总额685.29亿元。在H股市场上也全额行使超额配售选择权,共募集资金819亿元。在"绿鞋"行使完毕后,农行共募集资金人民币1 503亿元,成为截至当时全球最大的IPO。

二、发行定价

我国股票发行定价制度历经固定价格、固定市盈率、累计投标定价、发行人与承销商协商定价等方式。

(一)固定价格

证券市场建立以前,我国公司股票大部分按照面值发行,定价没有制度可循。证券市场建立初期,即20世纪90年代初,公司在股票发行的数量、发行价格和市盈率方面完全没有决定权,基本上由管理层确定,大部分采用固定价格方式定价。

(二) 固定市盈率定价(1992—1999年)

1992年10月,国务院证券委和中国证监会正式成立,形成了全国统一的证券监管体系。在此期间,我国新股发行定价主要以行政定价公开认购方式为主,定价方法以市盈率倍数法为主,发行市盈率基本维持在13~16倍,一般是15倍,新股定价严重低估。具体采用认购证与储蓄存款挂钩、全额预缴款、比例配售和上网定价等发行方式。

从1994年开始,我国进行发行价格改革,曾在一段时间内实行竞价发行,当时由于股票市场规模太小,股票供给与需求极不平衡,股票发行定价往往较高,只有四家公司进行了试点,以后没有再使用。

在此阶段,新股发行定价使用相对固定市盈率的定价方法,新股的发行价格根据企业的每股税后利润和一个相对固定的市盈率水平来确定。在此期间,由于股票发行方式和发行价格均带有明显的行政色彩,发行市盈率与二级市场的平均市盈率脱节,造成股票发行价格和二级市场交易价格之间存在巨大差异,新股上市当天有50%~250%的涨幅,导致了一系列问题。由于一级市场与二级市场的利差,新股风险加大,新股一进入二级市场市盈率就较高,持股风险加大。

(三) 累计投标定价(1999—2001年)

1999年7月1日生效的《证券法》规定,股票发行价格由发行人和承销商协商后确定,表明我国证券市场在价格机制上向市场化迈进了一大步。2001年,证监会发布《新股发行上网竞价方式指导意见》,明确了累计投标定价方式。但是,由于我国股票发行尚未达到真正的市场化,新股供不应求,因此在累计投标定价方式下,新股定价大大高于正常水平。比如,2000年7月发行的闽东电力(000993)发行市盈率达到了88.7倍,而且上市后依旧高涨,上市首日涨幅为34.6%。过高的发行市盈率使企业获得了远远超过预计的募集资金,出现了超募现象,造成募集资金的低效使用。闽东电力募集的资金是募集资金投资计划的3倍,4年后,公司花光了上市募集的资金,而业绩却出现大幅亏损。

(四) 控制市盈率定价(2001—2004年)

2001年下半年起,在首发新股中重新采用了控制市盈率的做法。与原有传统的市盈率定价方式相比,新方法在两个方面做出了调整:一是发行价格区间的上下幅度约为10%;二是发行市盈率不超过20倍。券商和发行人只能在严格的市盈率区间内,通过累计投标询价,决定股票的发行价格,因此也可称其为"半市场化"的上网定价发行方式。从发行市场的实际运作情况看,首次公开发行的市盈率基本保持在18倍左右。虽然这一阶段才用了限定区间的名义询价,从询价结果上来看,最终发行价格几乎全部落在了询价区间的上限,这表明设限的询价方式所确定的发行区间脱离了市场。带来的直接后果是新股上市出现报复性的大幅上涨。

(五) 初步询价和累计投标询价(2005—2013年)

2004年12月11日,证监会发布《关于首次公开发行股票试行询价制度若干问题的通知》及配套文件《股票发行审核标准备忘录第18号——对首次公开发行股票询价对象条件和行为的监管要求》。这两个文件自2005年1月1日起实施,规定首次公开发行股票的公司及其保荐机构应通过向询价对象询价的方式确定股票发行价格。

在此制度下,询价分为初步询价和累计投标询价两个阶段,发行人及其保荐机构应通过初步询价确定发行价格区间,通过累计投标询价确定发行价格。初步询价的对象应不少于 20 家,公开发行股数在 4 亿股(含 4 亿股)以上的,参与初步询价的询价对象应不少于 50 家。发行价格区间确定后,发行人及其保荐机构在发行价格区间内向询价对象进行累计投标询价,并应根据累计投标询价结果确定发行价格。

发行人及其保荐机构向参与累计投标询价的询价对象配售股票,公开发行数量在 4 亿股以下的,配售数量应不超过本次发行总量的 20%;公开发行数量在 4 亿股以上(含 4 亿股)的,配售数量应不超过本次发行总量的 50%。

2009 年 6 月 11 日,证监会公布《关于进一步改革和完善新股发行体制的指导意见》,在新股定价方面,完善询价和申购的报价约束机制,淡化行政指导,形成进一步市场化的价格形成机制。此次改革的要点是:询价报价与申购报价应当具有逻辑一致性,主承销商应当采取措施杜绝高报不买和低报高买;对每一只股票发行,任一股票配售对象只能选择网下或者网上一种方式进行新股申购;对网上单个申购账户设定上限,原则上不超过本次网上发行股数的千分之一。这些新的规则,限制了机构投资者在询价中的不规范行为,也限制了机构投资者利用资金优势伤害中小投资者认购新股的利益。

(六) 行政指导下的发行人与承销商协商定价(2013—2019 年)

2013 年 11 月底,证监会推出《中国证监会关于进一步推进新股发行体制改革的意见》,对新股发行定价方式进行改革。按照《证券法》第三十四条的规定,发行价格由发行人与承销的证券公司自行协商确定。发行人应与承销商协商确定定价方式,并在发行公告中披露。网下投资者报价后,发行人和主承销商应预先剔除申购总量中报价最高的部分,剔除的申购量不得低于申购总量的 10%,然后根据剩余报价及申购情况协商确定发行价格。同时规定发行人和主承销商应当允许符合条件的个人投资者参与网下定价和网下配售。

2018 年 6 月证监会实施修订后的《证券发行与承销管理办法》规定:首次公开发行股票采用询价方式的,公开发行股票后总股本 4 亿股(含)以下的,网下初始发行比例不低于本次公开发行股票数量的 60%;发行后总股本超过 4 亿股的,网下初始发行比例不低于本次公开发行股票数量的 70%。其中,应当安排不低于本次网下发行股票数量的 40% 优先向通过公开募集方式设立的证券投资基金、全国社会保障基金和基本养老保险基金配售,安排一定比例的股票向根据《企业年金基金管理办法》设立的企业年金基金和符合《保险资金运用管理暂行办法》等相关规定的保险资金配售。公募基金、社保基金、养老金、企业年金基金和保险资金有效申购不足安排数量的,发行人和主承销商可以向其他符合条件的网下投资者配售剩余部分。对网下投资者进行分类配售的,同类投资者获得配售的比例应当相同。公募基金、社保基金、养老金、企业年金基金和保险资金的配售比例应当不低于其他投资者。

网下和网上投资者申购新股、可转换公司债券、可交换公司债券获得配售后,应当按时足额缴付认购资金。网上投资者连续 12 个月内累计出现 3 次中签后未足额缴款的情形时,6 个月内不得参与新股、可转换公司债券、可交换公司债券申购。网下和网上投资者缴款认购的新股或可转换公司债券数量合计不足本次公开发行数量的70%时,可以中止发行。网上投资者在申购可转换公司债券时无需缴付申购资金。

但此阶段新股发行定价的市盈率倍数实际上受到证监会行政指导,没有发挥市场询价的价格发现功能。

(七) 网下询价基础上发行人与承销商协商定价(2019年至今)

首次公开发行股票并在科创板上市的发行与承销行为,适用《证券发行与承销管理办法》,但在投资者报价要求、最高报价剔除比例、网下初始配售比例、网下优先配售比例、网下网上回拨机制、网下分类配售安排、战略配售、超额配售选择权等事项适用交易所相关规定。主要内容包括:

发行人和主承销商确定发行价格区间的,区间上限与下限的差额不得超过区间下限的20%。向机构投资者初步询价,初步询价时,同一网下投资者填报的拟申购价格中,最高价格与最低价格的差额不得超过最低价格的20%。

初步询价结束后,发行人和主承销商应当剔除拟申购总量中报价最高的部分,剔除部分不得低于所有网下投资者拟申购总量的10%;当拟剔除的最高申报价格部分中的最低价格与确定的发行价格(或者发行价格区间上限)相同时,对该价格的申报可不再剔除,剔除比例可低于10%。剔除部分不得参与网下申购。

初步询价结束后,发行人和主承销商应当根据各项中位数和加权平均数,并重点参照剔除最高报价部分后公募产品、社保基金、养老金、企业年金基金、保险资金和合格境外机构投资者资金等配售对象的剩余报价中位数和加权平均数的孰低值,审慎合理确定发行价格(或者发行价格区间中值)。

2019年科创板试行注册制,上市发行定价摆脱了行政隐性市盈率要求的定价锚,向市场化定价迈进了一步。但市场定价偏高,上市后相当部分公司股票高开低走。

案例分析

美国纳斯达克全球市场上市条件

美国的纳斯达克是世界上公认最成功的创业板市场,经过几十年的发展,目前已经成为拥有纳斯达克全球精选市场、纳斯达克全球市场以及纳斯达克资本市场三种层次结构的全球证券市场。而其之所以能够保持强大的市场活力,吸引了众多包括许多非美国公司在内的著名企业挂牌上市,与它灵活的上市条件密不可分(见表4-3)。

表4-3 纳斯达克全球市场上市条件

条件	收入标准	资产标准	市值标准(适用于转板的企业)	总资产/总收入标准
连续经营税前营业收入(在最近的会计年度或最近三年中两年的会计年度内)	100万美元	无要求	无要求	无要求
股东权益(净资产)	1 500万美元	3 000万美元	无要求	无要求

续 表

条　件	收入标准	资产标准	市值标准（适用于转板的企业）	总资产/总收入标准
已发行股票市值	无要求	无要求	7 500万美元	无要求
总资产和总收入（在最近的会计年度或最近三年中两年的会计年度内）	无要求	无要求	无要求	7 500万美元和7 500万美元
公众持股量（非限售股）	110万	110万	110万	110万
公众持股市值（非限售股）	800万美元	1 800万美元	2 000万美元	2 000万美元
股价	4美元	4美元	4美元	4美元
非限售股大股东（持股100股以上）	400人	400人	400人	400人
运营年限	无要求	两年	无要求	无要求

资料来源：NASDAQ(2020)。

我们以纳斯达克全球市场为例，申请企业只需要满足所列示的四项标准中任何一项的所有要求即可以发行上市。不同类型的企业根据自身性质的不同可以选择最适合自己的标准，比如，营运公司一般会选择收入标准，这对公司的税前收入有较高的要求，需要公司在最近的会计年度或最近三年中两年会计年度税前收入达到100万美元，但对公司的净资产和公众持股要求较低，分别要求净资产达1 500万美元，最低公众持股量110万股；研究或发展性公司一般会选择资产标准，这一标准下对于企业的收入没有规定，但必须有较高的净资产3 000万美元。

纳斯达克其他两个市场的上市条件也是如此，多样化的上市条件使得市场对于企业的筛选更加具有针对性，更加客观，同时也使企业的发展更加具有方向性，赢得了许多优质企业的青睐，激发了市场的活跃性，最终使纳斯达克成为当今全球第二大证券市场。

小　结

1. 首次公开发行(IPO)，是指股份有限公司首次公开向投资者发行股票，可以为企业带来融资便利等优势。股票发行制度分为审批制、核准制与注册制等。企业可以根据需要选择不同的上市地点，主板、创业板、三板和四板市场共同构成了我国多层次市场结构。
2. 首次公开发行并上市的流程主要包括改制与股份公司设立、上市辅导、发行申报与审核、股票发行与上市等几个阶段。保荐机构和中介机构的尽职调查贯穿于整个过程。
3. 首次公开发行上市的企业需要满足IPO相关的法律法规。不同国家、不同类型的市场对于企业申请上市的条件各不相同。我国主板、创业板、科创板等均对上市企业需满足的条件做出了详细规定,包括主体资格、规范运行、财务与会计要求等方面。

4. 股票公募发行方式主要有网上发行和网下发行两类。我国股票发行的定价方式主要有协商定价方式、一般的询价方式、累计投标询价方式和网上竞价方式等。

5. 我国股票发行定价制度历经固定价格、固定市盈率、累计投标定价、发行人与承销商协商定价等方式。

习　题

1. 股票发行制度中,核准制和注册制有何区别?分析二者的适用性。
2. 首次公开发行的主要流程包括哪些步骤?
3. 分析比较主板、创业板及科创板对首次公开发行的条件要求。
4. 我国股票发行方式经历了哪几个阶段的演变?股票发行定价有哪几种方法?各有何优缺点?

第五章

上市公司发行证券

教学目的与要求

投资银行可以帮助上市公司通过再融资筹集所需资金。通过本章学习,了解上市公司配股、增发和可转换公司债券等再融资方式,掌握几种再融资方式的基本概念、特征和优缺点,并了解我国再融资方式演变历史,掌握我国再融资方式在主板、创业板和科创板的发行条件和发行程序。

第一节 上市公司发行证券概述

一、上市公司发行证券的方式

上市公司发行证券又称为再融资。企业上市后,为了筹集更多资金,可以通过股权与债权两种途径进行再融资。本章所涉及的再融资按照发行是否公开可以分为公开发行和非公开发行,按照发行对象的不同可以分为配股、增发和可转换债券等。具体来说,主要有以下四种方式:① 向原股东按照一定比例配售股份(即配股);② 向不特定对象公开募集股份(即公开增发);③ 向特定对象非公开发行股份(即定向增发或非公开发行);④ 发行可转换公司债券。

(一)配股

配股即配售股票,是指上市公司根据有关法律规定和相应的程序,向原股东发行新股筹集资金。在配股发行时,为了确保所有股东都有公平的机会能够参与,公司一般会实行按比例配股。比如10配3意味着股权登记日在册股东拥有每持有10股股票可以购买3股新股的权利。

在配股过程中,原股东为按照在配股股权登记日那天收市清算后仍持有该只股票的股东。原股东都可以自由选择是否参与配股。如果选择参与配股,则需在上市公司发布配股公告中规定的配股缴款期内参加配股,若过期不操作,即视为放弃配股权利。在一些国家和地区,现有股东按比例认购新股的权利可以转让给其他股东,然后由其他股东实施该次配股认购权。配股缴款之后,根据上市公司公告会有一个具体的除权日,以除权方式来平衡股东该股份资产总额以保证总市值的稳定。

在配股实施过程中,配股价格合理与否至关重要,直接影响到配股的成功和最终效果。在确定配股价格时,上市公司与财务顾问需要考虑以下因素。① 公司现金流需要。一般来说公司业务运营和增长所需募集的资金越多,为了保证足够高比例的股东认购率,配股发行价就可能越低。② 配股所支持的新投资项目预期收益情况。企业预期收益越大,配股发行对股东的吸引力也就越大,公司在定价过程中就越能按照自己的意愿确定合适的配股价格。

专栏

我国转配股的历史

转配股是指国家股、法人股的持有者放弃配股权,将配股权有偿转让给其他法人或社会公众,这些法人或社会公众行使相应的配股权时所认购的股份。还包括已有转配股接受送股或配股后所产生的新股。其成因是国有股和法人股股东没有足够的资金按所拥有的配股权购买股份,又不愿意放弃配股权,才选择了有偿转让配股权的方式。但这种转让,应经过国有资产管理部门的审批和中国证监会的审批,并在配股规定的期限内完成。

1994 年 4 月 5 日国有资产管理局在《关于在上市公司送配股时维护国家股权益的紧急通知》里提出,"国家股在不影响控股地位时,可以转让配股权""配股权转让的限制及通过购买配股权认购的股份的转让办法,均按照证券监管机构的规定执行"。中国证监会于 1994 年 10 月 27 日颁发的《上市公司办理配股申请和信息披露的具体规定》明确:"配股权出让后,受让者由此增加的股份暂不上市流通"。

1994 年 5 月珠江实业的配股出现了转配股,到 1997 年年底,沪深两市产生的转配股大约有 30 亿股,1998 年停止了转配股的做法。为了保护投资者利益,促进证券市场健康发展,2000 年 3 月中国证监会决定,转配股从 4 月开始,用 24 个月左右的时间,逐步安排上市流通。

(二) 公开增发

公开增发指上市公司通过向证券市场上所有非特定对象的投资者发行新股募集资金。一般来说,原有股东会有一定的优先认购权,发行价格按照某段特定时期内股票平均价格为参照标准。以我国为例,《上市公司证券发行管理办法》(2020 年 2 月 14 日颁布)规定,向不特定对象公开募集股份的,发行价格应不低于公告招股意向书前 20 个交易日公司股票均价或前一个交易日的均价。

与配股相比,一般来说,公开增发面向全部投资者并且没有发行数量的限制(我国曾有过发行规模限制的规定),从而能够获得更大规模的融资。如果上市公司投资项目前景明朗,受到投资者的肯定和追捧,公开增发无疑是较好的再融资选择。目前公开增发的不足之处在于发行定价空间较小,定价机制不能很好地反映公司基本面情况以及未来前景,尤其是与发行日前后市场环境有很大关系,在股价下行的市场环境下,即使公司拥有良好的投资项目,承销商也面临较大的包销风险。

(三) 定向增发

1. 概念与优势

定向增发即非公开发行,指上市公司向特定的对象发行股票再融资。定向增发的发行对象一般是机构投资者,并且数量上有一定限制。

根据 2020 年 2 月 14 日中国证监会颁布实施的《上市公司证券发行管理办法》,特定对象必须符合股东大会决议规定的条件并且不能超过 35 名,发行对象为境外战略投资者的,应当遵守国家的相关规定,支持上市公司引入战略投资者。上市公司董事会决议提前确定全部发行对象且为战略投资者等的,定价基准日可以为关于本次非公开发行股票的董事会决议公告日、股东大会决议公告日或者发行期首日。发行价格不得低于定价基准日前 20 个交易日公司股票均价的 8 折。

与其他两种再融资方式相比,定向增发具有操作流程简便、发行条件低和定价灵活等显著优点。其原因在于定向增发属于私募性质。在我国,定向增发已成为最主要的再融资方式。定向增发的一个主要缺点是对于发售股份流通上市的限制。根据规定,发行对象认购的股份自发行结束之日,6 个月内不得转让;控股股东、实际控制人及其控制的企业认购的股份,18 个月内不得转让。

2. 目的

定向增发往往与发行公司特定的财务战略相联系,是重要的资本运作工具。具体而言,定向增发往往伴有收购资产、吸收合并、引入战略投资者、资产重组等财务战略。在实践中,按照目的,定向增发常有以下几类目的。

(1) 引入战略投资者。定向增发是引入战略投资者的一种重要方式,通过对特定的战略投资者定向发行股份,一方面可以增强上市公司的股本实力,另一方面,由于战略投资者除了带来资金以外,往往还会带来技术、管理或者资本市场的能力,可以增强原公司的实力。

(2) 为产业项目进行融资。定向增发往往与特定项目的融资有关。在针对项目进行的股权融资方面,通过定向增发融资迅速便捷。同时,大股东的参与可以减少其他投资者对项目质量的顾虑,减轻融资对市场的负面影响。

(3) 利用资产收购实现整体上市。定向增发是整体上市的重要一环。上市公司通过向控股股东定向增发股票,购买大股东相关经营性资产,从而达到上市公司控股股东整体上市的目的。

(4) 财务重组型定向增发。对于资产质量极差但具有"壳资源"的上市公司,通过定向增发置入具有连续盈利能力的经营性资产,从而挽救上市公司。这与常规的先收购股权再置入资产相比,具有周期短、成本低、见效快、风险小的特点。

(5) 调整股东的持股比例。在公司运作过程中,往往会发现股权结构不够合理,那么,定向增发是改变股权结构的一个重要方法。这种改变分为两种,其一是通过定向增发提高控股股东的持股比例;其二是通过定向增发降低某些股东的持股比例。

(6) 对管理层增发,行使股权激励计划。股权激励计划中,管理层所获股权可以来自上市公司的定向增发。

3. 关注点

定向增发中需要注意以下问题。

(1) 定价问题。由于定向增发是对特定的投资者发行,如果定价过低,会损害广大中小股东的利益,因为他们的权益被稀释了。而定向增发的股份购买方一般都是与控股股东关系良好的投资者,如果定价过高,则会损害到这些战略股东的利益,甚至引起发行失败。

(2) 锁定期的安排。锁定期的安排,一方面是为了防止增发股份上市短期内对市场的冲击,另一方面是避免定向增发的认购者利用信息优势损害中小股东利益。

(3) 注入资产的质量。从理论上讲,控股股东一般会通过定向增发注入获利能力强的优质资产,损害上市公司利益以补偿自己利益的动机要小得多。但这并不能完全排除注入有缺陷的资产或劣质资产的可能。因此,在定向增发过程中,需要对定向增发注入的资产或股权进行审核,保证其质量,以增强公司未来发展的潜力。

(四) 可转换公司债券

1. 概念

可转换公司债券是指发行公司依法发行、在一定期间内依据约定的条件可以转换成股份的公司债券。又称为"可转换债券"或"可转债"。

可转换债券具有债券和股票的双重特性。它首先是一种固定收益债券,在转换为股票之前具有票面价值和票面利率,一般半年或一年付息一次,通常来说可转债的票面利率低于普通债券的利率。此时可转债投资者可以享受稳定的利息收入,在公司破产时享有优先于股东的剩余资产索取权。但是不能获得股利,也不能参与企业决策。

2. 转换条款

在可转债的转换期内,投资者可以根据约定按照一定的转股价格和转股比率将债券转换成股票,转股后投资者便成为公司股东,享有对公司剩余收益的索取权、参与企业经营的决策权以及其他普通股股东所享有的合法权益。转股价格是指募集说明书事先约定的可转换公司债券可转债投资者将其转换为每股股份所支付的价格。转股比率是指在转换时每单位可转换公司债券可换成的股票数量,即债券面值与转股价格之比。转股价格往往高于发行时基准股票的市价,这个溢价体现了可转换公司债券中股票期权的价值。可转换公司债券还有赎回、回售、修正条款等规定。

(1) 转股价格。转股价格应不低于募集说明书公告日前二十个交易日该公司股票交易均价和前一个交易日的均价。转股价格一般会上浮一定比例,溢价幅度由发行人和承销商视当时股市的状态而定。国外转债的溢价幅度一般为 20%~30%,而我国转债的溢价幅度定得相对较低。过低溢价幅度使得转换的可能性大增,但同时公司会有发行收入损失。

(2) 转股期限。转股期限是指可转债持有人行使转股权的时间区间。可转换公司债券自发行结束之日起六个月后方可转换为公司股票,转股期限由公司根据可转换公司债券的存续期限及公司财务状况确定。

(3) 赎回条款。赎回条款是赋予发行人的一种权利,指发行人的股票价格在一段持续的时间内,连续高于转股价达到一定幅度时,发行人按照事先约定,将尚未转股的转债买回。在股价走势向好时,赎回条款实际上起到强制转股的作用。即当公司股票上涨到一定幅度,可转债持有人若不进行转股,那么从转债赎回得到的收益将远低于从转股中获得的收益。因此,赎回条款又锁定了可转债价格的上涨空间,保护了发行人权利,而限制了投资人的潜在收益。

(4) 回售条款。回售条款是赋予可转债持有人的一种权利,指股票价格持续低于转股价格达到一定幅度时,可转债持有人按事先约定的价格,将可转债卖给发行人的一种权利。募集说明书应当约定,上市公司改变公告的募集资金用途的,赋予债券持有人一次回售的权利。回售价格的收益率一般稍低于市场利率,但远高于可转债的票面利率。回售条款是随着市场的不断发展而推出的更有利于投资人的条款。相对于有利于发行人的赎回条款,回售条款是对投资人利益的保护。

(5) 修正条款。修正条款包括自动修正和有条件修正。当股东发生了派息、送红股、公积金转增股本、增发新股或配售、公司合并或分立等情况时,股权遭到稀释,此时可转债的转化价值必然发生贬值,则启动自动修正条款。此外,在已发行的可转债中,还涉及有条件修正条款(一般为向下修正条款),即当股票价格连续数日低于转股价时,发行人以一定的比例修正转股价格,但修正后的转股价格不低于修正方案股东大会表决日前二十个交易日该公司股票交易均价和前一个交易日的均价。设置修正条款有利于保护投资者的利益,提高可转债的期权价值,也促使可转债顺利转成股权。向下修正条款从契约条款方面提高了转股的成功率。

3. 优势

由于可转换债券的多重特性,客观上具有了筹资和避险的双重功能。因此,与单纯的筹资工具或避险工具相比,无论是对发行人,还是对投资者而言,可转换债券都更具有吸引力。具体而言,与配股、增发相比,可转换债券具有一定的优越性。对发行人来说,在公司发展前景良好时,投资者将倾向于转股。而由于转股价会比配股、增发的发行价格更高,意味着发行者以更高的发行价增发了股票。当公司发展状况不佳时,投资者往往不转股而以债券形式持有。此时,与一般债券相比,公司则可以支付相对较低的利息。对投资者来说,股价较高时,如果选择转换成股票可以获得资本利得;股价较低时选择以债券形式持有,则本金和票面利息收入可以得到保证,只是会因接受较低利率而损失一定的机会成本。

二、我国上市公司发行证券的历史

配股、公开增发和定向增发这三种再融资方式在各国资本市场上都曾相继占据主导地位。

1998年以前,我国上市公司再融资的方式只有配股一种,其间也发行过个别几只转债进行试点,但此时转债没有得到推广。1998年以后,增发和可转债的融资方式逐渐增加。1998年5月,沪深两市的5家上市公司开始增发新股的试点工作。1999年7月,上海上菱电器股份公司成功实施增发,标志着我国开始了上市公司再融资的新探索。自此,增发作为上市公司的一条再融资的新渠道,开始逐步为市场所认同。1998—2001年,上市公司通过配股方式共筹集资金1 483.86亿元,通过增发筹资416.02亿元,通过可转债筹资47亿元,在此期间配股仍然占主导地位。2001年,中国证监会发布了《上市公司发行可转换债券实施办法》和相关配套文件,使可转换公司债券的发行趋于规范化。以此为标志,我国上市公司的再融资又进入了一个新阶段,很多公司开始使用可转债作为再融资工具。2002年,增发方式募集的资金首次超过配股,其中以公开增发占据市场主导地位。2006年以后,再融资新增定向增发方式,定向增发一跃成为我国证券市场再融资的主要方式。同时,可转换公司债券品种增加了分离交易的可转换公司债券、可交换债券两个品种。2012年之后,由于权证市场的暂停,分离交易的可转换公司债券发行受到影响。

就目前中国上市公司的情况来看,增发是上市公司再融资的主要方式,其中定向增发又占较大比例(见表5-1)。

表5-1 2000年以来A股再融资情况

	公开增发		定向增发		配股		可转债	
	数量(家)	募集资金(亿元)	数量(家)	募集资金(亿元)	数量(家)	募集资金(亿元)	数量(只)	募集资金(亿元)
2000年	22	209.0	1	5.0	168	542.1	—	—
2001年	20	186.2	0	0.0	102	369.3	—	—
2002年	28	164.2	1	2.0	20	53.7	—	—
2003年	16	114.6	1	0.4	25	67.8	—	—
2004年	13	173.7	1	20.0	22	102.9	—	—
2005年	4	269.8	0	0.0	1	1.4	—	—
2006年	7	111.3	51	938.4	3	11.5	—	—
2007年	30	675.0	146	2 493.7	7	232.5	—	—
2008年	28	518.2	108	1 761.3	8	139.5	—	—
2009年	14	261.7	120	2 759.9	10	106.0	—	—
2010年	10	377.1	160	3 300.1	20	1 487.6	5	303.6
2011年	10	288.8	178	3 588.3	13	372.6	9	413.2
2012年	6	115.5	152	3 440.6	8	139.5	5	163.6
2013年	5	70.2	275	3 597.1	12	457.2	8	544.8
2014年	1	3.6	476	6 905.9	15	145.3	11	259.6
2015年	0	0.0	827	12 470.0	5	157.6	3	98.0
2016年	0	0.0	803	17 211.9	10	175.9	11	212.5
2017年	0	0.0	539	12 568.6	10	202.5	43	945.0
2018年	0	0.0	265	7 641.3	12	188.8	67	774.8

资料来源:iFind。

2010年以来,再融资审核通过率如图 5-1 所示。在几种方式中,配股的审核通过率最高,且基本保持稳定,除 2015 年外,均维持 100% 的通过率水平。可转债发行的审核通过率也相对较高,自 2011 年起连续五年为 100%,其余年份通过率均在 90% 以上。而增发(包括公开增发与定向增发)的审核更为严格,审核通过率较其他两种方式相对较低,且波动较大。

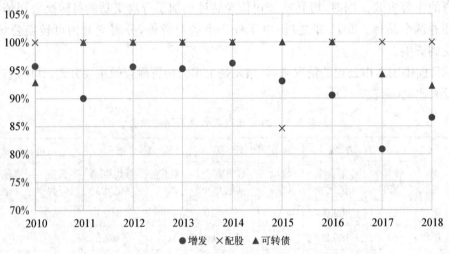

图 5-1　2010 年以来再融资审核通过率情况

(资料来源:iFind)

第二节　发行条件

根据 2020 年 2 月 14 日新修订的《上市公司证券发行管理办法》、2020 年 6 月 12 日发布的《创业板上市公司证券发行注册管理办法(试行)》、2020 年 7 月 3 日发布的《科创板上市公司证券发行注册管理办法(试行)》等法律法规,主板、创业板和科创板上市公司再融资条件有以下方面。

一、主板条件

(一) 公开发行

在公开发行方式下,上市公司再融资的方式包括配股、公开增发、发行可转换公司债券等。上市公司发行需满足公开发行证券的一般规定以及相应的具体条件。

1. 一般规定

根据《上市公司证券发行管理办法》要求,上市公司公开发行证券需要满足如下一般规定。

(1) 上市公司的组织机构健全、运行良好。

① 公司章程合法有效,股东大会、董事会、监事会和独立董事制度健全,能够依法有

效履行职责;

② 公司内部控制制度健全,能够有效保证公司运行的效率、合法合规性和财务报告的可靠性;内部控制制度的完整性、合理性、有效性不存在重大缺陷;

③ 现任董事、监事和高级管理人员具备任职资格,能够忠实和勤勉地履行职务,不存在违反公司法第一百四十七条、第一百四十八条规定的行为,且最近36个月内未受到过中国证监会的行政处罚,最近12个月内未受到过证券交易所的公开谴责;

④ 上市公司与控股股东或实际控制人的人员、资产、财务分开,机构、业务独立,能够自主经营管理;

⑤ 最近12个月内不存在违规对外提供担保的行为。

(2) 上市公司的盈利能力具有可持续性。

① 最近3个会计年度连续盈利,扣除非经常性损益后的净利润与扣除前的净利润相比,以低者作为计算依据;

② 业务和盈利来源相对稳定,不存在严重依赖于控股股东、实际控制人的情形;

③ 现有主营业务或投资方向能够可持续发展,经营模式和投资计划稳健,主要产品或服务的市场前景良好,行业经营环境和市场需求不存在现实或可预见的重大不利变化;

④ 高级管理人员和核心技术人员稳定,最近12个月内未发生重大不利变化;

⑤ 公司重要资产、核心技术或其他重大权益的取得合法,能够持续使用,不存在现实或可预见的重大不利变化;

⑥ 不存在可能严重影响公司持续经营的担保、诉讼、仲裁或其他重大事项;

⑦ 最近24个月内曾公开发行证券的,不存在发行当年营业利润比上年下降50%以上的情形。

(3) 上市公司的财务状况良好。

① 会计基础工作规范,严格遵循国家统一会计制度的规定;

② 最近3年及一期财务报表未被注册会计师出具保留意见、否定意见或无法表示意见的审计报告;被注册会计师出具带强调事项段的无保留意见审计报告的,所涉及的事项对发行人无重大不利影响或者在发行前重大不利影响已经消除;

③ 资产质量良好,不良资产不足以对公司财务状况造成重大不利影响;

④ 经营成果真实,现金流量正常,营业收入和成本费用的确认严格遵循国家有关企业会计准则的规定,最近3年资产减值准备计提充分合理,不存在操纵经营业绩的情形;

⑤ 最近3年以现金方式累计分配的利润不少于最近3年实现的年均可分配利润的30%。

(4) 上市公司最近36个月内财务会计文件无虚假记载,且不存在下列重大违法行为:

① 违反证券法律、行政法规或规章,受到中国证监会的行政处罚,或者受到刑事处罚;

② 违反工商、税收、土地、环保、海关法律、行政法规或规章,受到行政处罚且情节严重,或者受到刑事处罚;

③ 违反国家其他法律、行政法规且情节严重的行为。

(5) 上市公司募集资金的数额和使用应当符合下列规定:

① 募集资金数额不超过项目需要量；
② 募集资金用途符合国家产业政策和有关环境保护、土地管理等法律和行政法规的规定；
③ 除金融类企业外，本次募集资金使用项目不得为持有交易性金融资产和可供出售的金融资产、借予他人、委托理财等财务性投资，不得直接或间接投资于以买卖有价证券为主要业务的公司；
④ 投资项目实施后，不会与控股股东或实际控制人产生同业竞争或影响公司生产经营的独立性；
⑤ 建立募集资金专项存储制度，募集资金必须存放于公司董事会决定的专项账户。
(6) 上市公司存在下列情形之一的，不得公开发行证券：
① 本次发行申请文件有虚假记载、误导性陈述或重大遗漏；
② 擅自改变前次公开发行证券募集资金的用途而未作纠正；
③ 上市公司12个月内受到过证券交易所的公开谴责；
④ 上市公司及其控股股东或实际控制人12个月内存在未履行向投资者作出的公开承诺的行为；
⑤ 上市公司或其现任董事、高级管理人员因涉嫌犯罪被司法机关立案侦查或涉嫌违法违规被中国证监会立案调查；
⑥ 严重损害投资者的合法权益和社会公共利益的其他情形。

2. 发行股票

(1) 配股

配股除符合上述一般规定外，还应当符合下列规定：
① 拟配售股份数量不超过本次配售股份前股本总额的30%；
② 控股股东应当在股东大会召开前公开承诺认配股份的数量；
③ 采用证券法规定的代销方式发行。

控股股东不履行认配股份的承诺，或者代销期限届满，原股东认购股票的数量未达到拟配售数量70%的，发行人应当按照发行价并加算银行同期存款利息返还已经认购的股东。

(2) 公开增发

向不特定对象公开募集股份，除符合一般规定外，还应当符合下列规定：
① 最近3个会计年度加权平均净资产收益率平均不低于6%。扣除非经常性损益后的净利润与扣除前的净利润相比，以低者作为加权平均净资产收益率的计算依据；
② 除金融类企业外，最近一期末不存在持有金额较大的交易性金融资产和可供出售的金融资产、借予他人款项、委托理财等财务性投资的情形；
③ 发行价格应不低于公告招股意向书前20个交易日公司股票均价或前1个交易日的均价。

3. 发行可转换公司债券

(1) 可转换公司债券

公开发行可转换公司债券的公司，除应当符合的一般规定外，还应当符合下列规定：

① 最近3个会计年度加权平均净资产收益率平均不低于6%。扣除非经常性损益后的净利润与扣除前的净利润相比，以低者作为加权平均净资产收益率的计算依据；

② 本次发行后累计公司债券余额不超过最近一期末净资产额的40%；

③ 最近3个会计年度实现的年均可分配利润不少于公司债券1年的利息。

(2) 分离交易的可转换公司债券

公开发行分离交易可转换公司债券的公司，除应当符合的一般规定外，还应当符合下列规定：

① 公司最近一期末经审计的净资产不低于人民币15亿元；

② 最近3个会计年度实现的年均可分配利润不少于公司债券1年的利息；

③ 最近3个会计年度经营活动产生的现金流量净额平均不少于公司债券1年的利息，最近3个会计年度加权平均净资产收益率平均不低于6%（扣除非经常性损益前后的净利润孰低）的公司除外；

④ 本次发行后累计公司债券余额不超过最近一期末净资产额的40%，预计所附认股权全部行权后募集的资金总量不超过拟发行公司债券金额。

4. 可交换公司债券

可交换公司债券可以公开发行，也可以非公开发行，适用的法规主要有《上市公司股东发行可交换公司债券试行规定》《公司债券发行与交易管理办法》，以及沪深交易所《非公开发行公司债券业务管理暂行办法》对应内容。

(1) 发行可交换公司债券的上市公司股东条件。

持有上市公司股份的股东，可以向中国证监会申请发行可交换公司债券，应当符合下列规定：

① 申请人应当是符合《公司法》《证券法》规定的有限责任公司或者股份有限公司；

② 公司组织机构健全，运行良好，内部控制制度不存在重大缺陷；

③ 公司最近一期末的净资产额不少于人民币3亿元；

④ 公司最近3个会计年度实现的年均可分配利润不少于公司债券1年的利息；

⑤ 本次发行后累计公司债券余额不超过最近一期末净资产额的40%；

⑥ 本次发行债券的金额不超过预备用于交换的股票按募集说明书公告日前20个交易日均价计算的市值的70%，且应当将预备用于交换的股票设定为本次发行的公司债券的担保物；

⑦ 经资信评级机构评级，债券信用级别良好；

⑧ 不存在《公司债券发行试点办法》第八条规定的不得发行公司债券的情形。

(2) 预备用于交换的上市公司股票应满足的条件。

① 该上市公司最近一期末的净资产不低于人民币15亿元，或者最近3个会计年度加权平均净资产收益率平均不低于6%。扣除非经常性损益后的净利润与扣除前的净利润相比，以低者作为加权平均净资产收益率的计算依据；

② 用于交换的股票在提出发行申请时应当为无限售条件股份，且股东在约定的换股期间转让该部分股票不违反其对上市公司或者其他股东的承诺；

③ 用于交换的股票在本次可交换公司债券发行前，不存在被查封、扣押、冻结等财产

权利被限制的情形,也不存在权属争议或者依法不得转让或设定担保的其他情形。

(二) 非公开发行

(1) 非公开发行股票(定向增发)的特定对象应当符合下列规定:

① 特定对象符合股东大会决议规定的条件;

② 发行对象不超过 35 名;

③ 发行对象为境外战略投资者的,应当遵守国家的相关规定。

(2) 上市公司非公开发行股票,应当符合下列规定:

① 发行价格不低于定价基准日前 20 个交易日公司股票均价的 80%;

② 本次发行的股份自发行结束之日起,6 个月内不得转让;

③ 控股股东、实际控制人及其控制的企业认购的股份,18 个月内不得转让;

④ 募集资金使用符合上述再融资一般规定;

⑤ 本次发行将导致上市公司控制权发生变化的,还应当符合中国证监会的其他规定。

(3) 上市公司存在下列情形之一的,不得非公开发行股票:

① 本次发行申请文件有虚假记载、误导性陈述或重大遗漏;

② 上市公司的权益被控股股东或实际控制人严重损害且尚未消除;

③ 上市公司及其附属公司违规对外提供担保且尚未解除;

④ 现任董事、高级管理人员最近 36 个月内受到过中国证监会的行政处罚,或者最近 12 个月内受到过证券交易所公开谴责;

⑤ 上市公司或其现任董事、高级管理人员因涉嫌犯罪正被司法机关立案侦查或涉嫌违法违规正被中国证监会立案调查;

⑥ 最近 1 年及 1 期财务报表被注册会计师出具保留意见、否定意见或无法表示意见的审计报告,保留意见、否定意见或无法表示意见所涉及事项的重大影响已经消除或者本次发行涉及重大重组的除外;

⑦ 严重损害投资者合法权益和社会公共利益的其他情形。

二、创业板条件

创业板再融资方式包括股票、可转债、存托凭证等,并为以后新的证券品种预留了空间。

(一) 发行股票

1. 一般规定

(1) 创业板上市公司向不特定对象发行股票,应当符合下列规定:

① 具备健全且运行良好的组织机构;

② 现任董事、监事和高级管理人员符合法律、行政法规规定的任职要求;

③ 具有完整的业务体系和直接面向市场独立经营的能力,不存在对持续经营有重大不利影响的情形;

④ 会计基础工作规范,内部控制制度健全且有效执行,财务报表的编制和披露符合企业会计准则和相关信息披露规则的规定,在所有重大方面公允反映了上市公司的财务

状况、经营成果和现金流量,最近3年财务会计报告被出具无保留意见审计报告;

⑤ 最近2年盈利,净利润以扣除非经常性损益前后孰低者为计算依据;

⑥ 除金融类企业外,最近一期末不存在金额较大的财务性投资。

(2) 创业板上市公司存在下列情形之一的,不得向不特定对象发行股票:

① 擅自改变前次募集资金用途未作纠正,或者未经股东大会认可;

② 上市公司及其现任董事、监事和高级管理人员最近3年受到中国证监会行政处罚,或者最近1年受到证券交易所公开谴责,或者因涉嫌犯罪正在被司法机关立案侦查或者涉嫌违法违规正在被中国证监会立案调查;

③ 上市公司及其控股股东、实际控制人最近1年存在未履行向投资者作出的公开承诺的情形;

④ 上市公司及其控股股东、实际控制人最近3年存在贪污、贿赂、侵占财产、挪用财产或者破坏社会主义市场经济秩序的刑事犯罪,或者存在严重损害上市公司利益、投资者合法权益、社会公共利益的重大违法行为。

(3) 创业板上市公司存在下列情形之一的,不得向特定对象发行股票:

① 擅自改变前次募集资金用途未作纠正,或者未经股东大会认可;

② 最近1年财务报表的编制和披露在重大方面不符合企业会计准则或者相关信息披露规则的规定;最近1年财务会计报告被出具否定意见或者无法表示意见的审计报告;

③ 最近1年财务会计报告被出具保留意见的审计报告,且保留意见所涉及事项对上市公司的重大不利影响尚未消除(本次发行涉及重大资产重组的除外);

④ 现任董事、监事和高级管理人员最近3年受到中国证监会行政处罚,或者最近1年受到证券交易所公开谴责;上市公司及其现任董事、监事和高级管理人员因涉嫌犯罪正在被司法机关立案侦查或者涉嫌违法违规正在被中国证监会立案调查;

⑤ 控股股东、实际控制人最近3年存在严重损害上市公司利益或者投资者合法权益的重大违法行为;

⑥ 最近3年存在严重损害投资者合法权益或者社会公共利益的重大违法行为。

(4) 创业板上市公司发行股票有关募集资金使用应当符合下列规定:

① 符合国家产业政策和有关环境保护、土地管理等法律、行政法规规定;

② 除金融类企业外,本次募集资金使用不得为持有财务性投资,不得直接或者间接投资于以买卖有价证券为主要业务的公司;

③ 募集资金项目实施后,不会与控股股东、实际控制人及其控制的其他企业新增构成重大不利影响的同业竞争、显失公平的关联交易,或者严重影响公司生产经营的独立性。

2. 特别规定

(1) 上市公司配股的,拟配售股份数量不超过本次配售前股本总额的50%,并应当采用代销方式发行。

控股股东应当在股东大会召开前公开承诺认配股份的数量。控股股东不履行认配股份的承诺,或者代销期限届满,原股东认购股票的数量未达到拟配售数量70%的,上市公司应当按照发行价并加算银行同期存款利息返还已经认购的股东。

(2) 上市公司增发的,发行价格应当不低于公告招股意向书前 20 个交易日或者前 1 个交易日公司股票均价。

(3) 上市公司向特定对象发行证券,发行对象应当符合股东大会决议规定的条件,且每次发行对象不超过 35 名。

(4) 发行价格应当不低于定价基准日前 20 个交易日公司股票均价的 80%。

(5) 向特定对象发行股票的定价基准日为发行期首日,上市公司应当以不低于发行底价的价格发行股票。

上市公司董事会决议提前确定全部发行对象,且发行对象属于上市公司的控股股东、实际控制人或者其控制的关联人,或通过认购本次发行的股票取得上市公司实际控制权的投资者,或董事会拟引入的境内外战略投资者的,定价基准日可以为关于本次发行股票的董事会决议公告日、股东大会决议公告日或者发行期首日。

(6) 除上面规定的之外,上市公司应当以竞价方式确定发行价格和发行对象。

董事会决议确定部分发行对象的,确定的发行对象不得参与竞价,且应当接受竞价结果,并明确在通过竞价方式未能产生发行价格的情况下,是否继续参与认购、价格确定原则及认购数量。

(7) 向特定对象发行的股票,自发行结束之日起 6 个月内不得转让。发行对象属于上市公司的控股股东、实际控制人或者其控制的关联人,或通过认购本次发行的股票取得上市公司实际控制权的投资者,或董事会拟引入的境内外战略投资者的,其认购的股票自发行结束之日起 18 个月内不得转让。

(二) 发行可转债

(1) 创业板上市公司发行可转债,应当符合下列规定:

① 具备健全且运行良好的组织机构;

② 最近三年平均可分配利润足以支付公司债券 1 年的利息;

③ 具有合理的资产负债结构和正常的现金流量。

除上述规定条件外,上市公司向不特定对象发行可转债,还应当遵守前述创业板上市公司向不特定对象发行股票的规定,不存在前述向不特定对象发行股票的禁止行为;向特定对象发行可转债,不存在前述向特定对象发行股票的禁止行为。但是,按照公司债券募集办法,上市公司通过收购本公司股份的方式进行公司债券转换的除外。

(2) 上市公司存在下列情形之一的,不得发行可转债:

① 对已公开发行的公司债券或者其他债务有违约或者延迟支付本息的事实,仍处于继续状态;

② 违反《证券法》规定,改变公开发行公司债券所募资金用途。

(3) 上市公司发行可转债,募集资金除不得用于弥补亏损和非生产性支出外,还应当遵守前述创业板上市公司发行股票有关募集资金使用的相关规定。

(4) 可转债应当具有期限、面值、利率、评级、债券持有人权利、转股价格及调整原则、赎回及回售、转股价格向下修正等要素。

向不特定对象发行的可转债利率由上市公司与主承销商依法协商确定。向特定对象发行的可转债应当采用竞价方式确定利率和发行对象。

(5) 可转债自发行结束之日起 6 个月后方可转换为公司股票,转股期限由公司根据可转债的存续期限及公司财务状况确定。

债券持有人对转股或者不转股有选择权,并于转股的次日成为上市公司股东。

(6) 向特定对象发行的可转债不得采用公开的集中交易方式转让。

向特定对象发行的可转债转股的,所转股票自可转债发行结束之日起 18 个月内不得转让。

(7) 向不特定对象发行可转债的转股价格应当不低于募集说明书公告日前 20 个交易日上市公司股票交易均价和前 1 个交易日均价。

向特定对象发行可转债的转股价格应当不低于认购邀请书发出前 20 个交易日上市公司股票交易均价和前 1 个交易日的均价,且不得向下修正。

三、科创板条件

(一) 发行股票

1. 一般规定

(1) 科创板上市公司向不特定对象发行股票,应当符合下列规定:

① 具备健全且运行良好的组织机构;

② 现任董事、监事和高级管理人员具备法律、行政法规规定的任职资格;

③ 具有完整的业务体系和直接面向市场独立经营的能力,不存在对持续经营有重大不利影响的情形;

④ 会计基础工作规范,内部控制制度健全且有效执行,财务报表的编制和披露符合企业会计准则和相关信息披露规则的规定,在所有重大方面公允地反映了上市公司的财务状况、经营成果和现金流量,最近 3 年财务会计报告被出具无保留意见审计报告;

⑤ 除金融类企业外,最近 1 期末不存在金额较大的财务性投资。

(2) 上市公司发行股票,募集资金使用应当符合下列规定:

① 应当投资于科技创新领域的业务;

② 符合国家产业政策和有关环境保护、土地管理等法律、行政法规规定;

③ 募集资金项目实施后,不会与控股股东、实际控制人及其控制的其他企业新增构成重大不利影响的同业竞争、显失公平的关联交易,或者严重影响公司生产经营的独立性。

2. 向不特定对象发行

科创板上市公司存在下列情形之一的,不得向不特定对象发行股票:

① 擅自改变前次募集资金用途未作纠正,或者未经股东大会认可;

② 上市公司及其现任董事、监事和高级管理人员最近 3 年受到中国证监会行政处罚,或者最近 1 年受到证券交易所公开谴责,或者因涉嫌犯罪正被司法机关立案侦查或者涉嫌违法违规正在被中国证监会立案调查;

③ 上市公司及其控股股东、实际控制人最近 1 年存在未履行向投资者作出的公开承诺的情形;

④ 上市公司及其控股股东、实际控制人最近 3 年存在贪污、贿赂、侵占财产、挪用财产或者破坏社会主义市场经济秩序的刑事犯罪,或者存在严重损害上市公司利益、投资者

合法权益、社会公共利益的重大违法行为。

3. 向特定对象发行

科创板上市公司存在下列情形之一的,不得向特定对象发行股票:

① 擅自改变前次募集资金用途未作纠正,或者未经股东大会认可;

② 最近1年财务报表的编制和披露在重大方面不符合企业会计准则或者相关信息披露规则的规定;最近1年财务会计报告被出具否定意见或者无法表示意见的审计报告;最近1年财务会计报告被出具保留意见的审计报告,且保留意见所涉及事项对上市公司的重大不利影响尚未消除。本次发行涉及重大资产重组的除外;

③ 现任董事、监事和高级管理人员最近3年受到中国证监会行政处罚,或者最近1年受到证券交易所公开谴责;

④ 上市公司及其现任董事、监事和高级管理人员因涉嫌犯罪正被司法机关立案侦查或者涉嫌违法违规正被中国证监会立案调查;

⑤ 控股股东、实际控制人最近3年存在严重损害上市公司利益或者投资者合法权益的重大违法行为;

⑥ 最近3年存在严重损害投资者合法权益或者社会公共利益的重大违法行为。

4. 特别规定

科创板上市公司发行股票的特别规定与《创业板上市公司证券发行注册管理办法(试行)》相同。

(二) 发行可转债

科创板上市公司发行可转债的条件与《创业板上市公司证券发行注册管理办法(试行)》相同。

第三节 发行程序

无论是主板、创业板还是科创板,再融资发行程序基本要经过董事会决议,股东大会表决通过,报请中国证监会或交易所审核通过,科创板、创业板再融资还需报请中国证监会同意注册,方可进入发行环节。

一、主板发行程序

上市公司证券发行与承销行为,适用《证券发行与承销管理办法》,在此不赘述。

(一) 上市公司法定程序

(1) 上市公司申请发行证券,董事会应当依法就下列事项作出决议,并提请股东大会批准:① 本次证券发行的方案;② 本次募集资金使用的可行性报告;③ 前次募集资金使用的报告;④ 其他必须明确的事项。

(2) 股东大会就发行股票作出的决定,至少应当包括下列事项:① 本次发行证券的种类和数量;② 发行方式、发行对象及向原股东配售的安排;③ 定价方式或价格区间;④ 募集资金用途;⑤ 决议的有效期;⑥ 对董事会办理本次发行具体事宜的授权;⑦ 其他必须明确的事项。

(3) 股东大会就发行可转换公司债券作出的决定,至少应当包括下列事项:① 上述股东大会决议事项;② 债券利率;③ 债券期限;④ 担保事项;⑤ 回售条款;⑥ 还本付息的期限和方式;⑦ 转股期;⑧ 转股价格的确定和修正。

(4) 股东大会就发行分离交易的可转换公司债券作出的决定,至少应当包括下列事项:① 上述股东大会决议事项;② 债券利率;③ 债券期限;④ 担保事项;⑤ 回售条款;⑥ 还本付息的期限和方式;⑦ 认股权证的行权价格;⑧ 认股权证的存续期限;⑨ 认股权证的行权期间或行权日。

(5) 股东大会就发行证券事项作出决议,必须经出席会议的股东所持表决权的三分之二以上通过。向本公司特定的股东及其关联人发行证券的,股东大会就发行方案进行表决时,关联股东应当回避。

上市公司就发行证券事项召开股东大会,应当提供网络或者其他方式为股东参加股东大会提供便利。

(二) 证监会核准

(1) 上市公司申请公开发行证券或者非公开发行新股,应当由保荐人保荐,并向中国证监会申报。

保荐人应当按照中国证监会的有关规定编制和报送发行申请文件。

(2) 中国证监会依照下列程序审核发行证券的申请:① 收到申请文件后,5 个工作日内决定是否受理;② 中国证监会受理后,对申请文件进行初审;③ 发行审核委员会审核申请文件;④ 中国证监会作出核准或者不予核准的决定。

(3) 证券发行申请未获核准的上市公司,自中国证监会作出不予核准的决定之日起 6 个月后,可再次提出证券发行申请。

(三) 发行

(1) 自中国证监会核准发行之日起,上市公司应在 12 个月内发行证券;超过 12 个月未发行的,核准文件失效,须重新经中国证监会核准后方可发行。

(2) 上市公司发行证券前发生重大事项的,应暂缓发行,并及时报告中国证监会。该事项对本次发行条件构成重大影响的,发行证券的申请应重新经过中国证监会核准。

(3) 上市公司发行证券,应当由证券公司承销;非公开发行股票,发行对象均属于原前 10 名股东的,可以由上市公司自行销售。

二、创业板发行程序

创业板上市公司发行股票除科创板发行程序之外,还有以下特别规定:

(一) 简易程序

(1) 上市公司年度股东大会可以根据公司章程的规定,授权董事会决定向特定对象发行融资总额不超过人民币 3 亿元且不超过最近一年末净资产 20% 的股票的,适用简易程序。

(2) 对于上述"小额快速"融资,交易所在 2 个工作日内作出是否受理的决定,自受理之日起 3 个工作日内完成审核并形成审核意见,中国证监会收到交易所报送的审核意见、上市公司注册申请文件及相关审核资料后,在3个工作日内作出是否予以注册的决定。

(二) 自行销售

创业板上市公司公开发行证券,应当由证券公司承销。上市公司董事会决议提前确定全部发行对象的,可以由上市公司自行销售。

三、科创板发行程序

科创板实行注册制,其发行程序除上述主板相关规定外,还有其特别规定。

(一) 上市公司法定程序

(1) 上市公司发行股票、可转换债券的董事会、股东大会决议内容详见主板发行程序的有关规定。

上市公司董事会拟引入战略投资者的,应当将引入战略投资者的事项作为单独议案,就每名战略投资者单独审议,并提交股东大会批准。

董事会决议日与首次公开发行股票上市日的时间间隔不得少于6个月。

(2) 董事会决议增加"本次发行方案的论证分析报告"的决议。董事会在编制本次发行方案的论证分析报告时,应当结合上市公司所处行业和发展阶段、融资规划、财务状况、资金需求等情况进行论证分析,独立董事应当发表专项意见。论证分析报告至少应当包括下列内容:

① 本次发行证券及其品种选择的必要性;

② 本次发行对象的选择范围、数量和标准的适当性;

③ 本次发行定价的原则、依据、方法和程序的合理性;

④ 本次发行方式的可行性;

⑤ 本次发行方案的公平性、合理性;

⑥ 本次发行对原股东权益或者即期回报摊薄的影响以及填补的具体措施。

(3) "小额快速融资"的简易程序与《创业板上市公司证券发行注册管理办法(试行)》相同。

(二) 审核

(1) 科创板上市公司申请发行证券,应当按照中国证监会有关规定制作注册申请文件,依法由保荐人保荐并向交易所申报。

交易所收到注册申请文件后,5个工作日内作出是否受理的决定。申请文件受理后,未经中国证监会或者交易所同意,不得改动。

发生重大事项的,上市公司、保荐人、证券服务机构应当及时向交易所报告,并按要求更新申请文件和信息披露资料。

(2) 交易所审核部门负责审核上市公司证券发行上市申请;科创板上市委员会负责对上市公司向不特定对象发行证券的申请文件和审核部门出具的审核报告提出审议意见。

交易所主要通过向上市公司提出审核问询、上市公司回答问题方式开展审核工作,判断上市公司发行申请是否符合发行条件和信息披露要求。

(3) 上市公司应当向交易所报送审核问询回复的相关文件,并以临时公告的形式披露交易所审核问询回复意见。

(4) 交易所按照规定的条件和程序,形成上市公司是否符合发行条件和信息披露要求的审核意见,认为上市公司符合发行条件和信息披露要求的,将审核意见、上市公司注册申请文件及相关审核资料报中国证监会注册;认为上市公司不符合发行条件或者信息披露要求的,作出终止发行上市审核决定。

(5)交易所应当自受理注册申请文件之日起2个月内形成审核意见,但本办法另有规定的除外。

上市公司根据要求补充、修改申请文件,或者交易所按照规定对上市公司实施现场检查,要求保荐人、证券服务机构对有关事项进行专项核查,并要求上市公司补充、修改申请文件的时间不计算在内。

(6)交易所认为上市公司不符合发行条件或者信息披露要求,作出终止发行上市审核决定,或者中国证监会作出不予注册决定的,自决定作出之日起6个月后,上市公司可以再次提出证券发行申请。

(三)注册

(1)中国证监会依法履行发行注册程序,主要关注交易所发行上市审核内容有无遗漏,审核程序是否符合规定,以及上市公司在发行条件和信息披露要求的重大方面是否符合相关规定。中国证监会认为存在需要进一步说明或者落实事项的,可以要求交易所进一步问询。

中国证监会认为交易所对影响发行条件的重大事项未予关注或者交易所的审核意见依据明显不充分的,可以退回交易所补充审核。交易所补充审核后,认为上市公司符合发行条件和信息披露要求的,重新向中国证监会报送审核意见及相关资料,注册期限重新计算。

(2)中国证监会在15个工作日内对上市公司的注册申请作出予以注册或者不予注册的决定。

上市公司根据要求补充、修改注册申请文件,或者中国证监会要求交易所进一步问询,要求保荐人、证券服务机构等对有关事项进行核查,对上市公司现场检查,并要求上市公司补充、修改申请文件的时间不计算在内。

(四)发行

(1)中国证监会同意注册的决定自作出之日起1年内有效,上市公司应当在注册决定有效期内发行股票,发行时点由上市公司自主选择。

(2)中国证监会作出注册决定后、上市公司证券上市交易前,上市公司应当及时更新信息披露文件内容;保荐人及证券服务机构应当持续履行尽职调查职责;发生重大事项的,上市公司、保荐人应当及时向交易所报告。

交易所应当对上述事项及时处理,发现上市公司存在重大事项影响发行条件的,应当出具明确意见并及时向中国证监会报告。

(3)中国证监会作出予以注册决定后、上市公司证券上市交易前,发现可能影响本次发行的重大事项的,中国证监会可以要求上市公司暂缓或者暂停发行、上市;相关重大事项导致上市公司不符合发行条件的,应当撤销注册。

中国证监会撤销注册后,证券尚未发行的,上市公司应当停止发行;证券已经发行尚未上市的,上市公司应当按照发行价并加算银行同期存款利息返还证券持有人。

(4)上市公司证券发行与承销行为,适用《证券发行与承销管理办法》和交易所《上市公司证券发行承销业务规则》,在此不赘述。

案例分析

东方证券深陷长江证券增发包销困境

《上市公司证券发行管理办法》规定,向不特定对象公开募集股份(即公开增发)的,发行价格应不低于公告招股意向书前20个交易日公司股票均价或前一个交易日的均价。发行定价过于苛刻,使承销商面临巨大的包销风险。2011年,东方证券深陷长江证券增发包销困境就是典型案例。

2011年3月3日,长江证券尾盘离奇暴跌,最后三分钟集合竞价阶段,885.54万股仅以12元的价格成交,相较竞价前的市场价格12.75元跌幅约8.47%。此前,长江证券发布了增发公告,拟公开增发不超过6亿股A股,增发价格为12.67元,募集资金不超过90亿元,网下、网上申购时间为2011年3月4日。以3月3日收盘价来看,长江证券价格在增发前处于破发状况。

因为增发价高于市场价格,二级市场上没有人会参与长江证券这次增发,这意味着主承销商东方证券组织的承销团要全额包销本次增发的全部股票。如此,东方证券将成为长江证券第一大控股股东,违反当时证券公司只能"一参一控"的监管要求。但是如果不拿出来巨额资金买下这些股票,承销团将违反承销协议。这使得东方证券处于一个进退两难的尴尬境地。

长江证券股价大跌的原因众说纷纭。据知情人士透露,有关部门查明了最后一笔交易的主角。该投资者为个人投资者,原持股5 000万股,此次抛出800万股。分析人士解释说,该操作可有效地把大量投资人挤出增发,迫使东方证券组织的承销团接盘,而全额包销巨额的股票会让承销团迫于资金压力在二级市场抛售筹码,这样,"砸盘人"可以更低的价格接回股票,坐收渔翁之利。

2011年3月8日,长江证券发布公告称,发行人和保荐机构根据总体申购情况,协商确定本次最终发行数量为2亿股,募集资金总量为25.34亿元,与之前90亿的融资上限相比大幅缩水。增发结果显示,网下申购本次增发的机构仅有两家,分别是申能集团财务有限公司申购400万股及中银持续增长股票型证券投资基金申购1 200万股。其中,申能集团财务有限公司是东方证券大股东的下属公司。而中银持续增长股票型证券投资基金以高于市价5%的价格参与本次公开增发也饱受基民质疑。

公告显示,此次承销团包销110 068 805股,占本次发行总量的55.03%。这意味着以东方证券为首的承销团队将拿出13.9亿元揽下长江证券超过1.1亿股,成为长江证券第六大流通股股东。资料显示,东方证券2010年净利润5.4亿元,一次拿出近14亿现金认购本次定增的股票可谓掏空家底。

长江证券2011年一季报披露的数据显示,东方证券因包销所持有的长江证券1.1亿股没有发生变化。但进入二季度,东方证券便对所持的长江证券股份进行减持。长江证券2011年半年报显示,截至6月30日,东方证券在公司前十大流通股东中的排名已跌至第九位,其所持股份也仅剩下3 188万股。这意味着,东方证券在二季度累计减持了约7 800万股长江证券的股票。在东方证券减持期间,长江证券的股价由12.22元下跌至6月30日的收盘价10.47元。也就是说,东方证券在这期间的平均抛售价格为11.35元,较包销价格每股亏损约1.32元。从整体上看,东方证券的减持操作已给其造成了上亿元的亏损。

长江证券增发包销风波之后,上市公司公开增发数量不断下降,2015年开始再也没有上市公司通过公开增发进行融资。2020年2月14日,中国证监会颁布修订的《上市公司证券发行管理办法》中,依然保留公开增发的定价标准。作为上市公司重要的再融资工具,公开增发已然名存实亡。

小　结

1. 上市公司以股权或类股权方式进行再融资的主要途径有配股、增发(公开增发、定向增发)、发行可转换公司债券等。
2. 配股即配售股票,是指上市公司根据有关法律规定和相应的程序,向原股东发行新股、筹集资金。其发行条件相对较宽松。
3. 增发包括公开增发与定向增发两种方式。公开增发是指上市公司通过向市场上所有非特定对象的投资者发行新股募集资金。其发行条件有净资产收益率的要求,定价过于严格,容易带来包销风险。定向增发即非公开发行,是指上市公司向特定的对象发行股票再融资。其发行条件最宽松,但发行股份有锁定期。目前,定向增发是我国上市公司再融资的主要方式。
4. 可转换公司债券是指发行人按照法定程序发行的,债券投资者可在发行后的特定时间里,按自身的意愿选择是否按照约定的条件将债券转换为股票的一种公司债券,具有债券和股票的双重特性。其发行条件有净资产收益率的要求,审核通过率较高。
5. 无论是主板、创业板还是科创板,再融资发行程序基本要经过董事会决议,股东大会表决阶段,然后报请中国证监会或交易所审核通过,科创板再融资还需报请中国证监会同意注册,方可进入发行环节。

习　题

1. 上市公司再融资有几种主要方式?分别简述其概念。
2. 比较配股与增发、公开增发与定向增发的区别。
3. 可转换债券涉及的基本条款有哪些?对可转换债券的转股结果有何影响?
4. 比较主板、创业板和科创板中,几种再融资方式的发行条件。
5. 创业板公司再融资简易程序审核的条件是什么?
6. 中国证监会作出注册决定后、上市公司证券上市交易前,上市公司发生重大事项的,应如何处理?

第六章

债券发行

> **教学目的与要求**
>
> 债券发行是公司募集资金的重要途径,是投资银行发行与承销业务的重要组成部分。通过本章学习,了解债券的概念、特点、种类和规模;掌握债券定价的基本模型、可转换公司债券的估值模型;熟悉国债、地方政府债券、金融债和公司债的发行条件、发行方式和发行程序。

第一节 债券概述

一、债券的概念和特点

债券是社会各类经济主体为了筹集资金而按照法定程序发行,并约定在一定期限内向债券投资者还本付息的有价证券。债券购买者与发行者之间是一种债权债务关系。债券发行人即债务人(Debtors),债券购买者即债权人(Creditors)。债券发行者有义务定期支付利息,并在到期日偿还本金。如果债券的发行者不能按规定还款,债券的持有者就可以对债券发行者的资产行使索偿权。债券的发行主体可以是政府(或政府机构)、金融机构和非金融企业,还可以是国际组织。

债券在清偿顺序上具有优先权。当债务人进行破产清算时,债券持有人对债券清偿的要求权优先于股票持有人,对债务人的约束在发行时由债券契约确定。其收益一般以利率的形式在发行时就预先确定,与债务人收益情况的相关性比股票更弱。

(一)债券的基本性质

1. 债券是有价证券

一方面,债券本身有一定的面值,通常它是债券投资者投入资金的量化表现。同时,持有债券可按期取得利息。另一方面,债券与其代表的权利联系在一起,拥有债券也就拥有了债券所代表的权利,转让债券也就将债券代表的权利一并转移。

2. 债券是虚拟资本

尽管债券有面值,代表了一定的财产价值,但它只是一种虚拟资本,而非真实资本。

债券的本质是证明债权债务关系的证书,在债权债务关系建立时所投入的资金已被债务人占用。因此,债券是实际运用的真实资本的证书。债券的流动并不意味着它所代表的实际资本也同样流动,债券是独立于实际资本之外的。

3. 债券是债权的表现

债券代表债券投资者的权利,这种权利不是直接支配财产,也不以资产所有权表现,而是一种债权。拥有债券的人是债权人,债权人不同于财产所有人。债权人除了按期取得本息外,除特殊情况外对债务人不能做其他任何干预。

（二）债券的特点

1. 偿还性

债券一般都规定有偿还期限,发行人必须按约定条件偿还本金并支付利息。债券代表的是一种具有约定期限的债权债务关系,这一特征与股票的永久性有很大的区别。

2. 流动性

流动性是指债券可以在证券市场上转让流通,债券持有人可按照自己的需要出售相应的债券,并收回资金。当然,这取决于市场对转让债券提供的便利程度。由于债券品种和规模巨大,且其可在场内市场也可以在场外市场交易,所以债券市场一般都具有较好的流动性。投资人除了将所持有的债券在证券市场或场外市场卖出之外,还可以将债券作为抵押品取得抵押借款。

3. 安全性

债券的安全性指债券持有人的收益相对固定,表现在债券持有人能按期收回本金,而与债券发行人业绩没有直接联系,风险较小。为了保护投资者的利益,债券的发行者都要经过严格审查,只有信誉较高的筹资人才被批准发行债券,而且公司发行债券大多需要担保。当发行公司破产或清算时,相较于公司股东要优先偿还债券持有者的债券。此外,债券发行前一般都要进行信用等级评估,其风险状况较明朗,投资者可以根据债券信用状况选择债券投资品种。因此,债券比股票等其他投资风险要小。

4. 收益性

债券的收益性指债券能给投资者带来一定的收益。投资收益主要表现在两个方面,一是投资债券可以给投资者定期或不定期地带来利息收入;二是投资者可以利用债券价格的波动,买卖债券赚取价差。债券的利率通常高于存款利率,债券的投资收益率并不完全等同于债券的票面利率,有时主要取决于债券的买卖价格。

（三）债券的基本要素

从本质上来讲,债券是经过证券化的贷款。所有的债券凭证都会包含一个债券契约,其中的条款会详细列明该债券的基本信息。债券虽然有不同的种类,但是基本要素却是相同的,主要包括:

1. 债券名称

债券名称一般由发行年份、发行人简称以及债券发行和流通时在相应市场中所获得的编号代码共同构成。

2. 债券面值

债券的票面价值是债券票面标明的货币价值,是债券发行者承诺在债券到期日偿还给债券持有人的金额,也是发行人向债券持有人按期支付利息的计算依据。我国发行的债券面值一般是每张 100 元人民币。一般而言,各个国家对于不同债券均有约定俗成的票面金额。债券的面值与债券实际的发行价格并不一定是一致的。发行价格大于面值称为溢价发行,小于面值称为折价发行,等于面值称为平价发行。

3. 票面利率及付息期限

票面利率是债券利息与债券面值的比率。债券的付息期是指企业发行债券后支付利息的时间。票面利率分为固定利率和浮动利率两种,影响利率的因素主要有市场利率水平、发行者的资信状况、债券的偿还期限和资金市场的供求情况等。需要注意的是,票面利率与市场利率可能不同,但一般以市场利率为基准。债券利息支付一般是 1 年支付一次,但也可以是到期一次支付,或半年、3 个月支付一次。在考虑货币时间价值和通货膨胀因素的情况下,付息期对债券投资者的实际收益有很大影响。

4. 期限

债券的期限指的是本金被全部付清的时间区间,债券还本期限长短不一,有的只有几个月,有的长达几十年。债券还本期限的长短,主要取决于发行者对资金需求的期限、预期未来市场利率的变化趋势和交易市场的发达程度等因素。

5. 其他可选条款

除了上述基本要素之外,有些债券还会增加一些特别条款,如提前赎回条款、回售条款、可转换条款(Convertible Bonds)等。赎回条款指在一定条件下,允许债券发行者在债券到期之前赎回债券。债券发行人使用此条款来保护自己的利益,当市场上的一般利息率低于债券的利息率时,发行者会赎回债券,以便退出高成本的负债,而以较低的利息率再次融资。而回售条款指债券所有者把债券归还给发行者而索回本金的权利,以使得资金可以在投资回报率更高的领域进行再投资。可转换债券会在债券发行时规定转股条件及转股价格等,由于附有股票转换权,可转换债券的利率一般低于普通公司债券的利率,企业发行可转换债券可以降低筹资成本。

二、债券的种类及规模

债券种类繁多,根据发行主体划分可以分为政府债券、公司债券和金融债券;按收益划分,可以分为固定利率债券、浮动利率债券、指数债券、零息债券、高收益债券;按抵押担保状况划分,可以分为信用债券、抵押债券、担保债券、担保信托债券、设备信托债券;按内涵选择权划分,可以分为可赎回债券、偿还基金债券、可转换债券和分离交易可转换债券;按偿还期限划分,可以分为短期、中期、长期债券。其中最为常见的是根据发行主体进行划分。

(一) 国债

由中央政府发行的债券,即国库发行的债券,称为国债。国债的发行主体是国家,偿还来源是国家未来的税收收入及国家所有的资产收益,基本不存在违约风险,被公认为最安全的投资工具,也称为"金边债券"。在我国,财政部代表国家发行具有不同期限的国债。

1. 我国国债的发展历程

我国国债市场的历史最早可以追溯到 1950 年。新中国刚成立后,经济极度困难,一方面,全国统一的税收制度尚未建立,城乡物资交流不畅又造成税源不足,政府财政收入极为有限;另一方面,由于战争尚在继续,军费开支巨大,导致财政支出规模庞大。在严峻的经济形势下,我国开始了发行国债的尝试。

1949 年 12 月 21 日,中央人民政府第四次会议上通过了《关于发行人民胜利折实公债的决定》,并于次年 11 月发行为期 5 年、总额 3 亿元的"人民胜利折实公债"。在第一个五年计划中,规模庞大的经济建设形成了对资金的巨大需求,为了加速国家经济建设,逐步提高人民物质和文化生活水平,1954 年至 1958 年,我国连续发行了 5 次"国家经济建设公债",实际发行总额 35.45 亿元。"人民胜利折实公债"和"国家经济建设公债"的发行,对国民经济恢复和"一五"计划的胜利完成起到了重要的作用。1958 年,"大跃进""浮夸风"严重扰乱了国家的经济秩序,国债发行被迫暂停。1959—1978 年,我国处于长达 20 年的"既无内债,又无外债"的债券市场空白时期。

1981 年我国恢复了国库券的发行。1981 年 1 月,我国颁布了《中华人民共和国国库券条例》。1981 年 7 月 1 日,财政部通过行政分配,实际发行了国库券 48.66 亿元,发行对象以企事业单位为主,居民个人为辅,发行期限为 10 年,偿还期为 6~9 年。但恢复国债发行之后,我国经历了长达 7 年的有债无市的历史过程。

1988 年,我国尝试通过商业银行和邮政储蓄的柜台销售方式发行实物国债,开始出现了国债一级市场。同年,为了解决先后发行的大规模国债能够得到流通变现,财政部在全国 61 个城市通过银行柜台进行国债流通转让的试点,中国国债二级市场(柜台交易市场)初步形成。1990 年 12 月上海证券交易所成立,开始接受实物债券的托管,并在交易所开户后进行记账式债券交易,首次形成了场内场外两个交易市场并存的格局。1991 年年初,我国将国债流通转让范围扩大到全国 400 个地市级以上城市,以场外柜台交易市场为主、场内集中交易市场为辅的国债二级市场格局基本形成。

1995 年,国债招标发行试点成功,国债发行利率开始市场化。1996 年国债市场出现了一些新变化:第一是财政部改革,将以往国债集中发行改为按月滚动发行,增加了国债发行的频度;第二是增加国债品种,对短期国债首次实行了贴现发行,并新增了最短期限为 3 个月的国债,同时首次发行了按年付息的 10 年期和 7 年期附息国债;第三是在承购包销的基础上,对可上市的 8 期国债采取了以价格(收益率)或划款期为标的的招标发行方式;第四是当年发行的国债以记账式国库券为主,逐步使国债走向无纸化。

1997 年 6 月,中国人民银行发文通知商业银行全部退出上海和深圳交易所的债券市场,将其所持有的国债、融资券和政策性金融债统一托管于中央国债登记结算公司,并进行债券回购和现券买卖,全国银行间债券市场启动。国债市场出现了托管走向集中和银行间债券市场与非银行间债券市场相分离的变化,呈现出"三足鼎立"之势,即全国银行间债券交易市场、深沪证交所国债市场和场外国债市场。

近年来,我国国债发行量快速上升,为刺激经济,我国实施了扩张性的财政政策,国债的发行量随之快速上升。2018 年财政部共计发行国债 36 010.97 亿元,较 2017 年下降 10.07%,但仍然处在高位(见图 6-1)。

图 6-1 我国国债历史发行规模统计

(资料来源:iFind)

2. 国债分类

国债具有安全性高、流动性强、享受税收优惠的特点,并且是货币市场操作的重要工具。由于国债是中央政府发行的,而中央政府是最高国家行政机关,具有一国最高的信用地位,所以国债相较于其他债券风险较小。同时,发达的二级市场为国债的自由买卖和转让提供了方便,使得国债的流动性较强,变现更加容易。在大多数国家,购买国债的投资者都可以享受不同程度的税收减免。而在我国,国债利息收入免征企业所得税。与其他债券相比,国债在货币政策实施上有更加独特的作用,中央银行在公开市场上买卖国债进行公开市场业务操作,可以有效地调节货币供应量,进而对宏观经济产生影响。

根据不同的标准,国债可以分为不同的类别。

(1) 按照偿还期限分类。按照偿还期限的不同,国债可分类为定期国债和不定期国债。定期国债是指国家发行的严格规定有还本付息期限的国债。定期国债按还债期长短又可分为短期国债、中期国债和长期国债。通常将发行期限在 1 年以内的国债划分为短期国债,这类国债主要是为了调剂国库资金周转的临时性余缺,并具有较好的流动性。中期国债是指发行期限在 1 年以上、10 年以下的国债,而发行期限在 10 年以上的国债称为长期国债。由于偿还时间较长,中长期国债可以使国家对债务资金的使用相对稳定,但是持有者的收益可能会受到币值和物价的影响。不定期国债是指国家发行的不规定还本付息期限的国债,这类国债的持有人可按期获得利息,但没有要求清偿债务的权利,如英国曾发行的永续国债。

(2) 按照发行地域分类。按照发行地域不同,国债可分为国家内债和国家外债。国家内债是指在国内发行的国债,其债权人多为本国公民、法人或其他组织,还本付息均以本国货币支付。国家外债是指国家在国外举借的债,包括在国际市场上发行的国债和向外国政府、国际组织及其他非政府性组织的借款等。国家外债可经双方约定,以债权国、债务国或第三国货币筹集并还本付息。

(3) 按照可否流通分类。按照是否可以流通,国债可分为上市国债和不上市国债。上市国债是指可在债券交易场所自由买卖的国债。不上市国债,也称不可出售国债,是指不能自由买卖的国债。这类国债一般期限较长,利率较高,多采取记名方式发行。

(4) 按照债券形式分类。按照国债存在的形式分,目前我国的国债可以分为储蓄国债、凭证式国债与记账式国债三种。

① 储蓄国债。储蓄国债(也称电子式国债)是政府(财政部)面向个人投资者发行,以吸收个人储蓄资金为目的,满足长期储蓄性投资需求的不可流通的记名国债品种。电子储蓄国债就是以电子方式记录债权的储蓄国债品种。与传统的储蓄国债相比较,电子储蓄国债的品种更丰富,购买更便捷,利率也更灵活。其特点表现为:发行对象为个人投资者,企事业单位、行政机关和社会团体等机构投资者不得购买;以电子方式记录债权,通过投资者在商业银行开设的人民币结算账户进行资金清算;从开始发行之日起计息,付息方式分为利随本清和定期付息;不可流通转让,但可以办理提前兑取、质押贷款、非交易过户等,不过会扣除一定的利息;个人债权托管账户实行实名制。

② 凭证式国债。凭证式国债指国家采取不印刷实物券,而用填制国库券收款凭证的方式发行的国债。它是一种国家储蓄债,可记名、挂失,以"凭证式国债收款凭证"记录债权,不能上市流通,从购买之日起计息。由于其不可上市流通,所以具有类似储蓄的特点,是以储蓄为目的的个人投资者理想的投资方式。随着科技的发展,相对于传统凭证式国债,出现了电子记账凭证式国债。两者发行基本条款大体相似,只是电子记账凭证式国债应用了计算机技术,以电子记账形式取代纸质凭证记录债权。购买电子记账凭证式国债,投资者需开立债券账户和资金账户,并填写购买申请后办理。电子记账凭证式国债债权采取二级托管体制,由各承办银行总行和中央国债登记结算有限责任公司以电子记录管理。电子记账凭证式国债到期后,银行会自动将持有人应得的本金和利息转入其预先开设或指定的资金账户,转入资金账户的本息资金将作为居民存款,由银行按活期存款计付利息。电子记账凭证国债的出现,使得其购买、计息、兑付都更加灵活,增强了国债作为投资品种的竞争力。

③ 记账式国债。记账式国债是由财政部通过无纸化方式发行,以电脑记账方式记录债权,并可以上市交易的债券。在我国,上海证券交易所和深圳证券交易所为投资者建立电子证券账户,通过证券交易所的交易系统发行和交易,可以记名、挂失。投资者进行记账式证券买卖,必须在证券交易所设立账户,并委托证券机构代理交易。记账式国债具有成本低、收益好、安全性高、流通性强的特点。记账式国债提前兑现时,仅需支付少量交易手续费,仍可享受按票面利率支付的持有期利息,这与凭证式国债提前兑付时不仅损失利息,并且要支付手续费的情况不同。

从我国的国债发行情况看,记账式国债是近年来国债发行的主体,截至2018年年末,我国共发行记账式国债202只,储蓄国债40只,凭证式国债32只(见表6-1)。

表 6-1 2018 年我国国债市场债券市场规模

类别	债券数量(只)	债券余额(亿元)	债券余额占比(%)
记账式国债	202	118 022.47	79.31
储蓄国债	40	7 598.73	5.11
凭证式国债	32	4 980.00	3.35
其他国债	8	18 202.50	12.23
合计	282	148 803.70	100.00

资料来源：iFind。

(二) 地方政府债券

地方政府债券是指地方政府根据信用原则，以承担还本付息责任为前提而筹集资金的债务凭证，是有财政收入的地方政府及地方公共机构发行的债券。其主要的筹资目的是为了满足市政建设、文化进步、公共安全、自然资源保护等方面的资金需要。2015 年第一次修正的《中华人民共和国预算法》(2014 年修正)实施后，地方政府举债只能通过发行政府债券方式，地方政府债券将逐渐步入更规范的发展路径。

1. 地方政府债券发展历程

新中国成立初期，国家曾允许地方政府发行"地方经济建设折实公债"等债券，如东北生产建设折实公债、地方经济建设折实公债等。1958 年 4 月，中共中央发布了《关于发行地方公债的决定》，决定自 1959 年起，在必要时允许发行地方建设公债，并规定了发债的条件。

20 世纪 80 年代末—90 年代初，出于经济建设的需要，各地方政府具有强烈的投资冲动，但是由于地方政府发债存在融资方式不规范、资金用途不透明等问题，1995 年 1 月实施的《中华人民共和国预算法》规定"除法律和国务院另有规定外，地方政府不得发行地方政府债券"，从而暂停了地方政府的发债行为。

直至 2009 年，为应对 2008 年国际金融危机对我国经济造成的严重冲击，中央政府推出 4 万亿元经济刺激计划。为了突破地方政府在刺激计划中的资金瓶颈、破解地方政府融资难问题，2009 年 3 月全国两会政府工作报告中提出安排发行地方政府债券 2 000 亿元。自此，地方政府发债禁令放开，从 2009 年开始中央政府每年代地方政府发行一定数量的债券。

地方债发行先后采取了"代发代还""自发代还"和"自发自还"三种模式。

(1) "代发代还"模式。2009 年 2 月，财政部印发的《2009 年地方政府债券预算管理办法》指出："地方政府债券，是指经国务院批准同意，以省、自治区、直辖市和计划单列市政府为发行和偿还主体，由财政部代理发行并代办还本付息和支付发行费的债券。""代发代还"指的是地方政府债券全部由财政部代理发行，并由财政部代办还本付息，发行额度由全国人大批准，2009—2011 年地方政府债券的批准额度均是每年 2 000 亿元。

(2) "自发代还"模式。2011 年，地方政府债券的发行模式进行了第一次改革。财政部于2011年10月印发《2011年地方政府自行发债试点办法》，启动了上海、浙江、广东、深圳四省(市)的地方政府自行发债试点，并明确"自行发债是指试点省(市)在国务院批准的发债规模限额内，自行组织发行本省(市)政府债券的发债机制"。在四个试点地区，地方政府可在国务院批准的额度内自行发行债券，但仍由财政部代办还本付息，试点省(市)可发行3年和5年期债券。其余地区的地方政府债券仍由财政部代理发行、代办还本付息。2013年，自行发债试点地区新增江苏和山东，同时适度延长了发债期限(3年、5年和7年)，并增加了发债规模，2012年和2013年地方政府债券的批准额度分别达到2 500亿和3 500亿元。

(3) "自发自还"模式。2014年5月22日，财政部印发《2014年地方政府债券自发自还试点办法》，继续推进地方政府债券发行改革：第一，在"自发代还"模式基础上，突破至发债地区自行还本付息；第二，在前期6个试点地区的基础上，再次增加直辖市北京、计划单列市青岛以及中西部省份江西和宁夏为试点地区；第三，将债券期限由2013年的3年、5年和7年拉长至5年、7年和10年；第四，在《2013年地方政府自行发债试点办法》提出逐步推进建立地方政府信用评级的基础上，明确提出"试点地区按照有关规定开展债券信用评级"。此次改革之后，地方政府债券市场完成了"代发代还"向"自发自还"模式的转变。

世界银行根据政府义务是否得到法律确认将政府债务划分为显性债务和隐性债务，而根据发生原因是否确定划分为直接债务和或有债务。这样就形成了四类债务：显性直接债务、隐性直接债务、显性或有债务和隐性或有债务。2013年审计署发布的《全国政府性债务审计结果》则将政府债务划分为政府负有偿还责任的债务、政府负有担保责任的债务和政府可能承担一定救助责任的债务。其中后两类债务因为正常情况下由债务人自身收入偿还，特殊情况下才需要政府承担偿债责任，因而被归为或有债务。

2014年出台的《国务院关于加强地方政府性债务管理的意见》和2018年修正的《预算法》明确提出，我国对地方政府债务余额实行限额管理，要求地方政府债务全部纳入预算管理，唯一合法举债方式为发行地方政府债券，并通过限额管理给地方政府举债设置上限。地方政府发债从此走向合法化和常态化。

《预算法》规定，我国地方政府只能以发行债券的方式融资，对于该法实施之前地方政府通过银行贷款、融资平台等非债券方式举借的存量债务，国务院决定利用3年左右的时间进行置换。2015年，我国正式启动地方债置换工作，随着地方政府债务置换工作的逐渐结束，地方政府债券发行规模将逐步进入常规规模。2018年1月1日以后，地方政府债务的唯一存在形式就是地方政府债券。

截至2019年年底，我国地方政府债共4 874只，债券余额共211 182.93亿元。2015—2017年，中央对地方政府进行大规模债务置换，并对举债行为进行规范清理，政府债务管控取得了较好效果，风险总体可控。根据中国人民银行发布的《2018年中国金融稳定报告》，截至2017年年末，我国政府部门杠杆率为47%，不仅远低于发达经济体平均水平(100.9%)，甚至低于新兴市场经济体平均水平(49%)。随着我国置换工作的推进以及地方政府自行化解部分存量债务，待置换存量债务规模有所下降，地方政府用于置换存量债务的债券发行量逐渐减少，地方政府债的发行量近年逐步回落(见图6-2)。

图 6-2 我国地方政府债年度发行量统计(亿元)

(资料来源：iFind)

2. 地方政府债券分类

(1) 按偿还资金来源分类。按照偿还资金的来源，地方政府债券可以分为一般债券和专项债券。一般债券和专项债券间最大的区别在于其所对应的公益性项目是否可产生收益。一般债券对应没有收益的项目，偿债来源是一般公共预算收入；专项债券对应有一定收益的项目，偿债来源是政府性基金或专项收入。

一般债券指省、自治区、直辖市政府（含经省级政府批准自办债券发行的计划单列市政府）为没有收益的公益性项目发行的，约定一定期限内主要以一般公共预算收入还本付息的政府债券。一般债券资金收支列入一般公共预算管理。可发行期限有1年、3年、5年、7年和10年。根据《关于做好2018年地方政府债券发行工作的意见》（财库〔2018〕61号），公开发行的地方政府一般债券增加2年、15年、20年期限。

专项债券是为有一定收益的公益性项目发行的，约定一定期限内以公益性项目对应的政府性基金或专项收入还本付息的政府债券。专项债券资金纳入政府性基金预算管理。可发行期限有1年、2年、3年、5年、7年和10年，2018年又增加了15年、20年期限。截至目前，市场上已发行的项目收益专项债品种主要有土地储备专项债、收费公路专项债、轨道交通专项债、棚改专项债等。

(2) 按资金用途分类。除了最常见的按照偿债资金来源的分类方法，地方政府债还可以按照资金用途，划分为新增债券、置换债券和再融资债券。

新增债券的资金用途主要是资本支出，我国规定每年新增债券的发行规模不得超过财政部下达的本地区新增债务限额。2018年新增债券的发行规模上限为2.18万亿元（一般债0.83万亿元，专项债1.35万亿元）。新增债券的发行占比主要受政府债务负担的轻重及资金需求大小的影响。政府债务负担较重、资金需求较少的地区，新增债券的发行占比通常较小。

置换债券是我国为解决地方政府债务的期限错配和融资成本高企问题而产生的。《预算法》中明文规定，我国地方政府只能以发行债券的方式融资，对于该法实施之前地方政府通过银行贷款、融资平台等非债券方式举借的存量债务，国务院决定利用3年左右的时间进行置换。

再融资债券是用于偿还部分到期的地方政府债券本金而发行的债券种类,由财政部在《关于做好 2018 年地方政府债券发行工作的意见》(财库〔2018〕61 号)提出,并在《2018 年 4 月地方政府债券发行和债务余额情况》中首次披露。由于此前年份发行的地方政府债券部分到了归还本金的阶段,再融资债券的发行能够有效缓解地方政府的偿债压力。再融资债券和置换债券均是"以新还旧",不同之处在于置换债针对的是以非政府债券形式存在的地方政府债务,而再融资债券针对的是以政府债券形式存在的地方政府债务。随着地方政府债务置换的结束,未来新增债券和再融资债券将成为地方政府债券的主要品种。我国各类地方债发行状况见表 6-2。

表 6-2 我国各类地方政府债发行统计

单位:亿元

年 份	一般债券	专项债券	置换一般债券	置换专项债券	总 计
2009	2 000.00	—	—	—	2 000.00
2010	2 000.00	—	—	—	2 000.00
2011	2 000.00	—	—	—	2 000.00
2012	2 500.00	—	—	—	2 500.00
2013	3 500.00	—	—	—	3 500.00
2014	4 000.00	—	—	—	4 000.00
2015	23 494.03	6 934.81	5 112.89	2 808.89	38 350.62
2016	28 034.45	16 640.21	7 305.39	8 478.35	60 458.40
2017	17 698.45	14 772.45	5 920.91	5 189.13	43 580.94
2018	19 442.84	18 067.63	2 745.72	1 395.48	41 651.68

资料来源:财政部。

(三)金融债券

金融债券是由银行和非银行金融机构发行的债券,在英、美等欧美国家,金融机构发行的债券归类于公司债券。在我国及日本等国家,金融机构发行的债券称为金融债券。

金融债券能够较有效地解决银行等金融机构的资金来源不足和期限不匹配的问题。一般来说,银行等金融机构的资金有三个来源:吸收存款、向其他机构借款和发行债券。存款资金和向其他机构的借款所得的资金具有短期、不稳定的特点,而金融机构往往需要进行一些期限较长的投融资,这样就出现了资金来源和资金运用的期限错配,发行金融债券比较有效地化解了这个矛盾。同时发行金融债券可以使金融机构筹措到稳定且期限灵活的资金,从而有利于优化资产结构,扩大长期投资业务。由于银行等金融机构在一国经济中占有较特殊的地位,政府对它们的运营又有严格的监管,因此,金融债券的资信通常高于其他非金融机构债券,违约风险相对较小,具有较高的安全性。所以,金融债券的利率通常低于一般的企业债券,但高于风险更小的国债和银行储蓄存款利率。

1. 金融债券发展历程

1982年,中国国际信托投资公司在日本东京证券交易所发行了外国金融债券,这是我国首次在国际市场上发行外国金融债券。我国国内金融债券的发行始于1985年,这一年中国工商银行、中国农业银行开始在国内发行人民币金融债券。1991—1992年,由中国建设银行和中国工商银行共同发行了160亿元的国家投资债券。1993年中国投资银行被批准在境内发行外币金融债券5 000万美元,发行对象为城乡居民,期限1年,采用浮动利率,高于同期国内美元存款利率1个百分点,这是我国首次发行境内外币债券。

1994年,我国三大政策性银行成立,同年4月,国家开发银行第一次通过派购方式发行债券,政策性金融债券应运而生。我国金融债券的发行主体从商业银行转向政策性银行,继国家开发银行之后,中国进出口银行和中国农业发展银行也开始发行政策性金融债券,商业银行由此基本中断了金融债券的发行。

2005年4月27日,中国人民银行发布了《全国银行间债券市场金融债券发行管理办法》,对金融债券的发行行为进行了规范,发行主体也在原来单一的政策性银行的基础上,增加了商业银行、企业集团财务公司和其他金融机构。2009年4月13日,为进一步规范全国银行间债券市场金融债券发行行为,中国人民银行发布了《全国银行间债券市场金融债券发行管理操作章程》,对全国银行间债券市场发行的人民币金融债券和外币金融债券做出规范。

金融债券的发行情况受监管政策的影响较大,2018年我国金融债券发行的只数有所回落,但是总发行规模仍在不断增长,达到了5.17万亿只(见图6-3)。

图6-3 金融债券发行规模统计

(资料来源:iFind)

2. 金融债券分类

按不同的分类标准,金融债券可以划分为很多种类:根据利息的支付方式划分为付息金融债券和贴现金融债券;根据期限的长短划分为短期债券、中期债券和长期债券;根据是否记名划分为记名债券和不记名债券;根据担保情况划分为信用债券和担保债券;根据可否提前赎回划分为可提前赎回债券和不可提前赎回债券。目前常用的金融债券分类方式是根据发行主体划分为政策性金融债券、商业银行债券及非银行金融机构债券。

(1) 政策性金融债券。政策性金融债券（又称政策性银行债）是我国政策性银行（国家开发银行、中国农业发展银行、中国进出口银行）为筹集信贷资金，经国务院批准由中国人民银行用计划派购的方式，向邮政储汇局、国有商业银行、区域性商业银行、城市商业银行（城市合作银行）、农村信用社等金融机构发行的金融债券。政策性银行不能吸收公众存款，主要通过发行债券来筹集资金，也因此成为我国债券市场上规模很大的品种。政策性银行由国家财政最终为其财务结果承担责任，因此，政策性金融债券是一种准政府信用债券。

(2) 商业银行金融债券。商业银行金融债券是指依法在我国境内设立的商业银行在全国银行间债券市场发行的、按约定还本付息的有价证券。

(3) 非银行金融机构债券。非银行金融机构债券是指具有法人资格的非金融机构在银行间债券市场发行的，约定一定期限内还本付息的有价证券，发行主体主要有证券公司、保险公司等。

从我国金融债券的发行结构来看，政策性金融债一直都占据较大的份额，近年来商业银行债和非银行金融机构债的发行规模在不断提升（见图6-4）。

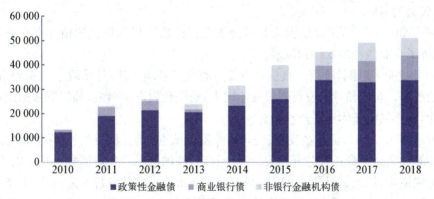

图6-4 我国各类金融债券发行规模统计（亿元）

（资料来源：中国人民银行）

(四) 公司债和企业债

公司债券是股份制公司发行的一种债务契约，公司承诺在未来的特定日期，偿还本金并按事先规定的利率支付利息。企业债券是企业依照法定程序发行，约定在一定期限内还本付息的债券。企业债由发改委主管，公司债由证监会监管，2020年开始两者均实行注册制。

两者的区别主要是发行主体的差别。公司债券是由股份有限公司或有限责任公司发行的债券。公司债的主要发行目的包括固定资产投资、技术更新改造、调整公司资产结构、降低公司财务成本、支持公司并购和资产重组等。企业债券是由中央政府部门所属机构、国有独资企业或国有控股企业发行的债券。发行企业债券所筹集的资金主要用于固定资产投资和技术革新改造，并与政府部门审批的项目相联系。

1. 发展历程

我国企业债券的发行始于1984年，随着经济体制改革的不断深入和企业经营机制的转换，一些企业通过发行债券向企业职工内部集资或者向社会公开募集资金。1986年，企业债券交易市场出现，沈阳市信托投资公司是第一家办理债券买卖、转让业务的区域性债券交易市场，其性质属于柜台交易市场。当时的企业债券大多属于内部集资性质，集资规模缺乏宏观控制，债券发行缺乏统一管理，乱拉资金、盲目建设、重复建设的现象严重。1987年，国务院先后颁布实施《企业债券管理暂行条例》《关于加强股票、债券管理的通知》，开始对企业债券进行统一管理，要求发行债券必须在国家拟定下达的控制额度内，不得突破，严禁用发行债券搞计划外的固定资产投资。1988年，国家计委在财金司成立债券处，主要负责编制国内债券发行计划，包括企业债券发行计划和股票发行计划及相关政策的制定。

1993年的《企业债券管理条例》颁布实施之前，只有国有企业可以发行企业债券。该条例扩大了发行人范围，具有法人资格的企业都可以发债，但同时对企业发债的规模要求和财务状况提出了严格要求，提出3年业绩条件，要求发行债券需要进行信用评级。虽然我国在规定中已经取消了只有国有企业可以发行企业债券的要求，但在2000年之前，只有2家民营企业发行了企业债券，其余均为国有企业。整体企业债券市场规模较小，流动性较弱，成交量也低。

1996年和1997年，沪深证券交易所分别允许面值1亿元以上的债券在交易所挂牌交易，促进了企业债券的发行和流通。

2000年之后，国家计委统一负责企业债券的发行管理工作，并采取了一系列市场化、规范化的改革。企业债券的发行规模逐年增大，长期债权逐步增多，募集资金的用途也出现多样化，不再局限于固定资产投资。

2007年8月14日，证监会发布《公司债券发行试点办法》及相关配套措施，标志着我国企业债券和公司债券正式分开发展。一个月后，我国第一只公司债券由长江电力发行，募集资金规模40亿元。但是2007年，只有3家上市公司成功发行了公司债，市场规模和融资总量不尽人意。2008年，公司债券发行总额有较高的增长，但受国际金融危机的影响，当年9月公司债券停止发行。2009年，证监会修订了公司债券上市规则，推进上市公司发行可交换债和分离交易可转换债券，大力推广担保式公司债券，丰富了公司债券品种。2009年7月，公司债券重启发行。

2010年证监会发布《关于上市商业银行在证券交易所参与债券交易试点有关问题的通知》，旨在推进上市商业银行在交易所债券交易试点，增强公司债券二级市场的流动性。2010年证监会全年核准25家公司债券发行，总融资500多亿元。2011年，证监会简化了审核程序，加快了审批速度，进一步降低了公司债券的融资成本，2011年上市公司债券融资约1300亿元。之后，公司债券市场改革力度进一步加大，在提高公司债审批效率、丰富债券种类及完善公司债券市场方面推出了一系列改革政策。

2015年以来，我国公司债的发行经历了一个超速发展的阶段，这期间企业债发行量被快速反超。但自2017年起，由于房地产、煤炭、钢铁、政府融资平台等部分行业融资受限，加之去杠杆大环境下融资成本上升导致发行人融资意愿下降，公司债的发行有一定的回落（见图6-5）。

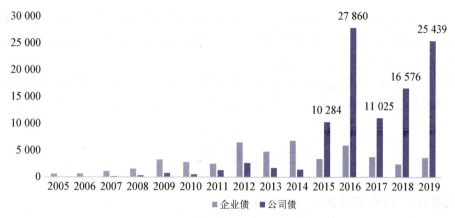

图 6-5 我国企业债及公司债发行规模统计(亿元)

(资料来源:Wind)

2. 公司债分类

如前所述,企业债和公司债除了发行主体的差别,在发债资金用途、信用基础、发行管理等方面也都有显著差异。

除了一般的企业债与公司债之外,为了丰富上市公司的融资渠道,我国还推出了一系列具有特别条款设计的公司债种类,如可转换公司债券、分离交易的可转换公司债券和可交换公司债券等。

(1)可转换公司债券。可转换公司债券是一种被赋予了股票转换权的公司债券,发行公司事先规定债权人可以选择有利时机,按发行时规定的条件把其债券转换成发行公司的等值普通股。可转换公司债券首先是一种公司债券,是固定收益证券,具有确定的债券期限和定期息率,为可转换公司债券投资者提供了稳定利息收入和还本保证。其次,可转换公司债券为投资者提供了将其转换成股票的选择权。投资者既可以行使转换权,将可转换公司债券转换成股票,也可以放弃这种转换权,持有债券到期。也就是说,可转换公司债券包含了股票买入期权的特征,投资者通过持有可转换公司债券可以获得股票上涨的收益。因此,即使可转换债券的票面利率比一般债券低些,但在股票市场向好的预期下,这种债券仍然受到投资者的欢迎。根据《上市公司证券发行管理办法》的规定,满足一定条件的上市公司可发行可转换公司债券。

(2)分离交易的可转换公司债券。分离交易的可转换公司债券与普通可转换公司债券的本质区别在于债券与认股权证分离交易。分离交易可转债是一种附认股权证的公司债,可分离为纯债和认股权证两部分。这种机制设计给予了投资者通过二级市场转股或转让认股权证获利的机会。普通可转债中的认股权一般是与债券同步到期的,分离交易可转债则并非如此。《上市公司证券发行管理办法》中规定,分离交易可转债"认股权证的存续期间不超过公司债券的期限,自发行结束之日起不少于 6 个月"。

(3)可交换债券。可交换债券全称为"可交换他公司股票的债券",是指上市公司股份的持有者通过抵押其持有的股票给托管机构进而发行的公司债券,该债券的持有人在将来的某个时期内,能按照债券发行时约定的条件用持有的债券换取发债人抵押的上市公司股权。可交换债券是一种内嵌期权的金融衍生品,可以说是可转换债券的一种。可交换债券一般发生在控股股东与控股的上市子公司之间,即由控股股东发行债券,债券到期时可以转换成其上市子公司的股票。

截至2018年年末,我国可转债存量137只,共1 901亿元;可交换债券存量共147只,其中公募可交换债14只,余额720亿元,私募可交换债券133只,余额1 379亿元。

第二节 债券定价

一、债券定价的基本模型

债券的内在价值是指债券未来现金流入量的现值,即债券各期利息收入的现值加上债券到期偿还本金的现值之和。

对于固定利率、每年计算并支付利息、到期归还本金的典型债券,按复利方式计算的债券价值的基本模型是:

$$V = \sum_{t=1}^{n} \frac{C}{(1+r)^t} + \frac{Par}{(1+r)^n} \tag{6.1}$$

其中,V 为债券价值,C 为每年利息,Par 为债券面值,r 为年贴现率,n 为到期前年数。

但是在现实中,债券的付息频率不一定都是一年一次,还有可能是每半年一次或每季度一次等。对于利息在期间内平均支付的平息债券而言,其价值的计算公式为:

$$V = \sum_{t=1}^{mn} \frac{C/m}{(1+r/m)^t} + \frac{Par}{(1+r/m)^{nm}} \tag{6.2}$$

其中,V 为债券价值,C 为每年利息,Par 为债券面值,m 为年付息次数,r 为年贴现率,n 为到期前年数。

纯贴现债券是指承诺在未来某一确定日期按面值支付的债券。这种债券在到期日前购买人不能得到任何现金支付,因此也称作"零息债券"。纯贴现债券价值的计算公式为:

$$V = \frac{Par}{(1+r)^n} \tag{6.3}$$

其中,V 为债券价值,Par 为债券面值,r 为年贴现率,n 为到期前年数。

流通债券是指已发行在二级市场上流通的债券,其价值估算不同于新发行债券,在估值时需要考虑现在时点距离下次利息支付的时间等因素。

二、可转换公司债券的估值模型

1. 可转债的价值概念

可转换公司债券的价值计算涉及几个基本概念,包括可转债的投资价值、转换价值和理论价值等。

可转债的投资价值是指将它看作不具有转股选择权的一种证券时的价值。在估值时,首先应估计具有同等资信和类似投资特点的不可转换公司债券的必要收益率,然后利用此必要收益率折算出其未来现金流的现值,计算方法参考一般债券的定价公式。

可转债的转换价值是指实施转换时得到的标的股票的市场价值,即:

$$转换价值 = 标的股票市场价格 \times 转换比例 \tag{6.4}$$

其中,转换比例是指一张可转债能够兑换的股票数量,可由债券面值和兑换成标的股票所依据的每股价格的转换价格得到,即:

$$转换比例 = 可转债面额/转换价格 \tag{6.5}$$

可转换公司债券的理论价值,也称"内在价值",是指将可转债转股前的利息收入和转股时的转化价值按照适当的必要收益率折算的现值。对于一个计划持有一段时间可转债,且在收到最后一期利息后立即实施转股的投资者而言,当下可转换公司债券的理论价值计算公式为:

$$V = \sum_{t=1}^{n} \frac{C}{(1+r)^t} + \frac{CV}{(1+r)^n} \tag{6.6}$$

其中,V 为债券价值,C 为可转债每期支付的利息,r 为必要收益率,n 为持有可转债的时期总数,CV 为可转债在持有期期末的转换价值。

可转债的市场价值一般保持在可转债的投资价值和转换价值之上。若可转债的市场价值低于其投资价值或转换价值,投资者就可以通过一定的方式套利,获得高于市场的收益率。投资者的套利行为会使可转债的价格上涨,直至可转债的市场价值不低于投资价值和转换价值为止。

2. 可转债价值估值

在对可转债进行估值时,可以将其价值近似地看作是普通债券与股票期权的组合。

对于普通债券部分,可以采用现金流贴现法来确定纯债券的价值,即未来一系列利息加面值按照一定的市场利率折成现值:

$$V_i = \sum_{t=1}^{n} \frac{C}{(1+r)^t} + \frac{Par}{(1+r)^n} \tag{6.7}$$

其中,V_i 为普通债券部分价值,C 为债券年利息收入,Par 为债券面值,r 为年贴现率,n 为剩余到期的年数。

而对于股票期权部分的估值,目前主流有两种定价方法,分别是布莱克-斯科尔斯(Black-Scholes)期权定价模型和二叉树期权定价模型。

布莱克-斯科尔斯期权定价模型是 1973 年由经济学家费希尔·布莱克(Fischer Black)和迈伦·斯科尔斯(Myron Scholes)在一定的假设前提下,运用动态对冲的方法建立的。布莱克-斯科尔斯模型可以用下述方程表示:

$$P_c = PN(d_1) - P_e e^{-RT} N(d_2) \tag{6.8}$$

$$d_1 = \frac{\ln\left(\frac{P}{P_e}\right) + \left(R + \frac{\sigma^2}{2}\right)T}{\sigma\sqrt{T}} \tag{6.9}$$

$$d_2 = d_1 - \sigma\sqrt{T} \tag{6.10}$$

其中，P_c 为看涨期权的价格，P 为股票当前的市场价格，P_e 为期权履约价格，$N(\cdot)$ 为累积正态分布函数，T 为权利期间（以年表示），R 为无风险年利率，σ 为股票收益率标准差。

二叉树模型建立了期权定价数值算法的基础，解决了美式期权的定价问题。该模型以发行日为基点，模拟转股起始日基础股票的可能价格以及出现这些价格的概率，然后确定在各种可能价格下的期权价值，最后计算期权的期望值并进行贴现，以求得期权的价值。

三、债券发行定价

债券发行价格是债券投资者认购新发行债券时实际支付的价格。如果债券的发行价格等于债券的面值，则称为平价发行（或等价发行）；如果发行价格低于面值，则称为低价发行（或折价发行）；若反之发行价格高于面值，则称为高价发行（或溢价发行）。

现实生活中，债券发行价格受多种因素的影响。在国债传统的行政分配和承购包销发放方式下，国债按照规定的面值出售，不存在承购商确定价格的问题。但是目前国债和其他债券以公开招标方式发行，各个承销商的中标价格是有差异的，进而会影响承销商的收益情况。这就使得承销商需要在发行期内自定承销价格，承销商在确定承销价格或利率时，需要根据当时的市场利率水平、价格水平、债券的风险等多种因素，对债券进行估值，从而决定报价。然后在公开招标的方式下，根据美国式、荷兰式招标的规则确定债券的实际发行价格。

在确定承销价格时，承销商主要考虑的因素大致可分为内部因素及外部因素两方面。内部因素主要包括债券的期限（期限越长，投资者要求的收益率补偿也越高）、债券的票面利率、债券的流动性、债券的特殊条款、债券的税收待遇、发行主体及债券的信用级别等。外部因素包括基础利率水平（一般指无风险利率）、市场资金面情况、通胀水平和外汇汇率风险等。

由于公司债券的发行定价除了受金融市场资金供求状况及利率水平的影响，还会受到发行公司的资信状况的影响，投资者需要承担额外的风险。所以信用债一般以同一期限的国债利率为基础，上浮一定信用利差（见图6-6）。

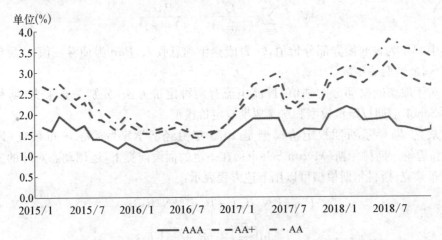

注：① 信用利差基准为同期国债到期收益率曲线。② 利率为该时段内发行的信用债到期收益率的加权平均。

图6-6　2015—2018年我国3~5年期信用债与同期国债利率信用利差分析

（资料来源：iFind）

第三节　债券发行条件和方式

一、国债的发行

1988年以前，我国国债发行采取行政分配方式。1988年，财政部首次通过商业银行和邮政储蓄银行柜台销售了一定数量的国债。1991年开始我国以承购包销方式发行国债，1996年后公开招标方式开始被广泛采用，最终形成竞争性投标与非竞争性投标相结合的发行方式，经历了向发行市场化方向发展的循序渐进的过程。目前，凭证式国债发行完全采用承购包销方式，储蓄国债发行可采用包销或代销方式，记账式国债发行完全采用公开招标方式。

（一）行政分配方式

行政分配方式即依靠行政手段发行国债。我国在以行政分配方式发行国债时，将国债分为两部分。一部分国债由财政部按照一定比例分配到各地，各地财政部门再将本地区的国债发行额度层层分配给企事业单位，然后各单位再通过行政动员具体对每位职工落实认购指标；另一部分国债由财政部委托中国人民银行进行推销，分配的对象是各级银行。

国债的还本付息由各地财政部门组织办理，一般由各级银行和各省市的国债服务部代理。这种行政分配的发行方式主要应用于恢复国债发行的1981—1990年。但是这种利用行政手段发行国债的方式存在弊端，使得国债发行周期长、成本高、效率低下，限制了国债发行规模的扩大，同时使得人们对其抵触情绪越来越大，影响了国债的信誉和形象。

（二）承购包销方式

承购包销方式是由发行人和承销商签订承购包销合同，各金融机构按一定条件向财政部或地方财政部门承销国债，并由其在市场上分销，未能发售的余额由承销商购买，合同中的相关条款是双方协商确定的。自20世纪90年代中后期开始，承购包销成为我国国债发行的主要方式。

1991年，国债发行采取由中央承购包销、地方承购包销和行政分配同时进行的方式。1991年4月，中国工商银行信托投资公司作为承购包销团主干事承销了25亿元国库券，占当年计划发行总额的25%。后来，地方财政部门和人民银行系统也组织了承购包销，当年以承购包销方式发行的国库券占总额的65%，并且该比例在以后的年度中不断扩大。

1993年，我国推出国债一级自营商制度，通过国债一级自营商组成国债承销团，直接向财政部承购包销。2000年我国开始在银行间市场和交易所市场分别组建国债承销团，2006年7月又将国债承销团改为按凭证式、记账式和其他债券分别组建。

目前，对于事先已确定发行条款的国债，我国采取承销包销方式，主要运用于不可上市流通的凭证式国债的发行。2010年后，根据财政部与中国人民银行联合发布的《储蓄国债（电子式）管理办法（试行）》，电子无记名式国债也可采用包销的方式。

承购包销方式相比于行政分配方式,减少了国债发行中的环节,提高了发行效率,扩大了发行规模。

(三) 公开招标方式

公开招标方式是通过投标人的直接竞价来确定发行价格或利率水平,发行人将投标人的标价自高价向低价排列,或自低利率向高利率排列。发行人从高价(或低利率)选起,直到达到需要发行的数额为止,由此得到的价格恰好是供求决定的市场价格。

1. 国际资本市场公开招标规则

(1) 荷兰式招标又称统一价位中标或单一价位中标,是指在投标结束后,发行系统将各承销商有效投标价位按对发行人有利原则进行排序(利率、利差招标由低到高排序,价格招标由高到低排序),并将投标数额累加,直至募满预定发行额为止。此时的价位点称为边际价位点,中标的承销商都以此价格或利率中标。

(2) 美国式招标是在投标结束后,发行系统将各承销商的有效投标价位按对发行人有利原则进行排序(利率、利差招标由低到高排序,价格招标由高到低排序),并将投标数累加直至募满预定发行额为止,在此价位以内的所有有效投标均以各承销商的各自出价中标。所有中标价位、中标量加权平均后的价格或利率为该期债券的票面价格或票面利率。

(3) 混合式招标全称为多种价格(混合式)竞争性招标,分为混合式利率招标和混合式价格招标。荷兰式招标和美国式招标是价格招标中的两种典型的招标方式,但在实际运作中,往往将这两种方式混合起来,形成一些新的混合式招标方式。

混合式利率招标是指标的为利率时,在投标结束后,发行系统将各承销商有效投标价值按对发行人有利原则进行排序(同上),直至募满预定发行额为止,此时的价位点称为边际价位点。对低于边际价位点(含该点)的各投标价位及对应中标量计算加权平均价位,作为该期债券的票面利率。低于或等于票面利率的投标价位,按票面利率中标;高于票面利率一定价位以内,按各自中标利率购买当期国债;高于票面利率一定价位以上的投标价位,全部落标。

混合式价格招标是指标的为价格时,在投标结束后,发行系统将各承销商有效投标价位进行排序(由高到低排序),直至募满预定发行额为止,此时的价位点称为边际价位点。对高于边际价位点(含该点)的各投标价位及对应中标量计算加权平均价,作为该期债券的票面价格。高于或等于票面价格的投标价位,按票面价格中标;低于全场加权平均中标价格一定价位以内的投标价位,按各自中标价格购买当期国债;低于全场加权平均中标价格一定价位以下的,全部落标。

一般来说,对于利率或发行价格已经确定的国债采用缴款期招标,对于短期贴现国债大多采用单一价格的荷兰式招标,而对于长期零息和附息国债多采用多种收益率的美国式招标。

2. 我国记账式国债招标发行规则

1995年8月,财政部对一年期记账式国债首次进行招标方式发行。全国50家国债一级自营商按照发行实施办法规定的基本承销数量承销,在义务认购份额以上承销的,采取竞争性投标方式,标的为缴纳期,按照缴纳期优先的原则募集资金。1996 年,我国借鉴国际资本市场中"美国式""荷兰式"招标的规则,分别以收益率、发售价格和缴纳期为标的,组织国债一级自营商等金融中介机构招标发行。

根据《财政部关于印发〈2017 年记账式国债招标发行规则〉的通知》,记账式国债发行招标通过财政部政府债券发行系统进行,发行系统包括中心端和客户端,国债承销团成员通过客户端远程投标。记账式国债竞争性投标时间为招标日上午 10:35 至 11:35。在进行利率招标时,标位变动幅度为 0.01%。价格招标时,91 天、192 天、1 年、2 年、3 年、5 年、7 年、10 年、30 年期国债标位变动幅度分别为 0.002 元、0.005 元、0.01 元、0.02 元、0.03 元、0.05 元、0.06 元、0.08 元、0.18 元。每一国债承销团成员最高及最低投标标位差不得大于当期(次)财政部规定的投标标位差。单一标位最低投标限额为 0.1 亿元,最高投标限额为 30 亿元,投标量的变动幅度为 0.1 亿元的整数倍。同时,国债承销团甲类成员最高投标限额为当期(次)国债竞争性投标额的 35%,国债承销团乙类成员最高投标限额为当期(次)国债竞争性招标额的 25%。上述比例均计算至 0.1 亿元,0.1 亿元以下四舍五入。

二、地方政府债券的发行

(一)地方政府一般债券

一般债券由地方政府在限额内按照市场化原则自发自还,发行和偿还主体为地方政府。

省、自治区、直辖市(含经省政府批准自办债券发行的计划单列市)人民政府依法自行组织本地区一般债券发行、利息支付和本金偿还。一般债券发行兑付有关工作由省级政府财政部门负责办理。

一般债券实行限额管理。省、自治区、直辖市依照国务院下达的限额举借债务,列入本级预算调整方案,报本级人民代表大会常务委员会批准。债券资金收支列入一般公共预算管理。省、自治区、直辖市政府发行的一般债券总规模不得超过当年本地区一般债券限额。财政部发布的《关于做好 2018 年地方政府债券发行工作的意见》中明确提出,各地应当根据项目资金状况、市场需求等因素,合理安排债券期限结构。但公开发行的 7 年期以下(不含 7 年期)一般债券,每个期限品种发行规模不再设定发行比例上限;公开发行的 7 年期以上(含 7 年期)债券发行总规模不得超过全年公开发行一般债券总规模的 60%;公开发行的 10 年期以上(不含 10 年期)的一般债券发行总规模,不得超过全年公开发行 2 年期以下(含 2 年期)一般债券规模。

根据 2015 年财政部《地方政府一般债券发行管理暂行办法》,一般债券发行利率采用承销、招标等方式确定,发行利率在承销或招标日前 1 至 5 个工作日相同待偿期记账式国债的平均收益率之上确定。承销和招标都是发债机制,承销是指地方政府与主承销商商定债券承销利率(或利率区间),要求各承销商(包括主承销商)在规定时间报送债券承销额(或承销利率及承销额),按市场化原则确定债券发行利率及各承销商债券承销额。招标是指地方政府通过财政部国债发行招投标系统或其他电子招标系统,要求各承销商在规定时间报送债券投标额及投标利率,按利率从低到高原则确定债券发行利率及各承销商债券中标额。

一般债券应当在中央国债登记结算有限责任公司办理总登记托管,在国家规定的证券登记结算机构办理分登记托管。一般债券发行结束后,符合条件的应按有关规定及时在全国银行间债券市场、证券交易所债券市场等上市交易。

(二)地方政府专项债

我国专项债的发行由《地方政府专项债务预算管理办法》(财预〔2016〕155号)做出具体规定。该办法中所称地方政府专项债务,包括地方政府专项债券(简称专项债券)、清理甄别认定的截至2014年12月31日非地方政府债券形式的存量专项债务(简称非债券形式专项债务)。非债券形式专项债务应当在国务院规定的期限内置换成专项债券。

根据2015年财政部《地方政府专项债券发行管理暂行办法》,专项债券采用记账式固定利率附息形式。单只专项债券应当以单项政府性基金或专项收入为偿债来源。单只专项债券可以对应单一项目发行,也可以对应多个项目集合发行。专项债券发行利率采用承销、招标等方式确定,发行利率在承销或招标日前1~5个工作日相同待偿期记账式国债的平均收益率之上确定。

关于地方政府专项债券期限结构管理,财政部《关于做好2018年地方政府债券发行工作的意见》中明确,公开发行的普通专项债券,增加15年、20年期限。各地应当按照相关规定,合理设置地方政府债券期限结构,并按年度、项目实际统筹安排债券期限,适当减少每次发行的期限品种。公开发行的7年期以上(含7年期)普通专项债券发行总规模不得超过全年公开发行普通专项债券总规模的60%;公开发行的10年期以上(不含10年期)普通专项债券发行总规模,不得超过全年公开发行2年期以下(含2年期)普通专项债券规模。

三、金融债券的发行

在我国,中国人民银行依法对金融债券的发行进行监督管理,未经中国人民银行核准,任何金融机构不得擅自发行金融债券。中国人民银行2005年发布的《全国银行间债券市场金融债券发行管理办法》和2009年发布的《全国银行间债券市场金融债券发行管理操作规程》对金融债券发行做出了基本规定。

(一)发行条件

1. 政策性银行

政策性银行由国家财政最终为其财务结果承担责任,它不应与商业银行争利,其发行债券的数量必须有严格的限制。因此,政策性银行发行债券,其发行规模的控制成为审批的主要内容。政策性银行发行金融债券,应按年向中国人民银行报送金融债券发行申请,经中国人民银行核准后方可发行。政策性银行金融债券发行申请应包括发行数量、期限安排、发行方式等内容,如需调整,应及时报送中国人民银行核准。

对政策性金融债券的审核,并不涉及发行主体本身的信用状况能力,这一点与政府债券是相似的。目前,银行业监督管理委员会对政策性金融债券的风险权重确定为零,与国债一样,这也是政策性金融债券审核内容不涉及发行主体信用状况的一个基本依据。

政策性银行发行金融债券应向中国人民银行报送下列文件:① 金融债券发行申请报告;② 发行人近3年经审计的财务报告及审计报告;③ 金融债券发行办法;④ 承销协议;⑤ 中国人民银行要求的其他文件。政策性银行应在每期金融债券发行前5个工作日,将上述②~⑤项文件报中国人民银行备案。

2. 商业银行债

由于商业银行债不同于政策性银行债,是商业银行以自己的商业信用为基础发行的,因此,对这些机构发行债券的审核,就不仅涉及发行数量,还涉及信用状况、还债能力、经营状况以及一系列监管指标的实际情况。由于金融机构的上述情况人民银行审核部门并不完全掌握,须由这些机构的监管部门提供相应的证明。因此,在有关商业性金融债券发行的文件中,都规定须由这些机构的监管部门出具前置性批准文件,人民银行才作出是否准予其在银行间债券市场发行债券的批复。

按照我国《全国银行间债券市场金融债券发行管理办法》,商业银行发行金融债券应具备以下条件:① 具有良好的公司治理机制;② 核心资本充足率不低于4%;③ 最近3年连续盈利;④ 贷款损失准备计提充足;⑤ 风险监管指标符合监管机构的有关规定;⑥ 最近3年没有重大违法、违规行为;⑦ 中国人民银行要求的其他条件。根据商业银行的申请,中国人民银行可以豁免前款所规定的个别条件。

3. 非银行金融机构债

非银行金融机构债又可划分为普通非银行金融机构债、证券公司次级债、保险公司次级债等。2015年1月15日,中国证券监督管理委员会发布并实施《公司债券发行与交易管理办法》,同时废止了《证券公司债券管理暂行办法》。目前证券公司债的发行、申报等在《公司债券发行与交易管理办法》下规范,不再单独制定规范。2020年8月,中国证监会发布了《公司债券发行与交易管理办法(征求意见稿)》。

(1)证券公司次级债。证券公司次级债是指证券公司向股东或机构投资者定向借入的清偿顺序在普通债之后的次级债务,以及证券公司向机构投资者发行的、清偿顺序在普通债之后的有价证券。2012年,中国证监会发布并实施《证券公司次级债管理规定》,对证券公司借入或发行次级债进行规范。

证券公司申请借入或发行次级债应符合的条件有:① 借入或募集资金有合理用途;② 次级债应以现金或中国证监会认可的其他形式借入或融入;③ 借入或发行次级债数额应符合以下规定:长期次级债计入净资本的数额不得超过净资本(不含长期次级债累计计入净资本的数额)的50%;净资本与负债的比例、净资产与负债的比例等各项风险控制指标不触及预警标准。

(2)保险公司次级债。保险公司次级债是指依照中国法律在中国境内设立的中资保险公司、中外合资保险公司和外资独资保险公司为了弥补临时性或者阶段性资本不足,经批准募集、期限在5年以上(含5年),且本金和利息的清偿顺序列于保单责任和其他负债之后、先于保险公司股权资本的保险公司债务。

中国银保监会依法对保险公司次级债的募集、管理、还本付息和信息披露行为进行监督管理。

根据 2018 年修正的《保险公司次级定期债务管理办法》的规定,保险公司偿付能力充足率低于 150% 或者预计未来 2 年内偿付能力充足率将低于 150% 的,可以申请募集次级债。

"保险公司申请募集次级债,应符合以下条件:① 开业时间超过 3 年;② 经审计的上年度末净资产不低于人民币 5 亿元;③ 募集后累计未偿付的次级债本息额不超过上年度末经审计的净资产的 50%;④ 具备偿债能力;⑤ 具有良好的公司治理结构;⑥ 内部控制制度健全且能得到严格遵循;⑦ 资产未被具有实际控制权的自然人、法人或者其他组织及其关联方占用;⑧ 最近 2 年内未受到重大行政处罚;⑨ 中国保监会规定的其他条件。"

(二) 发行方式

1. 金融债券

(1) 金融债券可在全国银行间债券市场公开发行或定向发行。

(2) 金融债券的发行可以采取一次足额发行或限额内分期发行的方式。发行人分期发行金融债券的,应在募集说明书中说明每期发行安排。发行人(不包括政策性银行)应在每期金融债券发行前 5 个工作日将相关申请文件报中国人民银行备案,并按中国人民银行的要求披露有关信息。

(3) 发行金融债券有时限要求,发行人应在中国人民银行核准金融债券发行之日起 60 个工作日内开始发行金融债券,并在规定期限内完成发行。

发行人未能在规定期限内完成发行的,原金融债券发行核准文件自动失效,发行人不得继续发行本期金融债券。

(4) 金融债券的发行应由具有债券评级能力的信用评级机构进行信用评级,金融债券发行后信用评级机构应每年对该金融债券进行跟踪信用评级。

(5) 发行金融债券时,发行人应组建承销团,承销人可在发行期内向其他投资者分销其所承销的金融债券。

2. 公司债券

(1) 证券公司次级债。

根据 2020 年修正的《证券公司次级债管理规定》,证券公司次级债券可在证券公司交易所或中国证监会认可的交易场所依法向机构投资者发行、转让。次级债券发行或转让后,证券公司应在中国证券登记结算有限责任公司或中国证监会认可的其他登记结算机构办理登记。

证券公司在银行间市场发行次级债券,应事先经中国证监会认可,并遵守银行间市场的相关规定。证券公司次级债券可由具备承销业务资格的其他证券公司承销,也可由证券公司自行销售。

证券公司发行减记债、应急可转债及其他创新类债务品种,参照适用本规定,其他监管规则另有规定的,从其规定。

(3) 保险公司次级债。

根据 2018 年修正的《保险公司次级定期债务管理办法》的相关规定,保险公司次级债募集人应当在中国保监会批准次级债募集之日起六个月内完成次级债募集工作,募集工作可以分期完成。

"保险公司募集的次级债金额不得超过中国保监会批准的额度。"

"募集人的单个股东和股东的控制方持有的次级债不得超过单次或者累计募集额的10%,并且单次或者累计募集额的持有比例不得为最高。募集人的全部股东和所有股东的控制方累计持有的次级债不得超过单次或者累计募集额的20%。"

"募集人可以自行或者委托具有证券承销业务资格的机构募集次级债。"

四、公司债和企业债的发行

(一) 公司债的发行主体资格

2015年1月以前,公司债券的发行由《公司债券发行试点办法》进行规范。发行主体仅限沪深交易所上市公司、证券公司和发行境外上市外资股的境内股份公司,除证券公司、创业板上市公司外,以公开方式发行公司债券需要保荐机构保荐、发审委审核、中国证监会核准。2015年1月15日,中国证监会发布并实施《公司债券发行与交易管理办法》,将发行主体扩大至除地方融资平台企业外的所有公司制法人,发行方式可以是公开发行也可以是非公开发行,公开发行需要中国证监会核准,但无须上发审委审核,也不再需要保荐机构保荐,同时将交易场所由沪深交易所扩大至全国中小企业股份转让系统。2020年3月1日,新《中华人民共和国证券法》正式生效。同日,沪深交易所发布《关于公开发行公司债券实施注册制相关业务安排的通知》,明确自该日起,公开发行公司债券(不含可转换公司债券)由交易所负责发行上市受理、审核,并由中国证监会进行发行注册。

1. 公开发行公司债的基本条件

根据《中华人民共和国证券法》的有关规定,公开发行公司债券,应当符合下列条件:① 具备健全且运行良好的组织机构;② 最近三年平均可分配利润足以支付公司债券一年的利息;③ 国务院规定的其他条件。

公开发行公司债券筹集的资金,必须按照公司债券募集办法所列资金用途使用;改变资金用途,必须经债券持有人会议作出决议。公开发行公司债券筹集的资金,不得用于弥补亏损和非生产性支出。

2. 上市公司公开发行债券的一般条件

根据《上市公司证券发行管理办法》规定,上市公司要公开发行债券(含可转债)的一般条件详见第五章《上市公司发行债券》相关内容。

3. 非公开发行公司债券的条件

非公开发行公司债券项目承接实行负面清单管理,承销机构项目承接不得涉及负面清单限制的范围。2019年12月,中国证券业协会修订了《非公开发行公司债券项目承接负面清单指引》,负面清单共16条,详见表6-3。

非公开发行公司债券募集资金应当用于约定的用途,除金融类企业外,募集资金不得转借他人。

表6-3 非公开发行公司债券发行主体负面清单

行 为 清 单	主 体 清 单
① 最近24个月内公司财务会计文件存在虚假记载,或公司存在其他重大违法行为	① 地方融资平台公司。地方融资平台公司是指根据国务院相关文件规定,由地方政府及其部门和机构等通过财政拨款或注入土地、股权等资产设立,承担政府投资项目融资功能,并拥有独立法人资格的经济实体
② 对已发行的公司债券或者其他债务有违约或迟延支付本息的事实,仍处于继续状态	
③ 存在违规对外担保或者资金被关联方或第三方以借款、代偿债务、代垫款项等方式违规占用的情形,仍处于继续状态	
④ 最近12个月内因违反公司债券相关规定被中国证监会采取行政监管措施,或最近6个月内因违反公司债券相关规定被证券交易所等自律组织采取纪律处分	② 国土资源部等部门认定的存在"闲置土地""炒地""捂盘惜售""哄抬房价"等违法违规行为的房地产公司
⑤ 最近2年内财务报表曾被注册会计师出具保留意见且保留意见所涉及事项的重大影响尚未消除,或被注册会计师出具否定意见或者无法表示意见的审计报告	③ 典当行
⑥ 因严重违法失信行为,被有权部门认定为失信被执行人、失信生产经营单位或者其他失信单位,并被暂停或限制发行公司债券	④ 未能同时满足以下条件的担保公司:经营融资担保业务满3年;注册资本不低于人民币6亿元;主体信用评级AA级(含)以上;近三年无重大违法违规行为
⑦ 擅自改变前次发行公司债券募集资金的用途而未做纠正	
⑧ 本次发行募集资金用途违反相关法律法规或募集资金投向不符合国家产业政策	
⑨ 除金融类企业外,本次发行债券募集资金用途为持有以交易为目的的金融资产、委托理财等财务性投资,或本次发行债券募集资金用途为直接或间接投资于以买卖有价证券为主要业务的公司	⑤ 未能同时满足以下条件的小贷公司:经省级主管机关批准设立或备案,且成立时间满2年;省级监管评级或考核评级最近2年连续达到最高等级;主体信用评级达到AA级(含)以上
⑩ 本次发行文件存在虚假记载、误导性陈述或重大遗漏	
⑪ 存在严重损害投资者合法权益和社会公共利益情形	

资料来源:《非公开发行公司债券项目承接负面清单指引(2019年修订)》。

(二) 企业债的发行主体资格

企业债券除法律和国务院另有规定外,须采用公开发行方式。目前仅有绿色债券、项目收益债券、债转股专项债项可以采用非公开方式发行。近几年关于企业债券出台的法规较多,更新较快,后续法规并未对之前的法规予以废止,而是以新规定的形式对之前法律相应条款规定进行更新。

对于目前公开发行企业债券应符合的一般条件,主要有以下要求:

(1) 具备健全且运行良好的组织机构。

(2) 最近3年平均可分配利润(净利润)足以支付企业债券1年的利息。

(3) 具有合理的资产负债结构和正常的现金流量。

(4) 筹集资金的投向符合国家产业政策和行业发展方向,所需相关手续齐全,包括主管机关批文、土地、环评等。

(5) 用于固定资产投资项目的,应符合固定资产投资项目资本金制度要求,原则上累计发行额不得超过该项目总投资的 70%;用于收购产权(股权)的,比照该比例执行;用于调整债务结构的,不受该比例限制,但企业应提供银行同意以债还贷的证明;用于补充营运资金的,不超过发债总额的 40%。

(6) 债券的利率由企业根据市场情况确定,但不得超过国务院限定的利率水平。

(7) 已发行的企业债券或者其他债务未处于违约或者延迟支付本息的状态。

(8) 最近 3 年没有重大违法违规行为。

(9) 最近 3 个会计年度连续盈利。

(10) 债券筹集资金必须按照注册的用途使用,不得用于弥补亏损和非生产性支出,也不得用于房地产买卖、股票买卖以及期货等高风险投资。

(11)(主体信用级别未达到 AAA 级的)资产负债率超过 85%,债务负担沉重,偿债风险较大的企业,不予注册发债,主体信用级别达到 AAA 级的,经研究可适当放宽要求。

(三)发行申报与注册程序

1. 公司债

(1) 公开发行公司债券的申请与审批。

主要包括实施尽职调查,以及按照中国证监会信息披露内容与格式的有关规定编制和报送公开发行公司债券的申请文件,并进行信用评级。

尽职调查指由承销机构开展公司债券承销业务时,机构及其业务人员对发行人的经营情况、财务状况和偿债能力等进行的一系列调查。尽职调查工作完成后,承销机构应当撰写尽职调查报告。尽职调查报告应当说明尽职调查涵盖的期间、调查内容、调查程序和方法、调查结论等。尽职调查报告应当对发行相关的内容是否符合相关法律法规及部门规章、是否建议承销该项目等发表明确结论。承销机构应当建立尽职调查工作底稿制度,尽职调查报告及尽职调查工作底稿应妥善存档,保存期限在公司债券债务关系终结后不少于 5 年。

公开发行公司债券,由证券交易所负责受理、审核,并报中国证监会注册。发行人应当按照中国证监会有关规定制作注册申请文件,由发行人向证券交易所申报。证券交易所决定是否受理并提出审核意见。审核通过后,将审核意见、注册申请文件及相关审核资料报送中国证监会履行发行注册程序。证监会应当自证券交易所受理注册申请文件之日起 3 个月内作出同意注册或者不予注册的决定。中国证监会作出注册决定后,主承销商及证券服务机构应当持续履行尽职调查职责;发生重大事项的,发行人、主承销商、证券服务机构应当及时向证券交易所报告。证券交易所应当对上述事项及时处理,发现发行人存在重大事项影响发行条件、上市条件的,应当出具明确意见并及时向中国证监会报告。中国证监会作出注册决定后、发行人公司债券上市前,发现可能影响本次发行的重大事项的,中国证监会可以要求发行人暂缓或者暂停发行、上市;相关重大事项导致发行人不符合发行条件的,可以撤销注册。

公开发行需要在发行前申请注册,非公开发行只需在发行后进行报备,具体的报送方式和材料由中国证券业协会发布的《非公开发行公司债券备案管理办法》作出规定。

上市公司发行可转换公司债券的申报程序包括董事会作出决议和股东大会批准并向中国证监会申报。可转换公司债券核准发行程序包括中国证监会受理、反馈会、初审会、发审会、封卷、会后事项、核准发行、发行与承销以及再次申请,与上市公司公开发行新股的程序完全相同。详见第五章《上市公司发行证券》相关内容。

（2）公司债券的发行和上市流程。

公开发行的公司债券，应当在依法设立的证券交易所上市交易，或在全国中小企业股份转让系统或者国务院批准的其他证券交易场所转让。可转换公司债券的发行人和主承销商可向上海证券交易所、深圳证券交易所申请上网发行。

公开发行公司债券，可以申请一次注册，分期发行。自中国证监会注册之日起，发行人应当在 12 个月内完成首期发行，剩余数量应当在 24 个月内发行完毕。公开发行公司债券的募集说明书自最后签署之日起 6 个月内有效。采用分期发行方式的，发行人应当在后续发行中及时披露更新后的债券募集说明书，并在每期发行完成后 5 个工作日内报中国证监会备案。

公司债券公开发行的价格或利率以询价或公开招标等市场化方式确定。发行人和主承销商应当协商确定公开发行的定价与配售方案并予公告，明确价格或利率确定原则、发行定价流程和配售规则等内容。

上市公司发行可转换公司债券只能采取公开发行的方式，详见第四章相关内容。

2. 企业债

中华人民共和国境内注册登记的具有法人资格的企业申请发行企业债券，按照《证券法》《公司法》《企业债券管理条例》《关于企业债券发行实施注册制有关事项的通知》等法律法规及有关文件规定的条件和程序，编制公开发行企业债券申请材料，经国家发展改革委注册。

2020 年 3 月 1 日，《国家发展改革委关于企业债券发行实施注册制有关事项的通知》指出，企业债券发行全面施行注册制，且要落实好省级发展改革部门监管职责。

按照 2020 年 3 月 1 日实施的《中华人民共和国证券法》的有关要求，企业债券发行由核准制改为注册制。国家发展改革委为企业债券的法定注册机关，发行企业债券应当依法经国家发展改革委注册。国家发展改革委指定相关机构负责企业债券的受理、审核。其中，中央国债登记结算有限责任公司为受理机构，中央国债登记结算有限责任公司、中国银行间市场交易商协会为审核机构。

按照注册制改革的需要，取消企业债券申报中的省级转报环节。债券募集资金用于固定资产投资项目的，省级发展改革部门应对募投项目出具符合国家宏观调控政策、固定资产投资管理法规制度和产业政策的专项意见，并承担相应责任。

（四）信用评级

与国债、地方政府债券等有政府信用为背书的债券不同，公司债券及企业债券的发行主体具有多元性，信用评级制度是市场化监督机制的重要组成部分，独立、公正、客观的信用评级对于债券市场的健康发展具有非常重要的作用。

1. 信用评级体系

债券的信用评级是由专门的信用评级机构根据发行人提供的信息材料，并通过调查、预测等手段，运用科学的分析方法，对拟发行债券资金使用的合理性和按期偿还本息的能力及风险程度所做的综合评价。债券信用评级的目的是将债券发行人的信誉和偿债的可靠程度向投资者披露，以保护投资者的利益，避免其因信息不对称而造成损失。

国际上有许多著名的证券评级机构，如美国穆迪公司、标准-普尔公司和惠誉国际信用评级有限公司。我国规模较大的信用评级机构有大公、中诚信、联合、上海新世纪。各个评级机构之间信用评级定义略有差异,根据债券风险程度的大小,债券的信用级别一般分为 10 个等级,最高是 AAA 级,最低是 D 级。如美国标准-普尔公司将债券的信用等级采用四等十一级制,且对于 AA 至 CCC 级别,可通过增加"＋"或"－"符号来表示评级在各主要评级分类中的相对强弱。其中 BBB 级以上为投资级,BBB 级以下称为投机级。

2. 信用评级主要依据

信用评级的主要依据是债券发行人的偿债能力、资信情况以及投资者承担的风险水平。债券获得的信用等级(债项级别)一般反映了两方面因素:一是债券发行人自身的信用风险,即主体信用等级;二是债券的特点,主要包括担保、抵押及债券的优先偿付次序等因素。

主体信用评级主要考察的因素有发行人基本的信用评价和支持评级。发行人基本信用评价主要包括宏观分析,即主要考察宏观环境及区域环境对发行人及其所处行业的影响。支持评级主要从股东支持和政府支持两个方面来考察发行人可获得的外部支持程度。

债项信用评价考察的基本因素有债券偿付的优先次序、担保措施和抵押措施。债券偿付的优先次序对不同债权人面临的违约损失有较大程度的影响,因此这一因素需要在债券信用评级时重点考虑。担保条款的设计和担保人的信用品质也是债项信用评级时需要重点考察的因素。如果发行的公司债券为设置抵押的债券,则对债券的信用评级还需考虑抵押品的价值、变现能力以及相应可能遇到的法律问题。

2019 年我国企业发行企业债及公司信用评级分布见图 6-7。

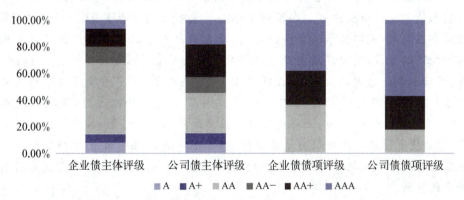

图 6-7　2019 年我国企业发行企业债及公司债信用评级分布

(资料来源:iFind)

> **案例分析**

五洋建设欺诈发行公司债券案

五洋建设是浙江绍兴市上虞区的一家大型民营房屋建筑企业。公司拥有房屋建筑工程施工总承包特级资质,曾获中国施工企业管理协会首批五十家"中国工程建设社会信用 AAA"企业称号。而正是这家被誉为绍兴市"建企航母"的企业,成为我国债券市场首例欺诈发行案的主角。

2015 年年中,五洋建设发行"15 五洋债"和"15 五洋 02"两期公募信用债,发行总额分别为 8 亿元、5.6 亿元，票面利率分别为 7.8% 和 7.78%，高于一般相同评级的同期债券利率。募集说明书公告称资金拟用于偿还公司金融机构借款，优化公司债务结构并补充营运资金。两期债券均由德邦证券承销并担任受托管理人，大公国际资信评估对债券主体和债项均给予 AA 级评级。

债券成功发行后，五洋建设开始暴露出公司治理与经营风险。2016 年 4 月 27 日，五洋建设因募集资金使用不规范、信息披露不充分被上交所通报批评。根据上交所公告，五洋建设将 10.48 亿元募集资金划往非关联公司浙江国通物资有限公司进行过账，之后上述款项中的 3.58 亿元和 4.01 亿元先后划入公司实际控制人陈志樟控制的企业五洋控股有限公司的银行账户；五洋建设子公司沈阳五洲商业广场发展因未决诉讼导致的预计负债为 1.4 亿元，但公司公告披露金额仅为 3 756.42 万元。2016 年 12 月起，五洋建设因涉及项目工程类纠纷，多次被纳入全国法院失信被执行人名单。因失信被执行名单未及时披露问题，"15 五洋债""15 五洋 02" 被停牌，信用等级也由 AA 级被下调为 AA-级。

种种预警信号出现后，"五洋债" 最终爆出大雷。2017 年 8 月 14 日，因未能按期完成回售和利息兑付，"15 五洋债" 发生实质性违约，"15 五洋 02" 触发交叉违约。证监会立即对五洋建设进行立案调查。

从财务报表上来看，公司盈利能力尚可，为何陷入违约风波？证监会调查结果显示，原来五洋建设并不符合公开发行债券的条件，而为达到融资目的，竟虚增净利润以骗取债券发行审核许可。在编制用于公开发行公司债券的 2012 年至 2014 年年度财务报表时，五洋债券违反会计准则，通过将所承建工程项目应收账款和应付款项 "对抵" 的方式，同时虚减企业应收账款和应付账款，导致上述年度少计提坏账准备、多计利润。通过以上方式，五洋建设 2012 年至 2014 年年度虚增净利润分别不少于 3 052.27 万元、6 492.71 万元和 15 505.47 万元。除此之外，募集说明书显示，截至 2015 年 3 月 31 日，五洋建设投资性房地产 38.93 亿元，占总资产的比例为 39.55%。投资性房地产应以公允价值计量，而五洋建设在东舜百货和华联商厦两处投资性房地产入账依据均为房地产价值咨询报告。通过此举五洋建设达到了虚增资产的目的。

证监会认为五洋建设存在以虚假申报文件骗取公开发行公司债券核准、非公开发行公司债券披露的文件存在虚假记载、未按规定及时披露相关信息等违法事实，先后对五洋建设及相关责任人、中介机构做出相应处罚。2018 年 7 月，证监会对五洋建设及 21 名相关责任人作出行政处罚决定，要求五洋建设责令改正，给予警告，并处以罚款 4 140 万元；对相关责任人员给予警告并合计罚款 254 万元，并且对直接负责的主管人员作出市场禁入决定。2019 年 11 月，证监会下发行政处罚决定书，因未充分核查五洋建设应收账款、投资性房地产等问题，德邦证券被责令改正，给予警告，没收非法所得 1 857.44 万元，并处以 55 万元罚款；时任相关负责人给予警告，处以罚款 25 万元，撤销证券从业资格，项目组成员给予警告，处以罚款 15 万元。

小　结

1. 债券是社会各类经济主体为了筹集资金而按照法定程序发行,并约定在一定期限内向债券投资者还本付息的有价证券。债券具有偿还性、流动性、安全性和收益性,债券种类繁多,通常可以分为国债、政府债券、金融债券和公司债券。
2. 债券的价值或债券的内在价值是指债券未来现金流入量的现值,即债券各期利息收入的现值加上债券到期偿还本金的现值之和。对于含权债券估值,可以将其价值近似地看作是普通债券与股票期权的组合。
3. 我国国债发行市场经过不同时期的发展,最终形成竞争性投标与非竞争性投标相结合的发行方式,经历了向发行市场化方向发展的循序渐进的过程。目前,凭证式国债发行完全采用承购包销方式,储蓄国债发行可采用包销或代销方式,记账式国债发行完全采用公开招标方式。地方政府一般债券实行限额管理,发行利率通过承销、招标等方式确定。金融债券可在全国银行间债券市场公开发行或定向发行,金融债券的发行可以采取一次足额发行或限额内分期发行的方式。公司债可以公开发行也可以非公开发行,公开发行需要交易所审核并报请中国证监会注册。企业债券除法律和国务院另有规定外,须采用公开发行方式。

习　题

1. 简述我国债券的主要种类及特征。
2. 债券的基本特征和要素有哪些?
3. 储蓄国债、凭证式国债与记账式国债的区别是什么?
4. 简述荷兰式、美国式和混合式招标规则的特征,我国国债招标采用的是什么模式?
5. 地方政府一般债和地方政府专项债在发行条件上有什么区别?
6. 公司债及企业债对发行主体财务状况有哪些要求?
7. 简述可转换债券的估值模型。

第七章

兼 并 与 收 购

教学目的与要求

兼并与收购是投资银行的重要业务。通过本章学习,了解并购的概念、分类、动因和发展历程,熟悉并购业务的基本流程,理解事前预防性反收购措施和事后反收购策略,掌握我国上市公司要约收购、协议收购和间接收购的信息披露要求。

随着经济全球化的深入,产业整合的加强和融资工具的不断创新,企业兼并与收购需求出现快速增长,兼并与收购业务越来越成为投资银行的重要业务。

第一节 兼并收购概述

一、并购相关概念

兼并(Merger)与收购(Acquisition)是指企业通过合并与收购的方式实现自身资本与结构的扩张性重组,使企业价值得到进一步提升的经济行为。两者在含义上有一定的差别。

1. 兼并

兼并又称合并,是指两家或两家以上公司并为一家公司的经济行为。根据合并后的公司与原公司之间的关系,公司合并可以分为吸收合并和新设合并。一家公司吸收其他公司为吸收合并,被吸收的公司解散。两个以上公司合并设立一个新的公司为新设合并,合并各方解散。在吸收合并情况下,吸收方保留法人地位,而另外一家或几家企业被合并后丧失了独立的法人资格,被吸收方的资产、负债全部由存续公司承担。一般来讲,吸收合并在程序上更快捷,可以节约一定的时间和资金成本。而在新设合并情况下,两家或两家以上的公司合并后,成立一家新的公司,参与合并的各原有公司均取消法人地位,其资产、负债并入新设公司。相对于吸收合并来讲,新设合并相应的程序较复杂,时间及资金成本相对更高。

2. 收购

收购是指一家企业以购买全部或部分股票(或资产)的方式购买另一企业的全部或部

分所有权。收购是通过取得控股权而成为一家公司大股东的过程,其涵盖的内容较广,最终的结果可能是收购方获得目标公司的全部资产或股份,从而将其合并;也可能是收购方获得目标公司较大一部分股份或资产,从而控制该企业。收购的最终目标是获得对目标企业的控制权。

二、并购类型

并购是实现企业扩张的一种快速有效的途径,常伴随着企业的发展而发生。企业并购主要有以下几种分类。

（一）按并购企业间市场关系分类

从并购各方所处行业间的关系,可以将并购分为横向并购、纵向并购和混合并购三类。

1. 横向并购

横向并购是指两个或两个以上同行业或从事同类业务活动的企业之间的并购。横向并购对企业发展的价值在于可以弥补企业资产配置的不足,通过规模效应降低生产成本,提高市场份额,从而大大增强企业的竞争力和盈利能力。这种并购方式是企业获得优质资产、削减成本、扩大市场份额的一种快捷方式,其优点是可以减少竞争对手,快速实现企业生产的规模经济,进而提高企业效益。

横向并购的理论基础有协同效应理论和规模经济理论等。实施横向并购有一定的前提条件,即并购企业和目标企业在经营模式、产品和市场等方面有相同或相似之处,这是规模效应产生的前提。同时,并购的积极效应能否得到有效发挥取决于并购企业是否有能力将各方的经营资源有效融合。横向并购可以增强企业对某一产品或市场的垄断控制,所以横向并购也经常受到各国反垄断法律的限制。横向并购是早期企业间发生兼并与收购的主要模式,在美国、英国、德国等国家一直较为流行。

2. 纵向并购

纵向并购是指从事相关行业或同一项生产活动但处于不同生产阶段的企业之间的并购。纵向并购通常发生在生产过程或经营环节相互衔接、密切联系的企业之间,纵向并购的企业之间不存在直接的竞争关系,而通常是产业链上下游之间的关系。根据收购产业链上下游企业的不同,可以将纵向并购分为前向并购和后向并购,前者指对上游企业的收购,后者是指对下游企业的收购。

纵向并购的理论基础有交易费用理论等。纵向并购通过市场交易行为内部化,有助于减少由原材料上涨或下游议价带来的交易成本的提高,通过并购将外部交易费用内部化,从而降低交易费用。同时,纵向并购有利于通过对原材料和销售渠道的控制,进行协同化生产,改善生产经营流程,节省交易费用。此外,纵向并购还易于设置进入壁垒,提高企业竞争力。

3. 混合并购

混合并购是指从事不相关业务类型经营活动的企业之间的并购。与横向或纵向并购不同,参与并购的企业之间既非竞争对手,又不是潜在的客户或供应商。通过混合并购,企业可以生产一系列不同的产品和服务,从而实现多元化经营战略。

混合并购的积极作用在于降低企业进入新经营领域的难度,通过多元化经营可以分散风险,增强企业的应变能力。混合并购的理论基础有多元化经营理论等。多元化经营理论认为企业通过把经营领域拓展到与原经营领域相关性较小的行业,当其中的某个领域或行业经营失败时,可以通过其他领域内的成功经营而得到补偿,从而降低整体经营风险,保证整个企业的收益率。但混合并购多元化经营战略的弊端也很明显,多元化经营的最初动因是为了分散风险,但仅仅依靠多元化经营并不足以分散风险,因为企业资源分散会带来管理成本增加、核心业务竞争实力弱化等问题,多元化本身也可能增加风险。因此,混合并购是最受争议的一种并购类型。

(二) 按并购目的分类

按照并购目的的不同,可以将并购分为战略并购和财务并购。

1. 战略并购

战略并购是指出于企业发展战略利益的考虑,以获取协同效应为目标的并购。并购双方以各自核心竞争优势为基础,立足于双方的优势产业,通过优化资源配置的方式,在适度范围内强化主营业务,以形成资源互补的协同效应,最终实现价值增值。

战略并购是企业出于自身长期发展战略而采取的一种决策,而非追求短期规模的扩大。战略并购面临的主要风险是并购后能否优化企业经营水平、提高资源互补效率和改善产业结构。所以在进行决策时不仅要考虑并购企业的发展战略与自身条件,还要考虑目标企业的状态,以及国家产业政策、金融政策、法律环境、制度环境与市场竞争结构等外部环境的变化。

2. 财务并购

财务并购是指受到筹资动机驱动而发生的并购。并购活动成为并购方的一项财务战略,整个过程中并不强调通过改善公司运营而提升公司业绩,而在于通过资本运作或价值发现来提升资产价值。

财务并购可以分为资产重组型财务并购和价值发现型财务并购两种类型。资产重组型财务并购是指并购方对目标公司进行大规模甚至整体资产置换,通过改变目标公司主营业务并将收购方资产注入目标公司的方式来改善目标公司业绩。价值发现型财务并购是指并购方通过收购价格被市场低估的公司股份,待市场价格上涨回归其内在价值时再将其卖出,通过买卖价差来赚取利润。价值发现型财务并购的目的是为了在未来时点卖出,并购方往往会通过杠杆收购方式降低自有资金占用。

(三) 按并购双方立场分类

按照并购双方的意愿不同,可以将并购划分为善意并购和敌意并购。

1. 善意并购

善意并购是指并购公司事先与目标公司协商,征得其同意并就收购条件达成一致而完成收购活动。善意并购是在双方自愿、合作、公开的前提下进行的,双方共同协商购买条件、购买价格、支付方式和收购后企业的地位及被收购企业人员的安排等。

善意并购有利于降低并购行为的风险与成本,使并购双方能够充分交流、沟通信息,同时善意并购还可以避免目标公司的抗拒而带来的额外成本。但是,善意并购中为了达成一致,可能需要漫长的协商过程,较长的时间可能会使并购行为丧失部分价值。

2. 敌意并购

敌意并购是指收购公司在未经目标公司董事会允许,不管对方是否同意的情况下,所进行的收购活动。当事双方采用各种攻防策略完成并购行为,双方强烈的对抗性是其基本特点。

由于敌意并购并非是通过协议的方式来进行的,所以除非目标公司的股票流通量高,股权较分散,且容易在市场上吸纳,否则完成敌意并购的难度较大。这对收购方的资金支持要求较高,在较大规模的并购活动中,商业银行或投资银行往往提供短期融资。同时,被收购公司在得知收购公司的收购意图之后,可能采取一些反收购措施,如发行新股票以稀释股权,寻找"白衣骑士"等,这都将增加收购的成本,降低收购成功率。

(四)按照持股对象是否确定划分

这种分类方式是特别针对上市公司而言的,按照持股对象是否确定,我国的上市公司进行收购会采用要约并购或者协议并购两种方式。

1. 要约并购

要约收购是指并购人为了取得上市公司的部分股权或控制权,通过向所有股票持有人发出购买目标公司股份的并购要约,完成收购上市公司股份的并购模式。要约收购是一种特殊的证券交易行为,收购要约需要写明收购价格、数量及要约期间等收购条件。

要约并购最大的特点是在所有股东平等获取信息的基础上由股东自主做出选择,因此被视为完全市场化的规范的收购模式,有利于防止各种内幕交易,保障了全体股东尤其是中小股东的利益。

2. 协议并购

协议并购是指投资者在证券交易场所之外与目标公司的股东(主要是持股比例较高的大股东)就购买目标公司的股票价格、数量等方面进行私下协商,以期达到对目标公司的控股或兼并的目的。

协议收购是收购者与目标公司的控股股东或大股东本着友好协商的态度订立合同收购股份以实现公司控制权的转移,所以协议收购通常表现为善意的行为。而要约并购通过公开证券市场进行,并不需要征得目标公司的同意。此外,要约收购只能通过证券交易所的证券交易进行,而协议收购则在场外通过协议转让股份的方式进行。

三、并购动因

并购活动在企业的发展中发挥着关键性的作用,公司管理层和投资银行在做出并购决策时,会对其进行全方位的考量。接下来,介绍具有代表性的企业并购理论。

(一)效率理论

效率理论认为公司并购活动能够给社会收益带来一个潜在的增量,而且对交易的参与者来说也能提高各自的效率。以该理论为依托,效率理论又可以划分为效率差异理论、经营协同效应理论、财务协同效应理论和多元化经营理论。

1. 效率差异理论

效率差异理论认为并购活动产生的原因在于交易双方的管理效率不同。由于效率差异理论是从企业管理效率来分析的,所以效率差异理论也被称为管理协同效应假设。因为在现实中存在高管理效率企业和低管理效率企业，那么通过高效率企业并购低效率企业，就可以提高并购后企业的效率。

最典型的效率差异并购案例就是海尔吃"休克鱼"。海尔总裁张瑞敏曾提出吃"休克鱼"来谋求企业发展，他认为国外大鱼吃小鱼、快鱼吃慢鱼的并购思路不适合我国市场，但是企业可以通过吞并"休克鱼"来加速发展。"休克鱼"是指硬件条件很好但是管理不良，由于经营不善而落后于市场的企业，这些企业一旦有一套行之有效的管理制度，就能很快发展起来。

海尔在 20 世纪 90 年代，先后合并了青岛电冰柜总厂、青岛空调器总厂，改组了红星电器，最终组建海尔集团。海尔除了对并购企业投入资金，还将海尔的企业文化和 OEC 管理体系移植到被兼并企业中，使得海尔集团进入了飞速发展时期。

出于追求企业管理效率动因进行的并购的最大风险在于管理融合，若管理不能有效地融合，非但不能提高企业效率，还有可能造成管理成本的上升，造成"1＋1＜2"的情形。

2. 经营协同效应理论

经营协同效应指的是并购给企业生产经营活动在效率方面带来的变化及效率的提高所产生的效益，通过并购改善公司的经营，从而提高公司整体效益。产生经营协同效应的主要原因是规模经济效应、经营优势互补效应和纵向一体化效应。

规模经济是指随着企业生产规模的扩大，单位产品所负担的固定费用下降从而使得收益率提高。显然，规模经济效应的获取主要是针对横向并购而言的，两个产销相同或相似产品的企业合并后，有可能在经营过程的供、产、销任何一个环节和人、财、物任何一个方面获取规模经济效应。

经营优势互补效应是指通过兼并收购把双方的优势融合在一起，既包括原来各公司在技术、市场、专利、产品管理等方面的特长，也包括优秀的企业文化。

纵向一体化效应主要是针对纵向并购而言的，将同一行业处于不同发展阶段的企业合并在一起，可以获得不同发展水平的更有效的协同。通过纵向联合，可以减少商品流转的中间环节，节约交易成本；可以加强生产过程各环节的配合，减少重复成本；还可以极大地节约营销费用。

3. 财务协同效应

财务协同效应是指在企业并购发生后，通过将收购企业的低资本成本的内部资金投资于被收购企业的高效益项目上，从而提高资金使用效益。

从企业的生命周期来看，那些发展时间较长，已进入成熟期或衰退期的企业，往往有相对富裕的现金流入，但是缺少合适的投资机会。与此同时，有些新兴企业增长速度较快，具有良好的投资机会，但是外部融资的资金成本较高，加之企业负债能力差，获取资金的途径非常有限，因此特别需要资金。在这种需求互补的情况下，企业并购成为可能。通过并购，成熟企业可以提高企业资金的效益，新兴企业得到了充裕的低成本资金，提高了整体的财务运作效率。

除此之外，企业并购后可以通过精简机构来节约公司管理费用，这也是一种财务协同效应。

4. 多元化经营理论

多元化经营理论认为通过并购可以实现经营业务的多元化,减少企业经营的不确定性和避免破产风险,从而保护企业的组织资本和声誉资本。

根据马科维茨的资产组合理论,多元化持有资产可以防范资产的个体风险,降低因个体差异形成的非系统性风险。应用在企业并购中,则表现为企业通过多元化经营,降低因公司经营的单项产业失败给管理者、雇员和股东带来的风险。同时如前所述,多元化经营也存在诸多弊端。

(二) 税收驱动理论

税收驱动理论认为,并购是由于一家企业有过多的账面盈余需要承担高额税收,为减轻税收负担而采取的行为。这时,有过多账面盈余的公司可以通过收购一家亏损公司减少应纳税额,从而减轻税负。

要实现并购的合理避税,需要在本国的税法下采取合理的财务处理。一般税法中会设置亏损递延条款,也就是公司在一年中出现亏损,该企业不但可以免交当年的所得税,亏损还可以向后递延,以抵消后续年份的盈余,进而企业可以按抵消后的盈余缴纳所得税。

各国对于亏损企业税收优惠的具体规定存在差异。如美国税法规定,一个当年出现亏损的企业不但可以免付当年的所得税,还可以向后递延,最多可以抵消以后 15 年的盈余,企业按照抵消后的盈余缴纳所得税。但是我国的税法规定:① 企业纳税年度发生的亏损准予向以后年度结转并用以后年度的所得弥补,但结转年限最长不得超过五年;② 分公司的盈利或亏损需要并入到总公司中进行所得税计算,但子公司作为独立法人,不可并入母公司利润中进行所得税计算;③ 转让整体资产、资产置换时,转让受让双方亏损应各自在税法规定年限内弥补,不得结转;④ 企业之间发生合并,被合并企业以前年度的亏损,不得结转到合并企业弥补。但是对于企业重组同时符合特定条件的,可以使用特殊性税务处理规定来结转被并购企业的亏损。

需要注意的是,在选择亏损公司进行并购时,也需要考虑标的公司及所处行业的发展前景,否则可能会面临较大的风险。

此外,在并购环节中,税负也是并购设计时着重考虑的因素。如在并购融资环节,股权融资虽然不会给并购企业带来负债压力,但是后期支付股利时并不能在税前扣除,相比之下,债券融资产生的利息可以在税前抵扣,一定程度上减轻了企业的税负。在支付环节,若采用现金支付,企业需要支付这一过程中涉及的增值税、所得税、营业税以及城建税等相关税费。而股票支付不涉及现金收付,是一种免税的并购,并购双方都无需缴纳所得税。

(三) 代理理论

代理理论是公司金融学及管理学中常被提及的概念,代理理论主要涉及企业资源提供者与资源使用者之间的契约关系。按照代理理论,经济资源所有者是委托人,负责使用以及控制这些资源的经理人员是代理人。

从管理者的角度来看,公司的发展让经理层获得更高的收入和地位,所以相比于企业实际的投资回报率,他们更加追求企业规模的增长,追求高回报的期权收益和短期效应。

此外，在信息不对称的情况下，可能会产生一定的道德风险，比如高管利用自身权力进行超额消费，这是损害公司股东长期利益的行为。前面提到的效率理论和税收效应理论，都是基于一个基本假定：企业以追求利润最大化为目标。但是代理理论以现代化管理理论为基础，从经理人利益和股东解决代理问题的需要来解释企业的并购活动。

代理理论对企业并购动因的解释可归纳为以下三点：

1. 降低代理成本

这种解释是从公司所有者的角度来看的，即收购事实上可以提供一种控制代理问题的外部机制。当目标公司代理人有代理问题产生时，收购或代理权的竞争可以降低代理成本。如果一家公司经常面临被收购的危险，那么管理者就可能时常面临被替换的风险，在这种压力下，管理层会更加努力工作。也就是说，公司股东的监督成本会下降。

2. 经理主义

经理主义认为代理人的报酬与公司的规模挂钩，因此代理人有动机通过收购来扩大公司规模，而忽视公司的实际投资收益率。通过大笔并购，扩大企业规模，可能会给职业经理人带来声誉的提高。也就是说，在经理主义下，企业大量并购可能是公司管理层为了自身利益而做出的损害股东利益的决策。

3. 自大假说

自大假说认为并购的发生更多来源于公司部分决策者的自大，并购企业决策者过多地关注目标企业的未来价值，从而忽视或有意回避两家公司合并后可能产生的负面协同作用。决策者往往自以为是地认为自己对公司的估值比市场做得更好，才会导致收购公司愿意付出溢价去并购目标公司。

这种假说一定程度上解释了并购市场的"赢者诅咒"现象，即并购公司对目标公司支付的并购溢价最终被市场证明是过度支付，进而给股东的财富造成损失。

四、并购发展历程

（一）全球并购浪潮

19世纪末至今，学术上一般认为全球爆发了五次并购浪潮。其中美国是企业并购集中出现的地方，几乎每次并购浪潮都是从美国兴起，进而对全球大型公司和跨国企业格局产生影响。每一次并购浪潮都带来了产业结构和经济结构的调整，对全球经济发展发挥着重要的推动作用。

19世纪末—20世纪初出现了第一次并购浪潮，以横向并购为主。并购主要发生在经济发展较充分的美国、英国、德国等国家。其首先发生在铁路、冶金、石化、机械和公用事业等部门，后波及其他行业和其他地区。

20世纪20年代左右出现了第二次并购浪潮。在这段时期，由于反垄断法的出台限制了企业以扩大公司规模为主要目的的横向并购，企业并购以纵向并购为主。并购主要发生在汽车、化工、电气、飞机制造等领域。在第二次并购浪潮中，投资银行在融资等方面发挥了至关重要的作用。

20世纪60—70年代出现了第三次并购浪潮。鉴于美国反托拉斯、反垄断的严格监管，本次并购以跨行业并购、多元产业发展的混合并购代替了横向并购和纵向并购。并购主要发生在电子计算机、激光、宇航、核能和合成材料等行业。

20世纪80年代出现了第四次并购浪潮。以投资银行创新融资工具(垃圾债券、过桥贷款等)带来的杠杆并购为鲜明特点,并购与反并购策略快速发展。在此次并购浪潮中,并购形式也呈现多样化趋势,横向、纵向、混合并购交替出现。

20世纪90年代出现了第五次并购浪潮。经济全球化和一体化进程不断推进,跨国并购作为对外直接投资(FDI)的方式之一,成为此次并购浪潮的主要特征。并购对象的行业分布相当广泛,其中汽车行业并购尤为突出,使得全球汽车行业的市场集中度大幅提高。

(二) 我国并购历史

1989年我国出台了第一部关于企业并购的法律《关于企业兼并的暂行办法》,推动了我国企业的并购活动。

1993年深宝安通过上海证券交易所大量买入上海延中实业有限公司的股票,拉开了中国上市公司并购的序幕,同时也开创了企业通过股票二级市场收购上市公司的先河。随后出现上实并购联合、恒通收购棱光、大港收购爱使、中远收购众城、光大收购玉柴等一系列并购事件。截至1997年,我国证券市场因实施资产重组、并购、股权转让而发布公告的并购案件超过150起。这时期的并购交易主要呈现以下几个方面的特点:一是并购的动机主要是想通过借壳上市获取融资渠道;二是以国有股、法人股的协议转让收购方式为主;三是投资银行在并购交易的作用逐渐增强。

1999年6月,清华同方换股吸收合并淄博小盘上市的鲁颖电子开创了我国换股吸收合并的先河,之后出现了东方电气吸收合并东方锅炉,第一百货吸收合并华联商厦,中国玻纤换股吸收合并巨石集团,中国铝业吸收合并山东铝业、兰州铝业、包头铝业,东方航空换股吸收合并上海航空等大量并购案例。

2003年复星集团收购南钢集团,从而间接收购南钢股份,是我国证券市场上第一例要约收购案例。之后出现熔盛重工要约收购全柴动力、恒大要约收购嘉凯城、恒天源要约收购贝因美等。据不完全统计,2003—2016年,我国资本市场共发生74起上市公司要约收购案例。

自2001年开始,我国政府相继出台了多部关于企业并购的法律法规,完善了企业并购交易市场机制。2001年,中国证监会发布《关于上市公司重大购买、出售、置换资产若干问题的通知》,中国证监会、财政部和国家经贸委共同发布《关于向外商转让上市公司国有股和法人股有关问题的通知》。2002年,中国证监会发布《上市公司股东持股变动信息披露管理办法》以及《上市公司收购管理办法》。这些规范与《证券法》和《公司法》一起形成了我国上市企业并购法律框架,对于遏制虚假重组的发生、增强企业并购交易的透明度、活跃我国并购交易市场、开创我国企业并购交易新局面,发挥了重要作用。

随着我国并购市场的不断规范和经济的发展,企业通过并购寻求价格增值的诉求越来越强,我国并购市场规模近年呈现快速增长趋势。根据中国并购库数据,2019年中国企业境内并购(交易买方及标的方均为境内公司)和出境并购(交易买方为境内公司,标的方为境外公司)共发生交易金额2.28万亿元。从行业来看,2019年工业、金融、材料等行业并购相对活跃。从并购方式来看,中国企业仍以协议收购为主,其次为增资和发行股份购买资产。从并购目的来看，横向并购仍是主流，其次是多元化战略和资产调整。在我国，现金仍是最主要的支付方式，其次是股权、股权＋现金支付方式。

另外，根据中国证券业协会发布的《2018年证券公司会员经营业绩排名情况》，2018年度，我国证券公司并购重组财务顾问业务收入最高的是华泰证券，共4.4亿元，其次是中金公司、中信证券和中信建投。并购重组财务顾问业务收入前5名的券商市占率达到42.59%，前10名券商市占率达60.96%，相较于2017年集中度有所下降（见表7-1）。

表7-1 我国证券公司并购重组财务顾问业务收入排名

序号	2018年			2017年		
	公司名称	并购重组财务顾问业务收入（万元）	市占率	公司名称	并购重组财务顾问业务收入（万元）	市占率
1	华泰证券	44 047	19.43%	华泰证券	72 825	19.43%
2	中金公司	29 467	14.11%	中信建投	52 904	14.11%
3	中信证券	20 304	9.59%	中金公司	35 963	9.59%
4	中信建投	17 193	8.38%	广发证券	31 401	8.38%
5	海通证券	12 593	5.96%	中信证券	22 334	5.96%
6	国金证券	11 938	5.63%	招商证券	21 109	5.63%
7	东方证券	11 116	4.84%	西南证券	18 161	4.84%
8	国信证券	10 804	3.35%	国泰君安	12 570	3.35%
9	广发证券	9 850	2.65%	国金证券	9 939	2.65%
10	国元证券	9 575	2.21%	光大证券	8 298	2.21%
CR5		42.59%			49.19%	
CR10		60.96%			68.78%	

数据来源：中国证券业协会。

第二节 并购的基本流程

并购是一项复杂的活动，并购方需要在充分了解自身状况和需求的情况下，从选择目标公司开始，从融资安排、时机选择、支付方式、整合管理等多方面对并购行为进行交易设计。一般来讲，公司会在并购开始前选取一家经验丰富的投资银行作为并购顾问，在计划设定、过程安排及后续服务等方面寻求帮助。

一、选择并购目标

并购方管理层首先要了解自身的状况，并对自己的需求进行评估。然后对潜在的并购对象进行全面、详细的调查，这是并购成功的基础。

(一) 筛选目标公司

在筛选并购目标时,可以从公开证券市场直接筛选。比如选择目前价值被低估的上市公司,或者根据上市公司业务和财务特征选取合适的上市壳资源等。还可以针对目标公司的行业、规模、财务指标、地理位置等具体因素做出条件限制,以缩小标的公司范围。除此之外,并购方还可以从产权交易市场、司法拍卖市场等多种渠道寻找合适的目标公司。

在并购过程中可能会涉及一系列的法律和金融具体事务,公司在筛选标的时可以寻求投资银行家、律师和会计师等专业人士共同参与。

(二) 对目标公司进行初步调查

并购方通过各种渠道和途径筛选出一批候选目标公司后,需要对公司做初步调查,然后对重点标的进行详细调查。

在对目标公司进行调查时,需要对其经营、财务、技术、管理、税务、反收购等进行全方位评价。整个调查尽量谨慎、隐秘,综合运用实地考察、问卷调查等多种方法,以得到真实的评价。

在法律方面,需要考量并购标的是否满足反垄断法的要求,标的公司产权的完整性和真实性。此外,还要考虑目标公司是否存在潜在的法律风险,如目标公司以前是否存在违法违规现象,现有合同的法律纠纷和潜在风险等。一般在整个过程中,并购方会请专门的律师事务所做出评价,并出具法律意见书。

在财务方面,要重点调查目标公司近几年的财务状况,并对以后年度财务状况做出预测。通过对目标公司资产负债表、利润表和现金流量表中的关键指标进行分析,了解目标公司偿债能力、盈利能力和增长潜力等。此外,由于公司的股权集中程度、股权流动性高低会在很大程度上影响后续并购成功的可能性和交易结构设计,因此还要了解目标公司的股权结构。

在主营业务方面,需要了解公司所处产业是否符合国家产业政策,政府对行业并购的管制程度,以及企业所处行业的竞争情况和目标公司所处竞争地位。同时,还要了解目标公司所处行业的技术情况,评估其装备水平、工艺先进性、产品质量和人才储备情况。

除此之外,了解目标公司的意愿也是非常重要的。若目标公司有强烈的反收购意愿和准备,可能会给后续进展带来较多麻烦。同时,研究目标公司的反收购策略可以为后续收购提供支持,反收购调查主要是对公司章程中相关规定及毒丸计划、降落伞计划等协议进行调查。

(三) 选定目标公司

基于以上的筛选和调查,并购方就可以选定并购标的。标的公司的选择需要符合并购方的战略要求,并与并购方自身规模相适应,能够在并购后进行企业文化融合,产生协同效应,为企业带来新的增长潜力。

二、目标公司估值定价

选定了要并购的目标对象后,接下来要考虑的问题是以什么价格收购。对于目标公司的估值是在对其进行了详细全面的尽职调查基础之上展开的。公司价值评估有很多的方法,详见第二章内容。

三、制定融资方案

对于现金流充足、利用自有资金进行并购的公司来讲,并不存在融资的问题。但通常情况下,公司在并购时需要在权衡资金成本和财务风险的基础上,根据实际情况选择一种或多种融资方式的组合。

(一) 利用银行贷款融资

银行贷款筹资是公司收购时经常采用的一种融资方式,但是银行贷款一般有严格的审批手续,对贷款的期限和用途也有一定的限制。所以,并不是所有的公司都可以通过银行贷款及时获得并购所需资金。此外,一国的信贷政策也可能会给企业融资带来阻碍。

(二) 通过股票、债券及其他有价证券融资

通过发行股票、债券或其他证券的形式融资都属于公司直接融资,而随着我国多层次资本市场的建立和完善,企业通过资本市场直接融资变得越来越常见。

对于上市公司来讲,通过配股、增发等再融资手段筹集资金是常见的一种并购融资方式,该方式一般来讲可以获得较大规模的资金以满足并购需要。但是对上市公司再融资,我国对其经营状况、盈利能力、治理水平等有较明确的要求,详见第五章内容。

通过再融资,一方面,公司可以获得资金,来满足并购资金需求;另一方面,很多公司通过定向增发股票的方式,向目标公司的股东增发本公司股票,以购买目标公司的资产。但如果增发股票量较高,可能会稀释公司原股东的控制权,所以需要考虑公司股东的意愿和时间因素。

除了股权融资之外,公司还可以选择发行债券或可转换债券等有价证券进行融资。在进行融资决策时,要考虑公司目前的资本结构、融资成本和公司未来的现金流情况等多种因素。

(三) 杠杆收购融资

杠杆收购(Leveraged Buyout, LBO)是一种特殊的收购方式,"杠杆"含义的来源就在于其收购的融资环节。杠杆收购是指利用大量负债进行收购,其特殊之处不仅仅在于其采用了负债的方式来融资,更在于债务偿还的模式:杠杆收购的收购方主要通过借债获得另一家公司的控制权,然后用该公司的现金流偿还负债。交易过程中,收购方的现金开支降至最低程度。

在进行杠杆收购时,主要有以下几个关键步骤:

1. 设立 SPV 主体

杠杆收购要想成功,在实际操作中往往需要通过特殊目的载体(Special Purpose Vehicle, SPV)来实现。由于在杠杆收购中,并购方希望以目标公司的现金流偿还负债,所以要完成负债主体的转移。一般来讲,收购方不会直接收购目标公司,而是会设立一家专门用于杠杆收购的 SPV 并控股,然后以 SPV 为融资主体和并购主体去完成杠杆收购。这样一方面可以进行风险隔离,另一方面还可以直接通过 SPV 实现融资、合并和偿债的整个过程。

2. SPV 进行外部融资

杠杆收购中需要借助大量的金融工具,一般来讲,在融资结构中占比最大的是银行贷

款,其次是垃圾债券,另外还有过桥贷款、股权资本等。

(1) 优先债务。优先债务是一级银行贷款,属于杠杆收购融资体系中的上层融资工具,这种债务在融资结构中占比基本在50%以上。通常这种优先债务由多家银行组成银行集团来提供,其他非银行金融机构如保险公司等也会参与。为了商业银行经营的稳健,优先债务一般对于杠杆收购的贷款条件、额度和利率都有一定的限制。之所以称之为优先债务,是因为这部分债务有求偿的一级优先权,所以风险较小,但收益率在杠杆融资体系中也最低。

(2) 垃圾债券。垃圾债券是指信用评级低的企业所发行的债券。一般而言,低于标准普尔公司BBB级或穆迪公司Baa级的债券属于低信用评级债券。与通常的债券不同,垃圾债券并不是严格意义上的抵押债券,它是以未来的资产或收益作保证的,所以存在着巨大的不确定性,如果收购不成功,就蕴藏巨大偿债风险。由于垃圾债券的风险较高,流动性较差,所以一般采取私募的形式发行。由于其清偿顺序在银行贷款与股权之间,所以垃圾债券也被称为"夹层资金"。

(3) 过桥贷款。过桥贷款是由投资银行等金融机构提供的过渡性贷款,一般期限很短。过桥贷款是为并购交易双方"搭桥铺路"而提供的款项,可以理解为金融机构向借方提供的一项临时或短期借款,由收购者日后发行垃圾债券或收购完成后以资产、现金流偿还。它的形式可以是定期贷款,也可以是循环信用证,只是在时限方面更短些。

(4) 股权资本。股权资本是杠杆收购融资体系中最底层的融资工具,一般是由收购过程中重要的内部机构或人员,以及优先贷款、夹层贷款、过桥贷款的供应者所认购的股权,一般不向其他投资者直接出售。股权资本包含优先股和普通股,是杠杆收购融资体系中潜在收益率最高的部分。

3. 重组及退出

在收购完成后,收购方一般会出售部分非核心资产,获得现金来偿还一部分债务。同时,会对公司业务进行重组,提高目标公司盈利能力。很多时候,杠杆收购的实施者是纯粹的财务投资者,并不打算长期经营目标公司,那么寻求合适的退出渠道,获得现金收益是其着重考虑的问题。

并购方可以对目标公司进行一定的重组整合后,寻求公司重新上市,或者直接出售所购企业给另一家收购基金,以实现更快地退出。

四、选择支付方式

支付方式的选择与融资渠道的选择并不是割裂开的,任何进行收购的公司都必须在决策时充分考虑采用何种方式完成收购,不同的支付方式会影响并购方的现金需求量。因此,任何准备进行收购的公司都要考虑自身资本结构、财务特征等情况。

按照并购方的出资方式,可以将并购分为现金支付、股票支付、资产支付及混合支付几大类。

(一) 现金支付

现金并购是指并购企业以现金为支付工具,来购买目标公司的资产或股票,以实现对目标公司的控制。

对于收购方来讲,现金并购最大的优势就是速度快,不涉及股票权益和资产所有权的转移,可以在短期内完成,同时原公司股东权益不会因此被稀释。对于目标公司而言,现金收购可以将其实物资本在短时间内转化为现金,目标公司股东不必承担证券价格波动风险,日后亦不会受到兼并公司发展前景、利息率以及通货膨胀率变化的影响,交割又简单明了,所以常常是目标公司股东最乐意接受的一种收购支付方式。

但是现金并购也存在一定的缺陷,对于目标公司的股东而言,现金收购方式使他们无法推迟资本利得的确认,从而提早了纳税时间,导致他们不能享受税收上的优惠。同时,对于并购方而言,现金支付会带来沉重的即时现金负担,并购公司在决定是否采用现金支付时,应围绕公司的资产流动性、资本结构和融资能力等多方面进行考虑。

(二) 股票支付

股票支付是指并购公司以自己的股票购买目标公司的资产或股票。特别地,如果并购方向目标公司的股东增发本公司股票以购买目标公司的股票,则称为"换股"。

在这种模式下,收购方不需要支付大量现金,因而不会挤占公司的营运资金,可在一定程度上减小并购给公司现金流带来的冲击,收购方不受获现能力的约束,并购交易的规模往往会比较大。同时在并购完成后,目标公司的股东仍持有收购方公司股权,能够分享收购公司股票上涨带来的收益。

但是并购方发行新股,会使得原本的股权结构发生改变,原股东的股东权益被稀释,对公司控制权形成威胁。另外,增发股票可能会摊薄公司每股收益,恶化财务指标。同时,股票发行要受到证券监管部门的监督以及其所在证券交易所上市规则的限制,并且发行手续烦琐,所持股份有限售时间,时间成本更高。

(三) 资产支付

用资产支付指并购公司使用资产购买目标公司的股份或资产,以实现对目标公司的控制。

上市公司资产置换行为非常普遍,这种行为可以较快地调整公司的产业结构。公司可以以主营业务资产置换非主营业务资产,也可以以优质资产置换非盈利资产,从而改善公司资产状况,提升企业经营业绩。但在资产置换时,涉及较复杂的会计处理,如换入换出资产的公允价值和计税价值、换入资产的入账价值和换出换入资产的税务处理等,耗时也较长。

(四) 混合支付

在现实生活中,各种支付方式并不是独立的,往往一次并购中会涉及现金、股票、资产等方式的组合,这便需要结合并购双方的具体情况而定。

五、与目标公司进行谈判

并购方在与目标公司的高级管理人员接触时,可以自己或委托投资银行表达收购意向,并递交收购建议书。一般来讲,收购建议书的内容需要包括收购价格、付款方式、附带条件等要素。当然,收购并不是一个简单的过程,双方就收购的各项事宜可能会进行长时间的磋商和谈判,在双方达成一致后,将会签订收购意向书和保密协议。对于非上市公司的并购,收购公司应先征得目标公司股东的同意。

如果目标公司拒绝被收购,并购方可以在二级市场对目标公司进行敌意收购,那么在收购过程中就不用签订收购意向书,进行相应的信息披露即可。

六、实施收购及整合

收购方通过协议或二级市场收购时,需要按照相关法规进行信息披露。收购完成后,收购方需完成资金的交付、产权交接和公司变更等手续,股东将完成登记过户。

整合的成功与否在并购中起到关键性作用,一般需要对被收购公司的资产、财务、业务、机构和人员进行重组,进而与收购方完成整合。并购方一般会成立专门的接管小组,由并购双方的专业人员担任,以更快地建立信任,更好地完成整合工作。

同时,两家企业的文化整合是非常重要的,会极大影响收购后公司的工作氛围、日常管理和经营战略。

第三节 反收购策略

收购与反收购的实质是企业控制权的争夺,被收购公司在面临敌意收购时,通常会采取一定的反收购战略。历史上几次并购热潮也促进了公司反收购策略的发展,可以将其大致分为事前的预防性措施和敌意并购发生时的主动性措施两大类。

一、事前预防性反收购措施

预防性措施主要是指通过建立合理的股权结构、制定各种条款等给潜在的收购者设置一定的障碍,这是在敌意收购真实发生前就已经进行的,主要包括股权结构安排、驱鲨条款和金色降落伞、毒丸计划等内部协议。

(一) 股权结构安排

从控制权的角度考虑,反收购策略的最终目的是不使控制权旁落,最直接的做法就是增加公司内部人员或关联公司的持股比例。

1. 交叉持股

交叉持股指的是关联公司或友好公司之间互相持有对方的股份,一旦其中一方受到敌意收购的威胁时,另一方就可以通过投票权的一致行动进行援助,达到对公司的绝对控股,以应对敌意收购。

交叉持股通常是企业间防止恶意并购、增强协同性的有效手段。交叉持股的优势在于成本低且便于控制。但是交叉持股股权结构复杂,很有可能导致企业间的利益输送,给监管带来一定的难度,也可能给公司治理带来一定的问题,所以很多国家对于交叉持股的监管比较严格。

2. 员工持股

员工持股一方面可以增加员工对公司的责任感和积极性,另一方面又可以使公司内部集中大量股权,提高敌意收购的难度。员工持股可以由员工分散持有,也可以通过基金形式集中持有,其中后者对敌意收购的防御能力更强。

员工持股目前在我国发展较快,已成为员工激励的主要工具之一。中国证监会 2014

年制定并发布《关于上市公司实施员工持股计划试点的指导意见》,明确上市公司可以根据员工意愿实施员工持股计划,通过合法方式使员工获得本公司股票并长期持有,股份权益按约定分配给员工。实施员工持股计划的相关资金可以来自员工薪酬或以其他合法方式筹集,也可以通过上市公司回购、直接从二级市场购买、认购非公开发行股票、公司股东自愿赠与等合法方式取得。

（二）驱鲨条款

驱鲨条款是指企业为了防止公司被敌意收购而在公司的章程中设立的一些条款,以增加收购者获得公司控制权的难度。

驱鲨条款的思路与先前的股权结构不同,虽然从股权比例上来讲,获得多数投票权的股份就能成为控股股东,但是公司经营管理中的许多重大决策都是由董事会做出的,控制了董事会才能真正地控制公司的日常经营。驱鲨条款就是通过在公司章程中加入有利于现有控股方的条款,增加收购者获得公司控制权的难度,直接或间接提高收购成本。

1. 董事会轮选制

董事会轮选制是指公司章程规定董事会每年只能改选部分董事,比如 1/4 或 1/3 等。这样,收购方可能需要花费 3~4 年的时间才能控制董事会,收购者即使收购到了足量的股权,也无法对董事会做出实质性改组,即无法很快地入主董事会进而控制公司。

典型做法是在公司章程中规定,董事会分成若干组,规定每一组有不同的任期,使每年都有一组董事任期届满,这样每年也只有任期届满的董事被改选。在敌意收购人获得董事会控制权之前,董事会可采取增资扩股或其他办法来稀释收购者的股票份额,也可采取其他办法达到反收购目的。因此,董事会轮选制条款明显减缓了收购人控制目标公司董事会的进程,一方面增加了收购方的时间成本,另一方面给予被收购公司更多的时间采取其他反收购战略。

在我国,根据《公司法》的规定,股份有限公司董事任期由公司章程规定,但每届任期不得超过 3 年;董事任期届满,连选可以连任。该规定表明董事任期在 3 年内,具体期限由公司章程规定,且《公司法》并未要求所有董事的任期相同。依此,在公司章程中规定每一位董事的任期不同,并不违反《公司法》的规定。由此,公司可以实行分期分级董事会制度,以此作为反收购措施。但是,《公司法》规定持有公司股份 10% 以上的股东发出请求时,必须在 2 个月内召开临时股东大会,而股东大会有选举和更换董事以及修改公司章程的权利。因此,收购人可请求召开临时股东大会,通过股东大会首先修改公司章程中关于董事会轮选制度的规定,然后再改选董事。这也是收购人针对董事会轮选制度的一项有效的反制方法。所以在实际运用时,一些公司会将董事会轮选制度与绝对多数条款配合使用。

2. 绝对多数条款

绝对多数条款是指在公司章程中规定,公司进行并购、重大资产转让或者经营管理权的变更必须取得绝对多数股东同意,并且对该条款的修改也需要绝对多数的股东同意才能生效。绝对多数条款的结果就是将公司的股权与投票权分离,即使收购公司收购到足够多的股权,也未必有权改选公司董事。

我国《公司法》和《上市公司章程指引》中未对绝对多数条款进行限制,《公司法》规定

"股东大会作出修改公司章程、增加或者减少注册资本的决议,以及公司合并、分立、解散或者变更公司形式的决议,必须经出席会议的股东所持表决权的三分之二以上通过"。但是绝对多数条款在增加收购者接管、改组公司的难度和成本的同时,也会限制公司控股股东对公司的控制力。

3. 限制董事资格条款

限制董事资格条款是指在公司章程中规定公司董事的任职条件,必须具备某些特定条件才能担任公司董事,这就给收购人增选代表自身利益的董事增加了难度。各国大多对董事资格做了积极资格和消极资格两个方面的限定。董事的积极资格是指董事任职必须具备的条件,如持股条件、国籍条件、身份条件和年龄条件等。董事的消极资格是指不得担任董事职务的条件和情形,如品行条件、兼职条件等。应用到反收购中,目标公司往往利用扩大董事资格的限制范围,以限制外来股东进入董事会,比较常见的约束是对持股时间的约束,使得并购方在取得股权后,短时间内也没有办法进入董事会。

我国《公司法》对董事的消极资格做了明确规定,但未就董事的积极资格做出规定。对此,依照《公司法》所奉行的加强公司自治的立法精神,应认为法律允许上市公司在不违背法律的强制性规定与公序良俗的情况下,通过章程对董事任职资格做进一步的限定。一般来说,只要关于董事资格的限制没有超出合理范围,没有针对特定人作特定规定,也就是说在该限制下,还是具有相当多的合格者,即可认为这种限制是合理的。

(三) 内部协议

内部协议是通过增加收购者收购成功后的管理成本来抵御敌意收购,常见的内部协议有金色降落伞和毒丸计划。

1. 金色降落伞计划

金色降落伞是指聘用合同中公司控制权变动条款对高层管理人员进行补偿的规定,在目标公司被收购的情况下,公司高层管理人员无论是主动还是被迫离开公司,都可以得到一笔巨额安置补偿费用,使收购方的收购成本增加,因此成为抵御恶意收购的一种防御措施。

常见的金色降落伞计划包括:一次性现金补偿、将持有的股权加速行权,以及增加额外的股权奖励等。金色降落伞条款的特征在于以控制权变更为触发条件。金色降落伞条款除了有防止被恶意收购的作用,也是公司常用的股权激励手段之一。

根据我国《公司法》关于高管人员薪酬的规定,股东会决定不由职工代表担任的董事、监事的报酬,董事会决定公司经理及副经理、财务负责人的报酬。在《上市公司收购管理办法》中并未明确禁止公司在被收购时不得对高级管理人员进行补偿。而在《上市公司股权激励管理办法》中明确规定了上市公司董事、高级管理人员及核心技术(业务)人员及其他应当激励的员工。由此可以看出,无论是作为反收购的手段,抑或是股权激励的方式,目前中国法律对金色降落伞条款没有明确的禁止规定。

但金色降落伞的弊端在于,巨额补偿有可能诱导管理层低价出售企业,股东的利益将遭受极大的损害。

2. 毒丸计划

毒丸计划是指被敌意收购的公司通过发行证券以提高收购难度的措施,这些证券一般在公司面临被敌意收购的威胁时生效,以此来摊薄并购方股权比例。目前常见的毒丸计划包括优先股计划、毒丸债券计划、购买权证计划等。

最初毒丸计划的形式很简单,即目标公司向普通股股东发行优先股,一旦公司被收购,股东持有的优先股就可以转换为一定数额的被收购方股票。一旦毒丸计划被触发,其他所有股东都有机会以低价买进新股。这样就大大稀释了收购方的股权,继而使收购代价高昂,从而达到抵制收购的目的。

毒丸债券计划是指当目标公司面临收购威胁时,可抢先发行大量债券,并规定在目标公司的股权出现大规模转移时,债券持有人可要求公司立即兑付。这样会使收购公司面临着收购后需立即支付巨额现金的财务困境,从而降低其收购目标公司的兴趣。

购买权证计划是指授权目标公司的股东按照一种很高的折价去认购目标公司股票的认股权证,或是认购被收购公司股票的认股权证。当收购行为发生时,权证投资人可将认股权证换成公司的普通股,从而稀释收购者的股本。

二、事后反收购策略

事后反收购策略指的是当收购行为正在发生时,目标公司采取的阻碍并购方的措施。主要包括诉诸法律或舆论、焦土战略、回购股份以及寻找白衣骑士等。

(一) 诉诸法律或舆论

诉诸法律是目标公司寻找收购公司在收购过程中的法律漏洞,进而对其提起诉讼。一般来讲,目标公司可以以收购公司违反垄断法、证券交易法等相关法律为理由对其提出诉讼。一旦发现收购公司在收购的某一个环节不符合法律,那么该次收购行为很有可能会被终止或取消。

另外,目标公司可以寻求舆论的支持,通过各种渠道发表对自己有利的言论,给收购方带来舆论压力,同时影响公司股东的投票选择。虽然舆论并没有实际的举措,但是在实际的并购及反并购过程中常常起到不可忽视的影响。

(二) 焦土战略

焦土战略指的是目标公司在遇到收购袭击而无力反击时,所采取的一种两败俱伤的做法。通过对公司的资产、业务和财务进行调整和再组合,使公司原有价值和吸引力不复存在,进而打消并购者的兴趣。

焦土战略在实施时,主要有两种思路,分别是出售公司有价值资产的"售卖冠珠策略"和主动恶化公司财务状况的"虚胖战术"。

1. 售卖冠珠

售卖冠珠是指将公司最有价值、最有吸引力的部分资产出售,从而降低收购方的兴趣。"冠珠"可能是某个子公司、分公司或某个部门,可能是某项资产,可能是一种营业许可或业务,可能是一种技术秘密、专利权或关键人才,也可能是这些项目的组合。

在实际操作中,目标公司一般会考虑将这类资产出售给相关企业,等事态平息后,再将这部分售出的资产回购。也可以将优质资产在市场上公开出售,但是要考虑资产出售对公司后续发展的影响。

2. 虚胖战术

虚胖战术是指当企业面临被并购威胁时,或者购置大量与经营无关或盈利能力差的资产,令企业包袱沉重,资产质量下降;或者大量增加企业负债,恶化财务状况,加大经营风险;或者进行长时间才能见效的投资,使企业在短时间内资产收益率大降,从而打消并购者的并购企图。

虚胖战术的含义是这些"自残式"的行为使公司从精干变得臃肿,收购之后,买方将不堪重负。但是这种方式对公司本身经营带来的影响也是巨大的,即使反收购战略成功,公司在清理这些垃圾资产和负债时,也需花费较大的精力,同时会承担一定的风险。

(三) 回购股份

股份回购是指公司按一定的程序购回发行或流通在外的本公司股份的行为,一般实施回购的主体是目标公司或其董事、监事。

公司买回流通在外的股份,在反收购中的作用主要有以下几点:首先,减少在外流通的股份,增加买方收购到足额股份的难度;其次,购买流通股可提高股价,增大并购方的收购成本;最后,回购股份也可增强目标公司或其董事、监事的话语权。

公司进行股份回购的资金来源主要有两种:一是目标公司的现金;二是公司通过发售债券,用募得的款项来回购股票。但是不论哪种方式,都会对公司的现金流产生一定的影响。因此,回购股份往往是作为辅助战术来实施的,如果单纯通过股份回购来达到反收购的效果,往往会使目标公司库存股票过多,一方面不利于公司筹资,另一方面也会影响公司资金的流动性。也因此,目标公司财务状况是制约这一手段的最大因素。

国外普遍对回购股份做了规定,在成熟资本市场中,回购股份已经成为一项重要的金融活动。

(四) 寻找"白衣骑士"

在敌意并购发生时,"白衣骑士"是指目标公司的友好人士或公司作为第三方出面来解救目标公司,驱逐敌意收购者。寻找"白衣骑士"是指目标公司主动寻找第三方与恶意收购者争购,形成第三方与恶意收购者竞价收购目标公司股份的局面。一般来说,受到管理层支持的"白衣骑士"收购成功的可能性很大,并且公司的管理者在取得机构投资者支持的情况下,甚至可以自己成为"白衣骑士",实行管理层收购。

为了达到驱逐敌意收购者的效果,"白衣骑士"的出价往往要高于敌意收购者的初始出价。所以为了吸引友好公司与恶意收购者竞价并最终击退后者,处于被收购威胁中的目标公司通常会与这家友好公司达成一些协议,使"白衣骑士"尽可能地从这些协议中获益。

该策略的运用需要考虑一些因素,首先是敌意收购者初始出价的高低。如果敌意收购者的初始出价偏低,那么"白衣骑士"在合理的范围内抬价竞买的空间就大,也意味着目标公司更容易找到"白衣骑士"。如果敌意收购者的初始出价偏高,那么"白衣骑士"抬价竞买的空间就小,成本就会相对地高。其次,尽管由于管理层的支持,"白衣骑士"在竞买过程中有了一定的优势,但竞买终归是实力的较量,所以目标公司在寻找充当"白衣骑士"的公司时,对方必须具备相当的实力,特别是资金实力。

另外,由于该策略是并购发生时的急救策略,所以寻找"白衣骑士"及竞买的时间比较紧张,往往需要"白衣骑士"快速行动。因此很难有充裕的时间对目标公司做全面深入的调查,这就增大了"白衣骑士"自身的收购风险,这在经济不景气的年份表现得尤其明显。

第四节　我国上市公司并购管理

根据 2020 年 3 月实施的《证券法》中的规定,投资者可以采取要约收购、协议收购及其他合法方式收购上市公司。

一、信息披露

（一）相关概念介绍

1. 上市公司控制权

上市公司收购,本质上是指收购人通过合法行为持有一个上市公司的股份达到一定比例,使其获得或可能获得对该公司的实际控制权。收购方的目的是获得上市公司的实际控制权,不以达到对上市公司的实际控制权而受让上市公司股票的行为,不能够称之为收购。

所以我们首先需要明确在什么情况下才能够得到一家上市公司的控制权。

根据 2020 年 3 月修正的《上市公司收购管理办法》,有下列情形之一的,为拥有上市公司控制权：① 投资者为上市公司持股 50% 以上的控股股东；② 投资者可以实际支配上市公司股份表决权超过 30%；③ 投资者通过实际支配上市公司股份表决权能够决定公司董事会半数以上成员选任；④ 投资者依其可实际支配的上市公司股份表决权足以对公司股东大会的决议产生重大影响；⑤ 中国证监会认定的其他情形。

此外,根据 2020 年 3 月实施的《证券法》中的规定,收购人持有的被收购的上市公司的股票,在收购行为完成后的 18 个月内不得转让。

2. 上市公司收购人

根据《上市公司收购管理办法》,收购人包括投资者及与其一致行动的他人。

有下列情形之一的,不得收购上市公司：① 收购人负有数额较大债务,到期未清偿,且处于持续状态；② 收购人最近 3 年有重大违法行为或者涉嫌有重大违法行为；③ 收购人最近 3 年有严重的证券市场失信行为；④ 收购人为自然人的,存在《公司法》第一百四十六条不得担任公司董监高管规定的情形；⑤ 法律、行政法规规定以及中国证监会认定的不得收购上市公司的其他情形。

发出收购要约的收购人在收购要约期限届满,不按照约定支付收购价款或者购买预受股份的,自该事实发生之日起 3 年内不得收购上市公司,中国证监会不受理收购人及其关联方提交的申报文件。

3. 一致行动与一致行动人

一致行动,是指投资者通过协议、其他安排,与其他投资者共同扩大其所能够支配的一家上市公司股份表决权数量的行为或者事实。

在上市公司的收购及相关股份权益变动活动中有一致行动情形的投资者,互为一致行动人。如无相反证据,投资者有下列情形之一的,为一致行动人：① 投资者之间有股权控制关系；② 投资者受同一主体控制；③ 投资者的董事、监事或者高级管理人员中的主要成员,同时在另一个投资者担任董事、监事或者高级管理人员；④ 投资者参股另一投资者,可以对参股公司的重大决策产生重大影响;⑤ 银行以外的其他法人、其他组织和自然人为投资者取得相关股份提供融资安排;⑥ 投资者之间存在合伙、合作、联营等其他经济利益关系;⑦ 持有投资者30%以上股份的自然人,与投资者持有同一上市公司股份;⑧ 在投资者任职的董事、监事及高级管理人员,与投资者持有同一上市公司股份;⑨ 持有投资者30%以上股份的自然人和在投资者任职的董事、监事及高级管理人员,其父母、配偶、子女及其配偶、配偶的父母、兄弟姐妹及其配偶、配偶的兄弟姐妹及其配偶等亲属,与投资者持有同一上市公司股份;⑩ 在上市公司任职的董事、监事、高级管理人员及其前项所述亲属同时持有本公司股份的,或者与其自己或者其前项所述亲属直接或者间接控制的企业同时持有本公司股份;⑪ 上市公司董事、监事、高级管理人员和员工与其所控制或者委托的法人或者其他组织持有本公司股份;⑫ 投资者之间具有其他关联关系。

一致行动人应当合并计算其所持有的股份。投资者计算其所持有的股份,应当包括登记在其名下的股份,也包括登记在其一致行动人名下的股份。

投资者认为其与他人不应被视为一致行动人的,可以向中国证监会提供相关证据。

4. 信息披露要求中持股比例的计算

在《上市公司收购管理办法》中,当并购方持有上市公司不同比例的股权时,有不同的信息披露要求。

信息披露义务人涉及计算其拥有权益比例的,应当将其所持有的上市公司已发行的可转换为公司股票的证券中有权转换部分与其所持有的同一上市公司的股份合并计算,并将其持股比例与合并计算非股权类证券转为股份后的比例相比,以二者中的较高者为准;行权期限届满未行权的,或者行权条件不再具备的,无须合并计算。

(二) 权益变动信息披露

投资者在一家上市公司中拥有的权益,包括登记在其名下的股份和虽未登记在其名下但该投资者可以实际支配表决权的股份。在计算权益变动比例时,投资者及其一致行动人在一个上市公司中拥有的权益应当合并计算。

1. 取得被收购公司的股份达到5%及之后每增加或减少5%时

根据《上市公司收购管理办法》,投资者及其一致行动人取得被收购公司的股份达到5%及之后每增加或减少5%时的信息披露要求,根据权益取得方式的不同,可以分为四大类,详见表7-2。

表7-2 取得被收购公司的股份达到5%及之后每增加或减少5%时的信息披露要求

股权获得方式	事项	披露要求
证券交易所的证券交易	达到5%	① 事实发生之日起3日内编制权益变动报告书,向中国证监会、证券交易所提交书面报告,通知该上市公司,并予公告;在上述期限内,不得再行买卖该上市公司的股票,但国务院证券监督管理机构规定的情形除外 ② 违反《上市公司收购管理办法》第十三条规定买入在上市公司中拥有权益的股份的,在买入后的36个月内,对该超过规定比例部分的股份不得行使表决权

续表

股权获得方式	事项	披露要求
证券交易所的证券交易	达到5%之后每±1%	事实发生次日通知上市公司,并予公告
	达5%之后每±5%	① 事实发生之日起3日内编制权益变动报告书,向中国证监会、证券交易所提交书面报告,通知该上市公司,并予公告 ② 在上述期限内,不得再行买卖该上市公司的股票,但中国证监会规定的情形除外 ③ 违反本条规定买入在上市公司中拥有权益的股份的,在买入后的36个月内,对该超过规定比例部分的股份不得行使表决权
协议转让	达5%	① 事实发生之日起3日内编制权益变动报告书,向中国证监会、证券交易所提交书面报告,通知该上市公司,并予公告 ② 在作出报告、公告前,不得再行买卖该上市公司的股票
	达5%之后每±5%	
通过行政划转或者变更、执行法院裁定、继承、赠与等方式导致	达5%	同协议转让
	达5%之后每±5%	
因上市公司减少股本导致	达5%	① 投资者及其一致行动人免于履行报告和公告义务 ② 上市公司应当自完成减少股本的变更登记之日起2个工作日内,就因此导致的公司股东拥有权益的股份变动情况作出公告 ③ 因公司减少股本可能导致投资者及其一致行动人成为公司第一大股东或者实际控制人的,该投资者及其一致行动人应当自公司董事会公告有关减少公司股本决议之日起3个工作日内,按照详式权益变动报告书的规定履行报告、公告义务
	达5%之后每±5%	

资料来源:《上市公司收购管理办法》《证券法》。

2. 拥有股份达到或者超过该公司已发行股份的5%,但未达到30%

当收购人取得的上市公司权益达到或者超过该公司已发行股份的5%,但未达到30%时,根据其是否是上市公司的第一大股东或者实际控制人,有不同的信息披露要求,详见表7-3。

表7-3 取得被收购公司的股份达到5%但未达到30%时的信息披露要求

持股比例	是否是上市公司的第一大股东或者实际控制人	披露材料	是否需要聘请财务顾问出具核查意见
达到5%,但未达到20%	否	简式权益变动报告书	否
	是	详式权益变动报告书	否
达到20%,但未超过30%	否	详式权益变动报告书	否
	是	详式权益变动报告书	是(注1)

注1:国有股行政划转或者变更、股份转让在同一实际控制人控制的不同主体之间进行,因继承取得股份及投资者及其一致行动人承诺至少3年放弃行使相关股份表决权的,可免于聘请财务顾问及提供相关规定文件。

资料来源:《上市公司收购管理办法》。

简式权益变动报告书内容包括:

① 投资者及其一致行动人的姓名、住所;投资者及其一致行动人为法人的,其名称、注册地及法定代表人。

② 持股目的,是否有意在未来 12 个月内继续增加其在上市公司中拥有的权益。

③ 上市公司的名称,股票的种类、数量、比例。

④ 在上市公司中拥有权益的股份达到或者超过上市公司已发行股份的 5% 或者拥有权益的股份增减变化达到 5% 的时间及方式、增持股份的资金来源。

⑤ 在上市公司中拥有权益的股份变动的时间及方式。

⑥ 权益变动事实发生之日前 6 个月内通过证券交易所的证券交易买卖该公司股票的简要情况。

⑦ 中国证监会、证券交易所要求披露的其他内容。

编制详式权益变动报告书,除须披露简式权益变动报告书规定的信息外,还应当披露以下内容:

① 投资者及其一致行动人的控股股东、实际控制人及其股权控制关系结构图。

② 取得相关股份的价格、所需资金额,或者其他支付安排。

③ 投资者、一致行动人及其控股股东、实际控制人所从事的业务与上市公司的业务是否存在同业竞争或者潜在的同业竞争,是否存在持续关联交易;存在同业竞争或者持续关联交易的,是否已做出相应的安排,确保投资者、一致行动人及其关联方与上市公司之间避免同业竞争以及保持上市公司的独立性。

④ 未来 12 个月内对上市公司资产、业务、人员、组织结构、公司章程等进行调整的后续计划。

⑤ 前 24 个月内投资者及其一致行动人与上市公司之间的重大交易。

⑥ 不存在《上市公司收购管理办法》第六条规定的情形。

⑦ 能够按照《上市公司收购管理办法》第五十条的规定提供相关文件。

3. 其他信息披露要求

(1) **权益变动报告书披露后股份发生变动。** 已披露权益变动报告书的投资者及其一致行动人在披露之日起 6 个月内,因拥有权益的股份变动需要再次报告、公告权益变动报告书的,可以仅就与前次报告书不同的部分作出报告、公告;自前次披露之日起超过 6 个月的,投资者及其一致行动人应当编制权益变动报告书,履行报告、公告义务。

(2) **媒体披露要求。** 上市公司的收购及相关股份权益变动活动中的信息披露义务人依法披露前,相关信息已在媒体上传播或者公司股票交易出现异常的,上市公司应当立即向当事人进行查询,当事人应当及时予以书面答复,上市公司应及时作出公告。上市公司的收购及相关股份权益变动活动中的信息披露义务人应当在证券交易所的网站和符合中国证监会规定条件的媒体上依法披露信息;在其他媒体上进行披露的,披露内容应当一致,披露时间不得早于前述披露时间。

二、要约收购

要约收购是指收购人直接向股东发出请求购买其持有股票的收购方式。根据要约收购的股份数量,可以将要约收购分为全面要约和部分要约。全面要约是指向被收购公司所有股东发出收购其所持有的全部股份的要约;部分要约是指向被收购公司所有股东发出收购其所持有的部分股份的要约。

(一) 要约收购流程

1. 发出收购要约

要约收购可以按照收购方的意愿划分为自愿要约和强制要约。自愿要约是指收购方自愿选择以要约方式收购上市公司股份,收购方可以自愿选择发出全面要约或部分要约。我国法律规定,在一定情况下,收购方必须以要约的方式进行收购,这被称为强制要约。

按我国《证券法》和《上市公司收购管理办法》的规定,以下情况收购方必须以要约的形式进行收购。

(1) 通过证券交易所的证券交易,收购人持有一个上市公司的股份达到该公司已发行股份的30%时,继续增持股份的,应当采取要约方式进行,发出全面要约或者部分要约。

(2) 通过协议收购方式的,收购人拥有权益的股份达到该公司已发行股份的30%时,继续进行收购的,应当依法向该上市公司的股东发出全面要约或者部分要约。符合免除发出要约规定情形的,收购人可以免于发出要约。

收购人拟通过协议方式收购一个上市公司的股份超过30%的,超过30%的部分,应当改以要约方式进行;但符合免除发出要约规定情形的,收购人可以免于发出要约。符合前述规定情形的,收购人可以履行其收购协议;不符合前述规定情形的,在履行其收购协议前,应当发出全面要约。

(3) 通过间接收购方式的,收购人虽不是上市公司的股东,但通过投资关系、协议、其他安排拥有权益的股份超过该公司已发行股份的30%的,应当向该公司所有股东发出全面要约;收购人预计无法在事实发生之日起30日内发出全面要约的,应当在前述30日内促使其控制的股东将所持有的上市公司股份减持至30%或者30%以下,并自减持之日起2个工作日内予以公告;其后收购人或者其控制的股东拟继续增持的,应当采取要约方式;拟依据免除发出要约的规定免于发出要约的,应履行相关信息披露。

(4) 投资者因行政划转、执行法院裁决、继承、赠与等方式取得上市公司控制权的,按协议收购的规定履行报告、公告义务。

2. 编制要约收购报告书与提示性公告

(1) 以要约方式收购上市公司股份的,收购人应当编制要约收购报告书,聘请财务顾问,通知被收购公司,同时对要约收购报告书摘要作出提示性公告。

本次收购依法应当取得相关部门批准的,收购人应当在要约收购报告书摘要中作出特别提示,并在取得批准后公告要约收购报告书。

(2) 要约收购报告书,应当载明下列事项:

① 收购人的姓名、住所;收购人为法人的,其名称、注册地及法定代表人,与其控股股东、实际控制人之间的股权控制关系结构图。

② 收购人关于收购的决定及收购目的,是否拟在未来12个月内继续增持。

③ 上市公司的名称、收购股份的种类。
④ 预定收购股份的数量和比例。
⑤ 收购价格。
⑥ 收购所需资金额、资金来源及资金保证，或者其他支付安排。
⑦ 收购要约约定的条件。
⑧ 收购期限。
⑨ 公告收购报告书时持有被收购公司的股份数量、比例。
⑩ 本次收购对上市公司的影响分析，包括收购人及其关联方所从事的业务与上市公司的业务是否存在同业竞争或者潜在的同业竞争，是否存在持续关联交易。
⑪ 存在同业竞争或者持续关联交易的，收购人是否已作出相应的安排，确保收购人及其关联方与上市公司之间避免同业竞争以及保持上市公司的独立性。
⑫ 未来12个月内对上市公司资产、业务、人员、组织结构、公司章程等进行调整的后续计划。
⑬ 前24个月内收购人及其关联方与上市公司之间的重大交易。
⑭ 前6个月内通过证券交易所的证券交易买卖被收购公司股票的情况；中国证监会要求披露的其他内容。

收购人发出全面要约的，应当在要约收购报告书中充分披露终止上市的风险、终止上市后收购行为完成的时间及仍持有上市公司股份的剩余股东出售其股票的其他后续安排；收购人发出以终止公司上市地位为目的的全面要约，无须披露本次收购对上市公司的影响分析。

（3）收购人通过协议收购方式拟收购上市公司股份超过30%，须改以要约方式进行收购的，收购人应当在达成收购协议或者做出类似安排后的3日内对要约收购报告书摘要作出提示性公告，并按照前述规定履行公告义务，同时免于编制、公告上市公司收购报告书；依法应当取得批准的，应当在公告中特别提示本次要约须取得相关批准方可进行。

未取得批准的，收购人应当在收到通知之日起2个工作日内，公告取消收购计划，并通知被收购公司。

（4）收购人自作出要约收购提示性公告起60日内，未公告要约收购报告书的，收购人应当在期满后次一个工作日通知被收购公司，并予公告；此后每30日应当公告一次，直至公告要约收购报告书。

收购人作出要约收购提示性公告后，在公告要约收购报告书之前，拟自行取消收购计划的，应当公告原因；自公告之日起12个月内，该收购人不得再次对同一上市公司进行收购。

（5）被收购公司董事会应当对收购人的主体资格、资信情况及收购意图进行调查，对要约条件进行分析，对股东是否接受要约提出建议，并聘请独立财务顾问提出专业意见。在收购人公告要约收购报告书后20日内，被收购公司董事会应当公告被收购公司董事会报告书与独立财务顾问的专业意见。

收购人对收购要约条件做出重大变更的，被收购公司董事会应当在3个工作日内公告董事会及独立财务顾问就要约条件的变更情况所出具的补充意见。

(6) 收购人作出提示性公告后至要约收购完成前,被收购公司除继续从事正常的经营活动或者执行股东大会已经作出的决议外,未经股东大会批准,被收购公司董事会不得通过处置公司资产、对外投资、调整公司主要业务、担保、贷款等方式,对公司的资产、负债、权益或者经营成果造成重大影响。

(7) 在要约收购期间,被收购公司董事不得辞职。

(8) 要约收购报告书所披露的基本事实发生重大变化的,收购人应当在该重大变化发生之日起2个工作日内作出公告,并通知被收购公司。

3. 要约收购价格的确定原则

收购人按照规定进行要约收购时,对同一种类股票的要约价格,不得低于要约收购提示性公告日前6个月内收购人取得该种股票所支付的最高价格。

要约价格低于提示性公告日前30个交易日该种股票的每日加权平均价格的算术平均值的,收购人聘请的财务顾问应当就该股票前6个月的交易情况进行分析,说明是否存在股价被操纵、收购人是否有未披露的一致行动人、收购人前6个月取得公司股份是否存在其他支付安排、要约价格的合理性等。

4. 收购支付方式的安排

(1) 收购人可以采用现金、证券、现金与证券相结合等合法方式支付收购上市公司的价款。以证券支付收购价款的,应当提供该证券的发行人最近3年经审计的财务会计报告、证券估值报告,并配合被收购公司聘请的独立财务顾问的尽职调查工作。收购人以在证券交易所上市的债券支付收购价款的,该债券的可上市交易时间应当不少于1个月;收购人以未在证券交易所上市交易的证券支付收购价款的,必须同时提供现金方式供被收购公司的股东选择,并详细披露相关证券的保管、送达被收购公司股东的方式和程序安排。

为了保证收购人履约支付,收购人应当在作出要约收购提示性公告的同时,提供以下至少一项安排保证其具备履约能力:

① 以现金支付收购价款的,应当在作出要约收购提示性公告的同时,将不少于收购价款总额的20%作为履约保证金存入证券登记结算机构指定的银行;以在证券交易所上市交易的证券支付收购价款的,应当在作出要约收购提示性公告的同时,将用于支付的全部证券交由证券登记结算机构保管,但上市公司发行新股的除外。

② 银行对要约收购所需价款出具保函。

③ 财务顾问出具承担连带保证责任的书面承诺,明确如要约期满收购人不支付收购价款,财务顾问进行支付。

(2) 收购人为终止上市公司的上市地位而发出全面要约的,或者因不符合免除发出要约的规定而发出全面要约的,应当以现金支付收购价款;以依法可以转让的证券支付收购价款的,应当同时提供现金方式供被收购公司股东选择。

5. 要约收购的期限与变更

(1) 收购要约约定的收购期限不得少于30日,并不得超过60日;但是出现竞争要约的除外。在收购要约约定的承诺期限内,收购人不得撤销其收购要约。

(2) 收购人作出公告后至收购期限届满前,不得卖出被收购公司的股票,也不得采取要约规定以外的形式和超出要约的条件买入被收购公司的股票。

(3) 收购人需要变更收购要约的,必须及时公告,载明具体变更事项,并通知被收购公司。变更收购要约不得存在下列情形:降低收购价格;减少预定收购股份数额;缩短收购期限;中国证监会规定的其他情形。

收购要约期限届满前15日内,收购人不得变更收购要约,但是出现竞争要约的除外。

出现竞争要约时,发出初始要约的收购人变更收购要约距初始要约收购期限届满不足15日的,应当延长收购期限,延长后的要约期应当不少于15日,不得超过最后一个竞争要约的期满日。

发出竞争要约的收购人最迟不得晚于初始要约收购期限届满前15日发出要约收购的提示性公告。

6. 购买预受股份

预受是指被收购公司股东同意接受要约的初步意思表示,同意接受收购要约的股东即为预受股东。

收购期限届满,发出部分要约的收购人应当按照收购要约约定的条件购买被收购公司股东预受的股份,预受要约股份的数量超过预定收购数量时,收购人应当按照同等比例收购预受要约的股份。以终止被收购公司上市地位为目的的,收购人应当按照收购要约约定的条件购买被收购公司股东预受的全部股份。因不符合免于发出要约情形而发出全面要约的收购人应当购买被收购公司股东预受的全部股份。

7. 结算过户及收购情况报告

(1) 收购期限届满后3个交易日内,接受委托的证券公司应当向证券登记结算机构申请办理股份转让结算、过户登记手续,解除对超过预定收购比例的股票的临时保管。

(2) 收购期限届满,被收购公司股权分布不符合上市交易要求,该上市公司的股票由证券交易所依法终止上市交易。在收购行为完成前,其余仍持有被收购公司股票的股东,有权在收购报告书规定的合理期限内向收购人以收购要约的同等条件出售其股票,收购人应当收购。

(3) 收购期限届满后15日内,收购人应当向证券交易所报送关于收购情况的书面报告,并予以公告。

(二) 要约收购义务豁免的相关规定

《上市公司收购管理办法》规定,在符合一定条件下,投资者及其一致行动人可以向中国证监会申请免于以要约收购方式增持股份,或者申请免于向被收购公司的所有股东发出收购要约。

1. 免于以要约方式增持股份的条件

有下列情形之一的,收购人可以免于以要约方式增持股份:

① 收购人与出让人能够证明本次股份转让是在同一实际控制人控制的不同主体之间进行,未导致上市公司的实际控制人发生变化;

② 上市公司面临严重财务困难,收购人提出的挽救公司的重组方案取得该公司股东大会批准,且收购人承诺3年内不转让其在该公司中所拥有的权益;

③ 中国证监会为适应证券市场发展变化和保护投资者合法权益的需要而认定的其他情形。

2. 免于发出要约的条件

有下列情形之一的,投资者可以免于发出要约:

① 经政府或者国有资产管理部门批准进行国有资产无偿划转、变更、合并,导致投资者在一个上市公司中拥有权益的股份占该公司已发行股份的比例超过 30%;

② 因上市公司按照股东大会批准的确定价格向特定股东回购股份而减少股本,导致当事人在该公司中拥有权益的股份超过该公司已发行股份的 30%;

③ 经上市公司股东大会非关联股东批准,投资者取得上市公司向其发行的新股,导致其在该公司拥有权益的股份超过该公司已发行股份的 30%,投资者承诺 3 年内不转让本次向其发行的新股,且公司股东大会同意投资者免于发出要约;

④ 在一个上市公司中拥有权益的股份达到或者超过该公司已发行股份的 30% 的,自上述事实发生之日起一年后,每 12 个月内增持不超过该公司已发行的 2% 的股份;

⑤ 在一个上市公司中拥有权益的股份达到或者超过该公司已发行股份的 50% 的,继续增加其在该公司拥有的权益不影响该公司的上市地位;

⑥ 证券公司、银行等金融机构在其经营范围内依法从事承销、贷款等业务导致其持有一个上市公司已发行股份超过 30%,没有实际控制该公司的行为或者意图,并且提出在合理期限内向非关联方转让相关股份的解决方案;

⑦ 因继承导致在一个上市公司中拥有权益的股份超过该公司已发行股份的 30%;

⑧ 因履行约定购回式证券交易协议购回上市公司股份导致投资者在一个上市公司中拥有权益的股份超过该公司已发行股份的 30%,并且能够证明标的股份的表决权在协议期间未发生转移;

⑨ 因所持优先股表决权依法恢复导致投资者在一个上市公司中拥有权益的股份超过该公司已发行股份的 30%;

⑩ 中国证监会为适应证券市场发展变化和保护投资者合法权益的需要而认定的其他情形。

相关投资者应在上述规定的权益变动行为完成后 3 日内就股份增持情况做出公告,律师应就相关投资者权益变动行为发表符合规定的专项核查意见并由上市公司予以披露。

三、协议收购

协议收购与要约收购是一组相对的概念,要约收购是以向所有股票持有人发出购买该上市公司股份要约的方式进行,也就是说要约收购持股对象是不确定的,而协议收购是与特定股票持有人达成协议,以达到收购目的。

(一) 过渡期安排

以协议方式进行上市公司收购的,自签订收购协议起至相关股份完成过户的期间为上市公司收购过渡期。

在过渡期内,对收购人及被收购人都有相应的限制:收购人不得通过控股股东提议改选上市公司董事会,确有充分理由改选董事会的,来自收购人的董事不得超过董事会成员的1/3；被收购公司不得为收购人及其关联方提供担保；被收购公司不得公开发行股份募集资金，不得进行重大购买、出售资产及重大投资行为或者与收购人及其关联方进行其他关联交易，但收购人为挽救陷入危机或者面临严重财务困难的上市公司的情形除外。

（二）协议收购流程

协议收购需要收购人直接与目标公司股东取得联系，通过反复磋商，最终达成协议。需要注意的是，收购人通过协议方式在一个上市公司中拥有权益的股份达到或者超过该公司已发行股份的5%，但未超过30%的，按前述信息披露规定办理。如果收购方拥有权益的股份达到该公司已发行股份的30%时，继续进行收购的，应当依法向该上市公司的股东发出全面要约或者部分要约。符合规定条件的，收购人可以免除发出要约。

收购人公告上市公司协议收购报告时，应当提交以下备查文件：

① 中国公民的身份证明，或者在中国境内登记注册的法人、其他组织的证明文件。

② 基于收购人的实力和从业经验对上市公司后续发展计划可行性的说明，收购人拟修改公司章程、改选公司董事会、改变或者调整公司主营业务的，还应当补充其具备规范运作上市公司的管理能力的说明。

③ 收购人及其关联方与被收购公司存在同业竞争、关联交易的，应提供避免同业竞争等利益冲突、保持被收购公司经营独立性的说明。

④ 收购人为法人或者其他组织的，其控股股东、实际控制人最近2年未变更的说明。

⑤ 收购人及其控股股东或实际控制人的核心企业和核心业务、关联企业及主营业务的说明；收购人或其实际控制人为两个或两个以上的上市公司控股股东或实际控制人的，还应当提供其持股5%以上的上市公司以及银行、信托公司、证券公司、保险公司等其他金融机构的情况说明。

⑥ 财务顾问关于收购人最近3年的诚信记录、收购资金来源合法性、收购人具备履行相关承诺的能力以及相关信息披露内容真实性、准确性、完整性的核查意见；收购人成立未满3年的，财务顾问还应当提供其控股股东或者实际控制人最近3年诚信记录的核查意见。

（三）管理层收购

管理层收购是指上市公司董事、监事、高级管理人员、员工或者其所控制或者委托的法人或者其他组织，拟对本公司进行收购或者通过间接收购的方式取得本公司控制权。一般来讲，管理层收购是以协议收购的方式进行的。

进行管理层收购的，该上市公司应当具备健全且运行良好的组织机构以及有效的内部控制制度，公司董事会成员中独立董事的比例应当达到或者超过1/2。公司应当聘请具有证券、期货从业资格的资产评估机构提供公司资产评估报告，本次收购应当经董事会非关联董事作出决议，且取得2/3以上的独立董事同意后，提交公司股东大会审议，经出席股东大会的非关联股东所持表决权过半数通过。独立董事发表意见前，应当聘请独立财务顾问就本次收购出具专业意见，独立董事及独立财务顾问的意见应当一并予以公告。

上市公司董事、监事、高级管理人员存在《公司法》第一百四十八条规定情形，或者最近3年有证券市场不良诚信记录的，不得收购本公司。

四、间接收购

间接收购是指收购人虽不是上市公司的股东,但通过投资关系、协议、其他安排获得上市公司的控制权。这时公司的实际控制人就是间接收购中的收购人。与直接收购相比,间接收购的收购人不是目标上市公司的股东,而是目标公司的控股公司的控股股东。收购完成后,间接收购人并不能直接在目标公司行使股东权利,他只能通过目标公司的大股东来间接在目标公司中行使提案、表决等股东权利。

间接收购的收购过程具有一定的隐蔽性,上市公司本身的股东名单、股权结构等不发生变化,只是在上游公司中发生变化,而上市公司的控股股东等上游公司往往不是上市公司,信息的透明度相对较差,所以间接收购活动往往比较隐蔽。

(一)间接收购的方式

间接收购主要有直接收购上市公司大股东股权、对大股东增资扩股、出资与大股东成立合资公司、托管大股东股权等几种方式。

1. 直接收购大股东股权

收购人直接收购大股东的部分股权并实现对大股东的控制,间接获得对上市公司的控制权。这是最常见的间接收购方式。

2. 对大股东增资扩股

收购方为获取对上市公司控股股东的控制权,通过对其增资扩股而成为其大股东,从而获得对上市公司控股股东的控制权,并实现对上市公司的间接控制。

3. 出资与大股东成立公司

收购方与上市公司控股股东成立新公司,并由其控股上市公司,在新公司中,收购方处于控股地位,从而实现对上市公司的间接控制。这种方式与增资大股东在本质上基本相同,甚至可以认为是向大股东增资扩股的一种特殊方式。

4. 托管大股东股权

通过托管大股东股权来实现间接收购是指大股东将持有的上市公司股份委托给收购人管理,委托收购人来行使大股东的股权,从而使收购人控制上市公司。

这种模式最开始是为了进行股权转让的过渡,即上市公司股权转让在获得批复前往往采用托管方式,先引入重组方,提前介入上市公司管理、整合以及其他实质性重组工作。该托管模式也可以应用于收购上市公司控股股东,以实现间接收购。

(二)间接收购的规则

1. 间接收购的权益披露

根据我国《上市公司收购管理办法》,间接收购的投资者虽不是上市公司的股东,但通过投资关系取得对上市公司股东的控制权,而受其支配的上市公司股东所持股份达到相关比例,且对该股东的资产和利润构成重大影响时,也应当按照规定履行报告、公告义务。

比如间接收购导致其拥有权益的股份达到或者超过一个上市公司已发行股份的5%未超过30%的,应按照前述权益信息披露规定办理。收购人拥有权益的股份超过该公司已发行股份的30%的,应当向该公司所有股东发出全面要约(详见要约收购相关规定)。

2. 间接收购的特殊问题

(1) 实际控制人及受其支配的股东的配合披露义务。上市公司实际控制人及受其支配的股东,负有配合上市公司真实、准确、完整披露有关实际控制人发生变化信息的义务。实际控制人及受其支配的股东拒不履行配合义务,导致上市公司无法履行法定信息披露义务而承担民事、行政责任的,上市公司有权对其提起诉讼。实际控制人、控股股东指使上市公司及其有关人员不依法履行信息披露义务的,中国证监会依法进行查处。

(2) 上市公司的报告公告义务。在间接收购中,上市公司的股东和股权结构并未发生变化,但是实际控制权发生了转移。对此重大事件,上市公司如知悉相关情况的,应该积极主动地进行报告和公告。

此外,如果上市公司实际控制人及受其支配的股东没有主动履行法定的报告、公告披露义务时,上市公司应当自知悉之日起做出报告和公告。上市公司就实际控制人发生变化的情况予以公告后,实际控制人仍未披露的,上市公司董事会应当向实际控制人和受其支配的股东查询,必要时可以聘请财务顾问进行查询,并将查询情况向中国证监会、派出机构和证券交易所报告。

案例分析

天神娱乐发行股份高溢价收购与商誉减值风险

2013—2016年,很多影视传媒、游戏类甚至通讯类公司,通过现金+股权的方式,以未来承诺收益的10~15倍PE的对价高溢价收购二级市场的热门概念资产——影视传媒、游戏类所谓优质资产,以降低公司高企的PE,为炒作公司股价提供题材。这些所谓的优质资产,有的刚刚成立不到一年,注册资金只有几百万,净利润为负,就评估到上亿元,甚至更高。支撑其高估值的条件是承诺未来三年有高利润保证,以及实现不了该业绩承诺时低价收购原管理层所持股份等惩罚性对赌条款。未来三年的高业绩承诺是证监会审核通过其高溢价收购的必备条件。

上市公司愿意为高溢价收购支付真金白银,是因为通过高业绩承诺可以降低上市公司PE,叠加资产收购的双重利好因素可以大幅拉升二级市场股价,只要不涉及控股权,一般被收购公司换股部分的股权一年之后就可以减持套现了。理论上,以高PE套现的资金扣除虚假的业绩承诺后,仍可以有可观的收益,甚至可能出现上市公司与并购标的多方合谋,在股价大幅拉升后减持套现;或者大股东将其股票在高位质押贷款,套现离场。

这期间,华谊兄弟、天神娱乐等公司把这个盈利模式玩得风生水起。

天神娱乐于2014年7月借壳上市,实控人朱晔、石波涛合计持有上市公司股份的32.46%,主营业务为游戏竞技业务、移动应用分发业务、广告营销业务与影视娱乐业务。2015年天神娱乐开始发起大规模并购,仅上市公司直接并购的标的就高达9家,共涉及金额68.28亿元,其中现金支付50.25亿元,股份支付18.03亿元。这些并购案例共同的特点为:标的资产溢价明显、对赌业绩完成难度高,对赌结束后业绩迅速变脸。因此也形成了巨额商誉风险,威胁企业的未来业绩表现。

从天神娱乐的商誉组成来看,收购北京幻想悦游网络科技有限公司(下称"幻想悦游")积累的商誉最高,到2018年年末已达29.28亿元,约占全部商誉的45%。2016年11月,天神娱乐公告收购了幻想悦游王玉辉、周茂媛等14个股东持有的幻想悦游93.54%的股权,并支付人民币36.76亿元的总对价,其中股份对价共计18.35亿元,现金对价共计18.41亿元。幻想悦游承诺2016年至2018年的扣非净利润分别不低于2.5亿元、3.25亿元、4.062 5亿元。幻想悦游成立于2011年11月,注册资本仅100万。收购幻想悦游是典型的高业绩承诺支撑高估值,进而引起高商誉风险的案例。

在收购发生前,幻想悦游估值一年间增长了3 600倍!首先文投基金、光大资本等外部股东以每份注册资本2 400元认购幻想悦游股权,将其估值由100万元提高到24亿元,然后,北京初聚以每份注册资本3 000元的价格对幻想悦游进行股权增资,增资完成后,该公司整体估值达到惊人的36亿元人民币。

但实际上,幻想悦游的业绩根本支撑不起如此高的估值。因为其自身不具备游戏产品研发能力,业绩依赖于游戏研发商向其提供的优质产品,同时存在少数重点游戏产品依赖的风险。幻想悦游被天神娱乐收购时的资产评估增值率为361.62%,似乎远低于其他收购资产的增值率,但由于幻想悦游2015年度做大了净资产的体量,2016年总资产较2014年增长了771.86%,净资产增长1 188.49%,因此仍然存在着高估值和高商誉的风险。事实证明,幻想悦游逐年扣非归母净利润均未达到业绩承诺,并在承诺期结束后迅速变脸,风险凸显。

2018年天神娱乐宣布巨亏75亿元,其中集中大规模计提商誉和长期股权投资减值准备63.98亿元。2018年5月9日,天神娱乐实控人朱晔被证监会立案调查,随后宣布辞去除战略顾问外的所有公司职务。但朱晔早已将所持股权全数质押换取超7亿元资金,随时可以从公司脱身。此外,2016年收购完成后,幻想悦游股东迅速将所获得的天神娱乐股权质押给东莞证券获取股权融资2 000万,随后质押多次爆仓,因部分股票为限售股,东莞证券被迫走上追债之路。

由于2018年、2019年连续归母净利润为负,天神娱乐自2020年5月6日起被实施"退市风险警示"处理,证券简称变更为"*ST天娱"。股价从2015年12月的最高价125.2元(未复权)下跌至2020年4月的最低价1.64元。

实际控制人朱晔及幻想悦游股东通过买壳、造势、并购、离场等一系列操作获得巨额收益,却严重伤害了中小股东利益,对资本市场造成了极其恶劣的影响。我国证券监管部门需要深刻反思上市公司有关非公开发行股票高溢价收购资产的审核标准,采取有效措施切实降低商誉减值风险。

小 结

1. 兼并与收购是指企业通过合并与收购的方式实现自身资本与结构的扩张性重组,使企业价值得到进一步提升的经济行为。按照并购企业间市场关系划分,并购可分为横向并购、纵向并购和混合并购三类;按照并购的目的划分,并购可分为战略并购和财务并购;按照并购双方的意愿划分,并购可分为善意并购和敌意并购等。企业并购的动机有效率理论、税收驱动理论与代理理论。
2. 并购的基本流程主要包括选择并购目标、标的估值定价、制定融资方案、选择支付方式、与目标公司谈判、实施并购及整合等几部分。
3. 在被收购公司面对敌意收购时,通常可以采取股权结构安排、驱鲨条款、内部协议等事前的预防性措施和焦土战略、回购股份、"白衣骑士"等反收购策略。
4. 我国相关法律对上市公司要约收购、协议收购和间接收购有一系列严格的强制信息披露要求。要约收购可以分为全面要约和部分要约。在某些情形下,收购人可以提出免于以要约方式增持股份的申请。协议收购的有收购过渡期安排。

习 题

1. 简述全球五次并购浪潮的主要特征。
2. 简述横向并购、纵向并购和混合并购的特征。
3. 公司并购的支付方式主要有哪几种?影响企业并购选择支付方式的因素主要有哪些?
4. 事前防御性反收购措施主要有哪些?
5. 简述要约收购与协议收购的差别。
6. 简述我国需要进行强制要约收购的情形。

第八章

经纪业务

教学目的与要求

> 证券经纪业务是证券公司的主要收入来源之一。通过本章学习，了解传统证券经纪业务和信用经纪业务即融资融券业务的基本概念、作用以及分类，熟悉证券经纪业务的业务流程，融资融券业务的业务模式和监管要求，了解我国证券经纪业务佣金制度、发展现状及未来发展趋势。

从交易价格的决定特点划分，可以将证券市场交易机制分为两类：一类是指令驱动的竞价交易机制，包括集合竞价和连续竞价；另一类是报价驱动交易机制，也就是做市商市场。在两类交易机制中，证券公司可以充当不同的角色，并从中盈利。本章将分别介绍证券公司传统的证券经纪业务和信用经纪业务即融资融券业务。

第一节 传统证券经纪业务

本节从经纪业务的类型、业务流程、发展历程及经营模式等方面介绍证券公司传统的经纪业务。

一、经纪业务概述

（一）基本概念

证券经纪业务，是指在证券交易活动中，接受投资者委托，处理交易指令、办理清算交收的经营性活动。简言之，就是代理买卖有价证券的行为。证券经纪业务是在指令驱动的竞价交易机制下存在的。

"经纪"一词可以理解为买卖双方的中间人，经纪商最终的目的是促成交易。在一般的证券经纪业务中，证券公司不向客户垫付资金，不分享客户买卖证券的差价，不承担客户买卖的价格风险，只收取一定比例的佣金作为业务收入。广义的证券经纪业务包含在一定保证金的要求下，为客户提供代垫资金或有价证券，即信用经纪业务，我们将在融资融券部分具体介绍。

1. 证券经纪商的作用

证券经纪商是指接受客户委托、代客买卖证券并收取佣金的中间人。证券经纪商必须遵照客户发出的委托指令进行证券买卖,并尽可能以最有利的价格使委托指令得以执行,但证券经纪商不承担交易中的价格风险。证券经纪商向客户提供服务以收取佣金作为报酬。

总的来看,证券经纪商主要有以下两方面的作用。

(1) 充当证券买卖的媒介。证券经纪业务是随着集中交易制度的实行而产生和发展起来的。《证券法》规定,进入实行会员制的证券交易所参与集中交易的,必须是证券交易所的会员。证券公司可以经营证券经纪业务。未经中国证监会批准,任何单位和个人不得从事证券经纪业务的部分或者全部活动。证券经纪商迅速、准确地执行指令并代办手续,可以提高交易效率,增强市场的流动性。

(2) 提供信息服务。证券经纪商除了执行客户的委托指令之外,一般还为客户提供相应的信息服务。证券经纪商提供的信息服务包括:上市公司的详细资料、公司和行业的研究报告、宏观经济前景的预测分析和展望研究、有关股票市场变动态势的商情报告、有关资产组合及单只证券产品的评价和推荐等。

2. 证券经纪业务的从业规范

我国目前对证券机构经营证券经纪业务的规范管制主要依据《证券公司监督管理条例》、2019年7月26日发布的《证券经纪业务管理办法(征求意见稿)》(以下简称《办法》)、2020年3月1日实施的《证券法》。

(1) 证券经纪机构的资格。2020年3月1日实施的《证券法》规定,证券公司经营经纪业务的,注册资本最低限额为人民币5 000万元;经营融资融券业务的,注册资本最低限额为人民币1亿元;证券公司的注册资本应当是实缴资本。

证券公司经营证券经纪业务,应当依法履行以下职责:① 规范开展营销活动;② 充分了解投资者;③ 履行适当性管理义务;④ 保障投资者交易的安全、连续;⑤ 对投资者账户开立与使用、资金划转与证券交易等行为进行管理和监控;⑥ 防范违法违规证券交易活动;⑦ 自觉维护正常市场秩序;⑧ 配合证券交易场所、中国证监会等相关机构履行管理职责。

(2) 经纪业务的信息公开。证券公司及其工作人员从事证券经纪业务营销活动时,首先应当向投资者介绍证券交易基本知识,充分揭示投资风险。不得有下列行为:① 诱导无投资意愿或者不具备相应风险承受能力的投资者参与证券交易活动;② 提供、传播虚假或者误导投资者的信息;③ 直接或者安排其他机构、个人变相向投资者返还佣金、赠送礼品或者给予其他利益;④ 采用诋毁其他证券公司等不正当竞争方式招揽投资者;⑤ 以任何形式对投资者证券买卖的收益或者赔偿证券买卖的损失作出承诺;⑥ 与投资者约定分享投资收益或者分担投资损失;⑦ 违规委托证券经纪人以外的个人或者机构进行投资者招揽、服务活动;⑧ 损害投资者合法权益或者扰乱市场秩序的其他行为。

证券公司还要对客户进行适当性管理,为客户提供适当的产品和服务。证券公司应当根据《证券期货投资者适当性管理办法》的规定,将投资者区分为普通投资者和专业投资者,并根据投资年限、投资经验等因素进一步细化普通投资者分类并提供针对性的交易服务。证券公司向普通投资者提供的交易服务的风险等级应当与投资者分类结果相匹配。

另外,证券公司收取的交易佣金应当与代收的印花税、证券监管费、证券交易经手费、过户费等其他费用分开列示,并按照规定与约定提供给投资者。证券公司应当在公司网站、营业场所、客户端同时公示对各类别投资者的具体证券交易佣金收取标准。证券公司实际收取的证券交易佣金应当与公示标准一致,与投资者确定、变更交易佣金收取标准应当妥善留痕。

(3) 经纪业务的内部监督。证券公司应当肩负起市场自律的责任,对证券经纪业务实施集中统一管理,主要包括对客户交易行为和自身经营行为两方面的管理。

对客户交易行为进行管理时,证券公司应当对客户账户内的资金、证券是否充足进行审查。证券公司需要建立健全客户账户管理制度、客户适当性管理制度、客户交易安全监控制度、客户回访制度、客户投诉处理制度及客户资料管理制度。

在自身经营管理方面,证券公司应当建立证券经纪业务管理制度,防范公司与客户之间的利益冲突,切实履行反洗钱义务,防止出现损害客户合法权益的行为。证券公司还应规范经纪业务人员行为:从事技术、风险监控、合规管理的人员不得从事营销、客户账户及客户资金存管等业务活动;营销人员不得经办客户账户及客户资金存管业务;技术人员不得承担风险监控及合规管理职责。

(二) 业务分类

1. 按照经纪业务发生场所划分

股票、债券及各类衍生品在交易时除了场内的交易所市场之外,往往还存在着柜台市场等场外交易市场。所以证券公司从事经纪业务,可以根据经纪业务所在场所,分为场内经纪业务和场外经纪业务。

(1) 场内经纪业务。场内经纪业务即证券公司作为证券交易所的会员在申请交易席位后,具备了经纪商的资格,在交易所上市的时间内为委托客户提供的交易服务业务。

从经纪商产生的历史来看,投资者购买公司发行的债券和股票等证券后,需要进行后续的交换和买卖。但是由于信息收集的成本较高及信息不对称等问题,买卖匹配的难度较大,投资者需要专门人士为其提供促成交易的服务,于是证券经纪商就诞生了。而随着证券交易的规模不断扩大,证券经纪商自发进行集中交易的场所就形成了早期的证券交易所。

证券交易所是证券交易市场中最重要、最集中的交易场所,是集中交易制度下证券市场的组织者和监管者。从组织形式上看,现代证券交易所有会员制和公司制两种类型,我国的证券交易所属于会员制。

(2) 场外经纪业务。场外经纪业务是指证券公司在证券交易所以外的场外市场为委托客户进行证券买卖的业务。但是由于场外市场没有固定的交易场所,通常是由交易双方通过电话、传真或当面洽谈的方式进行买卖,所以在场外市场中证券交易大多通过证券经营机构之间或是证券经营机构与投资者之间直接进行,不需要中介人。场外的经纪业务较少发生,为了增加场外市场的流动性,大多场外交易市场会采用做市商制度。

2. 按照是否为客户垫资(券)划分

按照证券公司是否为客户垫资或垫券,可以将证券经纪业务划分为普通经纪业务和信用经纪业务。

(1) 普通经纪业务。经纪业务大多指的是普通经纪业务,即证券公司只接受委托客户的交易指令,并进行交易,从而赚取经纪费和佣金。在此过程中,经纪商只给客户提供证券买卖的中介服务,不为客户垫资垫券,也不承担由此带来的风险。

(2) 信用经纪业务。信用经纪业务就是我们常说的融资融券业务。信用经纪业务是证券公司的融资融券功能与经纪业务相结合而产生的,是传统经纪业务的延伸。信用经纪业务的对象必须是委托证券公司代理证券交易的客户,经纪商对所提供的信用资金或融券不承担交易风险,以客户的资金和证券担保,并收取一定的利息。

二、证券经纪业务流程

不论是场内交易还是场外交易,都可以进行证券经纪业务。由于场内的证券经纪业务规模较大,且业务流程较规范,所以接下来介绍证券交易所内的经纪业务操作流程。

(一) 开设证券账户

客户在进行证券交易之前,需要开设证券账户和资金账户。

1. 证券账户

证券账户是投资者按照法律法规及相关规定,在证券登记结算机构开立的,用于记载投资者所持有证券种类数量及相应权益变动情况的账户。投资者通过中国证券登记结算有限公司(简称"中国结算")上海分公司、深圳分公司以及开户代理机构开立账户,原则上一个自然人或法人只能开立一个同一类别的证券账户。

个人和一般机构投资者开立证券账户应到证券公司营业部办理,具体流程如下:① 投资者须持有效证明文件向证券公司提出开户申请;② 证券公司在受理投资者开户申请后,认真审核投资者提供的有效身份证明文件及其他开户资料,确保资料的真实、准确、完整;③ 对于审核合格的开户申请,证券公司将有关开户申请信息通过开户系统提交中国结算,中国结算作必要审核后,予以配号并将证券账户号反馈给证券公司,由证券公司打印证券账户卡交给投资者,至此证券账户开户手续完成。证券公司、保险公司、证券投资基金、社会保障基金等特殊机构投资者则直接到中国结算沪、深分公司申请开立证券账户。

开户代理机构包括具有代理开户资格的证券公司、商业银行等,可根据中国结算有关规定采取临柜、见证或中国结算认可的其他非现场方式为自然人、普通机构投资者办理证券账户开立业务。开户代理机构还可以根据中国结算有关规定采取网上方式为自然人投资者办理证券账户开立业务。

上海证券账户和深圳证券账户按证券账户的用户分为人民币普通股票账户(A股账户)、人民币特种股票账户(B股账户)、证券投资基金账户(基金账户)和其他账户。

2. 资金账户

资金账户即证券交易结算资金账户,是投资者在证券公司开立的用于记录资金变动情况和余额的专用账户,分为现金账户和保证金账户。现金账户和保证金账户的主要区别在于,现金账户不能透支,而保证金账户允许客户使用经纪人的贷款来购买证券。

投资者只要在经纪商处开设了资金账户并存入了证券交易所需的资金,就具备了办理证券交易委托的条件。也就是说,一旦投资者在经纪商处设立了资金账户,就意味着投资者与经纪商之间建立了委托关系。

3. 交易结算资金的第三方存管

我国目前实行交易结算资金的第三方存管制度。过去在证券交易活动中,投资者的交易结算资金是由证券公司统一存管的。后来证监会规定,客户的交易结算资金统一交由第三方存管机构存管。这里的第三方存管机构,目前是指具备第三方存管资格的商业银行。实施保证金第三方存管制度的证券公司将不再接触客户保证金。我国之所以引入保证金第三方存管制度,主要是为了从根本上杜绝券商挪用客户保证金。

第三方存管模式下,证券经纪公司不再向客户提供交易结算资金存取服务,只负责客户证券交易、股份管理和清算交收等。存管银行负责管理客户交易结算资金管理账户和客户交易结算资金汇总账户,向客户提供交易结算资金存取服务。

(二) 下达交易委托

交易委托是投资者为买卖股票而向经纪商发出的指令,发出交易委托也被称为下单。客户的委托指令应当包括下列内容:证券账户号码、证券代码、买卖方向、委托数量、委托价格等。

委托可以按照不同的标准分成不同的类型。

1. 按照委托价格划分

(1) 市价指令、限价指令、止损指令及止损限价指令。在金融市场上,通常使用的交易指令有四种形式:市价指令、限价指令、止损指令、止损限价指令。其中,前两种指令多用于现货市场,后两种指令多用于期货、期权市场。

市价指令是指不限定价格的、按照当时市场上可执行的最优报价成交的指令。投资者在提交市价指令时只规定数量而不规定价格,要求经纪公司以当时市场上可执行的最好价格达成交易。这种指令的特点是成交速度快,但是投资者最后接受的价格可能与他们期望的价格存在差异,投资者必须承担这种不确定带来的风险。

限价指令是指限定价格的买卖申报指令,客户指定一个特定的价格,经纪人必须以该价格,或比该价格更好的价格进行交易。限价指令为买进申报的,只能以其限价或限价以下的价格成交;为卖出申报的,只能以其限价或限价以上的价格成交。限价指令的特点是可以按客户的预期价格成交,但是成交速度相对较慢,有时无法成交。

止损指令本质上是一种特殊的限制性市价委托,它是指投资者在指令中约定一个触发价格,当市场价格上升或下降到该触发价格时,止损指令被激活,转化为市价指令;否则该止损指令处于休眠等待状态,不提交到市场执行。客户利用止损指令,既可以有效地锁定利润,又可以将可能的损失降至最低限度。

止损限价指令是将止损指令与限价指令结合起来的一种指令。在止损限价委托中,投资者要注明两个价格:止损价和限价,一旦市场价格达到或超过止损价格,止损限价委托自动形成一个限价委托,此时成交价格必须优于限价。

我国《上海证券交易所交易规则》和《深圳证券交易所交易规则》规定,投资者可以采用限价委托或市价委托的方式委托会员买卖证券,但是市价申报只适用于有价格涨跌幅限制且证券连续竞价期间的交易。

(2) 对证券委托价格的规定。A股、债券交易和债券买断式回购交易的申报价格最小变动单位为0.01元人民币,基金、权证交易为0.001元人民币,B股交易为0.001美元,债券质押式回购交易为0.005元人民币。

交易所对股票、基金交易实行价格涨跌幅限制。科创板、创业板上市公司日常交易日涨跌幅限制在20%;其他交易板块涨跌幅限制为10%,其中ST类股票和S类股票不得超过5%。科创板、创业板IPO上市前五个交易日不设涨跌停板,其他交易板块首次公开发行上市首日涨幅不超过44%。在价格涨跌幅限制以内的申报为有效申报,超过价格涨跌幅限制的申报为无效申报。科创板、创业板上市公司在连续竞价阶段的限价申报应当符合下列要求:买入申报价格不得高于买入基准价格的102%;卖出申报价格不得低于卖出基准价格的98%。

特别地,根据《上海证券交易所交易规则》和《深圳证券交易所交易规则》,有一些特殊股票不受价格涨跌幅限制。上交所规定,属于下列情形之一的,首个交易日无价格涨跌幅限制:① 封闭式基金;② 增发上市的股票;③ 暂停上市后恢复上市的股票;④ 退市后重新上市的股票;⑤ 证监会或交易所认定的其他情形。深交所则对首次公开发行上市的股票、暂停上市后恢复上市的及其他认定情形的股票首日不实行价格限制,但是对增发上市的股票首日价格统一限制在10%范围内,这是源于深交所在2011年对《深圳证券交易所交易规则》做出的修改。

对于买卖无价格涨跌幅限制的证券,上交所和深交所都对集合竞价阶段的有效申报价格做出规定,要求有效申报价格应满足股票开盘集合竞价阶段的交易申报价格不高于前收盘价格的900%,股票收盘集合竞价阶段的交易申报价格不高于最新成交价格的110%且不低于最新成交价格的90%。

2. 按照委托数量分类

整数委托是指委托买卖证券的数量为一个交易单位或交易单位的整倍数。一个交易单位俗称"一手",在股票交易中,通常1手为100股,而由于债券品种和交易类型较多,各国债券交易市场中规定的1手数量不等。如我国上交所规定,债券交易和债券买断式回购交易以人民币1 000元面值债券为1手,债券质押式回购交易以人民币1 000元标准券为1手。

零数委托是指投资者委托证券经纪商买卖证券时,买进或卖出的证券不足交易所规定的一个交易单位。比如在买卖股票时,1股至99股均为零数委托。目前我国只有在卖出股票时,才会出现零数委托,零数股份主要来自股利分配、送股和配股等。

3. 按照委托有效期分类

按照委托指令的有效期划分,可以将其划分为当日有效委托、当周有效委托、当月有效委托和撤销前有效委托。

我国证券市场中只有当日有效委托,每笔参与竞价交易的申报不能一次全部成交时,未成交的部分继续参加当日竞价。

(三) 竞价与成交

1. 集合竞价与连续竞价

在我国交易所市场,证券竞价交易采用集合竞价和连续竞价两种方式。集合竞价是指在规定时间内接受的买卖申报一次性集中撮合的竞价方式;连续竞价是指对买卖申报逐笔连续撮合的竞价方式。

我国证券交易所在不同的时间段分别采用集合竞价方式和连续竞价方式成交。上海证券交易所和深圳证券交易所规定,接受交易参与人竞价交易申报的时间为每个交易日 9:15～9:25、9:30～11:30、13:00～15:00。其中交易日 9:20～9:25 为开盘集合竞价阶段,14:57～15:00 为收盘集合竞价阶段。

另外,开盘集合竞价期间未成交的买卖申报,自动进入连续竞价。连续竞价期间每一笔买卖委托进入电脑自动撮合系统后,当即判断并进行不同的处理,能成交者予以成交,不能成交者等待机会成交,部分成交者则让剩余部分继续等待。深圳证券交易所还规定,连续竞价期间未成交的买卖申报,自动进入收盘集合竞价。

2. 订单匹配原则

每个订单所传递的交易指令可能会在价格、数量、时间等委托交易参数上有所不同,所以交易机制中需要一定的匹配规则,使得买卖订单尽可能接近委托要求达成交易。目前,全球各证券交易市场中,常见的订单匹配原则主要有以下几种:

(1) 价格优先原则。

价格优先原则指经纪商在接受委托进行交易时,必须按照最有利于委托人的方式进行交易,即优先满足较高价格的买进订单和较低价格的卖出订单。卖方索价时,低价索价优先于高价索价;买方索价时,高价索价优先于低价索价。

(2) 时间优先原则。

时间优先原则也称先进先出原则,指当存在同价位的申报时,依照申报时序决定优先顺序。电脑申报竞价时,按计算机主机接受的时间顺序排列;书面申报竞价时,按证券经纪商接到书面凭证的顺序排列。

(3) 按比例分配原则。

按比例分配原则指所有订单在价格相同的情况下,成交数量以订单数量按比例进行分配。美国纽约证券交易所的交易大厅、芝加哥期权交易所等采取了按比例分配原则,而对于数额太小的订单,一般来说是随机分配的。

(4) 数量优先原则。

数量优先原则是指在价格相同,或者价格相同并且无法区分时间先后的情况下,有些交易所规定应该遵循数量优先匹配原则。数量优先原则有两种形式,一是价格和时间都相同的情况下,优先满足订单数量较大的订单,以增加交易流动性;二是数量上完全匹配的订单优先满足于数量上不一致的订单,以避免订单只是部分被执行的情况。

3. 我国交易所集合竞价及连续竞价的成交价格确定

在我国的证券交易所中,证券竞价交易按价格优先、时间优先的原则撮合成交。

(1) 集合竞价的成交价格确定。根据上交所和深交所的交易规则,在集合竞价时,所有交易以同一价格成交,成交价格的确定原则为:

① 可实现最大成交量的价格；
② 高于该价格的买入申报与低于该价格的卖出申报全部成交的价格；
③ 与该价格相同的买方或卖方至少有一方全部成交的价格。

两个以上申报价格符合上述条件的,使未成交量最小的申报价格为成交价格;仍有两个以上使未成交量最小的申报价格符合上述条件的,其中间价为成交价格。

(2) 连续竞价的成交价格确定。连续竞价时,成交价格的确定原则为:
① 最高买入申报价格与最低卖出申报价格相同,以该价格为成交价格;
② 买入申报价格高于即时揭示的最低卖出申报价格的,以即时揭示的最低卖出申报价格为成交价格;
③ 卖出申报价格低于即时揭示的最高买入申报价格的,以即时揭示的最高买入申报价格为成交价格。

按成交原则达成的价格不在最小价格变动单位范围内的,按照四舍五入原则取至相应的最小价格变动单位。

(四) 清算与交收

证券的清算与交割交收统称为证券结算。证券结算是指证券公司工作人员在每一个结算期内对成交的价款和数量进行清算,计算出证券和资金应付和应收的数额,然后通过证券交易所进行交割证券与价款的过程。所以交割是在清算完成后进行的,交易双方在约定的时间内履行合约,买方支付相应的款项得到所购的证券,卖方支付所卖的证券得到相应的款项。

目前我国证券市场的登记结算机构包括:中国证券登记结算公司、中央国债登记结算公司(简称"中债登")以及基金管理公司。中国结算为上海、深圳证券交易所市场开展证券登记、存管、结算等后台业务,涉及的证券品种包括A股、B股、基金、债券、权证、资产支持证券(ABS)等。此外,中国结算开放式基金登记结算系统(简称TA系统)也为一部分开放式基金的申购赎回等业务提供登记结算服务。中债登为我国银行间债券市场提供登记结算服务。基金管理公司则为部分开放式基金的申购赎回业务提供登记结算服务。

1. 交易所市场结算方式

在上海、深圳证券交易所市场开展证券结算业务时,中国结算主要有净额担保结算和逐笔全额非担保结算两种结算方式。

(1) 净额担保结算。净额担保结算是指净额清算、担保交收,即证券登记结算机构(在我国即为中国结算)对各结算参与人的应收应付证券、资金进行冲抵轧差清算,计算出应收应付资金、证券的净额。证券登记结算机构作为各结算参与人的共同对手方(CCP),成为买方的卖方和卖方的买方,承担担保交收职责。

目前,中国结算对在沪、深证券交易所上市交易的A股、债券(包括现券及质押式回购)、基金、权证等大部分证券品种的交易提供净额担保结算。

(2) 逐笔全额非担保结算。逐笔全额非担保结算是指逐笔全额清算、非担保交收,即证券登记结算机构对各结算参与人的应收应付证券、资金进行逐笔全额清算,多笔应收应付不做冲抵轧差处理。证券登记结算机构不作为共同对手方,不承担担保交收职责,而是按照货银对付(DVP)原则逐笔进行证券和资金的交收。

目前,中国结算对权证行权、专项资产管理计划转让、买断式回购的到期购回等业务提供逐笔全额非担保结算。

2. 证券交收期

交收期是指在交易日(T日)后多长时间内完成证券、资金的集中交收。目前,A股、基金、债券、权证等交易的交收期为T+1日,B股交易的交收期为T+3日。

最终交收时点是指结算参与人向证券登记结算机构履行交收义务的截止时点。如果结算参与人在最终交收时点仍没有足额的资金、证券用于交收,即交收违约。目前,A股、基金、债券、权证交易的最终交收时点为T+1日16:00,B股交易的最终交收时点为T+3日12:00。

三、我国经纪业务发展现状及趋势

(一)佣金及制度演变

证券经纪业务是证券公司的主要收入来源之一,但近年来证券经纪业务收入占比不断下降。

1. 证券交易费用

证券交易费用是指投资者在委托买卖证券时应支付的各种税收和费用的总和。交易费用通常包括佣金、印花税、过户费、其他费用等几个方面的内容,详见表8-1。

表8-1 我国证券交易费用的收费标准

项目	收入主体	收费标准	费率的决定	备注
佣金	证券公司、交易所、管理机构	A、B股:不得高于证券交易金额的3‰,也不得低于代收的证券交易监管费和证券交易所手续费等	各证券公司应根据自身的实际情况制定本公司的佣金收取标准	A股、证券投资基金每笔佣金最低5元;B股每笔交易佣金不低于1美元或5港元
印花税	为国家税收,由证券经营机构在同投资者交割中代为扣收	成交金额的1‰对证券交易的出让方单项收取	财政部决定	基金、债券等均无此项费用
过户费	证券登记清算机构的收入,由证券经营机构在同投资者清算交割时代为扣收	A股:按照成交金额0.02‰向买卖双方投资者分别收取;B股:成交金额的0.5‰,但最高为500港元	中国证券登记结算有限责任公司决定	
其他费用	证券公司	不定	证券公司自行决定	

资料来源:《上海证券交易所交易规则》《深圳证券交易所交易规则》和中国结算。

(1)佣金。佣金是投资者在委托经纪商买卖证券成交后,按照成交金额缴纳的一定比例的费用。此项费用一般由券商的经纪佣金、证券交易所交易经手费及管理机构的监管费等构成。

我国目前A股、B股、证券投资基金的交易佣金实行最高上限向下浮动制度,证券公司向客户收取的佣金(包括代收的证券交易监管费和证券交易所手续费等)不得高于证券交易金额的3‰,也不得低于代收的证券交易监管费和证券交易所手续费等。A股、证券投资基金每笔交易佣金不足5元的,按5元收取;B股每笔交易佣金不足1美元或5港元的,按1美元或5港元收取。

各证券公司应根据自身的实际情况制定本公司的佣金收取标准,报公司注册地中国证监会派出机构及营业地证监会派出机构、营业地价格主管部门、营业地税务部门备案,并在营业场所公布。

(2)印花税。印花税是根据国家税法规定,在中华人民共和国境内进行证券交易的单位和个人应缴纳的税金。根据2018年11月财政部发布的《中华人民共和国印花税法(征求意见稿)》,应缴纳印花税的证券交易是指在依法设立的证券交易所上市交易或者在国务院批准的其他证券交易场所转让公司股票和以股票为基础发行的存托凭证,基金、债券等均无此项费用。

印花税的缴纳由证券经营机构在同投资者交割中代为扣收,然后在证券经营机构同证券交易所或登记结算机构的清算交割中集中结算,最后由登记结算机构统一向征税机关缴纳。其收费标准是按A股成交金额的1‰进行单项收取,只对证券交易的出让方征收,不对证券交易的受让方征收。

(3)过户费。过户费是指投资者委托买卖的股票、基金成交后买卖双方为变更股权登记所支付的费用。这笔收入属于证券登记清算机构的收入,由证券经营机构同投资者清算交割时代为扣收。

根据中国登记结算有限责任公司2015年发布的《关于调整A股交易过户费收费标准有关事项的通知》,A股交易过户费由沪市按照成交面值0.3‰、深市按照成交金额0.0255‰向买卖双方投资者分别收取,统一调整为按照成交金额0.02‰向买卖双方投资者分别收取。

对于B股,这项费用称为"结算费",在上海证券交易所和深圳证券交易所的收费标准都是成交金额的0.5‰,但最高为500港元。基金交易不收取过户费。

(4)其他费用。其他费用是指投资者在委托买卖证券时,向证券营业部缴纳的委托费(通讯费)、撤单费、查询费、开户费、磁卡费以及电话委托、自助委托的刷卡费、超时费等。其他费用由券商根据需要酌情收取,一般没有明确的收费标准,只要其收费标准得到当地物价部门批准即可。目前有相当多的证券经营机构出于竞争的考虑而减免部分或全部此类费用。

2.我国佣金制度的演变

从上述证券交易费用的项目可以看出,证券公司经营经纪业务时,主要的收入来源于佣金,我国目前对交易佣金实行最高上限向下浮动制度,在该区间内,各个证券公司可以根据自身的实际情况制定本公司的佣金收取标准。所以佣金制度的转变对于证券公司的经纪业务收益情况和竞争模式影响巨大。

我国最早的证券交易佣金采用的是3.5‰的固定佣金制,由上海及深圳证券交易所制定。在这个阶段内,佣金水平高昂,阻碍了投资者参与证券市场的热情,而且佣金制度由行政决定,各个证券公司开展经纪业务无法自行决定佣金的收费标准,不利于证券市场竞争机制的发展。

我国现行的证券交易佣金制度的依据是2002年5月1日开始执行的,由中国证监会、国家计委、国家税务总局共同发布的《关于调整证券交易佣金收取标准的通知》。在这版通知中,规定证券公司向客户收取的佣金不得高于证券交易金额的3‰。我国自此开始实行最高限额向下浮动的佣金制度,国内证券交易佣金实现了从固定佣金制向浮动佣金制的转变,市场化才真正拉开序幕。

(二) 发展现状

1. 我国证券公司经纪业务模式的演变

随着我国佣金制度的转变和证券市场的发展,我国证券公司在不同阶段经营经纪业务时,采取了不同的业务模式和竞争手段。虽然各个证券公司在自己的发展路径的选择上有一定差异性,但是可以大致将证券经纪业务的模式发展分为三个阶段。

(1) 第一阶段:固定佣金制下的网点扩张。由于2002年之前,我国证券交易的佣金由上海及深圳证券交易所统一规定,同时早期交易还必须通过现场或电话下单,然后由交易所的"红马甲"(证券交易员)将指令输入交易主机,所以在这一阶段,各个证券公司经纪业务的竞争方式以网点扩张和人力扩张为主。哪家券商有更多的网点,经纪业务的效益往往就较好。

(2) 第二阶段:网点扩张及首轮降佣热潮。第二阶段主要指2002—2012年各证券公司继续通过网点扩张和降低佣金的方式来增加自身经纪业务市场份额。2002年之后,我国证券交易佣金实现了从固定佣金制向浮动佣金制的转变,所以在第二阶段中,我国第一次出现了券商之间的降佣竞争,各个证券公司的佣金率持续下滑。

同时,为了争夺市场规模,各个证券公司马不停蹄地扩张自己的网点,监管层对券商营业部的设立逐步放开。特别在2008年中国证监会发布了《关于进一步规范证券营业网点的规定》,完善了证券营业网点设立的条件,明确了证券公司新设营业部的10项指标。

在第二阶段中,"网点扩张""降低佣金"成为证券公司争夺经纪业务市场的两大工具,行业佣金率开始下滑。

(3) 第三阶段:轻型营业部及线上业务的发展。第三阶段主要指2013年开始的第二轮降佣热潮,与前一次的降佣热潮不同之处在于,2012年之前的降佣大多属于证券公司为了保留市场规模而不得已进行的"被动"降佣。2013年之后,由于监管对券商营业部设立的进一步放松,以及线上技术在金融领域的应用,证券公司经纪业务的成本有所下降,中小券商在创新业务方面的尝试更为激进,市场格局发生了较大的变化。

2013年3月证监会发布《证券公司分支机构监管规定》,证券公司设立、收购分支机构的条件有所放宽(券商开设营业部不再受到数量和区域的限制,只需报当地证监局审批即可),营业部大幅扩容。各家证券公司大幅新设规模较小的轻型营业部,这样加剧了行业内佣金方面的竞争。

同时,随着技术的发展,非现场开户及互联网金融的发展使得投资者的参与热情快速增长。2013年3月,中国结算公司发布《证券账户非现场开户实施暂行办法》,规定了见证开户及网上开户两种非现场开户方式,投资者可选择非现场方式申请开立证券账户。2013年10月,华泰证券推出"足不出户、万三开户"服务,拉开新一轮佣金战序幕。各券商纷纷开始布局互联网金融,与腾讯、网易、百度等进行合作。借助互联网公司的流量平台协助证券公司进行用户流量导入、证券在线开户和交易、在线金融产品销售等服务。

随着监管的放宽及互联网技术的发展,券商获客边际成本降低,用户在券商之间的转换成本也逐渐降低,经纪业务的行业竞争更加剧烈。

2. 我国证券经纪业务的发展现状

(1) 总规模增长停滞。根据中国证券业协会的数据,2019 年我国证券公司代理买卖证券净收入为 788 亿元,与 2011 年相比上升 14.37%。特别在 2015 年以来,随着牛市的结束和线上技术的快速发展,各个证券公司的降佣竞争进入了白热化阶段,单个资金账户贡献收入下降至不到 900 元/年。

图 8-1 我国证券公司经纪业务收入

(资料来源:中国证券业协会)

(2) 经纪业务在券商营收中占比下降。经纪业务收入一直以来都是券商最重要的收入来源之一,在 2015 年之前,经纪业务收入在营业收入中的占比基本稳定在 40% 以上,2011 年甚至高达 50.67%。近几年随着我国股票市场的行情回落,券商其他业务快速发展,规模体量不断扩大,经纪业务收入在券商的营收中比重不断下降。根据中国证券业协会发布的我国证券公司 2019 年度经营数据,经纪业务收入在主营业务收入中的占比仅为 21.85%。

(3) 行业内部竞争激烈。经纪业务盈利来源于成交量与佣金率。虽然我国从几年前开始提倡证券经纪业务向财富管理转型,但是从目前的情况来看,我国的经纪业务更多地只是一个交易通道,行业内部同质化竞争严重,低价仍是抢夺市场份额最主要的手段。

与证券公司其他业务相比,经纪业务行业内的市场集中度明显更低。随着互联网科技的发展,部分券商通过低佣战略抢占了大批市场份额。因此,2015 年以来券商股基交易额市占率的集中度在不断下降。

从各证券公司经纪业务的市场占有率来看,大型券商经纪业务收入领先地位稳固。虽然整体市场集中度在近几年有所下降,但大型券商在综合佣金率方面更具优势,从份额、收入、盈利各个角度来看,纵使行业生态发生剧烈动荡,中信证券领头羊的地位一直没有被撼动。

（三）业务模式展望

从目前我国证券经纪业务的发展现状可以看出，传统的经纪业务仅作为连接投资者和交易所的纽带，在各家券商之间代理买卖证券业务几乎没有差别，雷同化的业务线条使得客户黏性降低，同质化竞争愈发激烈，创造收益的能力越来越弱。

为了更好地适应市场的需求，我国证券经纪业务正在主动地寻求变革，各家券商对未来转型的侧重点不同，但从目前来看，我国未来经纪业务发展有以下几大趋势。

1. 通过线上导流模式吸引增量客户

自2012年证监会允许网上开户业务，经纪业务的商业模式发生了重大改变。线上开户及交易的快速普及不但降低了投资者交易的时间成本，同时也给证券经纪行业带来了新的催化剂。除了完善自身的网络开户流程，券商还引入包括腾讯、网易、百度等知名的门户网站吸引流量，这其中华泰证券和中小券商显得尤为活跃。

此外，线上导流的模式不仅避免了恶性竞争，即跳出了原本针对存量客户降佣的价格战，还吸引了更多的增量客户。以上海地区为例，统计数据显示，无论是华泰证券开展"万三开户"，还是国金证券"佣金宝"上线，都使得之后2个月内上海当地股票账户开户数量明显上升。

至于线下的获客渠道，则更多以轻型的综合金融服务窗口为主，使交易功能弱化，主要实现客户指引和分流，并提供"一对多"的简单投资顾问（投顾）指导服务。

2. 差异化产品打造丰富财富管理体系

未来证券经纪业务将从传统的以提供交易通道为主，转变为以提供全面配套证券服务为主，"交易+产品+理财+综合服务"将成为券商经纪业务新的盈利模式。券商提供的服务应当更加个性化与专业化，组建专业的投顾团队为客户提供深度服务，例如为企业量身定制未来战略规划及财务规划，为高净值客户提供大类资产配置解决方案乃至全生命周期的管理方案。

以经纪业务长期占据龙头位置的中信证券为例，除在2008—2011年大幅降佣，之后其并没有主动迎接佣金价格战，但是市场份额却稳定在行业前三，收入始终领跑，受市场环境影响很小。一方面，这与其机构占比高的客户结构密切相关，中信证券能获取相对高的溢价；另一方面，中信经纪业务作为财富管理者角色，与综合金融体系融合程度较高。公司综合金融服务商雏形已现，未来仍将持续深化转型，发展重心从经纪业务向财富管理转移，加大机构业务投入力度，最终成为我国综合金融服务商龙头。

3. 提高投顾水平，布局金融科技

中国现有的投顾数量和产能严重不足，供需失衡。从数量上看，截至2018年年底，我国4.7万投顾从业人员难以满足1.5亿个人投资者的需求。从服务能力上看，投顾水平参差不齐，且过于依赖个人能力。投顾未来会更加稀缺，优秀的投顾人才将更易流失。这将迫使券商总部将投顾业务平台化，通过多种集中化的工具帮助一线投顾服务客户，提高整体服务水平，减少客户对投顾的个人依赖。

在金融科技方面，券商应优先考虑智能投顾和大数据应用。智能投顾作为智能资产配置工具，作为客户获取投资建议的服务平台，方便推广标准化建议、提升用户体验、降低个人资产组合定制成本。另外，证券公司应通过大数据洞悉客户需求，构建客户画像，以便为其匹配针对性的产品服务，提高单客价值，实现精准营销。

4. 经纪业务国际化逐渐开放

2014年11月,沪港通率先推出,再到2016年12月和2018年12月,深港通和沪伦通先后启动,内地股票市场进一步向海外投资者开放,二级市场互联互通的基本格局已经形成,这对证券公司的经纪业务产生了多方面的影响。

中国资本市场的开放将从多方面推动我国经纪业务的发展。首先,证券市场互联互通将明显促进市场每日成交量的增加。以沪港通、深港通为例,港股实行T+0交易机制,对比国内A股的T+1交易机制,券商的经纪业务收入很可能得到提升。其次,海外市场互联互通将提升经纪业务的投资咨询服务价值。随着额度放开和投资范围的扩大,更多类似的跨市场海外经纪业务会逐渐放开。由于投资者不熟悉海外上市公司,相比内地A股市场,海外市场的投资咨询服务、增值服务也更有前景,大型券商可能在研究领域有更大的优势。考虑到中国是世界上最大的经济体之一,海外资金有对中国证券资产的配置要求,二级市场互联互通为促进国内券商发展、帮助海外资金进入国内A股市场以及拓展服务全球的经纪业务奠定了基础。

第二节 信用经纪业务

信用经纪业务即融资融券业务。

一、融资融券相关概念

(一) 融资与融券

融资融券业务是一种特殊的证券经纪业务,由传统的经纪业务演变而来。证券投资者以其账户上的资产为担保,向证券公司借资金买入股票或者借股票卖出,并在约定的时间内偿还本金并支付利息费用。

按照交易方向的不同,融资融券分为融资交易和融券交易。融资交易是指投资者看涨某只股票,向证券公司借资金买入,以期该股票上涨之后以高于原先买价卖出,将所欠负债归还证券公司,赚取其中差价的交易行为。融资交易亦可称作买空交易,投资者从股票上涨中挣钱,并享受了杠杆收益。融券交易是指投资者看空某只股票,向证券公司借入一定数量的该股票卖出,以期该股票价格下跌之后以低于卖价买回股票,将所借的股票悉数归还证券公司,赚取其中差价的交易行为。融券交易亦可称作卖空交易,投资者通过股票下跌盈利。

(二) 融资融券标的证券

标的证券是指客户可融资买入的证券和公司可对客户融出的证券。目前我国证券市场沪深市场并不是每只股票都可以进行融资买入或融券卖出,沪深交易所要求融资融券标的股票的上市年限、流通市值、股东人数、公司业绩等方面均要符合相关标准,对标的证券范围做了严格限定。

上海证券交易所及深圳证券交易所每个季度定期发布融资融券标的证券调整公告,截至2019年第四季度,上交所、深交所融资融券标的证券分别有938只及800只。

(三) 客户保证金

1. 保证金概念

证券公司在客户进行融资融券时,应向其收取一定比例的保证金。保证金是投资者融资融券账户中的自有资产,是投资者对与其产生借贷关系的证券公司做出的抵押。投资者从事普通证券交易实际上是提交了 100% 的保证金,即买入证券须事先存入足额的资金,卖出证券须事先持有足额的证券。从事融资融券交易则不同,投资者只需交纳一定的保证金,即可进行保证金金额一定倍数的买卖,具有一定的财务杠杆效应。

保证金可以是现金,也可以是交易所或证券公司认可的有价证券。现金的保证金折算率为 100%,有价证券折算率低于 100%。有价证券根据其特性不同,具有相应的折算率,由证券交易所决定充抵保证金的各类证券的折算率。我国沪深交易所从充抵保证金股票的市盈率、流动市值等多方面综合考虑其折算率的设定。

以深交所为例,深交所规定融资融券业务的保证金可以是在深交所上市交易的股票、证券投资基金、债券、货币市场基金、证券公司现金管理产品及深交所认可的其他证券充抵。根据 2019 年修订的《深圳证券交易所融资融券交易实施细则》,可充抵保证金的证券,在计算保证金金额时应当以证券市值或净值进行折算,其中深证 100 指数成分股股票的折算率最高不超过 70%,非深证 100 指数成分股股票的折算率最高不超过 65%,交易型开放式基金折算率最高不超过 90%,证券公司现金管理产品、货币市场基金、国债的折算率最高不超过 95%,被实行风险警示、暂停上市或进入退市整理期的证券,静态市盈率在 300 倍以上或为负数的 A 股股票,以及权证的折算率为 0%。

2. 保证金比例的相关计算

保证金比例是指客户进行融资融券交易时所交付的保证金与融资融券交易金额的比例,根据交易方向可分为融资保证金比例和融券保证金比例。

融资保证金比例是指投资者融资买入证券时交付的保证金与融资交易金额的比例,融资保证金比例不得低于 50%。其计算公式为:

$$融资保证金比例 = \frac{保证金}{融资买入证券数量 \times 买入价格} \times 100\% \qquad (8.1)$$

融券保证金比例是指投资者融券卖出证券时交付的保证金与融券交易金额的比例,融券保证金比例同样不得低于 50%。其计算公式为:

$$融券保证金比例 = \frac{保证金}{融券卖出证券数量 \times 卖出价格} \times 100\% \qquad (8.2)$$

投资者融资买入或融券卖出时所使用的保证金不得超出其保证金可用余额。保证金可用余额是指投资者用于充抵保证金的现金、证券市值及融资融券交易产生的浮盈经折算后形成的保证金总额,减去投资者未了结融资融券交易已用保证金及相关利息、费用的余额。其计算公式为:

$$保证金可用余额 = 现金 + \sum(可充抵保证金的证券市值 \times 折算率)$$
$$+ \sum[(融资买入证券市值 - 融资买入金额) \times 折算率]$$

$$+ \sum [(\text{融券卖出金额} - \text{融券卖出证券市值}) \times \text{折算率}]$$

$$- \sum \text{融资买入证券市值} \times \text{融资保证金比例}$$

$$- \sum \text{融券卖出证券市值} \times \text{融券保证金比例} - \text{利息及费用} \quad (8.3)$$

公式(8.3)中,融券卖出金额=融券卖出证券的数量×卖出价格,融券卖出证券市值=融券卖出证券数量×市价,融券卖出证券数量指融券卖出后尚未偿还的证券数量;$\sum[(\text{融资买入证券市值}-\text{融资买入金额})\times\text{折算率}]$、$\sum[(\text{融券卖出金额}-\text{融券卖出证券市值})\times\text{折算率}]$中的折算率是指融资买入、融券卖出证券对应的折算率,当融资买入证券市值低于融资买入金额或融券卖出证券市值高于融券卖出金额时,折算率按100%计算。

3. 维持担保比例的计算

证券公司向客户收取的保证金、客户融资买入的全部证券和融券卖出所得的全部价款,整体作为客户对会员融资融券所生债务的担保物。

维持担保比例是指客户担保物价值与其融资融券债务之间的比例。其计算公式为:

$$\text{维持担保比例} = \frac{\text{现金} + \text{信用证券账户内证券市值总和} + \text{其他担保物价值}}{\text{融资买入金额} + \text{融券卖出证券数量} \times \text{当前市价} + \text{利息及费用总和}} \times 100\% \quad (8.4)$$

证券公司应当根据市场情况、客户资信和公司风险管理能力等因素,审慎评估并与客户约定最低维持担保比例要求。当客户维持担保比例低于最低维持担保比例时,证券公司应当通知客户在约定的期限内追加担保物,客户经会员认可后,可以提交除可充抵保证金证券外的其他证券、不动产、股权等依法可以用作担保的财产或财产权利作为其他担保物。证券公司可以与客户自行约定追加担保物后的维持担保比例要求。

仅计算现金及信用证券账户内证券市值总和的维持担保比例超过300%时,客户可以提取保证金可用余额中的现金或充抵保证金的证券,但提取后仅计算现金及信用证券账户内证券市值总和的维持担保比例不得低于300%。

二、融资融券业务模式

(一) 全球主流融资融券业务模式

融资融券交易是海外证券市场普遍实施的一项成熟交易制度,是证券市场基本职能发挥作用的重要基础。各个开展融资融券的资本市场都根据自身金融体系和信用环境的完善程度,采用了适合自身实际情况的融资融券业务模式,其中单轨制集中授信模式、双轨制集中授信模式以及分散授信模式是目前全球证券市场上融资融券交易的主流业务模式。

1. 以日本为代表的单轨制集中授信模式

在单轨制集中授信模式中,券商是投资者开展证券信用交易的唯一平台,而证券金融公司的职责仅为对证券公司转融通。转融通是指开展融资融券业务的证券公司以其自有资金和证券供客户融入,当券商自有资源短缺时,向证券金融公司等机构融入资金和证券用以展业的行为。

在单轨制下,券商只能通过证券金融公司转融通融入资金及证券,而证券金融公司可以通过银行贷款或货币市场回购融资,以及非银行金融机构融券,用以开展对证券公司的转融通业务。因此证券金融公司在通常情况下是连通证券市场与货币市场的唯一中介,是整个证券信用交易体系中的枢纽,具有特许权和垄断地位。

单轨制集中授信模式的典型代表是日本证券市场。日本专业化的证券金融公司处于整个融资融券业务的核心和垄断地位,严格控制着资金和证券通过信用交易产生的倍增效应。日本的证券金融公司主要由银行出资设立,为证券经纪商等中介机构提供服务。作为融资融券的中介,证券金融公司控制着整个融资融券业务的规模和节奏。

2. 以中国台湾为代表的双轨制集中授信模式

双轨制集中授信模式下,证券金融公司除了可以向证券公司授信以外,还可以通过代理或直接向投资者授信。我国台湾地区的双轨制集中授信模式是在借鉴日本单轨制专业化授信模式基础上,加以改进形成的。

台湾地区的证券公司可以根据取得和未取得融资融券许可证分为两类。投资者可以直接向已经取得许可证的证券公司申请融资融券,也可以向没有许可证的证券公司提出代理服务申请,从而直接从证券金融公司处获得融资融券。此外,取得许可证的证券公司可以通过证券金融公司进行转融通,也可以直接向银行或货币市场进行资金的转融通。也因此台湾地区的证券金融公司与券商存在竞争关系。

长期以来,台湾地区有4家证券金融公司彼此存在竞争。台湾地区对证券公司实行许可证管理,有许可证的券商可以向证券金融公司融资融券,而没有许可证的证券公司只能从事代理服务。证券公司由于投资者可以直接向证券金融公司融资融券而处于比较被动的地位,融资融券业务为券商带来的收入有限。

3. 以美国为代表的分散授信模式

美国属于典型的市场化信用交易模式,该市场化模式是建立在发达的金融市场以及包括证券公司在内的金融机构比较完整的自主性基础上的。在进行信用交易时,投资者向证券公司申请融资融券,由证券公司直接对其提供信用,证券公司的资金或证券不足时,直接向金融市场融通或通过招标借入相应的资金和证券。

美国金融市场高度发达,对授信主体、授信对象、标的证券等方面的限制相对比较宽松。银行、证券公司、基金、保险公司、企业财务公司等各个主体之间广泛联系,证券公司不仅可以在同行之间相互融资融券,也可以从其他金融机构甚至实业机构获得帮助。而在证券公司与交易客户之间,只要建立在合意的基础上,也可以进行融资融券活动,如出借证券、使用客户保证金等。

在美国这种分散授信模式下,证券交易经纪公司处于核心地位。这种市场化模式建立在信用体系完备和货币市场与资本市场联通的前提下,证券公司能够根据客户需求,从银行、非银行金融机构调剂资金和证券头寸,并迅速将融入资金或借入的证券配置给需要的投资者。

(二) 我国融资融券业务的开展

1. 我国融资融券业务的发展历程

融资融券业务在海外证券市场是一项普遍存在的成熟交易制度，但是在我国证券市场刚刚建立时，政府出于控制风险的考虑，其在很长一段时间内被视为违规活动而被法律禁止。1993 年国务院发布的《股票发行与交易管理暂行条例》和 1999 年生效的《证券法》都有禁止证券公司向客户融资或融券的规定。

随着股权分置改革、发展机构投资者、证券公司综合治理等一系列改革发展工作的深入推进，证券市场基础性制度建设不断完善。2005 年修订的《证券法》第一百四十二条规定，"证券公司为客户买卖证券提供融资融券服务，必须按照国务院的规定并经国务院证券监督管理机构批准"，这就在法律上为券商开展两融业务敞开了大门。随后几年《证券公司融资融券试点管理办法》《融资融券交易试点实施细则》等法规逐渐发布。2008 年 10 月，证监会宣布启动融资融券试点。2010 年 3 月 31 日，沪、深交易所开始正式接受第一批包括国泰君安、国信证券、中信证券等在内的六家试点券商的融资融券交易申报，这意味着我国融资融券交易正式运行。

之后，证监会陆续公布了第二批、第三批试点券商，具有融资融券业务开展资格的券商数量不断增多，融资融券可交易的标的规模也不断扩大。为了更好地配合两融业务的开展，我国于 2011 年成立了中国证券金融股份有限公司，为证券公司开展两融业务提供转融通服务。

2. 我国融资融券业务的发展现状

两融业务运行之初，为保证市场的稳定，沪深两市可进行融资融券交易的标的仅有 90 只股票。之后，沪、深交易所进行了四次大规模的扩容。

截至 2018 年年底，具有两融业务开展资格的证券公司有 94 家，沪深两市的总融资融券规模在近年也经历了快速增长。两融余额从 2014 年下半年开始迅速攀升，并在 2015 年 5、6 月连续两个月突破 2 万亿，当时两融交易额约占当日 A 股成交额的 20%。随着 2015 年 6 月底股灾的到来和政策的调整，融资融券业务结束了飞速发展的阶段。2016 年 5 月的两融余额达到 2015 年以来的最低值，之后便维持平稳增长状态。根据中国证券业协会发布的数据，截至 2018 年年底，沪深两市总融资融券余额达 7 557 亿元，其中，融资余额 7 490 亿元，融券余额 67 亿元（见图 8-2）。

根据同花顺数据统计，2018 年在 94 家有两融资格的券商中，中信证券、华泰证券与广发证券的融资融券余额在所有券商中排名前三。券商融资融券业务排名前五的总融资融券余额占全市场的 28.35%，以前十名衡量的市场集中度为 49.79%。

从我国融资融券业务的结构来看，融券交易额与融资交易额相差悬殊，融资余额基本上可以保持在万亿级别，但是融券余额不足 50 亿元，融券余额占两融总余额的比例不足 1%。而根据国外发展的经验，融券余额占总融资余额的比例应在 20%~30% 之间。

造成这种现象的原因是多样的，其中主要原因在于，在融券业务中，90% 以上的券源是券商的自营券，导致供给方面量十分有限，无法满足融券需求。为解决此问题，目前已经开展转融通业务，转融通业务是指中国证券金融股份有限公司借入证券、筹集资金，再

图 8-2 沪深两市总融资融券余额(亿元)

(资料来源：中国证券业协会)

转借给证券公司，为证券公司开展融资融券业务提供资金和证券来源，包括转融券业务和转融资业务两部分。

中国证券金融股份有限公司是我国办理转融通业务的机构，证券公司不再局限于通过自由资金和证券开展两融业务，这样可以极大地增加融资融券的规模。根据海外经验，融资融券总余额中大约50%的资金和证券来自转融通业务。目前我国转融通业务还未大规模发展，未来随着转融通业务的常态化以及券源供给方的扩大，将大力推动融券业务的发展。

三、我国融资融券业务的监管

(一) 融资融券业务的交易规则

2015年7月中国证监会发布实施的《证券公司融资融券业务管理办法》对证券公司经营两融业务的要求及市场交易机制做出了规范。

1. 开设账户

(1) 证券公司经营融资融券业务，应当以自己的名义，在证券登记结算机构分别开立融券专用证券账户、客户信用交易担保证券账户、信用交易证券交收账户和信用交易资金交收账户。

融券专用证券账户用于记录证券公司持有的拟向客户融出的证券和客户归还的证券，不得用于证券买卖；客户信用交易担保证券账户用于记录客户委托证券公司持有、担保证券公司因向客户融资融券所生债权的证券；信用交易证券交收账户用于客户融资融券交易的证券结算；信用交易资金交收账户用于客户融资融券交易的资金结算。

(2) 证券公司经营融资融券业务，应当以自己的名义，在商业银行分别开立融资专用资金账户和客户信用交易担保资金账户。

融资专用资金账户用于存放证券公司拟向客户融出的资金及客户归还的资金；客户信用交易担保资金账户用于存放客户交存的、担保证券公司因向客户融资融券所生债权的资金。

2. 审核客户及签订合同

(1) 证券公司在向客户融资融券前,应当办理客户征信,了解客户的身份、财产与收入状况、证券投资经验和风险偏好、诚信合规记录等情况,做好客户适当性管理工作,并以书面或者电子方式予以记载、保存。

对未按照要求提供有关情况、从事证券交易时间不足半年、缺乏风险承担能力、最近 20 个交易日日均证券类资产低于 50 万元或者有重大违约记录的客户,以及本公司的股东、关联人,证券公司不得为其开立信用账户。持有上市证券公司 5% 以下流通股份的股东除外。专业机构投资者参与融资融券业务,可不受从事前述证券交易时间、证券类资产的条件限制。

各家证券公司应当按照适当性制度要求,制定自己选择客户的具体标准。

(2) 证券公司在向客户融资融券前,应当与其签订载有中国证券业协会规定的必备条款的融资融券合同,明确约定下列事项:① 融资融券的额度、期限、利率(费率)、利息(费用)的计算方式;② 保证金比例、维持担保比例、可充抵保证金的证券的种类及折算率、担保债权范围;③ 追加保证金的通知方式、追加保证金的期限;④ 客户清偿债务的方式及证券公司对担保物的处分权利;⑤ 融资买入证券和融券卖出证券的权益处理;⑥ 违约责任;⑦ 纠纷解决途径;⑧ 其他有关事项。

(3) 证券公司与客户约定的融资融券期限不得超过证券交易所规定的期限,融资利率、融券费率由证券公司与客户自主商定。合约到期前,证券公司可以根据客户的申请为客户办理展期,每次展期期限不得超过证券交易所规定的期限。此外,证券公司在为客户办理合约展期前,应当对客户的信用状况、负债情况、维持担保比例水平等进行评估。

3. 开立客户信用证券账户和信用资金账户

(1) 证券公司与客户签订融资融券合同后,应当根据客户的申请,按照证券登记结算机构的规定,为其开立实名信用证券账户。客户信用证券账户与其普通证券账户的开户人姓名或者名称应当一致。

客户信用证券账户是证券公司客户信用交易担保证券账户的二级账户,用于记载客户委托证券公司持有的担保证券的明细数据。

证券公司应当委托证券登记结算机构根据清算、交收结果等,对客户信用证券账户内的数据进行变更。

(2) 证券公司在与客户签订融资融券合同后,应当通知商业银行根据客户的申请,为其开立实名信用资金账户。

客户信用资金账户是证券公司客户信用交易担保资金账户的二级账户,用于记载客户交存的担保资金的明细数据。

商业银行根据证券公司提供的清算、交收结果等,对客户信用资金账户内的数据进行变更。

4. 证券公司融资融券业务的其他规定

(1) 证券公司向客户融资,只能使用融资专用资金账户内的资金;向客户融券,只能使用融券专用证券账户内的证券。

(2) 证券公司经营融资融券业务,应当按照客户委托发出证券交易、证券划转的指令操作。因证券公司的过错导致指令错误，造成客户损失的，客户可以依法要求证券公司赔偿，但不影响证券交易所、证券登记结算机构正在执行或者已经完成的业务操作。

（3）对于证券公司融资融券业务的总规模，证券公司融资融券的金额不得超过其净资本的4倍。

（二）标的证券

根据《上海证券交易所融资融券交易实施细则》及《深圳证券交易所融资融券交易实施细则》，两市融资融券的标的证券可以是股票、证券投资基金、债券或符合要求的其他证券。

1. 标的证券为股票

对比两市出台的规则，可以发现沪深两市都要求，当标的证券为股票时，应当符合下列条件：

① 在交易所上市交易超过3个月。

② 融资买入标的股票的流通股本不少于1亿股或流通市值不低于5亿元，融券卖出标的股票的流通股本不少于2亿股或流通市值不低于8亿元。

③ 股东人数不少于4 000人。

④ 在最近3个月内没有出现下列情形之一：日均换手率低于基准指数日均换手率的15%，且日均成交金额小于5 000万元；日均涨跌幅平均值与基准指数涨跌幅平均值的偏离值超过4%；波动幅度达到基准指数波动幅度的5倍以上。

⑤ 股票交易未被本所实施风险警示。

⑥ 交易所规定的其他条件。

此外，上交所还要求股票发行公司已完成股权分置改革。

2. 标的证券为证券投资基金

标的证券为交易型开放式指数基金的，应当符合下列条件：

① 上市交易超过5个交易日；

② 最近5个交易日内的日平均资产规模不低于5亿元；

③ 基金持有户数不少于2 000户；

④ 交易所规定的其他条件。

标的证券为上市开放式基金的，除了上述条件，还要求基金份额不存在分拆、合并等分级转换情形。

3. 标的证券为债券

标的证券为债券的，应当符合下列条件：

① 债券托管面值在1亿元以上；

② 债券剩余期限在1年以上；

③ 债券信用评级达到AA级（含）以上；

④ 交易所规定的其他条件。

（三）保证金及担保物的管理

我们在本章第一节中已经对保证金的种类及沪深两市保证金计算规则做了详细的介绍。各个证券公司在进行融资融券业务时，应当在符合证券交易所规定的前提下，根据客户信用状况、担保物质量等情况，与客户约定最低维持担保比例、补足担保物的期限以及违约处置方式等。

证券公司应当将收取的保证金以及客户融资买入的全部证券和融券卖出所得全部价款,分别存放在客户信用交易担保证券账户和客户信用交易担保资金账户,作为对该客户融资融券所生债权的担保物。

证券公司应当逐日计算客户交存的担保物价值与其所欠债务的比例。当该比例低于约定的维持担保比例时,应当通知客户在约定的期限内补交担保物,客户经证券公司认可后,可以提交除可充抵保证金证券以外的其他证券、不动产、股权等资产。客户未能按期交足担保物或者到期未偿还债务的,证券公司可以按照约定处分其担保物。

如果客户交存的担保物价值与其债务的比例超过了证券交易所的规定水平,客户可以按照证券交易所的规定和融资融券合同的约定,提取担保物。

案例分析

证券经纪业务"零佣金"时代

20世纪90年代中期互联网技术被广泛应用,美国在线经纪和网上证券交易迅速崛起,多数券商尤其是以零售客户为主的折扣经纪商纷纷发展线上经纪业务,佣金竞争加剧。2015年3月美国互联网券商新晋者罗宾汉(Robinhood)公司推出"零佣金"交易服务,受到年轻投资者的青睐,客户规模快速增长。2019年10月1日,嘉信理财(Charles Schwab)决定把美国及加拿大交易所的股票、ETF线上交易佣金从每笔4.95美元降至零。随后,作为嘉信理财竞争对手的德美利证券(TD Ameritrade)和亿创理财(E*Trade)纷纷跟随将股票和ETF的交易佣金降至零。美国互联网券商正式进入"零佣金"时代。

零佣金表面上看不可思议,其实本质上仍然是免费理论在证券经纪业务的进一步衍化和发展。最初免费理论在证券经纪业务的应用是通过免费的行情软件、财经资讯服务、股吧社区论坛吸引用户聚集,然后通过股票开户、收取佣金的方式获取收入。而零佣金实际上是通过佣金的免费来吸引用户,再通过融资融券、付费会员、有偿投顾、代销其他金融产品等方式进行变现。嘉信理财利用互联网技术和优质服务汇聚客户并进行客户分层,同时开发自有指数基金、智能投顾、独立投顾(RIA)服务平台等系统,为各层级客户提供投资咨询服务、融资融券、共同基金和货币基金等全方位资产管理服务,顺应美国证券业从交易向资管转型的行业大趋势。2019年11月,嘉信理财以260亿美元收购互联网券商德美利证券(TD Ameritrade)。2020年2月20日,摩根士丹利以130亿美元收购美国第三大互联网券商E*Trade。互联网经纪业务模式迎来史无前例的变革。

监管放松以及其他盈利业务补偿是美国互联网券商推行"零佣金"的重要前提。与美国证券行业类似,国内证券行业佣金率也在持续下行,但国内监管层对佣金下限有一定指导,不鼓励佣金战。国内证券行业佣金收入占比超过20%,不少券商甚至接近50%,显著高于美国的12%。虽然国内券商距离零佣金仍较远,但在佣金率持续下降的压力下,国内券商迫切需要向财富管理业务转型。

经纪业务作为通道业务,将逐步发展为券商其他业务的流量入口。经纪业务转型后,存量客户的二次开发成为券商的主要任务。财富管理业务作为渠道、服务业务,具有轻资产、收益稳定的优点,有利于券商获得稳定且较高的 ROE 水平。事实上,国内证券行业很早就开始财富管理的探索,特别是近一两年来,越来越多的券商将经纪业务更名为财富管理。目前,优化客户分级、利用金融科技、依托投顾能力、强化资产配置等成为券商主要的发力方向。

小 结

1. 按照证券公司是否为客户垫资或垫券,可以将证券经纪业务划分为普通经纪业务和信用经纪业务。普通经纪业务下,证券公司只给客户提供证券买卖的中介服务,不为客户垫资垫券,也不承担由此带来的风险。信用经纪业务是指证券公司以客户提供部分现金以及有价证券担保为前提,为其代垫所需的资金或有价证券的差额,从而帮助客户完成证券交易的行为。信用经纪业务就是我们常说的融资融券业务。
2. 证券经纪业务是指证券公司按照客户的要求,代理客户买卖证券的业务,并从中取得佣金,是在指令驱动的竞价交易机制下存在的。证券经纪商迅速、准确地执行指令可以提高交易效率,增强市场的流动性。经纪商还为客户提供相应的信息服务。
3. 按照交易方向的不同,融资融券分为融资交易和融券交易。从事融资融券业务,投资者需交纳一定的保证金,保证金可以是现金,也可以是交易所和证券公司认可的有价证券。目前全球证券市场上融资融券交易的主流业务模式有单轨制集中授信模式、双轨制集中授信模式以及分散授信模式。

习 题

1. 简述报价驱动机制和指令驱动机制的主要区别。
2. 场内证券经纪业务与场外证券经纪业务的区别是什么?主要的交易品种有哪些?
3. 简要介绍市价指令、限价指令、止损指令及止损限价指令。
4. 简要介绍交易所市场净额担保结算和逐笔全额非担保结算两种结算方式。
5. 试分析我国融资融券业务模式与全球其他主流融资融券业务模式的异同。

第九章

资产管理业务

教学目的与要求

资产管理业务是海外投资银行的重要收入来源。通过本章学习,对资产管理业务的概念和分类有基本认识,了解我国资产管理业务的发展历程及与海外资产管理业务的区别,掌握不同资产管理业务的运作模式,识别资产管理业务相关风险,控制资产管理业务风险。

第一节 资产管理业务概述

资产管理业务是指证券公司作为资产管理人,依照有关法律法规与客户签订资产管理合同,根据资产管理合同约定的方式、条件、要求及限制,对客户资产经营运作,为客户提供证券及其他金融产品的投资管理服务。

一、资产管理业务的分类

(一) 按照资产管理计划分类

根据证监会《证券公司客户资产管理业务办法》,资产管理业务主要可分为定向资产管理业务、集合资产管理业务及专项资产管理业务三类。除了传统的定向、集合及专项资产管理业务,证券公司还可以申请公募基金牌照并发行公募基金产品,或是设立私募基金子公司并进行直接股权投资。

1. 定向资产管理业务

定向资产管理业务是指证券公司与单一客户签订定向资产管理合同,通过该客户的账户为客户提供资产管理服务。证券公司与客户必须是"一对一"的关系,具体投资方向应在资产管理合同中约定,且必须在单一客户的专用证券账户中经营运作。

2. 集合资产管理业务

集合资产管理业务是指证券公司通过设立集合资产管理计划,与客户签订集合资产管理合同,将客户资产交由依法可以从事客户交易结算资金存管业务的商业银行或者证监会认可的其他资产托管机构进行托管,并通过专门账户为客户提供资产管理服务。集合资产管理业务下,证券公司与客户是"一对多"的关系,客户资产必须进行托管,并通过专门账户投资运作,且有较为严格的信息披露要求。

3. 专项资产管理业务

专项资产管理业务是指证券公司与客户签订专项资产管理合同,针对客户的特殊要求和资产的具体情况,设定特定投资目标,并通过专门账户为客户提供资产管理服务。证券公司与客户可以是"一对一"的关系,也可以是"一对多"的关系。

4. 公募基金业务

公募基金是指以公开方式向社会公众投资者募集资金,并以证券为投资对象的证券投资基金。证券公司获取公募基金牌照后,方可发行公募基金产品。

集合资产管理计划原被划分为集合资产管理产品(大集合)、限额特定理财产品(小集合)。两者的主要区别在于参与人数及规模,限额特定理财产品要求客户数量在 200 人以内,产品存续期规模在 10 亿元以下,单个客户参与金额不低于 100 万元,而集合资产管理产品则无规模、人数上限。2013 年 6 月 1 日实施的修订后的《中华人民共和国证券投资基金法》将集合资产管理产品纳入管理。证券公司可以申请公募基金牌照来发行对应的产品;而投资人数限制在 200 人以下的限额特定理财产品则被定性为私募基金,在此之前设立的集合资产管理产品继续存续。

2018 年 11 月 30 日,证监会发布了《证券公司大集合资产管理业务适用〈关于规范金融机构资产管理业务的指导意见〉操作指引》,对大集合产品进一步对标公募基金、实现规范发展的标准与程序进行细化明确,并给予了合理的规范过渡期,在规范进度上不设统一要求。经规范后,大集合产品将转为公募基金或私募资产管理计划,按照相关法律法规持续稳定运作。

5. 直投业务

证券公司直投业务指证券公司对非公开发行公司的股权进行直接投资,投资收益通过以后企业的上市或并购时出售股权兑现。2012 年,证券业协会发布《证券公司直接投资业务规范》,规定证券公司可以通过直投子公司开展企业股权投资业务。

(二)按照业务类型分类

1. 通道业务

证券公司资产管理通道业务通常指证券公司向银行提供通道,帮助银行调整资产负债表,从事资产从表内到表外的流动性搬运业务。通道方往往不需要负责项目端及资金端,理论上来说不用承担投资风险。目前证券公司通道业务主流模式包括定向票据通道业务、银证信委托贷款业务、银行信用证划款通道业务、现金类同业存款业务、平台银证债券类业务和银证保存款业务。

通道业务是中国金融业分业经营、牌照管理背景下产生的特殊业态,其根源在于银行、非银行和实体企业间具有利益的契合点。银行通过支付低廉的通道费规避监管,合法借道腾挪资金,间接扩大投资规模;通道提供方可以收取通道费,快速增规模赚利差;融资方则可以打开新的融资渠道,满足了具有一定难度的融资需求。

2. 主动管理业务

证券公司资产管理主动管理业务指证券公司充分发挥产品设计、投资研究和风险管理方面的优势,进行自主的资产管理。证券公司资产管理主动管理业务主要通过定向、集合、专项资产管理计划进行。定向资产管理计划主要投向债券、同业存款、信托计划及股票。集合资产管理计划投资范围包括可以在证券期货交易所交易、银行间市场交易的投资品种,金融监管部门批准或备案发行的金融产品、融资融券交易和中国证监会认可的境外金融产品。专项资产管理计划投资范围包括有可以预测的、稳定的现金流的股权、债权、收益权等,如 ABS(资产支持专项计划)。

3. 通道业务与主动管理业务的对比

通道业务与主动管理业务在投资策略上有明显差异。证券公司开展通道业务时,既不需要提供投资策略服务,也不承担资产管理运作风险,只需要按照委托人指令进行资产管理与运作。管理人面临的风险主要是操作风险,其为其他金融机构提供了一条规避监管的捷径。主动管理类业务是指证券公司管理客户资金时,通过制定、实施相应的投资策略,真正地做到"受人之托,代人理财"。在主动管理业务中,管理人对资产管理产品进行主动管理,如果所投资的标的出现了信用风险或市场风险,虽然最终损益由委托人(资金方)承担,但管理人要分担这些损益的部分后果。

通道业务与主动管理业务产品投资方向也有所不同,通道业务主要将资金投向信托、委托贷款、票据类业务,这些业务不需要证券公司管理运作。而主动管理业务可以将资金投向资本市场多种产品,还包括债券逆回购、股票质押回购等创新型品种。这些产品都需要证券公司进行专业的市场分析和判断,并谨慎对产品进行筛选,多元化产品投资同时也能分散投资风险。相较而言,主动管理业务更能提升公司的资产管理能力,并有效发挥证券公司专业技能。

主动管理业务盈利能力强于通道业务。由于定向资产管理计划主要承接通道类业务,该类业务规模较大,但通道方往往不需要负责项目端及资金端,理论上说不用承担投资风险,因此收取的手续费也较低,且由于通道类业务同时存在基金子公司、券商内部的激烈竞争,手续费一直呈现下滑趋势。而集合资产管理计划及专项资产管理计划主要是主动管理类产品,该类产品强调管理人的投资能力、产品设计能力等,因此费率远高于定向资产管理计划。2016 年集合资产管理计划及专项资产管理计划的费率分别为 0.44%及 0.23%,远高于定向资产管理计划的 0.09%。

二、我国资产管理业务的发展历程

我国证券业资产管理业务发展历程可大致分为形成期、逐步规范期、快速发展期及转型调整期四个阶段。

2001 年起,证券公司资产管理业务随着相关监管框架的确立逐步规范化。自 2012 年监管放松后,我国证券业资产管理业务规模呈现井喷式增长,但资产管理业务规模的增长主要依托通道类业务及资金池业务,且投资者通过加杠杆等方式提高投资收益率,累积了巨大的金融风险,并且提高了实体融资成本。2016 年起,监管层加强了对证券公司资产管理业务的约束,在去通道、降杠杆、防风险的监管背景下,我国证券业资产管理业务规模增速放缓(见图9-1)。在未来,从严监管将成为新常态,主动管理将成为证券公司资产管理业务的主流发展方向。

图9-1 我国证券公司资产管理规模(万亿)

(资料来源:Wind)

(一)形成期(1993—2000年)

我国证券公司资产管理业务始于20世纪90年代。1995年,中国人民银行开始批准证券公司从事资产管理业务。在股市大规模扩容的背景下,证券公司为了吸引客户以保障经纪业务,推出了代客理财形式的资产管理业务,主要服务对象为个人投资者。而1996—1997年沪深股市长达2年的大牛市、银行利率的连续下调以及大量机构投资者特别是资金充裕的上市公司的加盟为证券公司大规模开展代客理财业务提供了十分有利的条件,资产管理这项业务在证券公司中逐渐风行,各家证券公司开始设立专门的资产管理部门。

但在监管层面,相关部门对于资产管理业务的业务范围、风险防范等诸多问题并未作出明确规定,对资产管理业务基本处于放任状态。1996年9月18日深圳人民银行发布的《深圳市证券经营机构管理暂行办法》把资产管理明确地列入券商经营范围,并且将资产管理业务与自营业务、代理业务区分开,但是对于"什么是资产管理业务"没有详细规定。1998年12月29日通过的《证券法》虽然没有明确规定资产管理业务属于综合类证券公司的业务范围,但出于立法技术的考虑,规定了综合类证券公司可以经营"经国务院证券监督管理机构核定的其他证券业务"。1999年3月,中国证监会发布《关于进一步加强证券公司监管的若干意见》,在涉及综合类券商的业务范围时指出:"综合类券商经批准除可以从事经纪类证券公司业务外,还可以从事证券的自营买卖、证券的承销和上市推荐、资产管理、发起设立证券投资基金和基金管理公司以及中国证监会批准的其他业务。"这是资产管理业务首次正式列入综合类证券公司的业务范围。

在这一阶段,由于监管力度薄弱,证券公司资产管理业务信息披露不充分、操作不透明,发展初期呈现较为混乱的状态,出现了证券公司承诺保底收益、将受托管理资产与自营业务混合操作、挪用客户委托资金等现象。

(二)逐步规范期(2001—2011年)

为规范证券公司受托投资管理业务,保护受托投资管理业务当事人的合法权益,证监会自2001年起推出了一系列规章制度。证监会在2001年11月发布了《关于规范证券公司受托投资管理业务的通知》,对证券公司资产管理业务加以规范,并在同年的《证券公司管理办法(征求意见稿)》中正式将"资产管理"定义为综合类券商的经营范围之一,从此证券公司的资产管理业务逐渐具备了独立于经纪业务以外的市场地位。

2003年12月,证监会发布了《证券公司客户资产管理业务试行办法》,第一次明确界定了证券公司资产管理具体可开展的业务类型,即定向资产管理业务、集合资产管理业务及专项资产管理业务,这使得证券公司资产管理业务逐步规范化。2008年5月发布的《证券公司定向资产管理业务实施细则(试行)》和《证券公司集合资产管理业务实施细则(试行)》,对定向资产管理业务和集合资产管理业务进行了更加细化和可操作的规定。2009年5月发布的《证券公司企业资产证券化业务试点指引(试行)》则为证券公司以专项资产管理计划方式开展企业资产证券化业务制定了比较明确的操作规范。

在大框架的规范下,我国证券公司资产管理基本的业务开展与监管体系初步形成,但在实际业务开展上,发生了较为严重的行业事件,证券公司资产管理业务又一度面临被叫停的窘境。例如,南方证券曾在2000—2001年市场行情较好的时候吸收了大量的委托理财业务,并出于对后市较高的预期签订了大量保底合约。而在市场持续下跌过程中,保底合约成了南方证券沉重的负担,后来不得不以挪用客户保证金的方式偿还委托理财客户的本金。2003年10月,南方证券爆发了大规模的信用危机,委托理财客户纷纷上门索要本金和收益。2004年1月2日,由于挪用客户准备金高达80亿元以及自营业务的巨额亏损,中国证监会、深圳市政府宣布对南方证券股份有限公司实施行政接管。诸如此类风险事件频发,证监会于2004年9月全面叫停了证券公司的资产管理业务。经过一段时间的整顿后,2005年3月,证监会批准了"光大阳光集合资产管理计划"的设立申请。该计划成为经证监会审核批准的第一只集合资产管理计划。自此,证券公司资产管理行业开启了以主动管理为主与产品驱动的新发展阶段。

在这一阶段,证券公司资产管理业务审批周期较长,且投资范围受限,受托资产主要投向传统标准化资产,业务种类、产品品种单一,发展难有起色。截至2011年年底,全行业受托规模仅为2 818.68亿元。

(三)快速发展期(2012—2015年)

2012年起,随着监管的放松,证券公司资产管理业务迎来了新的发展起点。2012年5月证券公司创新大会召开,提议证券公司资产管理业务放松管制、大力推进业务创新。2012年8月,中国证监会审议通过《证券公司客户资产管理业务管理办法》修改条例。修改条例大幅放松了对证券公司资产管理业务的管制,主要包括:① 取消集合计划行政审批,改为事后由证券业协会备案管理,大大缩短了产品设立时间。② 适度扩大资产管理的投资范围和资产运用方式。特别是对定向计划投资范围的限制基本取消,定向资产管理业务可以与信托合作,证券公司资产管理业务可募集和承接来自银行方面的大规模委外资金。这也是此后各类定向资产管理快速发展的主要原因。③ 调整资产管理的相关投资限制。④ 允许集合计划份额分级和有条件转让。⑤ 删除《集合细则》中"理财产品连续20个交易日资产净值低于1亿元人民币应终止"规定。⑥ 允许证券公司自身办理登记结算业务。2013年6月,中国证监会对该管理办法进行了部分修改。

另一方面,商业银行资金存量大,但监管较多,在业绩的压力下仍需不断寻求能获取更高收益的渠道。比如,银监会限制商业银行向房地产及地方融资平台投放信贷,但项目的融资需求仍在且信托公司受到的监管较少,因而商业银行与信托公司开展"银信合作"以规避监管机构对商业银行资金使用的限制。自2010年中国银监会对"银信合作"加强监管之后,商业银行又开始谋求与证券公司、基金(子)公司以及保险公司等资产管理业务的对接,银证合作作为银信合作的替代品,迅速成为新型的融资工具,使得大量商业银行资金突破不得进行股权投资的限制,变相进入资本市场。2014年年底,央行宣布自11月22日起下调金融机构人民币贷款和存款基准利率,推动了2015年的大牛市。在市场宽松的流动性下,银行间市场利率不断走低。因此,银行将银行理财和自营资金以委外方式委托给非银机构以达到获得高收益的目的。

在政策监管的放松与银证合作的崛起下,证券公司资产管理业务取得了跨越式发展。证券公司资产管理计划、基金子公司资产管理计划等均成为银行资产出表的载体,资产管理业务规模持续高速增长。2012年年底证券公司资产管理业务规模达到1.89万亿元,同比增长5.75倍。至2014年年底,证券公司资产管理业务规模达7.95亿元。但与此同时,证券公司过多依赖于被动的通道业务,主动管理能力一直维持在较低的水平,且通道业务收费较低,导致资产管理业务并未给证券公司贡献太多的收益。

(四)转型调整期(2016年至今)

通道业务推动了证券公司资产管理业务规模爆发式的增长,但也导致资产管理业务偏离了原有的"专家理财"功能,成为规避监管、加杠杆的工具,影响了金融服务实体经济的质效,加剧了风险的跨行业、跨市场传递。

1. 证券公司资产管理大发展带来的问题

(1)刚性兑付导致信用风险积累。实践中,资产管理产品普遍存在刚性兑付问题,相当部分采取预期收益率模式;即使收益率浮动,投资风险名义上由投资者承担,而一旦出现投资损失,金融机构往往也通过各种方式保本保收益以避免声誉受损,影响后续业务开展。例如金融机构通过资金池滚动操作,让续发产品的投资者接盘,将风险转移给新的投资者,或者使用自有资金垫付。同时,金融机构将投资收益超过预期收益的部分转化为管理费或直接纳入中间业务收入,而非给予投资者,也难以要求投资者自担风险。刚性兑付不仅造成信用风险在金融体系内累积,也可能导致"劣币驱逐良币"。很多信用不良的债权搭了刚兑的便车,能够以比较低的成本在市场上获取资金,而真正有信用的主体,却付出了更大的融资成本。这扭曲了资金的市场价格,降低了金融市场和社会资源的配置效率。刚性兑付还加剧了道德风险,诱使投资者形成漠视风险、一味追求高收益的投机心理,损害了基本的市场规则。对金融机构而言,一旦存在第三方兜底的预期,它们也会忽视尽职调查和风险控制。

(2)非标准化债权类资产投资催生影子银行风险。商业银行为规避信贷规模限制,降低资本消耗和拨备监管等压力,借助表外理财产品以及信托计划、证券公司资产管理计划、基金子公司资产管理计划等通道,投资非标准化债权类资产,导致非标规模迅速膨胀,非标融资也成为部分企业的主要融资方式。资产管理产品投资非标对于满足实体经济的融资需求有一定作用,但实践中走样成了信贷替代品。为了规避宏观调控政策和资本约束等监管要求,部分非标投资投向房地产、地方政府融资平台、"两高一剩"等限制性领域,期限错配明显,透明度较低,流动性较弱。非标投资和刚性兑付的存在,使影子银行风险不断积累,背离了发展直接融资的初衷。

(3) 多层嵌套加剧金融风险传递。由于不同行业金融机构开展的资产管理业务在投资范围、负债约束、投资者适当性、业务统计等方面存在明显的监管差异,机构合作、产品嵌套逐渐成为一种普遍的业务模式。通道业务是为商业银行进行表内外资产腾挪、监管套利而产生和兴起的,通过通道业务提供服务的金融机构往往针对难以达到监管要求的融资,为了规避监管和满足资金委托人的要求,通常需要设计复杂的产品结构和层层嵌套的资产管理模式。这种错综复杂的业务结构一方面使得资产管理机构偏离其本业,逐渐成为金融机构躲避监管的新融资平台,另一方面还会导致监管部门和资金委托人很难通过单一通道产品的运作情况穿透底层资产,判断该产品是否存在风险。产品多层嵌套拉长了资金链条,一旦发生风险,将迅速波及各参与机构,如果嵌入加杠杆的分级产品,风险还会向劣后方成倍聚集,导致市场异常波动,极易出现法律纠纷和责任推诿。经过层层嵌套,资金在金融体系内自我循环,融资成本也逐步被推高并最终转嫁给融资方。

(4) 资金池操作加大流动性风险。部分证券公司在开展资产管理业务过程中,通过滚动发行、集合运作、分离定价的方式,对募集资金进行资金池运作,存在较为严重的流动性风险。从资金端来看,这种运作模式将募集的低价、短期资金投放到长期的债权或者股权项目,加大了资产管理产品的流动性风险,一旦难以募集到后续资金,极易发生流动性紧张,并通过产品链条向对接的其他资产管理机构传导。从资产端来看,通过资金的集合运作、归并核算,资金池掩盖了产品的真实投资情况,多只资产管理计划产品对应多项资产,每只产品的预期收益来自哪些资产无法辨识,风险也难以衡量。同时,资产组合投资中,部分产品所投资的资产包构成复杂,项目不清,也导致风险难以识别,或者过于集中。

(5) 通道业务可能造成金融运行整体风险准备金不足。资本充足约束的核心是限制金融杠杆无节制使用,但与通道业务相关的金融机构却无须为通道业务相关资产准备资本,也不用提取风险准备,导致大量通道业务最终演化成为影子银行,而金融体系的资本和拨备规模却不足以覆盖金融体系全部业务的风险。

(6) 各类资产管理业务之间的层层嵌套成为加杠杆的工具。一方面,在 2015 年股市异常波动中,商业银行资产管理产品通过成为其他资产管理产品的优先级投资者、受让证券公司两融收益权以及通过分仓进入民间配资公司等方式进行场外配资;另一方面,在 A 资产管理产品中成为优先级的投资者,当 A 资产管理产品整体作为劣后级投资者投资 B 资产管理产品时,如果 B 产品收益未达到预期,A 产品需要用自有资金补足差额。此时,A 产品优先级投资者的保底收益可能无法保证,如果其劣后级投资者无法向优先级投资者补足差额,则会发生"强制平仓"问题。

2. 资管新规

2015 年起,监管思路由鼓励创新变为稳中求进,去杠杆成为主旋律。2015 年 3 月,证监会发布《证券期货经营机构落实资产管理业务"八条底线"禁止行为细则》,从禁止刚兑、杠杆倍数、资金池等多个方面规范券商的集合资产管理业务。2016 年 6 月,证监会发布《证券公司风险控制指标管理办法》,全面提升定向资产管理计划通道业务的风险资本准备计提比例,证券公司开展通道业务将大幅提升对证券公司资本金的占用。2017 年 11

月底,《关于规范金融机构资产管理业务的指导意见(征求意见稿)》(以下称"资管新规")出台,并于2018年4月推出正式稿,从弥补监管短板、提高监管有效性、防范系统性风险入手,按照产品类型而非机构类型统一监管标准,公平市场准入,最大限度地消除套利空间,其具体规定包括以下几点。

(1) 打破刚性兑付。针对普遍存在的刚性兑付问题,资管新规从多方面做出规范:

① 在界定资产管理业务时,强调投资者自担风险并获得收益,金融机构只收取管理费用,业绩报酬计入管理费并与产品一一对应,金融机构不得承诺保本保收益,产品出现兑付困难时不得以任何形式垫资兑付。

② 引导金融机构转变预期收益率模式,强化资产管理产品净值化管理,净值的确定应遵循企业会计准则,并由托管机构核算、审计机构审计确认;对于资产管理产品所投资金融资产,鼓励以市值计量,以摊余成本计量需满足企业会计准则和资管新规的限定条件、偏离度要求。

③ 明确了刚性兑付的认定情形,包括违反净值确定原则保本保收益、滚动发行保本保收益、自行筹资或委托其他机构代偿等。

④ 区分两类机构进行惩处,存款类金融机构发生刚性兑付,由银保监会和人民银行按照存款业务予以规范,足额补缴存款准备金和存款保险保费,并予以行政处罚;非存款类持牌金融机构则由金融监管部门和人民银行依法纠正并予以处罚。

(2) 加强非标投资管理。为降低影子银行风险,资管新规对非标投资进行了限制:

① 对"标准化债权类资产"的核心要素进行了界定,包括等分化、可交易、信息披露充分、集中登记、独立托管、公允定价、流动性机制完善以及在经国务院同意设立的交易市场交易等,标准化债权类资产之外的债权类资产均为非标;

② 资产管理产品投资非标应做到期限匹配,即非标终止日不得晚于封闭式资产管理产品的到期日或开放式资产管理产品的最近一次开放日;

③ 资产管理产品投资非标,应遵守金融监管部门有关限额管理、流动性管理等监管标准;

④ 禁止资产管理产品直接投资商业银行信贷资产,并为商业银行信贷资产受(收)益权保留适当空间,相应的投资限制由金融管理部门另行制定。

(3) 抑制多层嵌套和通道业务。为从根本上抑制嵌套动机,资管新规要求金融监管部门对各类金融机构开展资产管理业务平等准入,资产管理产品在账户开立、产权登记、法律诉讼等方面应享有平等地位。同时,资管新规规范了嵌套层级,规定资产管理产品可以再投资一层资产管理产品,所投资的产品不得再投资公募证券投资基金以外的产品,金融机构不得为其他金融机构的资产管理产品提供规避投资范围、杠杆约束等监管要求的通道服务。考虑到现实情况,投资能力不足的金融机构仍然可以委托其他机构投资,但委托机构不得因此免除自身应承担的责任,公募资产管理产品的受托机构应为金融机构,私募资产管理产品的受托机构可以为私募基金管理人。受托机构不得转委托。

(4) 规范资金池和资产组合管理。针对资金池运作不透明问题,资管新规做出如下规定:

① 禁止金融机构开展资金池业务,强调每只资产管理产品的资金单独管理、单独建

账、单独核算。

② 要求金融机构加强对期限错配的流动性风险管理和产品久期管理，封闭式资产管理产品期限不得低于90天。

③ 资产管理产品投资非标和未上市企业股权不得期限错配。

④ 同一金融机构发行多只产品投资同一资产的资金总规模不得超过300亿元。针对投资组合过于复杂的问题，资管新规要求每只产品所投资的资产构成清晰、风险可识别，并控制风险集中度，就此分别约束了金融机构单只和全部公募资产管理产品投资单只证券或单只证券投资基金的比例，以及金融机构全部资产管理产品和全部开放式公募资产管理产品投资单一股票的比例。同时，资管新规要求金融机构通过第三方独立托管强化自有资金和资产管理产品资金之间，以及不同产品之间的风险隔离。

（5）明确资本约束和准备金计提要求。资产管理产品属于金融机构的表外业务，投资风险应由投资者自行承担，但为了应对操作风险或其他非预期风险，金融机构仍需建立一定的风险补偿机制，计提相应的风险准备金。目前，各类金融机构资产管理产品的风险准备金计提或资本计量要求不同：银行实行资本监管，根据理财业务收入计量一定比例的操作风险资本；证券公司资产管理计划、公募基金、基金子公司资产管理计划、部分保险资产管理计划，根据管理费收入计提风险准备金，但比例不一；信托公司则按照税后利润的5%计提信托赔偿准备金。综合考虑现行要求，资管新规规定，金融机构应按照资产管理产品管理费收入的10%计提风险准备金，或者计量操作风险资本或相应风险资本准备。风险准备金余额达到产品余额的1%时可以不再提取。风险准备金主要用于弥补因金融机构违法违规、违反资产管理产品协议、操作错误或技术故障等给资产管理产品财产或投资者造成的损失。同时，金融机构应定期将风险准备金的使用情况报告金融管理部门。

（6）分类统一杠杆标准。资产管理产品的杠杆主要分为两类。一类是负债杠杆，即产品募集后，在投资运作过程中，金融机构通过将所投资的资产进行质押等方式进行"对外"融资；一类是分级杠杆，即金融机构对产品进行优先、劣后的份额分级，在产品"内部"，劣后级向优先级融资。为促进金融市场平稳运行，防止资产价格过度波动，资管新规对资产管理产品的杠杆水平进行了限制。负债杠杆方面，开放式公募、封闭式公募、分级私募和其他私募产品的负债比例（总资产/净资产）分别不得超过140%、200%、140%和200%，而且金融机构不得以受托管理的产品份额进行质押融资。分级杠杆方面，公募产品和开放式私募产品不得进行份额分级，固定收益类、混合类、商品及金融衍生品类、权益类封闭式私募产品的分级比例（优先级份额/劣后级份额）分别不得超过3∶1、2∶1、2∶1、1∶1。金融机构应对分级产品进行自主管理，不得转委托给劣后级投资者。

（7）从两个维度对资产管理产品进行分类。对资产管理产品进行分类，明确何为同类产品是统一监管规则的基础。总体来看，资产管理产品的资金大致来自不特定社会公众或者合格投资者，大致投向债权类资产或者股权类资产。因此，遵循"合适的产品卖给合适的投资者"理念，从资金来源端，资产管理产品可以按照募集方式分为公募、私募两大类；从资金运用端，资产管理产品可以按照投资性质分为固定收益类、权益类、商品及金融衍生品类、混合类四大类。公募产品面向社会公众，风险外溢性强，在投资范围、信息披露、负债约束等方面监管要求较为严格。私募产品面向风险承受能力较强的合格投资者，监管要求相对宽松。按照投资风险越高、分级杠杆约束越严的原则，对私募产品设定了不同的分级比例限制，四类产品的信息披露重点也有所不同。

（8）建立综合统计制度。为夯实功能监管和穿透监管的数据基础，资管新规明确提出建立资产管理产品统一报告制度。中国人民银行统筹产品数据编码和综合统计工作，会同金融监管部门拟定统计制度，建立产品信息系统，规范和统一产品标准、信息分类、代码、数据格式，逐只统计产品基本信息、募集信息、资产负债信息和终止信息。金融机构向中国人民银行和金融监管部门同时报送信息，并将含债权投资的产品信息报送至金融信用信息基础数据库。信息系统正式运行前，各金融监管部门按照统一的过渡期数据报送模板向人民银行提供数据，及时沟通跨行业、跨市场重大风险信息和事项。中国人民银行对金融机构资产管理产品统计工作进行监督检查。

资产管理计划新规的出台，短期内会冲击证券公司资产管理业务规模，长期来看，有利于整顿市场秩序和防控系统性风险；有利于提升金融机构主动管理能力和培育理性的投资者；有利于创新金融监管和推进金融治理体系和治理能力现代化；有利于优化金融结构和更好地支持经济结构调整和转型升级。

未来，居民、企业多元化资产配置需求不断增加，社保基金、养老基金、保险资金等投资规模的增长，都将为资产管理业务发展提供强劲动力。证券公司必须依靠自身的产品设计与投资能力进行价值挖掘、资产配置及风险管理，回归"受人之托，代人理财"的本源。而这也对券商创新能力和主动管理能力提出了更高的要求。具备较强资产管理、资产配置及风险管理能力的证券公司将脱颖而出，集中人力、投研、资本等优质资源，引领资产管理行业走向更加专业化的发展道路。

三、国外资产管理业务发展的启示

从全球范围看，资产管理是金融领域中规模最大、发展最快的行业之一，资产管理业务是国外成熟券商的重要收入来源。与海外证券公司相比，我国证券公司资产管理业务占收入比重较小、产品形式单一，未来需由粗放的规模增长模式逐步向更有质量的内涵式增长模式转变。

（一）业务占比对比

目前我国证券公司业务同质化较为严重，业绩受市场行情影响较大。我国证券公司收入局限于证券经纪、承销和自营三大传统业务，这三项业务一般占到总收入的65%以上，且经纪业务中的佣金收入一项占总收入的比重超过20%。2019年度，证券经纪、承销和自营业务占证券业整体收入比重分别为21.85%、10.47%及33.89%，而资产管理业务占证券业整体收入比重仅为7.63%。这一盈利结构导致我国证券公司抗周期能力较弱，收入与利润严重依赖于市场行情，且容易陷入同质化的竞争。

而国外证券公司盈利模式较为多元化，资产管理业务更是国外成熟券商的重要收入来源。截至2013年，美国证券业资产管理规模占行业总收入比重超过15%。大型综合投行如摩根士丹利将财富与资产管理业务打造为支柱业务，大大提升了抗周期能力。2017年财富管理业务收入占摩根士丹利总收入比重达44%，而专注于中小投资者的嘉信理财则从佣金折扣经纪商向综合金融服务公司转型,截至2017年,嘉信理财资产管理收入占比近40%。

(二) 管理模式对比

与国外证券公司资产管理产品相比较,我国证券公司资产管理产品种类单一,未考虑不同投资群体的差异化特征,其投资策略和标的资产也缺乏透明度,往往难以满足客户的理财需求。

1. 产品结构

成熟市场的资产管理更注重服务的差异化、定制化。以美林、高盛、摩根士丹利为代表的美国投资银行一直非常注重客户细分、产品结构均衡与资产管理工具的完整性。一方面,管理者均建立了全产品配置平台,客户可以根据自己的需要自主选择产品和服务,包括长期储蓄工具(包括养老基金和投资型保险产品)、普通个人投资者理财产品(主要指共同基金),以及高净值客户定制个性化理财工具(包括ETFs基金、对冲基金和独立管理账户等)。另一方面,管理者为更好地向客户提供针对性的服务,会针对目标客户的不同特征和偏好进行细分,依据有关法律法规和委托人的收益目标、风险偏好、限制条件等因素,为客户量身定做组合方案,并进行实时监控和调整,从而实现委托投资效用最大化,而且在投资策略约定、资产管理运作状况、交易确认方面充分尊重当事人的自治权与知情权。通过把握客户的核心需求,证券公司逐步获取客户信任、获取经营正现金流,进而提高管理规模和收入水平,形成良性循环。

对比来看,我国券商资产管理产品仍以通道业务、资金池业务为主,主动管理类业务占整体资产管理规模比重较小,业务结构不合理。其中集合资产管理计划以主营监管套利的资金池业务为主,定向资产管理计划以辅助银行资产移出表外的通道业务为主。

除传统的定向、集合及专项资产管理业务,证券公司还可以申请公募基金牌照并发行公募基金产品。但目前持有公募基金牌照的证券公司数量较少,且相关业务开展并不理想,未来证券公司在公募基金业务上有待持续深化。2013年东方证券子公司东证资产管理计划成为首批获得公募基金业务牌照的证券公司系子公司,此后浙商证券、华融证券、山西证券等均陆续取得公募基金牌照。截至2019年年末,共有13家证券公司或其子公司获得公募基金业务牌照(见表9-1)。2020年2月,东兴证券和民生证券公募基金获批。从2018年年底已获取公募基金牌照的证券公司所发行的公募基金数量及公募基金管理规模来看,证券公司公募基金业务两极差距较大。其中,中银国际证券公募基金与东证资产管理计划资产管理规模较大,其余证券公司或证券公司系子公司公募基金管理规模均未超过500亿元。此外,北京高华证券、中泰资产管理计划尚未发行公募基金产品。同期全市场公募基金资产管理规模合计13.43万亿元,境内基金管理公司共119家,平均每家机构管理公募基金资产约为1 128亿元,可见证券公司资产管理计划公募基金管理规模远低于公募基金行业平均水平,证券公司公募业务整体而言并不乐观。公募基金业务对于产品设计与主动管理能力要求较高,大部分证券公司在申请公募基金牌照后并未对日后公募基金业务的开展进行良好的规划,反而更青睐于操作简便、收入可观的通道业务,造成证券公司公募基金业务两极分化的局面。

表 9-1 2018 年证券公司公募基金业务情况

公 司 名 称	获取公募牌照时间	公募基金数量	公募基金规模(亿元)
东证资管	2013	48	1 156.99
浙商资管	2014	11	22.90
华融证券	2015	5	39.12
山西证券	2014	8	78.71
国都证券	2014	6	5.48
渤海资管	2014	7	7.91
东兴证券	2015	12	207.96
中银国际证券	2015	30	978.57
北京高华证券	2015	—	
财通资管	2015	22	448.48
长江资管	2016	14	224.29
华泰资管	2016	9	30.46
中泰资管	2017	—	

直投(私募基金)业务方面,监管的逐步加强减少了证券公司相关业务的套利空间。2006 年,国务院发布《关于实施〈国家中长期科学和技术发展规划纲要(2006—2020)〉若干配套政策的通知》,允许证券公司在符合法律规范和有关监管规定的前提下,开展创业风险投资业务。大量证券公司凭借拟上市公司保荐人的身份,在公司 Pre-IPO 轮突击入股,赚取一二级市场价差。2011 年证监会发布《证券公司直接投资业务监管指引》,对"保荐+直投"模式亮起红牌。但在实际操作上仍存在一定规避监管的可能,如有些证券公司采取投行先摸底尽调,再引入证券公司直投签订投资协议,之后再由投行正式召开中介协调会的方式规避监管。2016 年,证券业协会发布《证券公司私募投资基金子公司管理规范》,之前的直投子公司面临转型要求,每家证券公司最多设立一家私募基金子公司,且证券公司旗下的私募基金子公司投入单只基金的自有资金比例不能超过 20%,其余 80%需要向外部募资。在证券公司实质开展保荐业务之后,私募基金子公司不得对该企业进行投资,且私募基金子公司与证券公司其他子公司应当在人员、机构、经营管理等方面有效隔离。证券公司及其他子公司与私募基金子公司存在利益冲突的人员,不得在私募基金子公司担任董事、监事等重要职务。这使得证券公司需要与市场上其他的 VC/PE 机构竞争,其要拿出更丰富、更高质量的项目,才能够吸引外部资金。截至 2018 年第四季度,证券公司直投基金产品数量共 817 只,直投基金资产规模达到 4 463.23 亿元。

2. 客户结构

国外证券公司资产管理业务对市场有较为细致的分类。以摩根士丹利为例,市场细分分为两方面。首先是对投资者的目标进行细分,公司根据投资经验和对市场的研究,认为不同投资者选择资产管理服务的目标主要包括:① 希望公司提供投资解决方案;② 进行不动产管理;③ 灵活配置权益投资;④ 实现固定收益;⑤ 实现流动性管理;⑥ 进行个人信贷的合理配置。其次,公司根据以上投资目标进一步进行客户细分,将资产管理客户分为以下类别:个人投资者、机构投资者、流动资金投资者、银行信托机构等。针对每种客户类型,公司还设计了特别的资产管理产品,真正做到了个性化服务。海外资产管理结构还高度重视业务板块之间的联动,通过交叉销售扩大资管业务规模,充分满足客户的资产管理需求。如摩根大通银行就非常重视将公司客户的企业高管发展成为私人银行客户,并向其员工提供零售银行和财富管理服务。

我国证券公司资产管理业务客户主要为机构客户,对个人投资者服务较少。从不同证券公司资产管理计划的客户来看,个人客户主要投资于集合资产管理计划,而定向资产管理计划和专项资产管理计划基本上是为机构客户设立。2015年,集合资产管理计划中个人投资者户数占比高达99.39%,但是委托资产规模仍不及机构投资者资金规模,个人投资者持有资产占比为48.22%,而机构持有资产占比为51.78%。定向资产管理计划中个人客户与资金占比都较小,机构投资者户数及资金规模分别为90.76%和99.68%。专项资产管理计划中机构投资者持有资产规模也高达84.18%。

3. 业务创新

成熟市场资产管理业态与时俱进、不断创新,对经济发展也提供了有力支持。例如,美国资产管理行业每次都走在经济发展的最前沿,针对当下经济发展的热点问题推出相应的解决方案。20世纪70年代,美国利率上升,美联储取消了Q条例对大额存款的利率上限,但保留了小额存款的利率上限,美国资产管理业适时推出了货币市场基金,满足了个人投资者短期理财产品的需求。而随着80年代美国债券市场的快速发展,美国证券公司随之大力发展了固定收益基金,出现了两类产品:一类是政府资助企业的资产证券化,房利美和房地美是其典型代表;另一类是公司债,垃圾债(高收益债)在美国市场获得了巨大的成功,以德崇证券为代表。

业务创新方面,近年来监管放松后,通道类业务爆发,从事通道业务的金融机构均要收取通道费,在多层嵌套的资产管理业务链条中,层层通道服务费最终都将转嫁给实体经济,间接提高了实体企业的融资成本,不利于支持实体经济发展。尽管我国证券公司资产管理业务近年来在产品设计、售后服务、投资者教育、风险控制各个层面有了一定的进步,但与海外同行仍存在较大差距,仍需要通过对客户需求的精准定位和有效回应,有针对性地为客户创造更大的价值。

4. 差异原因

从上述对比可见,我国证券公司资产管理业务在产品的多样性、精准服务客户需求、业务创新等方面与国外同行差距仍然巨大。造成这一现象的原因,既包括外部资本市场建设的不完善,也包括证券公司内部考核目标建设的不完善。

一方面,我国多层次的资本市场尚未建立,市场中的可投资品种有限,而国外资本市场更为成熟,可投资品种丰富,能够充分对冲风险、满足客户多元化需求。除了传统的股票、债券、基金和货币市场产品之外,我国资本市场衍生工具、大宗商品及另类投资产品乏善可陈。但后几类投资产品恰恰与传统投资的相关性较低,因而能够分散投资组合风险。在海外市场,除传统资产外,衍生品等资产发展成熟、品种丰富,因而管理配置更多元化,同时资产管理人在衍生品、量化金融、全球投资等多领域均具备丰富经验。

另一方面,考核目标的差异也导致了国内外资产管理计划业务的差距。国内的证券公司资产管理业务对高管主要考核管理规模(排名),而非收入(净资产收益率)的增长。资产管理者难以为公司做长远的安排和努力,因而以定向产品嵌套多层自家定向产品,比如以产品 A 中部分份额买产品 B,再以产品 B 中的部分份额买入产品 C,其中每个产品规模都增长,直接做大了主动管理规模,同时较容易掌控产品本身风险。而实际上,以多层嵌套做大主动管理规模后,证券公司自身主动管理能力却没有提升。美国投行股东对资产管理计划业务熟悉程度更高,对管理层考核更加理性,不以管理规模为主要考核目标,而是以利润为主要考核目标,在战略规划、经营管理等方面相对理性。

(三) 海外资产管理业务发展对我国的启示

资产管理计划新规推动下的去通道趋势,一方面将极大影响零售客户资产配置选择,另一方面也将重塑机构业务竞争格局。在去通道化的压力下,我国证券公司资产管理业务需积极提升主动管理能力,寻找新的业务方向。国内证券公司可借鉴海外资产管理公司的发展经验,提升主动管理规模与主动管理能力。

1. 设立资产管理子公司,促进资产管理业务的专业化运作

自 2010 年东方证券资产管理子公司成立以来,目前有超过 20 家证券公司设立了资产管理子公司,其中上市证券公司资产管理计划子公司 14 家。从证券公司资产子公司的收入及利润分布来看,目前证券公司资产管理业务已达到较高的集中度水平,华泰资管、广发资管、国泰君安资管和东证资管占据了证券公司资产管理计划子公司业绩的半壁江山(见表 9-2)。

表 9-2　2019 年证券公司资产管理子公司盈利情况

证券公司名称	资产管理子公司名称	净利润(亿元)
华泰证券	华泰资管	13.38
广发证券	广发资管	9.1
招商证券	招商资管	7.49
国泰君安证券	国泰君安资管	7.35
海通证券	海通资管	6.96
东方证券	东证资管	6.01
光大证券	光大资管	5.41
长江证券	长江资管	2.16
财通证券	财通资管	2.03
东北证券	东证融汇	1.11
兴业证券	兴证资管	0.9
银河证券	银河金汇	0.56
浙商证券	浙商资管	0.37

2. 各项业务协同发展

资产管理业务链包括资金端、产品端与资产端,这一产业链与证券公司经纪业务、投

行业务、自营业务与研究业务均有关联。加强各业务部门的沟通与合作,能够实现各项业务的协同发展。

资产管理业务与经纪业务合作,能够降低资产管理业务的营销成本,同时带动经纪业务转型。经纪业务是证券公司发展最为成熟的业务之一,但其收入来源为交易佣金,受市场行情影响较大,且目前经纪业务市场接近饱和,同质化竞争严重,转型升级是经纪业务发展的内在需要。对于资产管理业务来说,争取客户、获得资金是业务开展的重要一环,而经纪业务能够为资产管理业务提供较为丰富的客户资源。一方面,经纪业务部门代销基金产品,营销团队经验丰富,因此证券公司可从经纪业务部门选拔人员进行资产管理业务营销培训,这有助于节约企业成本;另一方面,证券公司是除银行之外营业部网点最多的金融机构,这是其相较于信托、私募资管的最大优势之一。证券公司可发挥营业部资源,将营业部作为资产管理产品的现成销售网点。证券公司通过经纪业务积累的客户相对银行和保险客户具有风险偏好较高的特点。通过探究高净值客户的综合财富管理需求,并以此为依据创设相关产品,证券公司能够提升业务的差异性,从而深入挖掘客户价值并有效留住客户,推动证券公司经纪业务的转型升级。

资产管理与投行业务合作,能够实现交叉式销售。未来证券公司除了继续提升承销保荐业务的竞争力外,更要进一步加快股权、债权、资产证券化等多元化融资业务创新,加快开展并购重组、财务顾问和新三板业务,延伸产业链条,加强获取优质资产的投行业务能力。打通资产管理业务链,既有助于扩大投行业务的客户范围,又可提升投行业务的融资能力,从而提高投行业务的竞争力与盈利能力。同时投行可依托自身优势为资产管理部门提供资产证券化的项目来源。事实上,真正意义上的资产管理不仅仅是帮助客户找到资产,更多的是随着经济和结构的调整,帮助企业盘活和处理基础资产。资产管理部门缺乏产品设计能力,而投行为融资方提供服务,擅长融资产品的设计。两者的合作能够做到优势互补,以此实现交互式合作,达到共赢的效果。

资产管理部门与自营业务部门合作,能够实现资产管理计划产品参与公司做市品种。资产管理部门可设计理想的资产管理产品份额作为标的,由证券自营提供做市服务,使得产品份额成为有吸引力的投资品种,具备更好的交易性和流动性。资产管理部门和研究所合作,能够实现投研能力产品化。研究所向资产管理业务部门输出投研能力,能够促进资产管理业务专业化,而研究部门的研究成果借助资产管理部门产品设计能力,能够将理论转化为实践,丰富产品设计,将研究的竞争力转化为业务收入。

3. 进行市场细分,丰富资产管理产品

相较于国外,我国证券公司的客户类型单一、产品结构不均衡、产品同质化问题亟待解决。丰富产品设计、实现差异化竞争是证券公司发展资产管理业务的重要突破口。

我国证券公司应该加强对市场投资者的研究,做到市场细分,并根据不同投资者的需求设计出更多的产品。在客户结构方面,目前我国证券公司管理的资产大部分来自机构投资者,未来应该更重视维系个人客户资源,对客户类型和客户投资目标进行详细的分类,积极推行门槛较低的大众资产管理计划产品,进一步提高市场份额。在产品设计方面,证券公司可深入挖掘用户需求,定制资产管理产品。目前国内证券公司资产管理产品与发达国家相比种类较为单一,较多地投向债券、股票、同业业务等,投资能力及产品设计能力未完全体现,难以满足客户多样的投资需求。证券公司可在传统权益类和固定收益类资产的基础上,加入市值管理、另类投资、混合型产品等,形成多元化资产管理产品。在合规风控的基础上,证券公司资产管理部门可以针对不同客户的风险、收益特征,设计个性化、多元化的投资产品,这有助于国内证券公司真正走向主动管理。

证券公司定向资产管理业务占比最大,与其他公司同质化竞争严重,定向资产管理计划去通道化是监管层面改革的重点,而且其本身投资范围广、运作模式单一、操作灵活,创新空间较大。目前来看,证券公司应该减少银证合作或者银证信通道业务等被动管理业务的开展,加强主动管理能力,整合股权质押、资产支持证券、新三板、固定收益等业务,开发多样化、综合化的产品,切实满足实体经济需求,从而提高市场竞争力。

4. 开发完善信息系统,提高公司运营效率

在互联网与金融高度融合的今天,证券公司更应借力互联网技术,针对不同客户群体的特征建设实用的资产管理系统,满足客户的财富管理需求。例如,贝莱德就非常重视资产管理技术系统的开发,其 BRS 解决方案系统提供了客户自助服务界面,具有高度自由化、电子化的优势。

证券公司应该建立完善的信息系统,努力收集并分析客户需求。这不仅可以为产品的开发与推广做好充足准备,也可为后续产品的营销提供数据支持。在客户资源开发方面,证券公司应通过分析不同客户及客户群体,了解其投资偏好并实现风险和收益的匹配,从而为客户提供个性化服务,赢取客户的信赖。在资产管理计划产品营销方面,通过现代高科技将产品的特点、投资类型、风险收益情况等更直观地向客户展示,而不需要客户亲自电话咨询或者去营业厅当面咨询,有助于提升客户体验度。

第二节 资产管理业务的运行模式

证券公司资产管理业务的运作流程主要可分为业务资格获取、产品募集、资产托管和资产管理,相关法律法规主要为《证券公司客户资产管理业务管理办法(2013 年修订)》《证券公司集合资产管理业务实施细则(2013 年修订)》《证券公司定向资产管理业务实施细则(2012 年修订)》《证券公司资产证券化业务管理规定(2013 年修订)》《证券公司大集合资产管理业务适用〈关于规范金融机构资产管理业务的指导意见〉操作指引(2018 年修订)》。

一、业务资格

证券公司从事客户资产管理业务,需向证监会申请客户资产管理业务资格。目前我国证券公司定向资产管理业务、集合资产管理业务采取备案制,取得客户资产管理业务资格后即可办理,将设立情况向证监会相关机构备案即可。而专项资产管理业务采取审批制,证券公司需向证监会提出逐项申请,经审批后才能开展相关业务。

二、产品募集

集合资产管理计划应当面向合格投资者推广。合格投资者是指具备相应风险识别能力和承担所投资集合资产管理计划风险能力,且符合下列条件之一的单位和个人:① 个人或者家庭金融资产合计不低于 100 万元人民币;② 公司、企业等机构净资产不低于 1 000 万元人民币。集合资产管理业务还需符合募集资金规模在 50 亿元以下、单个客户参与金额不低于 100 万元人民币、客户人数在 200 人以下的规定。对于集合资产管理计划,证券公司只能接受货币资金形式的委托资产。证券公司自有资金参与单个集合资产管理计划的份额,不得超过该计划总份额的 20%。

定向资产管理计划可接受客户合法持有的现金、股票、债券、证券投资基金份额、集合资产管理计划份额、央行票据、短期融资券、资产支持证券、金融衍生品或中国证监会允许的其他金融资产。证券公司办理定向资产管理业务,接受单个客户的资产净值不得低于人民币 100 万元。

专项资产管理计划主要投向资产支持证券,专项资产管理计划的投资者应当为合格投资者,合格投资者合计不得超过 200 人,单笔认购不少于 100 万元人民币发行面值或等值份额。

在产品推广方面,证券公司应遵循"风险匹配"原则,在充分了解客户的基础上,对客户进行分类,并向客户推荐适当的产品或服务,禁止误导客户购买与其风险承受能力不相符的产品或服务。证券公司及其他推广机构可通过证券公司、证券业协会、证监会电子化信息披露平台或者证监会认可的其他信息披露平台,客观准确披露资产管理计划批准或者备案信息、风险收益特征、投诉电话等,使客户详尽了解资产管理计划的特性、风险等情况及客户的权利、义务,但不得通过广播、电视、报刊、互联网及其他公共媒体推广资产管理计划。

三、资产托管

资产托管,是指独立第三方机构接受委托,安全保管委托投资的资产,并监督资金管理人日常投资运作,同时防止资金管理方擅自挪用客户资金。

证券公司办理集合资产管理业务、定向资产管理业务,均需将客户委托资产交由相关资产托管机构托管。集合资产管理计划资产应交由取得基金托管业务资格的资产托管机构托管,定向资产管理业务资产应交由负责客户交易结算资金存管的指定商业银行、中国证券登记结算有限责任公司或者中国证监会认可的证券公司等其他资产托管机构托管。

资产托管机构应设置相应部门,并拥有督查权力。资产托管部门负责资产管理业务的资产托管,并将托管的资产管理业务资产与其自有资产及其管理的其他资产严格分开。资产托管机构有权随时查询资产管理业务的经营运作情况,并应当定期核对资产管理业务资产的情况,防止出现挪用或者遗失。

托管机构履行职责包括安全保管集合计划资产、执行证券公司的投资或者清算指令并负责办理资产管理业务资产运营中的资金往来、监督证券公司资产管理业务的经营运作、出具资产托管报告等行为。资产托管机构发现证券公司违反法律、行政法规和其他有关规定,或者违反定向资产管理合同的,应当立即要求证券公司改正;未能改正或者造成客户委托资产损失的,资产托管机构应当及时通知客户,并报告证券公司住所地、资产管理分公司所在地中国证监会派出机构及中国证券业协会。

四、投资管理

1. 集合资产管理

集合资产管理计划募集资金主要投向标准化资产,投资范围包括:① 中国境内依法发行的股票、债券、股指期货、商品期货等证券期货交易所交易的投资品种;② 央行票据、短期融资券、中期票据、利率远期、利率互换等银行间市场交易的投资品种;③ 证券投资基金、证券公司专项资产管理计划、商业银行理财计划、集合资金信托计划等金融监管部门批准或备案发行的金融产品;④ 中国证监会允许的其他投资品种。

集合计划可以参与融资融券交易,也可以将其持有的证券作为融券标的证券出借给证券金融公司。证券公司还可以依法设立集合计划在境内募集资金,投资于中国证监会认可的境外金融产品。

根据2014年证监会所发布的《关于进一步规范证券公司资产管理业务有关事项的补充通知》,证券公司不得通过集合资产管理计划开展通道业务。

2. 定向资产管理

定向资产管理业务投资范围由证券公司与客户通过合同约定,不得违反法律、行政法规和中国证监会的禁止规定,并且应当与客户的风险认知与承受能力,以及证券公司的投资经验、管理能力和风险控制水平相匹配。

由于定向资产管理业务可以按照单一委托人的意愿,将资产管理计划的资金投向指定项目,因而可作为银行理财资金投向非标债权的通道,券商作为名义管理人收取管理费(即"通道费")。根据资管新规,未来通道型业务将会大大压缩,资产管理计划机构将回归主动管理的正轨。

3. 专项资产管理

专项资产管理业务主要是为客户特定目的所办理的,主营资产证券化等创新业务。资产证券化即以基础资产未来所产生的现金流为偿付支持,发行可交易证券,基础资产可以是企业应收款、信贷资产、信托受益权、基础设施收益权等财产权利,商业物业等不动产财产,以及中国证监会认可的其他财产或财产权利。

总的来看,证券公司资产管理业务主要包括了集合资产管理计划、定向资产管理计划、专项资产管理计划、公募基金、私募基金、国际业务,可提供固定收益类、权益类、金融衍生品类、量化对冲类、FOF类资产管理计划产品。券商资产管理计划业务基本已经覆盖到了货币市场、资本市场和实体经济,而且券商长期在资本市场从事中介和投资业务,这也使得证券公司资产管理业务发展相对于其他金融机构的资产管理业务具有自身独特的优势。

第三节 资产管理业务的风险控制

一、资产管理业务的风险

资产管理业务主要存在以下四种风险:

1. 合规风险:主要指证券公司在资产管理业务中违反法律、行政法规和监管部门规章及规范性文件等行为,可能使证券公司受到法律制裁、被采取监管措施,从而遭受财产损失或声誉损失。

2. 市场风险:主要指因不可预测的因素导致的市场价格波动,造成证券公司管理的客户资产亏损。按资管新规的规定,市场风险应在资产管理合同中约定由客户承担,证券公司不得向客户做出保本或取得最低收益的承诺。

3. 经营风险:主要指证券公司在资产管理业务中投资决策或操作失误而使得管理的客户资产受到损失。

4. 管理风险:主要指证券公司在资产管理业务中由于管理不善、违规操作而导致的客户资产损失、违约或与客户发生纠纷等,由此可能承担赔偿责任而使得证券公司受到损失。例如与客户签订资产管理合同不规范、约定不明;操作人员违反合同约定买卖证券或划转资金;操作人员在经营中进行不必要的证券买卖损害委托人的利益等。

二、资产管理业务风险控制原则

证券公司应当按照合法、合规、稳健的要求,为资产管理业务制定明确的经营方针与合理的经营机制。在建立资产管理业务风险控制体系时应当严格遵循以下原则。

1. 首要性原则:风险控制应作为客户资产管理业务的核心工作,始终贯彻于证券公司资产管理业务的经营战略中。

2. 全面性原则:风险控制制度应覆盖资产管理业务的各个部门和各级人员,并渗透到决策、执行、监督、反馈等各个经营环节。

3. 有效性原则:风险控制工作应当符合国家法律法规和监管部门的规章,同时具备高度的独立性。公司内部风险控制制度应随着公司经营战略、经营方针、经营理念等内部经营环境的变化和国家法律法规、政策制度等外部经营环境的改变及时进行相应的修改和完善。

4. 定性和定量相结合原则:证券公司应建立完善的风险控制指标体系,使得风险控制更具客观性与可操作性。

三、定性风险分析与控制

资产管理业务风险的定性分析与控制主要涉及资产管理业务的运作模式、部门设置和制度安排等方面。一方面,有效的制度设计可降低资产管理运作过程中风险发生的概率;另一方面,在异常情况出现时,如果资产运作模式、部门设置和制度安排有良好的响应和应对机制,则能降低风险所造成的损失。

《证券公司客户资产管理业务管理办法》对于证券公司在资产管理业务的运作模式、部门设置和制度安排做了法律上的规定,主要针对证券公司收益承诺与混业经营的风险。

(一) 资产募集

在资产募集过程中,证券公司应如实履行信息披露和风险揭示义务,具体规定如下。

(1) 证券公司开展客户资产管理业务,应当在资产管理合同中明确规定,由客户自行承担投资风险,不得向客户做出保证其资产本金不受损失或者取得最低收益的承诺。

(2) 证券公司应当向客户如实披露其客户资产管理业务资质、管理能力和业绩等情况,并应当充分揭示市场风险,证券公司因丧失客户资产管理业务资格给客户带来的法律风险,以及其他投资风险。

证券公司向客户介绍投资收益预期,必须恪守诚信原则,提供充分合理的依据,并以书面方式特别声明,所述预期仅供客户参考,不构成证券公司对客户的承诺。

(3) 在签订资产管理合同之前,证券公司、推广机构应当了解客户的资产与收入状况、风险承受能力以及投资偏好等基本情况,客户应当如实提供相关信息。证券公司、推广机构应当根据所了解的客户情况推荐适当的资产管理计划。

证券公司设立集合资产管理计划,应当对客户的条件和集合资产管理计划的推广范围进行明确界定,参与集合资产管理计划的客户应当具备相应的金融投资经验和风险承受能力。

(4) 客户应当对其资产来源及用途的合法性做出承诺。客户未做承诺或者证券公司明知客户资产来源或者用途不合法的,不得签订资产管理合同。

任何人不得非法汇集他人资金参与集合资产管理计划。

(5) 证券公司应当至少每季度向客户提供一次准确、完整的资产管理报告,对报告期内客户资产的配置状况、价值变动等情况做出详细说明。

证券公司应当保证客户能够按照资产管理合同约定的时间和方式查询客户资产配置状况等信息。发生资产管理合同约定的、可能影响客户利益的重大事项时,证券公司应当及时告知客户。

(二) 资产管理

在资产管理过程中,证券公司应确保受托资产隔离运行,并公平对待管理的不同资产,具体规定如下。

(1) 证券公司应当实现资产管理业务与证券自营业务、证券承销业务、证券经纪业务及其他证券业务之间的有效隔离,防范内幕交易,避免利益冲突。

同一高级管理人员不得同时分管资产管理业务和自营业务;同一人不得兼任上述两类业务的部门负责人;同一投资主办人不得同时办理资产管理业务和自营业务。

集合资产管理业务的投资主办人不得兼任其他资产管理业务的投资主办人。

(2) 证券公司应当完善投资决策体系,加强对交易执行环节的控制,保证资产管理业务的不同客户在投资研究、投资决策、交易执行等各环节得到公平对待。

证券公司应当对资产管理业务的投资交易行为进行监控、分析、评估和核查,监督投资交易的过程和结果,保证公平交易原则的实现。

(3) 证券公司合规部门应当对资产管理业务和制度执行情况进行检查,发现违反法律、行政法规、中国证监会规定或者公司制度行为的,应当及时纠正处理,并向住所地、资产管理分公司所在地中国证监会派出机构及中国证券业协会报告。

(4) 证券公司从事客户资产管理业务,不得有下列行为:

① 挪用客户资产;

② 向客户做出保证其资产本金不受损失或者取得最低收益的承诺;

③ 以欺诈手段或者其他不当方式误导、诱导客户;

④ 将资产管理业务与其他业务混合操作;

⑤ 以转移资产管理账户收益或者亏损为目的,在自营账户与资产管理账户之间或者不同的资产管理账户之间进行买卖,损害客户的利益;
⑥ 利用所管理的客户资产为第三方谋取不正当利益,进行利益输送;
⑦ 自营业务抢先于资产管理业务进行交易,损害客户的利益;
⑧ 以获取佣金或者其他利益为目的,用客户资产进行不必要的证券交易;
⑨ 内幕交易、操纵市场;
⑩ 法律、行政法规和中国证监会规定禁止的其他行为。

四、定量风险分析与控制

证券公司要加强内部控制,确保资产管理业务运作和管理严格遵守法律法规,符合监管部门的要求。同时证券公司要构建科学完善的风险管理体系,确保前台、中台、后台分工明确并且相互制约,从而全方位防范资产管理业务开展过程中的风险。证券公司资产管理部一般下设风险评估小组,小组内部又设立法律检查、合规、风险控制和稽核四个部分,基本保证了业务整个流程的风险预警与防范。证券公司要进一步提高风险评估小组的风险识别和控制能力,尽可能从源头遏止风险。

证券公司要加强与外部监管部门的联系,接受监管机构和交易所的合规监控,严格遵守《证券公司风险控制指标管理办法》,保证公司充足的净资本和风险资本准备,加强公司抵御风险的能力,确保资产管理业务的长远发展。除遵守相关法律规定外,证券公司还需构建内部的风险识别与监控体系,通过定量的方法对风险进行识别与监控。定量风险的识别和监控主要包括以下几个方面:① 通过数量建模的方法,构建风险的量化指标体系,以识别风险;② 根据风险量化指标结合投资者风险偏好等因素设置风险等级,并建立事前预警机制和有效的反馈机制,以达到预警和揭示风险的目的;③ 搭建对市场风险、管理风险、制度风险的实时监控平台,进而采取有效措施防范和化解风险。

在构建指标体系方面,可采用各类统计和数理建模方法对风险进行量化,对单一产品和不同类别组合产品应构建不同的风险指标。而在设定风险等级和构建风险预警机制时,应在风险指标体系基础上,根据产品的性质、投资者风险偏好,以及所处的市场外部环境为产品确定合理的风险等级,并确定各个等级的阈值,同时根据确定的风险等级在公司各个部门间建立有效的信息传递和风险预警机制。

风险的量化是风险识别和监控的核心,风险价值(VaR)、压力测试可以用于对资产管理业务的风险定量化研究。

(一) 风险价值(VaR)

VaR(Value at Risk)是衡量金融市场风险的主要指标之一,用以刻画在一定概率水平(置信度)下,某一金融资产或证券组合的价值在未来特定时期内的最大可能损失。

$$P(\Delta P \Delta t \leqslant VaR) = a \tag{9.1}$$

其中,P 为资产价值损失小于可能损失上限的概率,$\Delta P \Delta t$ 为某一金融资产在一定持有期 Δt 的价值损失额,a 为给定的置信水平,VaR 为给定置信水平 a 下可能的损失上限。

VaR 的计算方法一般可分为两大类,即参数方法和非参数方法。参数方法是对未知的概率分布进行的,一般假定金融资产的标的风险因子服从正态分布。非参数方法无需事先对概率分布进行假定,而是采用模拟的方法获取金融资产价格的概率分布,从而计算相应的 VaR。参数方法的代表是"方差-协方差法",而非参数方法则包括历史模拟法和蒙特卡洛模拟法。

此外,预期亏损(Expected Shortfall,ES)是在 VaR 的基础上发展起来的另一个常用的风险度量工具,用以描述超过 VaR 后的期望损失。

(二) 压力测试

压力测试是指将整个金融机构或资产组合置于某一特定的极端市场情况下,测试在这些冲击下该金融机构或资产组合的表现。极端市场情况一般是虚构的,如假设利率突然飙升 100 个基点,或某一货币突然贬值 30%,或股价暴跌 20% 等异常的市场变化。

压力测试的方法大致可归纳为两类。一类是敏感性分析,即选取某一特定风险因子或者一组风险因子,假设风险因子在一定范围内变动,并分析风险因子的变动对于投资组合的影响。敏感性分析的优点在于易于了解风险因子可能的极端变动对资产组合的总影响,以及风险因子在变动过程中对资产组合的边际影响,缺点在于并不能得知这些影响发生的可能性。另一类是情景分析,具体可分为历史情景压力测试、情景前瞻压力测试和逆向压力测试。情景分析的优点是具备客观性,利用历史事件及其实际风险因子波动情形,在风险值的计算上较有说服力,且风险因子的相关变化情形也可以历史数据作为依据,而不是依赖于模型的假设。

> **案例分析**
>
> **资管新规对证券公司资管业务的影响**
>
> 2018 年 4 月 27 日,一行三会发布了《关于规范金融机构资产管理业务的指导意见》(即"资管新规")。10 月份,其具体细则《证券期货经营机构私募资产管理业务管理办法》及《证券期货经营机构私募资产管理计划运作管理规定》(即"券商资管新规")正式发布。这标志着我国大资管行业进入了一个新时期。对券商而言,该规定影响巨大,将加速券商由通道服务向主动管理转型。
>
> 2012 年 5 月,券商召开创新大会,制定了放松行业管制、鼓励创新的 11 项举措。当年 10 月,证监会发布了"一法两则",扩大券商资管的投资范围、并将审批制改为备案制,大大缩短产品的设立时间。政策红利不断释放,2012 年年底,券商资管管理业务规模达到 1.89 万亿,同比增长了 5.75 倍。而在券商资管计划中,占比最高的是定向资管计划,主要是帮助银行投放资金的通道业务。据基金业协会披露,到 2016 年券商资管通道业务规模达到了 12 万亿。券商资管的通道业务使得银行的资金运用表外化,不利于监管。另外,由于金融创新,资管产品加杠杆、多层嵌套等问题也较为突出,积累了很多风险。在这个背景之下,资管新规得以出台。
>
> 资管新规的出台旨在统一不同金融主体资管业务的监管、打破刚性兑付、净值化

管理、降杠杆、防风险等。对于券商而言,最直接的影响就是它极大地压缩了券商资管通道业务的规模,而通道业务正是这一轮券商资管大繁荣的主要动力。券商资管从追求发展到追求生存,再进入到转型的阵痛期。根据中国证券投资基金业协会的数据,2019年年底,证券公司私募资管业务规模11万亿元,相比17年一季度末的18.77万亿元,下滑了4成。行业规模缩水的情况之下,券商资管业务的困难不言而喻。

在行业转型的过程中,积极拥抱主动管理成为大势所趋。事实上,2019年券商资管转型主动管理的成效已经开始显现。证券投资协会发布的《2019年四季度资管业务各项排名》显示,2019年第四季度,多数券商主动管理规模已经有了较高的占比。中金公司、华融证券、广发资管、中泰资管、国泰君安资管、广大资管6家公司主动管理规模占比超过了50%。其中,中金公司主动管理规模占总规模的比重达到了81%。

券商资管转型主动管理面临着较为激烈的外部竞争以及内部困难。外部竞争来自银行理财子公司、公募基金、保险资管等。而内部的投研能力、募资能力也为业务的发展带来了挑战。如何应对挑战,找准自己的核心优势,并在竞争之中脱颖而出,是券商资管需要解决的问题。

东证资管便是券商资管主动管理的优秀代表。东证深耕主动管理,重视主动管理能力的培养,长期以来打造了东方红系列产品较强的品牌效应。2005—2017年,公司主动管理权益类产品的年化收益率为25.16%,同期沪深300指数的年化回报为12.79%。据东方证券年报披露,截至2017年年底东证资管的受托资产管理规模2 143.92亿元,其中主动管理规模突破2 000亿元,占比高达98.02%。远超资管行业平均水平。

资管新规对大资管行业起到了很重要的规范及重塑作用,依靠牌照躺着赚钱的日子一去不复返。对于券商而言,只有依靠强大的投研能力、丰富的营销渠道或者合理的业务半径、差异化的发展模式等,铸就自己的核心竞争力,才能越做越好。

小 结

1. 资产管理业务主要可分为定向资产管理业务、集合资产管理业务及专项资产管理业务三类。证券公司还可以申请公募基金牌照并发行公募基金产品,或是设立私募基金子公司并进行直接股权投资。
2. 我国证券业资产管理业务发展历程可大致分为形成期、逐步规范期、快速发展期及转型调整期四个阶段。与海外证券公司相比,我国证券公司资产管理业务占收入比重较小、产品形式单一,未来需由粗放的规模增长模式逐步向更有质量的内涵式增长模式转变。
3. 证券公司资产管理业务的运作流程主要可分为业务资格获取、产品募集、资产托管和资产管理。资管业务的风险主要有合规风险、市场风险、经营风险和管理风险。
4. 2012年5月,券商召开创新大会后,资管业务获得爆发式增长,通道业务是这一轮券商资管大繁荣的主要动力。2018年资管新规的出台极大地压缩了券商资管通道业务的规模,促使券商资管模式向主动管理转变。

习 题

1. 我国证券公司资产管理主要包括哪几个类别?各有什么特点?
2. 我国证券公司资产管理经历了哪几个发展阶段?
3. 我国证券公司资产管理与海外成熟市场有什么区别?海外市场对我国证券公司资产管理业务的发展有何启示?
4. 证券公司资产管理业务的运行模式是怎样的?如何对业务发展过程中可能出现的风险进行控制?
5. 2018年出台资管新规的主要目的和主要内容是什么?

第十章

证券投资基金

教学目的与要求

证券投资基金是投资银行资产管理业务的重要组成部分。通过本章学习,了解证券投资基金的概念、分类和特征,了解证券投资基金的参与主体与运作流程,了解证券投资基金的一般业务内容及其绩效评价方法。

第一节 证券投资基金概述

一、证券投资基金的概念与特点

(一)证券投资基金的定义

证券投资基金是指通过发售基金份额,将众多投资者的资金集中起来,形成独立财产,由基金托管人托管,基金管理人管理,以投资组合的方式进行证券投资的一种利益共享、风险共担的集合投资方式。

证券投资基金通过发行基金份额的方式募集资金,个人投资者或机构投资者通过购买一定数量的基金份额参与基金投资。所募集的资金在法律上具有独立性,由选定的基金托管人保管,并委托基金管理人进行股票、债券等分散化组合投资。基金投资者是基金的所有者。基金投资收益在扣除由基金承担的费用后的盈余全部归基金投资者所有,并依据各个投资者所购买的基金份额在投资者之间进行分配。

每只基金都会订立基金合同,基金管理人、基金托管人和基金投资者的权利义务在基金合同中有详细约定。基金公司在发售基金份额时都会向投资者提供一份招募说明书。有关基金运作的各个方面,如基金的投资目标与理念、投资范围与对象、投资策略与限制、基金的发售与买卖、基金费用与收益分配等,都会在招募说明书中详细说明。基金合同与招募说明书是基金设立中的两个重要法律文件。

与直接投资股票或债券不同,证券投资基金是一种间接投资工具。一方面,证券投资基金以股票、债券等金融证券为投资对象;另一方面,基金投资者通过购买基金份额的方式间接进行证券投资。

世界上不同国家和地区对证券投资基金的称谓有所不同。证券投资基金在美国被称为共同基金,在英国和中国香港特别行政区被称为单位信托基金,在欧洲一些国家被称为集合投资基金或集合投资计划,在日本和中国台湾地区则被称为证券投资信托基金。

(二) 证券投资基金的特征

1. 集合理财,专业管理

基金将众多投资者的资金集中起来,并委托基金管理人进行共同投资,表现出一种集合理财的特点。通过汇集众多投资者的资金,积少成多,有利于发挥资金的规模优势,降低投资成本。基金由基金管理人进行投资管理和运作。基金管理人一般拥有大量的专业投资研究人员和强大的信息网络,能够更好地对证券市场进行全方位的动态跟踪与深入分析。将资金交给基金管理人管理,让中小投资者也能享受到专业化的投资管理服务。

2. 组合投资,分散风险

为降低投资风险,一些国家的法律法规通常规定基金必须以组合投资的方式进行投资运作,从而使"组合投资、分散风险"成为基金的一大特色。中小投资者由于资金量小,一般无法通过购买数量众多的股票分散投资风险。基金通常会购买几十种甚至上百种股票,投资者购买基金就相当于用很少的资金购买了一篮子股票。多数情况下,某些股票价格下跌造成的损失可以用其他股票价格上涨产生的盈利来弥补,可以充分享受到组合投资、分散风险的好处。

3. 利益共享,风险共担

证券投资基金实行利益共享、风险共担的原则。基金投资者是基金的所有者。基金投资收益在扣除由基金承担的费用后的盈余全部归基金投资者所有,并依据各投资者所持有的基金份额进行分配。为基金提供服务的基金托管人、基金管理人只能按规定收取一定比例的托管费、管理费,不参与基金收益的分配。

4. 严格监管,信息透明

为切实保护投资者的利益,增强投资者对基金投资的信心,各国(地区)基金监管机构都对基金业实行严格的监管,对有损于投资者利益的行为进行严厉的打击,并强制基金进行及时、准确、充分的信息披露。在这种情况下,严格监管与信息透明也就成为基金的另一个显著特点。

5. 独立托管,保障安全

基金管理人负责基金的投资操作,本身并不参与基金财产的保管,基金财产的保管由独立于基金管理人之外的基金托管人负责。这种相互制约、相互监督的制衡机制为投资者的利益提供了充分的保障。

二、证券投资基金的分类

(一) 按法律形式划分

依据法律形式的不同,基金可分为契约型基金与公司型基金。目前我国的基金均为契约型基金,公司型基金则以美国的投资公司为代表。

1. 契约型基金

契约型基金是依据基金合同设立的一类基金。基金合同是规定基金当事人之间权利义务的基本法律文件。在我国,契约型基金依据基金管理人、基金托管人之间所签署的基金合同设立。基金投资者自取得基金份额后即成为基金份额持有人和基金合同的当事人,依法享受权利并承担义务。

契约型基金不具有法人资格,在设立上相对简单易行。但是基金投资者通过持有人大会发表意见,与公司型基金的股东大会相比,契约型基金持有人大会赋予基金持有者的权利相对较小。

2. 公司型基金

公司型基金在法律上是有独立法人地位的股份投资公司。公司型基金依据基金公司章程设立,基金投资者是基金公司的股东,享有股东权,按所持有的股份承担有限责任,并分享投资收益。公司型基金设有董事会,代表投资者的利益行使职权。虽然公司型基金在形式上类似于一般股份公司,但不同于一般股份公司,它委托基金管理公司作为专业的财务顾问来经营和管理基金。

公司型基金具有法人资格,其优点在于法律关系明确清晰,监督约束机制较为完善。

(二) 按运作方式划分

依据运作方式的不同,可以将基金分为封闭式基金与开放式基金。

1. 封闭式基金

封闭式基金是指基金份额在基金合同期限内固定不变,基金份额持有人不得申请赎回的基金运作方式。

由于封闭式基金份额固定,没有赎回压力,基金投资管理人员完全可以根据预先设定的投资计划进行长期投资,并将基金资产投资于流动性相对较弱的证券。这在一定程度上有利于基金长期业绩的提高。

2. 开放式基金

开放式基金是指基金份额总额不固定,基金份额可以在基金合同约定的时间和场所进行申购或者赎回的一种基金运作方式。

开放式基金没有固定的期限,且规模不固定,投资者可随时提出申购或赎回申请,基金份额会随之增加或减少。如果开放式基金的业绩表现好,通常会吸引新的投资,基金管理人的管理费收入也会随之增加;如果基金业绩表现差,开放式基金则会面临投资者要求赎回基金的压力。因此,一般开放式基金向基金管理人提供了更好的激励约束机制。但是由于开放式基金的份额不固定,投资操作常常会受到不可预测的资金流入、流出的影响。特别是为满足基金赎回的需要,开放式基金必须保留一定的现金资产,并高度重视基金资产的流动性。这在一定程度上会给基金的长期经营业绩带来不利影响。

(三) 按投资对象划分

依据投资对象的不同,可以将基金分为股票基金、债券基金、货币市场基金、混合基金等。

1. 股票型基金

股票基金是指以股票为主要投资对象的基金。股票基金在各类基金中历史最为悠久,也是各国(地区)广泛采用的一种基金类型。根据2015年8月8日股票型基金仓位新规,股票型基金的股票仓位不能低于80%。

股票型基金可以从其他角度进一步划分,按照投资市场可以分为国内股票基金、国外股票基金以及全球股票基金;按照股票市值大小又可分为小盘股票基金、中盘股票基金与大盘股票基金;按照股票性质又可以分为价值型股票基金、平衡型股票基金和成长型股票基金。价值型股票通常是指收益稳定、价值被低估、安全性较高的股票,通常其市盈率、市净率较低。成长型股票通常是指收益增长速度快、未来发展潜力大的股票,其市盈率、市净率通常较高。也可以按照基金投资风格进行分类,综合股票市值和股票性质的维度,将股票基金分为如表10-1的九种类型。

表10-1 股票基金风格类型

	小 盘	中 盘	大 盘
成 长	小盘成长	中盘成长	大盘成长
平 衡	小盘平衡	中盘平衡	大盘平衡
价 值	小盘价值	中盘价值	大盘价值

2.债券型基金

债券基金主要以债券为投资对象。根据中国证监会对基金类别的分类标准,基金资产80%以上投资于债券的为债券基金。

债券有不同类型,因而债券基金也有不同类型。通常可以依据债券发行者的不同、债券到期日的长短以及债券信用等级的高低对债券进行分类。根据发行者的不同,可以将债券分为政府债券、企业债券、金融债券等。根据债券到期日的长短,可以将债券分为短期债券、长期债券等。根据债券信用等级的高低,可以将债券分为低等级债券、高等级债券等。与此相适应,也就产生了以某一类债券为投资对象的债券基金。

与股票基金类似,债券基金也被分成不同的投资风格。债券基金投资风格主要依据基金所持债券的久期与债券的信用等级来划分(见表10-2)。

表10-2 债券基金风格类型

	短 期	中 期	长 期
高等级	短期高信用	中期高信用	长期高信用
中等级	短期中信用	中期中信用	长期中信用
低等级	短期低信用	中期低信用	长期低信用

3.货币市场基金

货币市场基金以货币市场工具为投资对象。根据中国证监会对基金的分类标准,仅投资于货币市场工具的基金为货币市场基金。

与其他类型基金相比,货币市场基金具有风险低、流动性好的特点。货币市场基金是厌恶风险、对资产流动性和安全性要求较高的投资者进行短期投资的理想工具,或是暂时存放现金的理想场所。需要注意的是,货币市场基金的长期收益率较低,不适合长期投资。

由于货币市场工具到期日非常短,因此也被称为现金投资工具。货币市场工具通常由政府、金融机构以及信誉卓著的大型工商企业发行。货币市场工具流动性好、安全性高,但收益率与其他证券相比则非常低。货币市场与股票市场的一个主要区别是:货币市场进入门槛通常很高,很大程度上限制了一般投资者的进入。此外,货币市场属于场外交易市场,交易主要由买卖双方通过电话或电子交易系统以协商价格完成。而货币市场基金的投资门槛极低,因此,货币市场基金为普通投资者进入货币市场提供了重要通道。

4. 混合型基金

混合型基金同时以股票、债券等为投资对象,以期通过不同资产类别的投资实现收益与风险之间的平衡。根据中国证监会对基金的分类标准,投资于股票、债券和货币市场工具,但股票投资和债券投资的比例不符合股票型基金、债券型基金规定的基金为混合型基金。目前,混合型基金的股票仓位限制为基金资产的0~95%,持仓相对灵活。

混合型基金的风险低于股票型基金,预期收益则要高于债券型基金。它为投资者提供了一种在不同资产类别之间进行分散投资的工具,更适合较为保守的投资者。混合基金尽管会同时投资于股票、债券等,但常常会依据基金投资目标的不同而进行股票与债券的不同配比。因此,通常可以依据资产配置的不同将混合型基金分为偏股型基金(股票比例占60%以上)、偏债型基金(债券比例占60%以上)、股债平衡型基金、灵活配置型基金等。

(四)其他基金类型

除了以上分类标准外,还可以从其他角度对基金进行分类。如投资于某一指数所包含证券的指数基金、引入保本保障机制,确保持有人在到期时保证本金安全的保本基金,以及交易型开放式指数基金(Exchange Traded Fund, ETF)、上市开放式基金(Listed Open-Ended Fund, LOF)、合格境内机构投资者基金(Qualified Domestic Institutional Investor, QDII)、基金的基金(Fund of Funds, FOF)等。

1. 交易型开放指数基金

ETF以某一选定的指数所包含的成分证券为投资对象,实行一级市场与二级市场并存的交易制度。在一级市场上,只有达到一定规模的投资者可以在交易时间内随时进行以股票换份额(申购)、以份额换股票(赎回)的交易,中小投资者被排斥在一级市场外。在二级市场上,ETF与普通股票一样在市场挂牌交易。无论是资金在一定规模以上的投资者还是中小投资者,均可按市场价格进行ETF份额的交易。一级市场的存在使二级市场交易价格不可能偏离基金份额净值很多,否则两个市场的差价会引发套利交易。而套利交易会使套利机会最终消失,使二级市场交易价格恢复到基金份额净值附近。因此,正常情况下,ETF二级市场交易价格与基金份额净值总是比较接近。

2. 上市开放式基金

LOF是一种既可以在场外市场进行基金份额申购赎回,又可以在交易所(场内市场)进行基金份额交易和基金申购或赎回的开放式基金。它是我国对证券投资基金的一种本土化创新。和ETF相比,二者有以下区别:

(1)申购赎回的场所不同。ETF的申购和赎回只能在交易所进行,也就是只能进行场内交易,而LOF既可以在交易所进行也可以在代销网点进行。

（2）申购赎回的标的不同。ETF 采用"实物申购、实物赎回"，投资者申购到的是一篮子股票，赎回的也是一篮子股票。LOF 基金可能申购的是一篮子股票，但赎回的却是现金。

（3）交易限制不同。ETF 的门槛高，交易最低要求在 50 万份以上，只有资金量较大的投资者可以参与，LOF 对于申购赎回没有特别的要求，普通投资者也可以参与。

（4）投资策略不同。ETF 基金跟踪某一指数，比如上证 50ETF 就是跟踪上证 50 指数，对上证 50 的成分股进行完全复制，因此是一种完全被动的投资方式。LOF 只是普通的可以在交易所上市的开放式基金，它既可以是被动投资，也可以是主动投资。

（5）净值报价频率不同。在二级市场上，ETF 基金每 15 秒提供一次基金报价，LOF 则是 1 天 1 次，或者 1 天几次。

3. QDII 基金

QDII 是经中国证监会批准可以在境内募集资金进行境外证券投资的机构。QDII 是在我国人民币没有实现可自由兑换、资本项目尚未开放的情况下，有限度地允许境内投资者投资境外证券市场的一项过渡性的制度安排。目前，除了基金管理公司和证券公司外，商业银行等其他金融机构也可以发行代客境内理财产品，但我们这里主要涉及的是由基金管理公司发行的 QDII 产品，即 QDII 基金。QDII 基金可以用人民币、美元或其他主要外汇货币作为计价货币募集。通过 QDII 基金进行国际市场投资，不但为投资者提供了新的投资机会，也为投资者降低投资组合风险提供了新的途径。

4. 基金的基金

FOF 是一种投资基金的基金，它不直接投资股票或债券，而是通过投资其他基金，间接持有股票或债券，具有成本低风险小的特点。

三、证券投资基金的参与主体

在基金市场上，存在许多不同的参与主体。依据所承担的职责与发挥的作用的不同，可以将基金市场的参与主体分为基金当事人、基金市场服务机构、基金监管机构和自律组织三大类。其关系如图 10-1 所示。

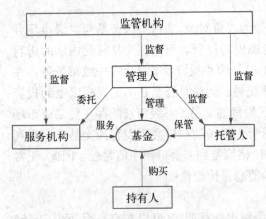

图 10-1 证券投资基金参与主体关系图

（一）基金当事人

我国的证券投资基金依据基金合同设立，基金份额持有人、基金管理人与基金托管人是基金合同的当事人，简称基金当事人。

1. 基金份额持有人

基金份额持有人即基金投资者，是基金的出资人、基金资产的所有者和基金投资回报的受益人。按照《中华人民共和国证券投资基金法》（2015 年修订）的规定，我国基金份额持有人享有以下权利：① 分享基金财产收益；② 参与分配清算后的剩余基金财产；③ 依法转让或者申请赎回其持有的基金份额；④ 按照规定要求召开基金份额持有人大会;⑤对基金份额持有人大会审议事项行使表决权;⑥对基金管理人、基金托管人、基金销售机构损害其合法权益的行为依法提出诉讼;⑦基金合同约定的其他权利。公开募集基金的基金份额持有人有权查阅或者复制公开披露的基金信息资料;非公开募集的基金份额持有人对涉及自身利益的情况,有权查阅基金的财务会计账簿等财务资料。

2. 基金管理人

基金管理人是基金产品的募集者和管理者,其最主要职责就是按照基金合同的约定,负责基金资产的投资运作,在有效控制风险的基础上为基金投资者争取最大的投资收益。基金管理人在基金运作中发挥核心作用,基金产品的设计、基金份额的销售与注册登记、基金资产的管理等重要职能多半由基金管理人或基金管理人选定的其他服务机构承担。在我国,基金管理人只能由依法设立的基金管理公司担任。

3. 基金托管人

为了保证基金资产的安全,《证券投资基金法》规定,基金资产必须由独立于基金管理人的基金托管人保管,从而使基金托管人成为基金的当事人之一。基金托管人的职责主要体现在基金资产保管、基金资金清算、会计复核以及对基金投资运作的监督等方面。在我国,基金托管人只能由依法设立并取得基金托管资格的商业银行担任。

(二)基金服务机构

基金服务机构包括从事公开募集基金的销售、销售支付、份额登记、估值、投资顾问、评价、信息技术系统服务等机构。

1. 基金销售机构

基金销售机构是受基金管理公司委托从事基金代理销售的机构。通常,只有机构客户或资金规模较大的投资者才直接通过基金管理公司进行基金份额的直接买卖,一般资金规模较小的普通投资者通常经由基金代销机构进行基金的申购与赎回。目前,商业银行、证券公司、证券投资咨询机构、专业基金销售机构以及中国证监会规定的其他机构,均可以向中国证监会申请基金代销业务资格,从事基金的代销业务。基金销售机构应当向投资人充分揭示投资风险,并根据投资人的风险承担能力销售不同风险等级的基金产品。基金销售支付机构应当按照规定办理基金销售结算资金的划付,确保基金销售结算资金安全、及时划付。

2. 基金份额登记机构

基金注册登记机构是指负责基金登记、存管、清算和交收业务的机构。其具体业务包括投资者基金账户管理、基金份额注册登记、清算及基金交易确认、红利发放、基金份额持有人名册的建立与保管等。目前,我国承担基金份额注册登记工作的主要是基金管理公司自身和中国证券登记结算有限责任公司。基金管理人可以委托基金服务机构代为办理基金的份额登记、核算、估值、投资顾问等事项,基金托管人可以委托基金服务机构代为办理基金的核算、估值、复核等事项。

3. 律师事务所和会计师事务所

律师事务所和会计师事务所作为专业、独立的中介服务机构,为基金提供法律、会计服务。律师事务所、会计师事务所接受基金管理人、基金托管人的委托,为有关基金业务活动出具法律意见书、审计报告、内部控制评价报告等文件,应当勤勉尽责,对依据的文件资料内容的真实性、准确性、完整性进行核查和验证。

4. 基金投资顾问机构与基金评级机构

基金投资顾问机构是向基金投资者提供基金投资咨询建议的中介机构,基金投资顾问机构及其从业人员提供基金投资顾问服务时,应当具有合理的依据,对其服务能力和经营业绩如实陈述,不得以任何方式承诺或者保证投资收益,更不得损害服务对象的合法权益。

基金评级机构是向投资者以及其他市场参与主体提供基金评价业务、基金资料与数据服务的机构。基金评级机构及其从业人员应当客观公正,按照法律规定的业务规则开展基金评价业务,禁止误导投资人,防范可能发生的利益冲突。

(三) 基金监管机构和自律组织

1. 基金监管机构

为了保护基金投资者的利益,不同国家和地区都对基金活动进行严格的监督管理。基金监管机构依法行使审批或核准权,依法办理基金备案,对基金管理人、基金托管人以及其他从事基金活动的中介机构进行监督管理,对违法违规行为进行查处,其在基金的运作过程中起着极为重要的作用。

2. 基金自律组织

在我国,基金行业协会是证券投资基金行业的自律性组织,是社会团体法人。基金管理人、基金托管人应当加入基金行业协会,基金服务机构选择性加入基金行业协会。基金行业协会的权力机构为全体会员组成的会员大会。基金行业协会在促进同业交流、提高从业人员素质、加强行业自律管理、促进行业规范发展等方面具有重要作用。

四、我国证券投资基金发展历程

一般认为,1868年英国的"海外及殖民地政府信托基金"是世界上第一只基金(封闭基金),1924年诞生于美国的"马萨诸塞投资信托基金"是世界上第一只开放式基金。我国证券投资基金经历了早期摸索阶段、封闭式基金阶段和开放式基金阶段。

(一) 早期摸索阶段

1992—1997年,由中国人民银行批准设立的投资基金及基金类受益券被称为"老基金"。

中国基金业起步于20世纪90年代。1991年8月,珠海国际信托投资公司发起成立珠信基金,这是我国设立最早的基金。1992年6月,我国第一家公司型封闭式投资基金——淄博乡镇企业投资基金由中国人民银行批准成立。同年10月8日,国内首家被正式批准成立的基金管理公司——深圳投资基金管理公司成立。1993年8月,淄博基金在上海证券交易所公开上市,以此为标志,我国基金进入了公开上市交易的阶段。

除了淄博基金、天骥基金和蓝天基金为公司型基金,其余基金都是契约型基金。当时由专业化基金管理公司管理运作的基金较少,大部分由证券或信托机构的基金部负责运作。

截至1997年年底,全国各地共设立基金75只,基金类凭证47个,总募集规模73亿元。在两个证券交易所上市交易的基金25个,基金市值达100亿元。此外,还有38只基金在全国各地证交中心挂牌。

(二) 封闭式基金阶段

1997年11月4日,国务院证券监督管理委员会发布了《证投基金管理暂行条例》。

这是我国首次发布的规范证券投资基金运作的行政法规,为我国基金业的发展奠定了规制基础。由此,我国基金业发展进入了规范化的试点发展阶段。

1998年3月27日,经由中国证监会批准,南方基金管理公司和国泰基金管理公司分别发起设立了两只规模均为20亿元人民币的封闭式基金——基金开元和基金金泰,由此拉开了中国证券投资基金试点的序幕。1998—2000年,我国陆续发展了30多只证券投资基金,募集的资金规模达540亿元,净资产规模达800多亿元,占股票市场总值的20%左右。但这些基金均为契约型封闭式基金。而原来的"老基金"经过规范化重组工作,绝大部分已经改组为"新基金"。

2001年9月,华安基金管理公司设立了我国第一只开放式证券投资基金华安创新,我国基金业发展实现了从封闭式基金到开放式基金的历史性跨越。此后开放式基金逐渐取代封闭式基金成为中国基金市场的发展方向。

(三)开放式基金发展阶段

2004年6月1日开始实施的《证券投资基金法》为我国基金业的发展奠定了重要的法律基础,标志着我国基金业发展进入了一个新的阶段。2004年10月第一只上市开放型基金(LOF)南方积极配置基金推出,2004年年底国内首只交易型开放式指数基金华夏上证50(EFT)推出。2007年7月,国投瑞银基金公司发行了国内首只公募分级基金国投瑞银瑞福分级基金。2013—2015年,分级基金获得了大发展。

2003年12月10日华安现金富利基金、招商现金增值基金、博时现金收益基金获批,货币基金开始发行。2008年金融危机爆发,股市大跌,市场风险偏好下降,大量资金流入货币基金。2013年6月余额宝横空出世,标志着货币基金的发展逐渐进入互联网时代。货币基金逐步成长为市场上金额最大的品种。

2018年3月2日,证监会发布《养老目标证券投资基金指引(试行)》,证监会正式标志着公募基金将通过FOF规范化、规模化进入养老理财市场。此外,QDII基金、社会责任基金等创新产品层出不穷,极大地推动了我国基金业的发展。

截至2020年3月,我国有143家证券投资基金管理公司,6 819只公募基金,其中开放式基金占比89.7%,封闭式基金占比10.3%。基金管理规模16.64万亿,其中货币市场基金8.2万亿,债券基金3万亿,混合基金2.1万亿,股票型基金1.4万亿,QDII基金0.1万亿。我国前十大基金管理机构见表10-3。

表10-3 2020年3月前十大基金管理机构(非货币理财公募基金)

序号	基金管理公司	序号	基金管理公司
1	易方达基金管理有限公司	6	汇添富基金管理有限公司
2	博时基金管理有限公司	7	富国基金管理有限公司
3	华夏基金管理有限公司	8	中银基金管理有限公司
4	广发基金管理有限公司	9	嘉实基金管理有限公司
5	南方基金管理有限公司	10	招商基金管理有限公司

第二节 证券投资基金业务

一、基金募集

我国《证券投资基金法》规定,依法募集基金是基金管理公司的一项法定权利,其他任何机构不得从事基金的募集活动。能否将基金成功推向市场并不断扩大基金资产规模,对基金管理公司的经营有着重要意义。为了基金的募集与销售,基金管理公司必须在市场调查的基础上进行基金产品的开发,设计出能够满足不同投资者需要的基金产品。

（一）基金的募集

基金的募集是指基金管理公司根据有关规定向中国证监会提交募集申请文件、发售基金份额、募集基金的行为。

公开募集基金应当经国务院证券监督管理机构注册。注册公开募集基金,由拟任基金管理人向国务院证券监督管理机构提交申请报告、基金合同草案、招募说明书草案等法律规定的相关文件。国务院证券监督管理机构自受理公开募集基金的募集注册申请之日起 6 个月内依法作出是否予以注册的决定。基金募集申请经注册后,方可发售基金份额。基金管理人应当自收到准予注册文件之日起 6 个月内进行基金募集。基金募集不得超过国务院证券监督管理机构准予注册的基金募集期限。

基金募集期限届满,封闭式基金募集的基金份额总额达到准予注册规模的 80% 以上,开放式基金募集的基金份额总额超过准予注册的最低募集份额总额,并且基金份额持有人人数符合国务院证券监督管理机构规定的,基金管理人应当自募集期限届满之日起 10 日内聘请法定验资机构验资,自收到验资报告之日起 10 日内,向国务院证券监督管理机构提交验资报告,办理基金备案手续,并予以公告。

公开募集基金包括向不特定对象募集资金、向特定对象募集资金累计超过 200 人,以及法律、行政法规规定的其他情形。非公开募集基金应当向合格投资者募集,合格投资者累计不得超过 200 人。

（二）基金的销售

目前,我国开放式基金的销售逐渐形成了银行代销、证券公司代销、基金管理公司直销的销售体系。但与国外相比,我国开放式基金销售还需要拓宽渠道,加强服务。由于广大投资者对基金产品尤其是开放式基金还比较陌生,基金营销依赖银行、证券公司的柜台销售。所以充分挖掘代销渠道的销售潜力,是基金管理公司的必然选择。银行和证券公司应在代销时根据自身的营销网络特点,精耕细作,开展充分发挥自己优势的特色营销。目前,专业基金销售公司开始起步,基金网上销售方兴未艾,基金管理人在建设好现有渠道的同时,纷纷加强新渠道建设,为迎接更激烈的营销竞争做好准备。

1. 商业银行

在我国,大众投资群体仍以银行储蓄为主要金融资产,商业银行具有广泛的客户基础。选择大型国有商业银行作为开放式基金的代销渠道,有利于争取银行储户这一细分市场。但是,在现有开放式基金销售过程中,商业银行主要为基金的销售提供完善的硬件设施和客户群,销售方式一定程度上停留在被动销售的水平,为投资者提供的个性化服务与客户需求尚有一定差距,直接影响了客户的投资热情。实际上,投资者对营销渠道所提供的投资建议、服务质量的心理感受在其购买决策过程中的作用是不容忽视的。为此,基金管理人必须加强与代销银行的合作,通过对银行人员的持续培训,组织客户推介会以及合理分配代销手续费,增强银行代销的积极性,提高银行人员的营销能力。

2. 证券公司

证券公司的业务主要面向股票及债券市场,其员工有关证券类产品的专业知识水平较高,面对的客户主要是股民。对于投资意识较强的老股民群体,利用证券公司网点销售基金是争取这类客户的有效手段。同时,相比商业银行,证券公司网点拥有更多的专业投资咨询人员,可以为投资者提供个性化的服务。另外,ETF 和 LOF 等基金创新品种的推出,使得证券公司可以发挥自己的交易服务优势,在市场竞争中占据优势。证券公司要保证基金代销业务的持续健康发展,有必要建立起以服务为中心、客户至上的运营模式,首发销售与持续销售并重,向客户提供帮助其更好地实现理财目标的一系列服务。

3. 证券咨询机构和专业基金销售公司

在基金规模不断壮大、品种逐步增加的形势下,对投资基金提供专业咨询服务已经成为一种市场需求。顺应这种需求,《证券投资基金销售管理办法》出台后,证券投资咨询机构和专业基金销售公司开展基金代销业务成为监管机构鼓励的发展方向。专业营销人员可以为客户提供个性化的理财服务,帮助投资者提高对基金的认识并选择符合自身投资需要的基金品种。

4. 基金管理公司直销中心

基金管理公司的直销人员对金融市场、基金产品具有相当程度的专业知识和投资理财经验,尤其对本公司整体情况及本公司基金产品有着深刻的理解,能够以专业水准面对专业化的投资机构、一般企业及个人等。虽然基金管理公司的直销队伍规模相对较小,但人员素质较高,可以通过加强与客户之间的沟通和交流,提供更好的、持续的理财服务,更容易留住客户并发展一些大客户,形成忠实的客户群。

二、投资管理

投资管理业务是基金管理公司最核心的一项业务。基金管理公司之间的竞争在很大程度上取决于其投资管理能力的高低。因此,努力为投资者提供与市场上同类产品相比更具竞争力的投资回报,成为基金管理公司工作的重中之重。

(一) 资产配置管理

《证券投资基金销售管理办法》规定,基金管理人运用基金财产进行证券投资,除国务院证券监督管理机构另有规定外,应当采用资产组合的方式。资产组合的具体方式和投资比例,在基金合同中约定。

资产配置是在投资者的风险承受能力与效用函数的基础上,根据各项资产在持有期间或计划范围内的预期风险收益及相关关系,在可承受的风险水平上构造能够提供最优回报率的资金配置方案的过程。一般来说,提供最好的、具有长期收益前景的投资项目和市场是有风险的,而具有最大安全程度的市场则只能提供相应的短期收益前景。资产配置作为投资管理中的核心环节,其目标在于协调提高收益与降低风险之间的关系,这与投资者的特征和需求密切相关。因而,短期投资者的最低风险战略可能与长期投资者的最低风险战略大不相同。除此以外,个人与机构投资者对资产配置也会有不同的选择。一般而言,进行资产配置主要考虑的因素有:

1. 影响投资者风险承受能力和收益要求的各项因素

包括投资者的年龄或投资周期、资产负债状况、财务变动状况与趋势、财富净值和风险偏好等因素。一般情况下,对于个人投资者而言,个人的生命周期是影响资产配置的最主要因素。在最初的工作累积期,考虑到流动性需求和为个人长远发展目标进行积累的需要,投资应偏向风险高、收益高的产品;进入工作稳固期以后,收入相对而言高于支出,可适当选择风险适中的产品以降低长期投资的风险;当进入退休期以后,支出高于收入,对长远资金来源的需求也开始降低,可选择风险较低但收益稳定的产品,以确保个人累积的资产免受通货膨胀的负面影响。随着投资者年龄的日益增加,投资应该逐渐向节税产品倾斜。在整个投资过程中,机构投资者则更注重机构本身的资产负债状况以及股东、投资者的特殊需求。

2. 影响各类资产的风险收益状况以及相关关系的资本市场环境因素

这些因素包括国际经济形势、国内经济状况与发展动向、通货膨胀、利率变化、经济周期波动和监管等。一般只有专业投资者和机构投资者会受到监管的约束。监管的各种法规、条例会随着时间的推移而变化,进行资产配置时必须充分考虑各市场和监管因素的变化和影响。

3. 资产的流动性特征与投资者的流动性要求相匹配的问题

资产的流动性是指资产以当前价格售出的难易程度,体现投资资产时间尺度和价格尺度之间的关系。现金和货币市场工具如国库券、商业票据等是流动性最强的资产,而房地产、办公楼等则是流动性较差的资产。投资者必须根据自己短时间内处理资产的可能性,建立投资中流动性资产的最低标准。

4. 投资期限

投资者在到期日不同的资产(如债券等)之间进行选择时,需要考虑投资期限的安排问题。

5. 税收考虑

税收结果对投资决策意义重大,因为任何一个投资策略的业绩都是由其税后利润的多少来评价的。面临高税率的个人投资者和机构投资者更重视在整个资产配置中合理选择避税的投资产品。

(二) 股票投资组合管理

股票投资组合管理是在组合管理投资理念的基础上发展起来的。分散风险和最大化投资收益是组合管理的基本目标。自有效市场假说提出以来,金融经济学一直沿着两个并行的领域发展:一个是强调有效市场假说(EMH),认为市场有效,投资证券只能获得市场平均收益;另一个则是认为有效市场假说不成立,市场是无效的,投资者可以战胜市场。由此延伸出两种投资理念,即积极投资和消极投资。

1. 积极型股票投资策略

积极投资者认为,投资者可以有效识别并捕捉市场定价无效的区间,从而持续稳定地预测资本市场的未来运行轨迹,并根据这一预测体系形成以"时机抉择"为特征的投资策略,从市场无效中获得超过其风险承担水平的超额收益,达到战胜市场的目标。

具体来说,积极投资型股票投资策略主要体现在:① 积极的资产配置,即根据不同时期的市场预期或风险估计,改变股票、债券、现金等资产配置的比例;② 积极风格切换,即根据不同时期市场特征进行特定类型公司选择,如大公司或小公司的切换、价值型或成长型风格切换;③ 积极进行板块和行业选择,注重行业前景或板块机会的选择能力,并通过行业或板块积极地进行组合调整。

2. 消极型股票投资策略

消极投资者认为,市场定价机制是有效率的,投资人可能在短期内偶尔取得超额收益,但无法对投资时机做出长期、系统、正确的判断。因此,消极投资者的策略主要为投资各种风格的指数。他们否认"时机抉择"的功效,放弃对投资对象价格转折点做出系统预测,而以现代数理统计为基础,通过构建投资组合,或者直接投资市场指数,取得与所承担的风险相适当的市场平均收益。

消极型股票投资策略更为常见,但是可能会存在跟踪误差的问题。所谓跟踪误差,是指复制的投资组合的波动不可能与选定的股票价格指数的波动完全一致。这是因为即使在构造的股票组合中包括目标指数的所有成分股股票,成分股股票的权数也会因为公司合并、股票拆细和发放股票红利、发行新股和股票回购等原因而变动,而复制的投资组合不能对此自动调整,更不用说复制的投资组合中包含的股票数目少于指数成分股股票的情况了。为了尽量减少跟踪误差,需要对复制的股票组合进行动态维护,并为此支付相应的交易费用。一般来说,复制的组合包括的股票数越少,跟踪误差越大,调整所花费的交易成本越高。因此,基金管理人必须在组合包含的股票数和交易成本之间做出选择。

(三)债券投资组合管理

与股票投资组合管理相同,债券投资组合管理也可以分为积极债券组合管理和消极债券组合管理。

1. 积极债券组合管理

这里介绍两种对债券组合积极管理的方法:水平分析法以及债券互换。

水平分析是基于对未来利率预期的债券组合管理策略,其中一种主要的形式为利率预期策略。在这种策略下,债券投资者基于对未来利率水平的预期来调整债券资产组合,以使其保持对利率变动的敏感性。由于久期是衡量利率变动敏感性的重要指标,这意味着如果预期利率上升,就应当缩短债券组合的久期;如果预期利率下降,则应当增加债券组合的久期。

利率预期策略运用的关键点在于能否准确地预测未来利率水平。对于以债券指数作为评价基准的资产管理人来说,当预期利率上升时,将缩短投资组合的持续期;反之,预期利率下降时,将增加投资组合的持续期。如果投资者对投资组合的持续期与基准指数的持续期之间的差距不做出任何规定,资产管理人就产生了对利率变动进行赌博的内在动力。按照对利率的预期来调整债券投资组合持续期,有可能给资产管理人带来出色的表现,也有可能造成更大的损失。为了可能获得的超额收益,资产管理人有动力对债券利率进行预期,即使这种预期在某些时候是错误的。

债券互换就是同时买入和卖出具有相近特性的两个以上债券品种,从而获取收益级差的行为。不同债券品种在利息、违约风险、期限(久期)、流动性、税收特性、可回购条款等方面的差别,决定了债券互换的可行性和潜在获利可能。例如,当债券投资者观察 AA 级和 A 级债券收益时,如果发现两者的利差从大约 75 个基点的历史平均值扩大到 100 个基点,而投资者判断这种对平均值的偏离是暂时的,那么投资者就应买入 A 级债券并卖出 AA 级债券,直到两种债券的利差返回到 75 个基点的历史平均值为止。在进行积极债券组合管理时使用债券互换有多种目的,但其主要目的是通过债券互换提高组合的收益率。

一般而言,只有存在较高的收益级差和较短的过渡期时,债券投资者才会进行互换操作。过渡期是指债券价格从偏离值返回历史平均值的时间。收益级差越大,过渡期越短,投资者从债券互换中获得的收益率就越高。

2. 消极债券组合管理

消极的债券组合管理者通常把市场价格看作均衡交易价格,因此他们并不试图寻找被低估的品种,而只关注于债券组合的风险控制。在债券投资组合管理过程中,通常使用两种消极管理策略:一种是指数策略,目的是使所管理的资产组合尽量接近于某个债券市场指数;另一种是免疫策略,这是被许多债券投资者所广泛采用的策略,目的是使所管理的资产组合规避市场利率波动的风险。

指数策略和免疫策略都假定市场价格是公平的均衡交易价格。它们的区别在于处理利率暴露风险的方式不同。债券指数资产组合的风险报酬结构与所追踪的债券市场指数的风险报酬结构近似;而免疫策略则试图建立一个几乎是零利率风险的债券资产组合。在这个组合中,市场利率的变动对债券组合几乎毫无影响。

三、运营服务

基金运营服务是基金投资管理与市场营销工作的后台保障,通常包括基金注册登记、核算与估值、基金清算和信息披露等业务。基金运营服务在很大程度上反映了基金管理公司为投资者提供的服务的质量,对基金管理公司整个业务的发展起着重要的支持作用。

(一)基金的估值、费用与会计核算

1. 基金的估值

基金资产估值是指对基金所拥有的全部资产及所有负债按一定的原则和方法进行估算,进而确定基金资产公允价值的过程。基金资产总值是指基金全部资产的价值总和。从基金资产中扣除所有负债即是基金资产净值。基金资产净值除以基金当前的总份额,就是基金份额净值。基金份额净值是计算投资者申购基金份额、赎回资金金额的基础,也是评价基金投资业绩的基础指标之一。

基金一般都按照固定的时间间隔对基金资产进行估值,通常监管法规会规定一个最小的估值频率。对开放式基金来说,估值的时间通常与开放申购、赎回的时间一致。目前,我国开放式基金于每个交易日估值,并于次日公告基金份额净值。

如果基金只投资于交易活跃的证券,对其资产进行估值会较为容易,只需直接采用市场交易价格就可以对基金资产进行估值。但是当基金投资于流动性不好的证券时,基金资产的估值就会复杂得多,在这种情况下需要非常慎重。

为了避免基金资产估值时的价格操纵和滥估的问题,需要监管当局发布更为详细的估值规则来规范估值行为,或者由独立的第三方进行估值。另外,基金管理人也需要在基金的法定募集文件中公开披露基金采用的估值方法。

我国证券投资基金法规定,基金份额净值计价出现错误时,基金管理人应当立即纠正,并采取合理的措施防止损失进一步扩大。计价错误达到基金份额净值百分之零点五时,基金管理人应当公告,并报国务院证券监督管理机构备案。因基金份额净值计价错误造成基金份额持有人损失的,基金份额持有人有权要求基金管理人、基金托管人予以赔偿。

2. 基金的费用

基金运作过程中涉及的费用可分为两大类:一类是基金销售过程中发生的由基金投资者自己承担的费用,主要包括申购费、赎回费及基金转换费。这些费用直接从投资者申购、赎回或转换的金额中收取。另一类是基金管理过程中发生的费用,主要包括基金管理费、基金托管费、信息披露费等。这些费用由基金资产承担。对于不收取申购费(认购费)、赎回费的货币市场基金,基金管理人可以依照相关规定从基金财产中持续计提一定比例的销售服务费,专门用于本基金的销售和服务基金持有人。上述两大类费用的性质是截然不同的。第一类费用并不参与基金的会计核算,而第二类费用则需直接从基金资产中列支,其种类及计提标准一般都在基金合同及基金招募说明书中明确规定。

基金管理费率通常与基金规模成反比,与风险成正比。基金规模越大,基金管理费率越低;基金风险程度越高,基金管理费率越高。不同类别及不同国家、地区的基金,管理费率不完全相同。但从基金类型看,证券衍生工具基金管理费率最高,如认股权证基金的管理费率约为1.5%~2.5%;股票基金居中,约为1%~1.5%;债券基金约为0.5%~1.5%;货币市场基金最低,管理费率约为0.25%~1%。我国香港基金公会公布的几种基金的管理年费率为:债券基金年费率为0.5%~1.5%,股票基金年费率为1%~2%。在美国等基金业发达的国家和地区,基金的管理年费率通常为1%左右。但在一些发展中国家或地区基金管理费率则较高,如我国台湾地区的基金管理年费率一般为1.5%。有的发展中国家或地区的基金管理年费率甚至超过3%。目前,我国股票基金大部分按照1.5%的比例计提基金管理费,债券基金的管理费率一般低于1%,货币市场基金的管理费率为0.33%。

基金托管费收取的比例与基金规模、基金类型有一定关系。通常基金规模越大,基金托管费率越低。新兴市场国家和地区的托管费收取比例相对要高。国际上基金托管年费率通常为0.2%左右,美国一般为0.2%,我国大陆及台湾地区则为0.25%。目前,我国封闭式基金按照0.25%的比例计提基金托管费;开放式基金根据基金合同的规定比例计提,通常低于0.25%;股票基金的托管费率要高于债券基金及货币市场基金的托管费率。

3. 基金会计核算

基金会计核算是指收集、整理、加工有关基金投资运作的会计信息,准确记录基金资产变化情况,及时向相关各方提供财务数据以及会计报表的过程。

基金管理公司是证券投资基金会计核算的责任主体，对所管理的基金应当以每只基金为会计核算主体，独立建账、独立核算，保证不同基金在名册登记、账户设置、资金划拨、账簿记录等方面相互独立。同时，由于基金托管人对基金管理公司计算的基金资产净值以及基金业绩报告负有复核责任。因此，基金托管人也需要对所托管的证券投资基金进行会计核算，并将有关结果同基金管理公司相核对。

我国基金的会计年度为公历每年1月1日至12月31日。基金核算以人民币为记账本位币，以人民币元为记账单位。

（二）基金的信息披露

证券投资基金的一个突出特点就是透明度较高，这主要源于基金的强制信息披露制度。强制信息披露制度可以有效防止利益冲突与利益输送，有利于保护投资者利益。真实、准确、完整、及时的基金信息披露是树立整个基金行业公信力的基石。基金信息披露主要包括募集信息披露、运作信息披露和临时信息披露。基金管理人、基金托管人和其他基金信息披露义务人应当依法披露基金信息，并保证所披露信息的真实性、准确性和完整性。

基金合同、基金募集说明书和基金托管协议是基金募集期间的三大信息披露文件。公开披露的基金信息包括：① 基金招募说明书、基金合同、基金托管协议；② 基金募集情况；③ 基金份额上市交易公告书；④ 基金资产净值、基金份额净值；⑤ 基金份额申购、赎回价格；⑥ 基金财产的资产组合季度报告、财务会计报告及中期和年度基金报告；⑦ 临时报告；⑧ 基金份额持有人大会决议；⑨ 基金管理人、基金托管人的专门基金托管部门的重大人事变动；⑩ 涉及基金财产、基金管理业务、基金托管业务的诉讼或者仲裁；⑪ 国务院证券监督管理机构规定应予披露的其他信息。

我国的基金信息披露法规对重大性事件的界定比较灵活。如果预期某种信息可能对基金份额持有人权益或者基金份额的价格产生重大影响，则该信息为重大信息，相关事件为重大事件。有关信息披露义务人应当在重大事件发生之日起2日内编制临时报告书并披露。基金的重大事件包括基金份额持有人大会召开，基金合同终止，延长基金合同期限，转换基金运作方式，更换基金管理人或托管人，基金管理人的董事长、总经理及其他高级管理人员、基金经理和基金托管人的基金托管部门负责人发生变动等。

由于上市交易基金的市场价格等可能受到谣言、猜测和投机等因素的影响，为防止投资者误将这些因素视为重大信息，基金信息披露义务人还有义务发布公告对这些谣言或猜测进行澄清。在基金合同期限内，任何公共媒体中出现的或者在市场上流传的消息可能对基金份额价格或者基金投资者的申购、赎回行为产生误导性影响的，相关信息披露义务人知悉后应当立即对该消息进行公开澄清。

第三节 证券投资基金的绩效评价

基金绩效衡量是对基金经理投资能力的衡量，其目的在于将具有高超投资能力的优秀基金经理鉴别出来。基金管理公司一方面为吸引基金投资会利用其业绩表现进行市场营销,另一方面会根据绩效衡量提供的反馈机制进行投资监控,并为改进投资操作提供帮助。管理部门从保护投资者利益的角度出发也会对如何恰当地使用绩效衡量指标进行规范。所有这些方面都依赖于对基金绩效的正确衡量以及对绩效信息的恰当利用。

但是衡量基金业绩其实存在着诸多困难。首先,基金的投资表现实际受到投资技巧和运气的综合影响。其次,存在衡量绩效表现好坏的业绩比较基准的选择问题,不同的投资目标、投资限制、操作策略、资产配置、风险水平往往使基金之间的绩效不可比。最后,绩效衡量的一个隐含假设是基金本身的情况是稳定的,但实际上未必如此,市场风格的变化往往会使得之前的投资策略不再适用。

因此,尽管在衡量基金绩效的各种技术和方法层出不穷,但至今没有一个被广泛认可的方法。为了对基金绩效做出有效的衡量,必须考虑的因素有:基金的投资目标、风险水平、比较基准、时期选择,以及基金组合的稳定性等。

一、基金净值收益率的计算

计算基金净值收益率是衡量基金绩效的基础。基金净值收益率的一般计算方法有:简单收益率、时间加权收益率、算术平均收益率、几何平均收益率,以及年化收益率等。

(一) 简单(净值)收益率

简单(净值)收益率的计算不考虑分红再投资时间价值的影响,其计算公式与股票持有期收益率的计算类似:

$$R = \frac{NAV_t + D - NAV_{t-1}}{NAV_{t-1}} \times 100\% \tag{10.1}$$

其中,R 表示简单收益率,NAV_t、NAV_{t-1} 表示期末、期初的份额净值,D 表示在考察期内,每份基金的分红金额。

(二) 时间加权收益率

简单(净值)收益率由于没有考虑分红的时间价值,因此只能是一种基金收益率的近似计算。时间加权收益率由于考虑到了分红再投资,能更准确地对基金的真实投资表现做出衡量。

时间加权收益率的假设前提是红利以除息前一日的单位净值减去每份基金分红后的份额净值并立即进行了再投资。分别计算分红前后的分段收益率,时间加权收益率可由分段收益率的连乘得到:

$$\begin{aligned} R &= [(1+R_1)(1+R_2)\cdots(1+R_n) - 1] \times 100\% \\ &= \left[\frac{NAV_1}{NAV_0} \cdot \frac{NAV_2}{NAV_1 - D_1} \cdot \cdots \cdot \frac{NAV_{n-1}}{NAV_{n-2} - D_{n-2}} \cdot \frac{NAV_n}{NAV_{n-1} - D_{n-1}} - 1\right] \times 100\% \end{aligned} \tag{10.2}$$

其中,R_1 表示第一次分红之前的收益率,R_n 表示第一次分红至第 n 次分红期间的收益率,NAV_0 表示基金期初份额净值,$NAV_1,\cdots,NAV_{n-1}$ 分别表示除息前 $n-1,\cdots,1$ 日基金份额净值,NAV_n 表示期末份额净值,$D_1,D_2,\cdots,D_{n-1}$ 表示份额基金分红。

(三) 算术平均收益率与几何平均收益率

在对多期收益率的衡量与比较上，常常会用到平均收益率指标。平均收益率的计算有两种方法：算术平均收益率与几何平均收益率。

算术平均收益率的计算公式为：

$$\overline{R}_A = \frac{\sum_{t=1}^{n} R_t}{n} \times 100\% \tag{10.3}$$

几何平均收益率的计算公式为：

$$\overline{R}_G = \left(\sqrt[n]{\prod_{t=1}^{n}(1+R_t)} - 1\right) \times 100\% \tag{10.4}$$

其中，R_t 表示各期收益率，n 表示期数。

一般地，算术平均收益率要大于几何平均收益率，每期的收益率差距越大，两种平均收益率的差距越大。几何平均收益率可以准确地衡量基金表现的实际收益情况，因此，常用于对基金过去收益率的衡量。算术平均收益率一般用作对平均收益率的无偏估计，更多用来对将来收益率进行估计。1年以上的长期收益率往往需要转换为便于比较的年平均收益率。

(四) 年化收益率

有时需要将阶段收益率换算成年收益率，这就涉及年度化收益率(简称"年化收益率")的计算。年化收益率有简单年化收益率与精确年化收益率之分。

已知季度收益率，简单年化收益率的计算公式如下：

$$R_{年} = \sum_{i=1}^{4} R_i \tag{10.5}$$

已知季度收益率，精确年化收益率的计算公式为：

$$R_{年} = \prod_{i=1}^{4}(1+R_i) - 1 \tag{10.6}$$

其中，$R_{年}$ 表示年化收益率，R_i 表示季度收益率。

二、风险调整绩效衡量方法

现代投资理论的研究表明，风险的大小在决定组合的表现上具有基础性的作用，因此直接以收益率的高低进行绩效的衡量就存在很大的问题。表现好的基金可能是由于所承担的风险较高，并不表明基金经理在投资上有较高的投资技巧；而表现差的基金可能是风险较小的基金，并不必然表明基金经理的投资技巧差强人意。风险调整衡量指标的基本思路就是通过对收益加以风险调整，得到一个同时对收益与风险加以考虑的综合指标，以期能够排除风险因素对绩效评价的影响。

最为经典的三大风险调整收益衡量方法分别为特雷诺指数、夏普指数以及詹森指数。除此之外，还有一些其他的风险调整衡量方法也被普遍使用，比如信息比率、M^2 测度等。

(一) 特雷诺指数

特雷诺指数是由特雷诺(Treynor,1965)提出的,是用基金组合的贝塔系数作为系统性风险的衡量方法,特雷诺指数给出了基金份额系统性风险的超额收益率。用公式表示为:

$$T_p = \frac{\overline{R}_p - \overline{R}_f}{\beta_p} \tag{10.7}$$

其中,T_p 表示基金 P 的特雷诺指数,$\overline{R}_p$ 表示考察期内基金 P 的平均回报率,$\overline{R}_f$ 表示考察期内平均无风险收益率,β_p 表示基金 P 的系统风险。

特雷诺指数衡量的是单位系统性风险的超额收益,如果投资组合中证券的数目较多,彼此之间的非系统风险被抵消从而以系统性风险为主,此时该指标较为合适。

(二) 夏普指数

夏普指数是由诺贝尔经济学奖得主威廉·夏普于 1996 年提出的另一个风险调整衡量指标。夏普指数以标准差度量基金风险,给出了基金份额标准差的超额收益率。用公式可以表示为:

$$S_p = \frac{\overline{R}_p - \overline{R}_f}{\sigma_p} \tag{10.8}$$

其中,S_p 表示基金 P 的夏普指数,$\overline{R}_p$ 表示考察期内基金 P 的平均回报率,$\overline{R}_f$ 表示考察期内平均无风险收益率,σ_p 表示基金 P 的标准差。

分别以月度、季度计量可以得到基金的月夏普指数、季夏普指数等。为便于比较,通常情况下夏普比率以年或年化数据进行计算,这时标准差也要进行相应的年化处理:

$$\sigma_{年化} = \sigma_{周} \times \sqrt{52} = \sigma_{月} \times \sqrt{12} = \sigma_{季} \times \sqrt{4} \tag{10.9}$$

其中,$\sigma_{周}$、$\sigma_{月}$、$\sigma_{季}$ 表示周、月、季标准差。

夏普指数考虑的是总风险,当基金所投资的证券不很分散时,应该用该指标而不是特雷诺指数。当基金组合充分分散时,该指标和特雷诺指数得出的基金排序结果是一致的。

(三) 詹森指数

詹森指数是由詹森(Jensen,1968,1969)在资本资产定价模型(Capital Asset Pricing Model,CAPM)基础上发展出的一个风险调整差异衡量指标。

根据 CAPM,在证券市场线(Securities Market Line,SML)上可以构建一个与施加积极管理的基金组合的系统风险相等的、由无风险资产与市场组合组成的消极投资组合。詹森认为将管理组合的实际收益率 R_p 与具有相同风险水平的消极(虚构)投资组合的期望收益率 $E(R_p)$ 进行比较,两者之差 α_p 可以作为绩效优劣的一种衡量标准,即:

$$\alpha_p = R_p - E(R_p) \tag{10.10}$$

实际应用中,对詹森指数的最佳估计可以通过下面的回归方程进行:

$$R_{pt} - R_{ft} = \hat{\alpha}_p + \hat{\beta}_p (R_{mt} - R_{ft}) \tag{10.11}$$

其中,R_{pt} 表示投资组合收益率,R_{mt} 表示市场指数收益率,R_{ft} 表示无风险收益率,$\hat{\alpha}_p$ 表示 α_p 的最小二乘估计,$\hat{\beta}_p$ 表示 β_p 的最小二乘估计。

如果$\hat{\alpha}_p=0$,说明基金组合的收益率与处于同等风险水平的被动组合的收益率不存在显著差异,该基金的表现就被称为是中性的。只有成功地预测到市场变化或正确地选择股票,或同时具备这两种能力,施加积极管理的基金组合才会获得超过 SML 上相应组合的超常绩效表现,这时$\hat{\alpha}_p>0$。$\hat{\alpha}_p<0$则表示基金的绩效表现不尽如人意。

(四) 信息比率

信息比率(IR)以马科维茨的均异模型为基础,可以用以衡量基金的均异特征。其计算公式如下:

$$IR = \frac{\overline{D}_p}{\sigma_{D_p}} \tag{10.12}$$

其中,$D_p=R_p-R_b$,表示基金与基准组合的差异收益率即基金收益率与基准组合收益率的差值;$\overline{D}_p=\overline{R}_p-\overline{R}_b$,表示差异收益率的均值;$\sigma_{D_p}=\sqrt{\dfrac{\sum_{t=1}^{T}(D_{pt}-\overline{D}_p)^2}{T-1}}$,表示差异收益率的标准差。

基金与基准组合的差异收益率的均值,反映了基金收益率相对于基准组合收益率的表现。基金与基准组合之间的差异收益率的标准差,通常被称为"跟踪误差"(Tracking Error),反映了积极管理的风险。信息比率越大,说明基金经理单位跟踪误差所获得的超额收益越高。因此,信息比率较大的基金表现要好于信息比率较低的基金。

(五) M^2 测度

尽管可以根据夏普指数的大小对组合绩效表现的优劣加以排序,但夏普指数本身的数值却难以解释。为此,诺贝尔经济学奖获得者 France Modigliani 与其孙女 Leah Modigliani(1997)提出了一个赋予夏普比率以数值化解释的指标,即M^2测度的指标(见图 10-2):

$$M^2 = \overline{R}_{p^*} - \overline{R}_M = S_p\sigma_M + R_f - \overline{R}_M = \frac{\sigma_M}{\sigma_p}(\overline{R}_p - R_f) - \overline{R}_M + R_f \tag{10.13}$$

其中,M^2表示测度指标,$\overline{R}_p$、$\overline{R}_{p^*}$表示基金 P 在σ_p与σ_M水平下的平均收益率,$\overline{R}_M$表示市场组合 M 的平均收益率,S_p表示基金 P 的夏普指数,σ_p、σ_M表示基金 P 和市场组合 M 的标准差,R_f表示无风险收益率。

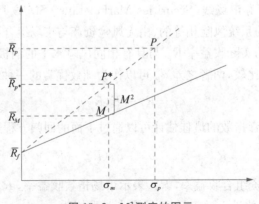

图 10-2 M^2测度的图示

这一方法的基本思想就是通过无风险利率下的借贷,将被评价组合(基金)的标准差调整到与基准指数相同的水平,进而对基金相对基准指数的表现做出考察。由于 M^2 测度实际上表现为两个收益率之差,因此比夏普指数更容易为人们所理解与接受。不过,M^2 测度与夏普指数对基金绩效表现的排序是一致的。

> **案例分析**
>
> **交易型开放式指数证券投资基金(ETF)是否加剧了市场波动?**
>
> 2019年,因在次贷危机前做空CDO(担保债务凭证)而一举成名的对冲基金经理Michael Burry,提出了对下次危机的预测:交易型开放式指数证券投资基金(Exchange Traded Fund,ETF)作为被动投资的不断积累的泡沫,有可能像2008年的CDO那样引发股市崩盘。他的理由有以下两点:一是由于被动投资策略并不需要进行安全级别的投资分析,因而ETF的持续增长扭曲了股票与债券市场的价格发现功能。二是ETF投资量超过了市场流动性需求。比如标准普尔500指数的成分股中,有266只股票的日交易额小于1.5亿美元,而全球与之挂钩的资产多达数万亿美元,一旦出现任何恐慌情绪,都会导致ETF的挤兑,从而引发整个市场的崩溃。
>
> 对ETF的批判从2008年金融危机时就已经出现,2019年Michael Burry提出ETF崩盘论之后,尤其是2020年3月美股的暴跌,再一次引发了中国投资者对ETF的争论。支持者认为,投资者对ETF的盲目追捧,叠加指数基金的因子同质化问题,导致股市被注入天价流动性,加剧了市场波动。典型例子就是科技股。数据显示,2020年A股半导体平均市盈率由年初的95.49增长至峰值144.1,尽管受疫情影响有所下降,但截至4月30日平均市盈率仍然达95.47。这个过程中,半导体板块基本面并没有与之匹配的增长,而科技ETF的总规模快速从266.8亿元增至1 216.02亿元,短短一个季度暴增了949.22亿元。
>
> 反对者则认为,Michael Burry所提出的两条论证是不成立的。首先,ETF也具有一定的定价能力。一方面,投资者会基于一篮子股票的估值等信息来决定是否投资ETF或者选择不同的ETF进行主动资产配置;另一方面,指数增强ETF、智能贝塔(Smart Beta)ETF等产品在被动投资基础上引入了主动管理策略,产品本身具有一定的定价能力。其次,CDO的问题主要在于经过层层包装,提高了底层垃圾债券的信用评级,使得投资者无法准确识别CDO风险。而ETF的底层资产(股票)透明,成分股权重公开,同时有众多分析师跟踪研究这些股票,也不存在信用提升和杠杆交易的问题,容易进行风险识别与管理。再次,尽管ETF发展迅速,但对于整个市场而言规模仍然较小。截至2019年年底,美国股票ETF规模2.58万亿美元,占股票市值比重15%。同期,我国股票ETF规模5 218亿元,占A股市值的比重仅为1.5%。这样的比例很难成为ETF影响了市场波动的证据。此外,相对于整个资产管理市场而言,ETF对市场的影响力远不如主动管理基金,ETF的投资更分散,集中度更低,对个股的影响力也很有限。
>
> 从实际情况看,ETF不仅不会助涨助跌,反而有助于平抑市场波动,对市场稳定构成有力支撑。首先,投资者买入ETF后,就不需要频繁地买卖成分股票,从而分流部

分高波动股票的交易资金,减少市场整体的暴涨暴跌。其次,由于ETF特殊的实物申赎机制,无论先后,赎回的都是股票,使得投资者更少受到恐慌情绪的影响,减少基金市场的"挤兑"行为。最后,出于分散风险和平衡投资组合的考虑,在市场整体下调时,投资机构和个人投资者反而会更倾向于加仓ETF。2020年3月,标普500指数下跌16%,但同期美国所有股票型ETF的份额数量却增加了1.13亿份。这表明股票型ETF在市场下跌的过程中逆市吸引资金净流入,对市场起到了一定的支撑作用。

本质上讲,ETF与一般的股票没有区别,只是标的资产为一篮子股票而已。如果说ETF出现了泡沫,那意味着ETF所跟踪的指数出现了泡沫。总而言之,ETF的价格波动是市场波动的结果,而不是成因。

小 结

1. 证券投资基金是一种实行组合投资、专业管理、利益共享、风险共担的集合投资方式。基金投资者、基金管理人和基金托管人是基金运作的主要当事人。
2. 根据法律形式不同,基金可分为契约型基金和公司型基金;根据运作方式不同可分为开放式基金和封闭式基金;按照投资对象不同可以分为货币、股票、债券、混合基金。此外,还有其他分类如ETF、LOF、QDII和FOF基金等。
3. 证券投资基金的业务可以分为基金的募集、基金的投资管理、基金的运营服务等。其中基金的投资管理为核心。
4. 基金的绩效评价需要考虑多种因素,常用的风险调整绩效指标有:特雷诺指数、詹森指数、夏普指数、信息比率以及M^2测度等。

习 题

1. 证券投资基金和私募股权投资基金的区别是什么?
2. 证券投资基金涉及哪些主体?他们的义务分别是什么?
3. ETF与LOF有哪些不同?
4. 目前我国哪种类型的证券投资基金最多?造成这种现象的原因是什么?未来会如何发展?
5. 基金的绩效评价方法主要有哪些?

第十一章

证券投资咨询业务

> **教学目的与要求**
>
> 证券投资咨询业务有助于提升投资银行市场竞争力,引导投资者理性投资。通过本章学习,对证券投资咨询业务的含义及证券投资咨询人员的分类有基本认识,了解证券投资咨询的功能,掌握证券投资咨询业务的功能,了解我国证券投资咨询业务盈利模式和竞争格局。

第一节 证券投资咨询概述

一、证券投资咨询的含义

证券投资咨询业务是指从事证券、期货投资咨询业务的机构及其投资咨询人员为客户提供证券、期货投资分析、预测或者建议等直接或者间接有偿咨询服务。其形式包括:接受投资人或者客户委托,提供证券、期货投资咨询服务;举办有关证券、期货投资咨询的讲座、报告会、分析会等;在报刊上发表证券、期货投资咨询的文章、评论、报告,以及通过电台、电视台等公众传播媒体提供证券、期货投资咨询服务;通过电话、传真、电脑网络等电信设备系统,提供证券、期货投资咨询服务;中国证券监督管理委员会认定的其他形式。

二、证券投资咨询人员的分类

根据从业资格的不同,证券投资咨询人员可分为证券分析师及投资顾问。从事证券、期货投资咨询业务的人员,需取得中国证监会的业务许可,且证券分析师不能够同时注册为证券投资顾问。此外,注册成为证券分析师或投资顾问需有一定的从业经验。

证券分析师主要面向基金公司、保险等机构投资者,为其提供专业研究服务。分析师工作内容主要为出具研究报告并向客户提供研究成果,出具研究报告指分析师对证券及证券相关产品的价值、市场走势或者相关影响因素进行分析,形成证券估值、投资评级等投资分析意见,撰写证券研究报告,并向客户发布。证券研究报告包括涉及证券及证券相关产品的价值分析报告、行业研究报告、投资策略报告等。此外,证券分析师也可为上市公司提供咨询服务,协助其进行战略规划、业务流程优化等。

证券投资顾问一般是针对证券公司下辖营业部设置的岗位，主要面向个人投资者。证券投资顾问主要工作为向客户提供涉及证券及证券相关产品的投资建议服务，并辅助客户做出投资决策。投资建议服务包括投资的品种选择、投资组合的设置以及理财规划等。

三、证券投资咨询的风险管理

证券公司、证券投资咨询机构发布证券研究报告，应当遵循独立、客观、公平、审慎的原则，加强合规管理，提升研究质量和专业服务水平。证券分析师也应当遵循独立、客观、公平、审慎、专业、诚信的执业原则。证券业协会所发布的《发布证券研究报告执业规范》（2020年修订）、《证券分析师执业行为准则》（2020年修订）、《证券公司信息隔离墙制度指引》（2019年修订）等，对投资咨询业务的信息来源、研究过程、研究成果传播、信息隔离等环节的执业规范做出规定。

（一）信息来源

（1）证券分析师制作发布证券研究报告，应当自觉使用合法合规信息，不得以任何形式使用或泄露国家保密信息、上市公司内幕信息以及未公开重大信息，不得编造并传播虚假、不实、误导性信息。

（2）证券分析师可使用的合规信息包括：

① 政府部门、行业协会、证券交易所等机构发布的政策、市场、行业以及企业相关信息；

② 上市公司按照法定信息披露义务通过指定媒体公开披露的信息；

③ 上市公司及其子公司通过公司网站、新闻媒体等公开渠道发布的信息，以及上市公司通过股东大会、新闻发布会、产品推介会等非正式公告方式发布的信息；

④ 经营机构通过上市公司调研或者市场调查，从上市公司及其子公司、供应商、经销商等处获取的信息，但内幕信息和未公开重大信息除外；

⑤ 经营机构从信息服务机构等第三方合法取得的市场、行业及企业相关信息；

⑥ 经公众媒体报道的上市公司及其子公司的其他相关信息；

⑦ 其他合法合规信息来源。

（3）证券分析师应当充分尊重知识产权，不得抄袭他人著作、论文或其他证券分析师的研究成果，在证券研究报告中引用他人著作、论文或研究成果时，应当加以注明。

（二）研究过程

在研究过程中，证券分析师应当保持客观独立性。一方面，证券分析师应当通过严谨的研究方法、严密的分析逻辑得出研究结论。另一方面，证券分析师的研究观点不应受到利益相关者的影响。

证券分析师制作发布证券研究报告，应当基于认真审慎的工作态度、专业严谨的研究方法与分析逻辑得出研究结论。证券研究报告的分析与结论应当保持逻辑一致性。证券分析师制作发布证券研究报告、提供相关服务，不得用以往推荐具体证券的表现佐证未来预测的准确性，也不得对具体的研究观点或结论进行保证或夸大；应当向客户进行必要的风险提示。

为确保研究报告质量，经营机构应当建立发布证券研究报告工作底稿制度。工作底稿包括必要的信息资料、调研纪要、分析模型等内容，纳入发布证券研究报告相关业务档案予以保存和管理。同时，经营机构应当建立健全证券研究报告发布前的质量控制机制，细化质量控制的目标、程序和岗位职责，建立清晰的质量审核清单和工作底稿，列明审核工作应当涵盖的内容。通过合理的流程安排避免审核工作流于形式,并确保审核意见得到回应和有效落实。证券研究报告应当由登记为证券分析师的专职质量审核人员进行质量审核;证券分析师数量少于10人的可以由署名证券分析师之外的证券分析师进行质量审核。质量审核应当严格按照公司规定的标准进行认真审查,涵盖信息处理、分析逻辑、研究结论等内容,重点关注研究方法和研究结论的专业性和审慎性。

证券分析师应当始终公正客观地进行数据分析与观点阐述,不应因为所在公司的其他部门、证券发行人、上市公司、基金管理公司、资产管理公司等利益相关者的不当要求而放弃自己的独立立场。在公司内部,制作发布证券研究报告的相关人员应当独立于证券研究报告相关销售服务人员;销售服务人员不得在证券研究报告发布前干涉和影响证券研究报告的制作过程、研究观点和发布时间。证券分析师在执业过程中,应按照《证券期货经营机构及工作人员廉洁从业规定》等要求公平竞争,合规展业,不得向上市公司、证券发行人、基金管理公司、资产管理公司以及其他利益相关者提供、索要或接受礼金、礼品、旅游、红包、娱乐健身等利益,或者以其他变通的方式进行利益输送。

此外,证券分析师在执业过程中遇到自身利益与公司利益、客户利益存在冲突时,应当主动向公司报告。证券分析师的配偶、子女、父母担任其所研究覆盖的上市公司的董事、监事、高级管理人员的,证券分析师应当按照公司的规定进行执业回避或者在证券研究报告中对上述事实进行披露。经营机构应当明确要求证券分析师不得在公司内部部门或外部机构兼任有损其独立性与客观性的其他职务,包括担任上市公司的独立董事。

(三)成果传播

在研究成果的传播方面,证券分析师不得提前泄露报告内容,且应当注重报告表述的准确性,在同业竞争中注重公平。

证券分析师应当恪守诚信原则,其研究结论应当是证券分析师真实意思的表达,不得在提供投资分析意见时违背自身真实意思误导投资者。证券分析师通过广播、电视、网络、报刊等公众媒体以及报告会、交流会等形式,发表涉及具体证券的评论意见,应当严格执行证券信息传播及中国证监会的相关规定,准确地表述自己的研究观点,不得与其所在公司已发布证券研究报告的最新意见和建议相矛盾,也不得就所在研究机构未覆盖的公司发表证券估值或投资评级意见。

证券分析师应当通过公司规定的系统平台发布证券研究报告,不得通过短信、个人邮件等方式向特定客户、公司内部部门提供或泄露尚未发布的证券研究报告内容和观点,不得通过论坛、博客、微博等互联网平台对外提供或泄露尚未发布的证券研究报告内容和观点。

证券分析师参加媒体组织的研究评价活动,应当经所在公司同意,秉承公平竞争的原则,不得以不正当手段争取较高的研究评价结果。证券分析师应当相互尊重,共同维护行业声誉,不得在公众场合及媒体上发表贬低、损害同行声誉的言论,不得以不正当手段与同行竞争。经营机构应当综合考虑合规情况、研究质量、客户评价、工作量等多种因素,设立发布证券研究报告相关人员的考核激励标准。外部评选结果仅作为对分析师个人社会评价的参考,不得作为证券分析师薪酬激励的依据。

(四)隔离制度

保密侧业务是指证券公司基于业务需要可以或应当接触和获取内幕信息的证券承销

与保荐及与证券交易、证券投资活动有关的财务顾问等业务。经营机构发布证券研究报告,应当建立健全信息隔离墙制度,并遵循下列静默期安排:

① 担任发行人股票首次公开发行的保荐机构、主承销商,自确定并公告发行价格之日起 40 日内,不得发布与该发行人有关的证券研究报告;

② 担任上市公司股票增发、配股、发行可转换公司债券等再融资项目的保荐机构、主承销商或者财务顾问,自确定并公告公开发行价格之日起 10 日内,不得发布与该上市公司有关的证券研究报告;

③ 担任上市公司并购重组财务顾问,在经营机构的合规部门将该上市公司列入相关限制名单期间,证券分析师应当按照合规管理要求限制发布与该上市公司有关的证券研究报告。

证券分析师薪酬激励应当独立于公司保密侧业务的开展。证券公司对研究部门及其研究人员的绩效考评和激励措施,不应与保密侧业务部门的业绩挂钩。保密侧业务部门及其分管负责人也不应参与对研究人员的考评。证券分析师跨越信息隔离墙参与公司承销保荐、财务顾问业务等项目的,其个人薪酬不得与相关项目的业务收入直接挂钩。

证券公司应当对尚未公开发布的证券研究报告采取保密措施。除下列情形外,证券公司不得允许任何人在报告发布前接触报告或对报告内容产生影响:① 公司内部有关工作人员对报告进行质量管理、合规审查和按照正常业务流程参与报告制作发布的;② 研究对象和公司保密侧业务工作人员为核实事实而仅接触报告草稿有关内容的。证券公司不应在报告发布前向研究对象和公司保密侧业务部门提供研究摘要、投资评级或目标价格等内容。

第二节 证券投资咨询的功能与评价

一、证券投资咨询的功能

(一)证券投资咨询的理论基础

证券投资咨询业务的兴起和发展源于有效市场假设理论。在市场有效性层面,尤金·法玛所提出的有效市场假设中,将市场的有效性分为强有效市场假设、半强有效市场假设以及弱有效市场假设。虽然人们对现实资本市场的弱有效假设和半强有效假设尚存在争议,但在学界内对现实资本市场没有实现强有效假设这一观点已经基本达成一致,即投资者可以借助私有信息获得超额利润。因此证券投资咨询的作用在于:一方面,运用其专业能力对公开信息进行分析,包括对宏观、行业、公司的现状剖析和预期判断;另一方面,借助其渠道优势对私有信息进行搜集,包括利用与上市公司的关系获取尚未公开或小范围公开的信息,并通过向投资者提供投资咨询业务的方式将这部分私有信息转为公开信息,在资本市场内将定价功能和价格机制调整至半强有效状态。在投资者行为层面,投资者在依次弱化的有效市场假设中分为三类:第一类是理性的投资者,可以准确对资产价值定价,并不会对定价机制产生影响;第二类是随机交易的非理性投资者,由于交易的随机性从而可以抵消其对资产价值的影响;第三类是非随机交易的非理性投资者,由于存在理性交易者的套利行为,也能消除资产价值的偏离。在现实资本市场中,从事证券、期货投资咨询业务的机构及其投资咨询人员向投资者传递资产价值偏离的信息,最大程度减少投资者信息搜集成本,市场在套利竞争的机制下不会出现过分异常的价值偏离。

因此,证券投资咨询在资本市场中起到关键作用。完善的定价机制是资本市场有效运作的基础,机构和专业人员通过其信息搜集渠道和处理分析能力,向投资者提供反映资产实际内在价值的信息,促使市场均衡价格的实现。

(二)证券投资咨询的功能

证券分析师是上市公司与投资者之间的桥梁,他们利用专业知识与信息收集加工的相对优势,向市场参与者提供反映证券内在价值的信息,从而降低资本市场的信息不对称程度。具体而言,证券投资咨询服务的功能可体现在以下方面。

(1)提高市场效率。证券公司投资咨询服务部门通过专业手段,搜集、整理、分析和传播信息。其信息源一方面为公开信息,包括上市公司定期披露的财务报告、行业新闻、金融数据库等;另一方面为其独家信息源,包括与上市公司员工的沟通交流,上市公司供应商、经销商的独家访谈等。证券分析师对上述信息进行综合的梳理,并通过严密的逻辑将其转化为盈利预测、投资评级、目标价格等,在此基础上向客户提出投资建议,可以有效地增强投资者的参与积极性,并提高市场资源配置的效率,使得证券的市场价格能够更高效地反映证券相关信息。

(2)提高上市公司的质量。上市公司的质量是证券市场稳健发展的保证,证券公司通过向上市公司提供证券投资咨询服务,能够帮助企业提高资金的使用效率,增强其竞争力,推动上市公司质量的提高。

(3)提高证券公司的市场竞争力。证券公司通过提供高质量的咨询服务,既能扩大收入来源,又能够发展并巩固与客户的关系,创立专业的品牌形象,为进一步开拓创新业务打下基础,从而提高其市场的竞争力。

(4)引导投资者理性投资。一般而言,中小投资者缺乏证券投资所需要的理论知识和经验,其时间、精力、财力和能力均有限,难以亲自搜集、处理和分析信息,而证券公司通过开展咨询服务,可提高其投资水平,引导其理性投资。

实际上,证券分析师是否能够较为准确地预测股价涨跌,一直以来有较大的争议。而通过分析证券分析师对股票的评级及报告发布后股价的涨跌,可以大致判断证券分析师预测观点的准确性。

二、证券投资咨询的评价

(一)研究报告的准确性

我们选取2013—2017年(包含一个完整的牛熊市)内发布的个股研究报告进行数据回溯。由于各家证券公司对股票评级的标准存在一定的区别,为统一统计口径,可将证券公司的评级转化为四个等级,转化方法如表11-1所示。

表11-1 证券公司评级对应标准

评级	标准
减持、落后大盘、卖出	跌5%及以上
持有、观望、中性、同步大市	跌5%~涨5%
谨慎推荐、谨慎增持、推荐、增持、审慎推荐	涨5%~15%
强烈推荐、买入	涨15%以上

在准确率的判断方面,选取个股在报告完成六个月内的区间最高价与股票在报告发布日的价格进行实际涨跌幅的计算,并将证券评级所对应的标准与股价实际的涨跌幅进行对比。若计算的股价涨跌幅落在研究报告所预测的股价区间内,则算作预测正确,否则算作预测不正确。

在剔除无效数据后,共得到来自75家券商、2 119位研究员的85 902份个股研究报告,共覆盖3 096家上市公司。从研究报告的评级来看,"审慎推荐"及"强烈推荐"的报告占研究报告总数的97%以上,绝大多数研究报告对公司股票作出了相当正面的评价(见图11-1)。

图11-1 2013—2017年不同推荐等级个股研报数量

(资料来源:Wind)

而从研究报告的准确性来说,判断正确的共有18 123份,总体正确率仅为21%。若放宽要求,将6个月内研究报告预测方向正确即算作正确,则在全部83 593次正向预测中,有42 527次的结果为负收益,正确率约为49%。"强烈推荐"的48 712次预测中,有25 330次实际结果为下跌,占比52%。"审慎推荐"的34 881次预测中,有17 197次实际结果呈下跌趋势,占比49.30%(见图11-2)。在"持有"和"减持"的预测中,涨跌占比则为五五开。

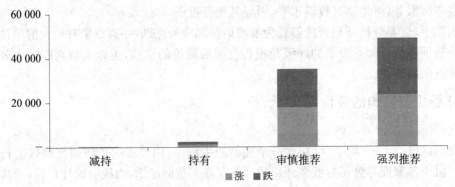

图11-2 2013—2017年不同推荐等级个股涨跌情况

(资料来源:Wind)

从统计结果可见,整体而言,证券分析师的预测准确度并不高。预测股票价格本身是一件难度相当大的事情。一方面,如果证券研究员对未来股票基本面的分析出现偏差,在预测股票未来盈利时采取了错误的假设,对股价的预测自然难以准确;另一方面,我国股市呈现出较强的股价同步性,个股涨跌幅与大盘涨跌关系紧密,而当市场处于恐慌状态之中时,股票不论基本面好坏一律遭到抛售,则即使证券分析师对股票基本面有良好的把握,若不能对股市整体有准确的判断,也难以提出有效的投资建议。此外,证券分析师提供服务的质量还受到与上市公司、与客户之间利益关系的限制,这也有可能导致证券分析师在报告中所提供的投资建议并不准确。

(二)研究报告系统性偏差的原因

对于分析师在进行预测评级时存在系统性的正偏向,可以从认知能力层面和经济动机层面进行解释。在认知能力的层面,证券分析师并不是完全理性的行为人,在进行决策时往往会出现认知和行为偏差,对于不同类型的信息也具有不同反应。在经济动机层面,证券分析师通常会面对各种各样的利益冲突。在我国的资本市场机制下,关联客户和合作机构的压力会干扰分析师在预测行为过程中的客观性和独立性。对于买方机构,承销收入和经济业务是各大券商重要的利润来源,分析师会出现明显的"托市行为";对于卖方机构,交易数量是其利益激励的重要指标,分析师可能会向市场发布具有一定程度误导性的报告。因此,分析师在决策时往往会缺乏客观性和独立性,从而导致其预测行为出现系统性偏差,且这一误差持续存在。

对于投资者而言,一方面证券分析师能够提供丰富的信息与严谨的分析逻辑,投资者可以在一定程度上参考分析师所提供的投资建议;但另一方面,分析师提供服务的质量受信息来源、市场环境、利益关系等因素的限制,其有效性会存在一定的偏差。因此投资者应该谨慎的对待分析师的分析服务,投资决策应基于全面的分析和考察,不应盲目相信分析师的结论。投资者只有在独立思考的基础上才能最大限度地使证券研究报告对其投资产生有益的参考和指导作用,在关注分析师对证券评级的同时,必须高度重视报告的依据、假设和逻辑推理过程,并注意报告发布时点的市场环境与目前是否有明显差别。此外,还应该关注分析师的研究风格、从业经验和后续的跟踪报告。

首先,投资者必须高度关注证券研究报告的依据、假设条件和推理过程,了解证券研究报告的撰写过程。一般情况下,分析师在撰写深度研究报告之前,先要通过各种途径收集基础材料,例如公开信息、调研材料和统计数据等。分析师在这些原始资料的基础上进行数据加工和处理,建立分析模型,提出各种假设条件,并通过分析模型最终得出分析结论(例如买入卖出评级、目标价格等)。由此可见,分析结论正确的前提是报告的依据、假设条件和建立的模型均须符合或非常接近实际情况。因此,投资者在关注研究报告的结论时,必须更加关注报告依据的原始资料是否翔实、可靠,假设条件和逻辑推理过程是否合理。而目标价格受市场环境制约的因素更多,只具备参考意义,不可盲目迷信。

其次,投资者须关注报告发布时点的市场环境与目前的市场环境有何异同,尤其在市场波动较为剧烈时更应如此。分析师对证券走势的判断源于自身的专业理解,但不可能穷尽市场的变化。如果市场环境(例如整体估值水平、政策和一些突发事件等)出现了与报告预期不一致的巨大变化,那么证券研究报告原来的依据和假设均有可能不复存在。在这样的情况下直接利用原有的结论进行投资必然会出现重大失误。

再次,投资者应关注证券研究报告的连续性与完整性。证券研究报告的研究标的始终是变化的,证券研究机构会根据市场的变化不断推出新的研究成果。对一些重点推荐或跟踪的证券,分析师都会不断发布新的跟踪报告,投资者应持续跟进这些新的报告,了解分析师最新的观点变化。

此外，投资者应对分析师的特点和从业经历有所了解。有些行业分析师具有非常好的行业背景，但股票市场的经验偏少，这类分析师往往能够提供较为丰富的行业信息，但可能对股价走势的把握较弱。普通投资者在阅读此类分析师的研究报告时应更加关注其对行业与上市公司基本面的分析。不同的机构、不同的分析师掌握证券评级的尺度往往有所差别，投资者了解这种差别可以对研究报告有更全面的理解。

第三节　我国证券投资咨询的盈利模式

证券投资咨询业务经历了从低层次的"股评"时代到专业的投资顾问时代，正在向"卖方研究"时代转型；经历了从对内服务的非商业研究，到对外部机构服务的商业研究的转变，日益成为券商吸引客户、开拓业务、增强核心竞争力的重要因素，发展成为中国证券市场不可或缺的一部分。

证券分析师以其专业知识与技能为投资者提供投资咨询服务，在证券市场透明度的提升、价值投资理念的形成、资本市场稳健发展等方面发挥越来越大的作用。而随着证券分析师人数迅速扩大，证券投资咨询行业竞争相当激烈，从业人员应注重提升研究质量、增强研究的差异性，以强化自身竞争力。

一、盈利模式

证券公司研究业务盈利模式包括佣金分仓与独立付费。佣金分仓指机构投资者根据证券分析师所提供的研究服务质量打分，再根据某一证券公司的综合评分决定其交易佣金在各家证券公司之间的分配，即"研究换佣金"的盈利模式。独立付费则指证券分析师接受客户委托，以定制的形式为其提供咨询服务。

目前，我国证券公司研究部门以佣金分仓为主要收入来源，根据证业业协会的统计，2018年我国证券公司获取的总佣金分仓约为71.66亿元，而证券咨询业务收入约为31.52亿元。从佣金分仓收入与证券咨询业务收入比值来看，尽管分仓佣金收入由于市场原因波动较大，但始终保持在证券咨询业务收入的1.5倍以上（见图11-3）。

图11-3　我国证券公司佣金分仓收入与咨询业务收入对比

(资料来源：Wind)

随着公募基金2019年年报披露完毕,券商研究佣金排名也浮出水面。中信证券以5.18亿元的收入重回第一,中信建投排名大幅跃升,冲进前三(见表11-2)。令人意外的是,天风证券跌出了前十,国盛证券则排名16,相较去年进步了15名。

表11-2 2019年我国证券公司研究所佣金分仓收入排名

序号	公司名称	研究所佣金分仓收入(万元)	序号	公司名称	研究所佣金分仓收入(万元)
1	中信证券	51 767	6	光大证券	31 290
2	长江证券	40 077	7	国泰君安	31 252
3	中信建投	34 780	8	海通证券	30 002
4	招商证券	33 585	9	申万宏源	29 640
5	广发证券	32 471	10	中泰证券	29 106

资料来源:Wind。

二、佣金分仓

证券研究业务可增强公司在交易佣金竞争方面的实力,明星分析师的加盟更可提升公司声誉。因此诸多证券公司近年来大量招聘新人分析师或以重金挖角明星分析师,以此大力发展证券研究业务,加剧了证券投资咨询业务的行业竞争。对证券公司而言,这意味着获取分仓佣金的难度加大;对于分析师个人而言,提出创新观点、树立自身影响力成为难题。

(一)证券分析师行业扩容,从业人数迅速增加

2011年登记注册的证券分析师人数为1 958人,至2018年已增加至3 093人。考虑到证券分析师入行后需有一定从业年限方能登记注册成为执业人员,实际从业人员数量更高于登记注册人数。值得注意的是,2015年牛市期间,注册证券分析师人数不增反减,这主要是由于牛市期间诸多从业多年的证券分析师转行投身于买方业务,例如证券公司的自营部门或者基金、保险公司的投资岗位,造成注册证券分析师人数表面上的下降。同时证券分析师行业又在不断吸收新鲜血液,年轻化成为注册分析师行业的一大特征。至2018年注册分析师数量再次大幅增加,总人数创出新高(见图11-4)。

图11-4 我国注册证券分析师人数

(资料来源:Wind)

(二) 研究报告数量巨大,投资建议乐观

现有证券分析师对上市公司形成了较高覆盖率。证券分析师的研究成果既包括日报、周报、月报、上市公司财务报告点评等定期报告,也包括针对某一行业、某一公司的深度报告,相对于定期报告,深度报告内容更为丰富、全面,能够详细阐述公司或行业当前的投资价值。就研究报告的数量而言,2018年我国证券公司研究报告数量达18.03万篇(见图11-5)。研究力量迅速扩大但优质的投资标的有限,导致研究方法、研究观点同质性较强,机构客户也难有足够的时间阅读所有的研究报告。对于证券分析师个人而言,提出创新观点、提升个人影响力难度加大。

图11-5 我国证券公司研究报告数(万份)

(资料来源:Wind)

由于商业模式与市场机制所限,证券分析师在出具研究投资建议时大多较为乐观。证券分析师作为上市公司与投资者之间的桥梁,需要与双方建立良好的沟通渠道,才能及时获取并传达有价值的投资信息。如果证券分析师对某一家公司出具较为悲观的投资建议,很有可能会导致在后期难以与上市公司沟通。而证券分析师如果在公司调研、邀请上市公司高管反向路演上受到重重阻碍,则有可能丧失机构投资者的关注与支持。同时,我国A股市场并无做空机制,使得证券分析师即使出具看空投资建议,实际上也难以实行。2019年A股证券研究报告买入评级达51%,增持评级占37%、维持评级为7%,中性评级为4%,减持和卖出占比分别为0.7%、0.1%。而港股、美股研究报告买入评级分别仅占16%、3%,中性及以下评级分别占比12%、26%(见图11-6)。

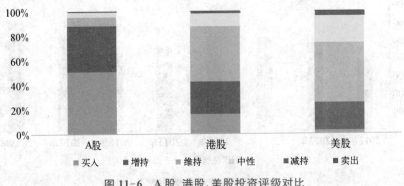

图11-6 A股、港股、美股投资评级对比

(资料来源:Wind)

在研究方式方面,我国证券分析师热衷于覆盖市值弹性较大的小盘股,且高度重视消息面的变化。一方面,A股市场投资者主要是散户,而散户往往缺少专业的投资知识,其投资行为呈现出较为明显的投机倾向。另一方面,由于大多数购买基金的投资者也关注短期收益,且基金经理所获得的激励与其管理基金的相对排名挂钩,大多数基金经理将关注点放在如何先人一步发现具备中短期上涨潜力的板块与个股上,同时为避免与其他投资者有较大分歧而形成风险敞口,往往会投资已被一致看好的股票,形成明显的羊群效应。这导致我国股票市场中股票价值与价格偏离的现象大量存在,业绩较差但有概念可炒作的股票也有可能出现暴涨。服务于机构投资者的证券分析师往往也受此驱动,更倾向于寻找易于炒作、在短期内有大幅上涨潜力的股票。2019年我国分析师覆盖股票数达覆盖A股上市公司总数的50.76%,但覆盖股票市值占A股总市值比重仅为87.45%,对比来看,美股股票数覆盖率约为48.19%,而覆盖股票市值占比达83.01%,港股股票数覆盖率仅为39.02%,而覆盖股票市值占比为57.77%(见图11-7)。

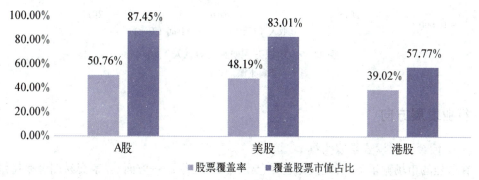

图11-7　A股、港股、美股股票覆盖率与覆盖股票市值占比对比

(资料来源:Wind)

(三) 佣金分仓集中度下滑,成本居高不下

从佣金分仓来看,由于越来越多证券公司大力发展研究业务,证券公司佣金分仓集中度逐步下滑。明星分析师拥有相当的影响力,其一言一行不仅决定资金的流向,同时能够获取大量的市场注意力。对于中小型券商而言,直接雇佣明星分析师能够获取大量的佣金分仓并迅速打响公司的名声,因此重金挖角明星分析师成为常态。例如天风证券通过"高薪+股权"的方式吸引了大量明星分析师加盟,迅速扩充了自身的研究力量,其2016年总佣金仅为6 100万元,而2017年总佣金激增至3.1亿元。2013年我国证券公司佣金分仓前五位占总佣金比重为24.5%,前十位占比为44.1%,至2017年前五位占比下降至23.5%、前十位占比下降至42.6%(见图11-8)。

佣金分仓的激烈竞争与分析师高昂的雇佣成本,导致大多证券公司研究所难以直接盈利。以申银万国研究所为例,其2017年总收入2.59亿元,净利润仅为938.87元,2016年收入3.09亿元,而亏损额达2 202.42万元(见图11-9)。

图 11-8　我国证券公司佣金分仓集中度

（资料来源：Wind）

图 11-9　申银万国研究所收入及利润

（资料来源：Wind）

三、行业发展方向

（一）佣金分仓模式难以为继

在激烈的市场竞争下，研究换佣金分仓模式难以为继。一方面，股票交易佣金率持续下滑，证券公司经纪业务同质性强、切换成本低，近年来受证券公司设立营业部主体资质的放开、网上开户政策、一人多户政策和互联网金融的影响，行业竞争日益激烈，目前我国股票交易平均佣金率已下降至0.03％。另一方面，在市场逐步走向机构化的过程中，长线资金将会增加，投资换手率降低，导致佣金总量减少（见图11-10）。证券公司研究业务需走高质量、差异化路线，注重开发新客户的机遇，更多发挥与其他业务的协同效应，以此创造更大的价值。

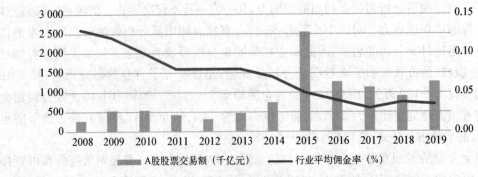

图 11-10　A股股票总交易额及行业平均佣金率

（资料来源：Wind）

（二）研究报告的整体质量有待提高

目前，大量研究报告存在研究重点不突出、同质性较强的问题，研究报告的整体质量有待提高。大部分定期任务导向的浅阅读报告，例如日报、周报、月报等，其中数据和信息罗列的成分过高，并不能吸引客户的注意力，反而会显得整个团队的研究庞杂无重点。而就深度研究而言，大多数研究报告利用相似的框架与方法进行行业与公司研究，存在同质性较强、重复度较高的问题。在可预期的将来，这类浅层的资料搜集加工工作有可能会被机器程序代替，而重复性的深度报告也难以为客户所认可。研究人员需减少此类无效的、价值较低的研究与服务，将时间与精力更多地分配到有价值的深度研究上，并根据客户的需求和特点提供服务，从而提升研究与服务的效率。

研究报告的质量是取信于客户、立足于市场的核心，对高质量、有深度的研究报告的需求将持续存在，未来卖方研究必须要提供有专业深度、有差异化、有增量信息的研究产品。一方面，研究人员应当突破现有的研究思路与框架，从不同的研究角度来论证其结论，提升研究报告的差异性，使得自身的研究报告能够贡献额外的价值。另一方面，研究人员可以加强全产业链研究、接纳和鼓励独特多样视角等，建立特色研究框架和体系，或是开拓新的研究项目和领域。例如研究人员可配合证券公司国际化战略需要，加强海外路演和对海外上市公司的研究。目前部分研究所已开始尝试将原本分散的行业研究小组按照上下游联动、产业链划分为研究大组，加强跨行业研究。这一举措可加强上中下游产业链研究，深入行业、企业层面，加大对本行业龙头公司的研究深度。同时，按产业链划分研究大组还可以让强势行业带动弱势行业，并充分发挥成熟分析师的作用，更好地开展业务指导和培训工作。在此基础上，研究所可针对客户、市场最为关注的重大、热点问题，集中力量进行课题研究，形成系列深度研究成果，并加强与产业基金等投资方的深度合作，在满足企业个性化需求、量身打造个性化问题解决方案方面打造出研究所的品牌。

（三）高质量研究报告潜在需求巨大

目前证券分析师主要服务的对象为公募基金、保险资产管理计划与私募基金，而银行、产业资本对投资研究的需求将日益增长，逐步进入中国市场的外资机构亦需要投资研究服务，个人投资者也逐步向专业化的方向发展。证券分析师有望开拓新的客户群，使自己的研究成果价值最大化。

首先，券商、保险、信托、银行和基金等金融机构混业经营、跨界合作已是大势所趋。银行等机构将加大对权益类资产的投资力度，而良好的投资业绩需要研究的支撑，相关机构也将在投资研究方面加大投入。2018年12月，银保监会发布了《商业银行理财子公司管理办法》，在前期已允许银行私募理财产品直接投资股票和公募理财产品通过公募基金间接投资股票的基础上，进一步允许商业银行子公司发行的公募理财产品直接投资股票市场，同时不设置销售起点，为银行理财转型打开大门。截至2018年年底，四大行均已发布公告成立理财子公司，且部分股份制银行、城商行也陆续通过了设立理财子公司的决议。而此前由于政策限制，银行对权益类资产投资经验较少，银行理财子公司筹建初期有可能面临投研力量不足的局面，证券公司强大的研究资源能够为其提供研究支持。同期，银保监会还发布了《关于保险资产管理公司设立专项产品有关事项的通知》，明确了保险公司设立的专项产品不纳入保险公司权益类资产计算投资比例，不受之前"保险企业投资权益类资产的账面余额合计不得高于本公司上季末总资产的30%"的监管比例限制,为保险资金入市"松绑"。证券公司卖方研究有望开辟新的蓝海市场。

其次,股票市场的对外开放,使得外资对证券研究报告和投资顾问服务需求日益增长。A股市场对外开放步伐加速,QFII、RQFII制度规则进一步修订、境外资金投资范围扩大,对于丰富资本市场投资主体、拓宽资金入市渠道、优化资本市场结构有着重要意义。国内券商研究所对A股标的研究更为深入,研究便利性也更强,可以与境外机构相互合作、相互支持。

再次,中小散户结构正在发生变化,证券公司可考虑针对新型散户提供投资研究服务。证券市场投资者群体虽然依然以散户为主,但呈现了年轻化、知识化的趋势。据交易所调查和中国结算统计,2017年新入市投资者中,30岁以下的占比55.8%;高中以上学历者占比近六成,其中半数以上具有本科以上学历。这部分中小散户对相关证券的研究服务既有需求,又有知识消费的观念和实力,因此面向中小散户投资者的研究服务有迅速增长的潜力。

高质量、特色化的研究服务,可更多地与证券公司其他业务相协同,以创造更大的价值。在客户获取方面,证券分析师可充分利用其客户和行业资源,为证券公司匹配行业认同度、上市公司关系、产业链资源、行业专家积累等;在机构服务层面,证券公司需要形成大销售定位,打破产品分类思维、进入客户分类思维,在保障合规、独立性的情况下,打通研究、投行、代销、交易、托管等机构业务产品,如以研究提升投资银行业务的承揽、定价和服务能力,或是研究员为投行客户提供定制的、收费的深度报告服务,从而围绕机构客户提供多元化服务。此外,证券公司还可以考虑将研究成果向资产管理和自营等业务转化,在合规与风险隔离的前提下,将投资研究能力与其优势业务更紧密地结合,为公司创造更大的收益,或是将研究部门与公司的战略发展部相结合,推动研究部为公司发展决策提供智力和研究支持。

> **案例分析**
>
> ### 明星分析师是否能保持稳定的高准确率?
>
> 作为分析师群体中的领头羊,明星分析师往往具备更优质的分析能力和更全面的信息搜集能力,受到投资者的关注和追捧也更多。那么,明星分析师是否能保持稳定的高准确率?明星分析师是否能够在前期预测表现显著优于同行的情况下,继续在之后的预测行为中维持优异的表现呢?
>
> 从研究假设出发,我们认为,通常能够入选明星队伍的证券分析师,其自身的业务能力均在行业前列。相较于其他分析师,明星分析师即使做出了非理性的预测行为,也能够更加迅速及时地调整偏差,使得当期预测误差缩小。同时,由于行业评价和市场关注更多,明星分析师的研究报告在行业内会对更多的投资者造成影响,这本身会在一定程度上对明星分析师的预测行为构成正向约束,使得他们在进行预测行为时往往也会更加谨慎。因此,可以认为明星分析师既能发布更优质的研究报告、做出更准确的预测判断,同时也能在经历一系列超出行业平均水平的成功预测后受到自我声誉的约束,在后续的预测行为中保持谨慎,做出持续的高准度预测。

接下来，运用 2013 年至 2018 年我国证券分析师对沪深股市上市公司所做出的预测行为作为研究对象，进行实证检验以验证假设是否合理。实证模型如下所示。模型以分析师前期预测表现为核心自变量，以分析师当期预测误差为因变量，并引入分析师声誉的代理变量，探究明星分析师是否能在前期表现优异的情况下继续维持较高的预测准确率。

模型 1
$$ERROR_{i,j,t} = \alpha_0 + \beta_1 ACCURACY_{i,j,t-1} + \beta_2 CME_{j,t} + \beta_3 CMB_{j,t} + \beta_4 TIME_{i,j,t} + \beta_5 IMFOR_{j,t} + \beta_6 ORGAN_{j,t} + \beta_7 LOSS_{j,t} + \beta_8 MCAP_{j,t} + \delta STAR_T + \varepsilon \quad (11.1)$$

模型 2
$$ERROR_{i,j,t} = \alpha_0 + \beta_1 CONTINUITY_{i,j,t-1} + \beta_2 CME_{j,t} + \beta_3 CMB_{j,t} + \beta_4 TIME_{i,j,t} + \beta_5 IMFOR_{j,t} + \beta_6 ORGAN_{j,t} + \beta_7 LOSS_{j,t} + \beta_8 MCAP_{j,t} + \delta STAR_T + \varepsilon \quad (11.2)$$

对于分析师当期预测误差，用分析师预测与实际收益之差的绝对值进行衡量。对于分析师前期预测表现，采用分析师前期高准度预测数量（ACCURACY）和分析师前期连续高准度预测数量（CONTINUITY）两个核心自变量予以衡量，即分析师 i 对股票 j 进行预测的前四个季度中，分析师对这只股票实现（连续）高准度预测的数量。高准度预测指其实际预测误差低于同期针对同一股票的所有分析师实际误差的中位数。

对于明星分析师的界定，《新财富》杂志将各行业内每年公布的前五名（或前三名）分析师定义为明星分析师。代理变量 STAR 采用分析师在做出预测行为的上一年是否进入"新财富最佳分析师榜单"为准，进而构建虚拟变量。具体来说，对分析师在年度 T 所做出的预测行为，若在 T−1 年获得"新财富最佳分析师"称号，则定义 STAR 为 1，否则 STAR 为 0。具体来说，对年度 T 做出预测行为的分析师进行如下划分：

$$STAR_T = \begin{cases} 1, T-1 \text{ 年获得"新财富最佳分析师"} \\ 0, T-1 \text{ 年未获得"新财富最佳分析师"} \end{cases} \quad (11.3)$$

此外，模型从市场外部噪声和分析师异质性、行业总体所掌握的信息含量、上市公司自身特征三个角度对其他影响分析师预测误差的因素进行控制，设置了当期中位数偏差（CME）、当期预测分歧程度（CMB）、预测行为距离季度末天数（TIME）、同期该股报告数量（IMFOR）、同期研究机构数量（ORGAN）、公司净利润（LOSS）、公司市值（MCAP）七个控制变量。

对明星分析师和非明星分析师进行分组回归。表 11-3 为面板数据基于固定效应分组回归的结果。结果表明，在明星分析师的样本组（STAR=1）中，核心自变量 ACCURACY 和 CONTINUITY 对因变量 ERROR 都没有呈现出显著的影响；而在非明星分析师的样本组（STAR=0）中，两个核心自变量对因变量 ERROR 都在 1% 的水平上呈现显著状态。

通过实证检验，我们可以发现，由于自身声誉的约束，明星分析师在经历持续的成功预测后，会进行更加及时准确的自我调整，预测行为也更加谨慎细致，通常能够维持较高的预测准确率。相较于非明星分析师，明星分析师在整体上的预测行为有效性较高。

表 11-3 面板数据基于固定效应分组回归的结果

	模型 1		模型 2	
	STAR=0	STAR=1	STAR=0	STAR=1
	ERROR	ERROR	ERROR	ERROR
ACCURACY	0.679*** (0.104)	0.453 (0.235)		
CONTINUITY			0.663*** (0.108)	0.393 (0.247)
CME	43.370*** (4.691)	50.470*** (14.080)	43.520*** (4.692)	50.540*** (14.080)
CMB	5.332 (26.520)	34.640 (69.140)	4.894 (26.520)	34.130 (69.150)
TIME	−0.032*** (0.005)	−0.029*** (0.010)	−0.032*** (0.005)	−0.029*** (0.010)
IMFOR	−0.049*** (0.008)	−0.048*** (0.016)	−0.048*** (0.008)	−0.048*** (0.016)
ORGAN	0.111*** (0.030)	0.102 (0.064)	0.109*** (0.030)	0.100 (0.064)
LOSS	0.002 (0.005)	0.003 (0.009)	0.001 (0.005)	0.003 (0.009)
MCAP	−0.945** (0.380)	−1.016 (0.866)	−0.925** (0.380)	−1.002 (0.866)
Constant	2.139*** (0.392)	2.870*** (0.866)	2.293*** (0.386)	3.039*** (0.856)

小 结

1. 证券投资咨询业务是指从事证券、期货投资咨询业务的机构及其投资咨询人员为客户提供证券、期货投资分析、预测或者建议等直接或者间接有偿咨询服务的活动。根据从业资格的不同,证券投资咨询人员可分为证券分析师及投资顾问。证券分析师主要面向基金公司、保险等机构投资者,证券投资顾问主要面向个人投资者。
2. 监管部门对投资咨询业务的信息来源、研究过程、研究成果传播、信息隔离等环节的执业规范做出规定,以促使证券公司、证券投资咨询机构遵循独立、客观、公平、审慎的原则发布证券研究报告。
3. 证券投资咨询服务有助于提高市场效率、上市公司的质量、证券公司的市场竞争力,并引导投资者理性投资。
4. 证券公司研究业务盈利模式包括佣金分仓与独立付费,在我国以佣金分仓为主,激烈的市场竞争将促使证券公司提升研究与服务的效率。

习 题

1. 证券投资咨询业务包括哪些形式?
2. 如何对证券投资咨询人员进行分类?
3. 证券投资咨询业务的开展包括哪些环节?证券分析师在执业过程中应当注意哪些事项?
4. 证券投资咨询业务具备哪些功能?
5. 我国证券公司投资咨询业务的盈利模式是什么?证券公司及从业人员应当如何应对当前较为激烈的行业竞争?

参 考 文 献

1. Black, F. and M. Scholes. The Pricing of Option and Corporate Liabilities[J]. Journal of Political Economy, 1973, 81(3).
2. Campbell, J.Y. and Shiller, R.J.. Valuation Ratios and the Long-Run Stock Market Outlook[J]. Journal of Portfolio Management, 1998, 24.
3. Damodaran, A.. Valuing Young Distressed, and Complex Businesses[M]. New York: Pearson Education, 2010.
4. David P. Stowell. An Introduction to Investment Banks, Hedge Funds, and Private Equity: The New Paradigm[M]. Amsterdam: Elsevier, 2010.
5. Charles R. Geisst. The Last Partnerships[M]. New York: McGraw-Hill, 2001.
6. Charles R. Geisst. Investment Banking in Financial System[M]. New Jersey: Prentice-Hall, 1995.
7. Fama, E.F.. Efficient Capital Markets: II[J]. Journal of Finance, 1991, 46(5).
8. Goldman Sachs. 2019 Annual Report[EB/OL]. 2020.
9. Joseph Calandro, Jr.. Applied Value Investing: The Practical Applications of Beniamin Grahams andWarren Buffetts Valuation Principles to Acquisitions, Catastrophe Pricing, and Business Execution[M]. New York: McGraw-Hill, 2009.
10. Joshua Rosenbaum, Joshua Pearl, Joshua Harris, and Joseph R. Perella. Investment Banking: Valuation, Leveraged Buyouts, and Mergers and Acquisitions + Valuation Models. New Jersey John Wiley & Sons, 2013.
11. Kuhn, Robert Lawrence. Investment Banking: the Act and Science of High Sakes Dealmaking, New York: Harper & Row Press, 1990.
12. Morgan Stanley.Investment Banking Introduction[EB/OL]. 2020.
13. NASDAQ. Nasdaq initial listing guide[EB/OL].2020.
14. Preqin. Hedge Fund Spotlight[EB/OL]. 2018.
15. Claudia Zeisberger, Michael Prahl, and Bowen White. Private Equity in Action: Transformation via Venture Capital, Minority Investments and Buyouts, New Jersey: John Wiley & Sons, 2017.
16. 本杰明·格雷厄姆,戴维·多德.证券分析[M].海口:海南出版社,1999.

17. 邸俊鹏,郑忠华.证券公司资产管理业务的风险识别与监控框架[J].上海经济,2017(4).
18. 范学俊.投资银行学[M].上海:立信会计出版社,2000.
19. 邰明忠.修正的DEVA法在互联网企业估值中的应用研究[D].首都经济贸易大学硕士,2016.
20. 郜修方.证券投资基金(第二版)[M].北京:化学工业出版社,2013.
21. 顾左右.券商研报正确率的大数据统计:5年,负面报告199篇、看多报告85700篇[R/OL].市值风云,2018.
22. 何小峰,黄嵩.投资银行学(第二版)[M].北京:北京大学出版社,2008.
23. 金德环.投资银行学(第二版)[M].上海:格致出版社,2015.
24. 李子白.投资银行学[M].北京:清华大学出版社,2005.
25. 李福祥,刘红转.创新背景下我国证券公司研究业务转型思考[J].南方金融,2013(2).
26. 刘红忠,卢华.金融市场与机构[M].上海:复旦大学出版社,2019.
27. 李连发,李波.私募股权投资基金理论及案例[M].北京:中国发展出版社,2008.
28. 李曜.风险投资与私募股权教程[M].北京:清华大学出版社,2013.
29. 罗苓宁.海外资管机构发展对我国资管业务的启示[J].中国银行业,2016(9).
30. 罗忠洲编著.证券投资分析[M].上海:复旦大学出版社,2018.
31. 马晓军.投资银行学:理论与案例(第二版)[M].北京:机械工业出版社,2014.
32. 潘启龙.私募股权投资实务与案例[M].北京:经济科学出版社,2011.
33. 全国人民代表大会常务委员会.中华人民共和国公司法[EB/OL].2018.
34. 全国人民代表大会常务委员会.中华人民共和国证券法[EB/OL].2019.
35. 全国人民代表大会常务委员会.中华人民共和国证券投资基金法[EB/OL].2015.
36. 任准秀.投资银行业务与经营(第四版)[M].北京:中国人民大学出版社,2014.
37. 任泽平.券商资管:"银行的影子"和监管套利[R].方正证券,2017.
38. 上海证券交易所.企业改制上市实务[EB/OL].2012.
39. 上海证券交易所.上海证券交易所科创板股票上市规则[EB/OL].2019.
40. 上海证券交易所.上海证券交易所融资融券交易实施细则[EB/OL].2019.
41. 邵宇,秦培景.证券投资分析——来自报表和市场行为的见解[M].上海:复旦大学出版社,2009.
42. 深圳证券交易所.深圳证券交易所融资融券交易实施细则[EB/OL].2019.
43. 深圳证券交易所.深圳证券交易所创业板股票上市规则[EB/OL].2020.
44. 同花顺.iFind[DB].1992-2020.
45. 万得资讯.Wind[DB].1992-2020.
46. 卫剑波.从中美比较看中国券商资管的未来[J].清华金融评论,2014(11).
47. 吴晓慧.试析我国券商研究所的服务转型与盈利模式转变[J].财会研究,2012(20).
48. 杨光.我国证券公司资产管理业务的历史发展及监管逻辑[J].上海政法学院学报,2017(4).
49. 叶有朋.股权投资基金运作[M].上海:复旦大学出版社,2009.
50. 喻婧.我国证券分析师过度自信的行为研究[D].复旦大学硕士,2020.
51. 于欣,周舒健,陈永谦等.中国证券研究转型10年[J].新财富,2010(12).

52. 中国人民银行.全国银行间债券市场金融债券发行管理操作规程[EB/OL].2009-05-15.
53. 中国人民银行金融稳定分析小组.2018中国金融稳定报告[M].北京：中国金融出版社,2018.
54. 中国人民银行、中国银行保险监督管理委员会、中国证券监督管理委员会、国家外汇管理局.关于规范金融机构资产管理业务的指导意见[EB/OL].2018.
55. 中国证监会.创业板首次公开发行股票注册管理办法(试行)[EB/OL].2020.
56. 中国证监会.创业板上市公司证券发行注册管理办法(试行)[EB/OL].2020.
57. 中国证监会.科创板首次公开发行股票注册管理办法(试行)[EB/OL].2019.
58. 中国证监会.科创板上市公司持续监管办法(试行)[EB/OL].2019.
59. 中国证监会.上市公司股东发行可交换公司债券试行规定[EB/OL].2008.
60. 中国证监会.上市公司收购管理办法[EB/OL].2020.
61. 中国证监会.上市公司证券发行管理办法[EB/OL].2020.
62. 中国证监会.首次公开发行股票并上市管理办法[EB/OL].2018.
63. 中国证监会.公司债券发行与交易管理办法[EB/OL].2015.
64. 中国证监会.证券公司次级债管理规定[EB/OL].2020.
65. 中国证监会.证券公司客户资产管理业务管理办法[EB/OL].2013.
66. 中国证监会.证券公司融资融券业务管理办法[EB/OL].2015.
67. 中国证监会.证券公司大集合资产管理业务适用《关于规范金融机构资产管理业务的指导意见》操作指引[EB/OL].2018.
68. 中国证监会.证券发行与承销管理办法[EB/OL].2018.
69. 中国证券业协会.发布证券研究报告执业规范[EB/OL].2012.
70. 中国证券业协会.证券发行与承销[M].北京：中国金融出版社,2012.
71. 中国证券业协会.证券分析师执业行为准则[EB/OL].2012.
72. 中国证券业协会.证券公司信息隔离墙制度指引[EB/OL].2019.
73. 中国证券业协会.证券公司业绩排名[DB].2000-2019.
74. 中国证券业协会.证券交易[M].北京：中国金融出版社,2012.
75. 中国证券业协会.证券投资分析[M].北京：中国金融出版社,2012.
76. 中国证券业协会.证券投资基金[M].北京：中国金融出版社,2012.
77. 中国证券业协会.证券公司直接投资业务规范[EB/OL].2014.
78. 宗宽广.美国投行资产管理业务发展启示[J].中国金融,2012(06).
79. 赵媛.市盈率的增长内涵分析[D].复旦大学硕士,2008.
80. 朱保丛.投资银行业务中册·法律法规二(第二版)[M].中国金融出版社,2007.
81. 朱宝宪,何治国.β值和帐面/市值比与股票收益关系的实证研究[J].金融研究,2002(4).
82. 朱顺泉.私募股权投资理论与应用[M].北京：清华大学出版社,2016.

图书在版编目(CIP)数据

投资银行学/罗忠洲编著. —上海:复旦大学出版社,2021.1
经管类专业学位研究生主干课程系列教材
ISBN 978-7-309-15487-0

Ⅰ.①投… Ⅱ.①罗… Ⅲ.①投资银行-高等学校-教材 Ⅳ.①F830.33

中国版本图书馆 CIP 数据核字(2021)第 020666 号

投资银行学
罗忠洲　编著
责任编辑/方毅超

复旦大学出版社有限公司出版发行
上海市国权路 579 号　邮编:200433
网址:fupnet@fudanpress.com　http://www.fudanpress.com
门市零售:86-21-65102580　团体订购:86-21-65104505
外埠邮购:86-21-65642846　出版部电话:86-21-65642845
上海四维数字图文有限公司

开本 787×1092　1/16　印张 18.75　字数 433 千
2021 年 1 月第 1 版第 1 次印刷

ISBN 978-7-309-15487-0/F·2771
定价:48.00 元

如有印装质量问题,请向复旦大学出版社有限公司出版部调换。
版权所有　侵权必究